제3판

세계교회사(I)

고대 및 중세편

제3판 개정증보판

세계교회사(I) : 고대 및 중세편
제3판, 증보개역판
Christianity Through the Centuries, 3rd. Edition, Revised and Expanded: 5B.C.~ A.D. 1517

제3판 발행	2017년 8월 15일
지은이	얼 캐이른즈
옮긴이	엄성옥
발행처	은성출판사
등록	1974년 12월 9일 제9-66호
	ⓒ 2017년 은성출판사
주소	서울시 강동구 성내동 538-9
전화	070) 8274-4404
팩스	02)6007-1154
홈페이지	http://www.eunsungpub.co.kr
전자우편	esp4404@hotmail.com

이 책의 한국어판 저작권은 Zondervan Publishing House와의 독점 계약으로 한국어 판권을 "은성출판사"가 소유합니다.
저작권법에 의하여 한국 내에서 보호를 받는 제작물이므로 무단 전재와 복제를 금합니다.

Christianity Through the Centuries. Copyright © 1952, 1981, 1996 by Earle E. Cairns. Published by Zondervan Publishing House.

All rights reserved

Korean Translation Copyright © 2017 by Eunsung Publications.

Printed in Korea
ISBN : ISBN 978-89-7236-432-0-33230

THIRD EDITION, REVISED AND EXPANDED

CHRISTIANITY THROUGH THE CENTURIES(I)

A History of the Christian Church: 5 B.C. - A.D. 1517

Earle E. Cairns

제3판

세계교회사(I)

고대 및 중세편

얼 E. 캐이른즈 지음
엄성옥 옮김

차례

머리말 / 9
서론 / 11
제1부 고대교회사(B.C. 5~A.D. 590)
    100년까지 제국 내에서의 기독교 전파
        제1장 때가 차매 / 41
        제2장 이 반석 위에 / 57
        제3장 먼저는 유대인에게 / 73
        제4장 헬라인에게도 / 81
        제5장 책과 양피지 문서 / 95
        제6장 감독과 집사 / 107

    옛 제국보편교회(Old Imperial Catholic Church)의 생존 투쟁(100~313)
        제7장 그리스도인가, 가이사인가 / 117
        제8장 우화인가, 건전한 교리인가 / 131
        제9장 신앙을 위한 진지한 싸움 / 145
        제10장 결속을 강화하는 교회 / 159

    옛 제국보편교회의 지상권(313~590)
        제11장 제국과 야만족들의 위협에 직면한 교회 / 169
        제12장 공의회 논쟁과 신조의 발달 / 181
        제13장 교부들의 황금시대 / 197
        제14장 수도원의 기독교 / 213
        제15장 성직 정치와 전례의 발달 / 223

제2부 중세교회사(590~1517)

제국의 발흥과 라틴-튜턴족의 기독교(590~800)
제16장 중세 시대 최초의 교황 / 235
제17장 기독교의 손실과 확장 / 245
제18장 서방교회 안에서의 제국주의의 부활 / 261

교회와 국가의 관계 변동(800~1054)
제19장 신성로마제국의 출현 / 273
제20장 교회의 부흥과 분열 / 285

교황권의 지상권(1054~1305)
제21장 교황권의 절정 / 301
제22장 십자군과 개혁자들 / 317
제23장 중세 시대의 학문과 예배 / 337

중세 시대의 소멸과 현대의 시작(1305~1517)
제24장 교회 내부의 개혁 시도 / 359
제25장 교황권에 대한 표면적 반대 / 379

찾아보기 / 397

머리말

　현재 우리가 접할 수 있는 교회사에 관한 문헌을 살펴보면 그것들의 대부분이 종파적 편견이나 신학적 편견을 반영하고 있음을 알 수 있다. 그러나 이 책은 보수적이고 비 교파적인 관점에서 저술되었으며 기독교 역사철학이 배후에 깔려 있다.
　역사적으로 각 시대에 발생한 정치적, 경제적, 사회적, 지적, 예술적 운동들에 대한 개념이 없으면 기독교 역사를 효과적으로 이해할 수 없으므로, 교회사에 등장하는 사건들은 관련된 세속 환경과 연결되어 다루어진다. 역사에 등장하는 모든 인물, 장소, 연대, 사건, 사상, 경향, 추이 등을 각기 적절한 시간적, 지리적 환경 안에서 취급하면 교회사의 흐름을 파악할 수 있다. 나는 기독교가 각각의 시대에 미친 영향 및 시대의 특징에 관심을 두었고, 또 정보와 이해와 해석을 적절히 종합하고 연결하여 오늘날에도 가치가 있는 것으로 만들려 했다.
　지난 40년 동안 이 책을 사용한 교사들과 학생들이 제기한 계속된 요구 덕분에 이 책을 보다 바람직하고 편리하게 개정할 수 있게 되었다. 특히 몇몇 사람들의 건설적인 제안은 이 책을 보다 정확하고 분명하게 개정하는 데 큰 도움이 되었다.
　역사상 발생한 여러 운동들과 관계들을 이해하는 데 도움을 주기 위해 이 책에 몇 개의 지도와 도표를 추가했고 그림도 추가했다. 서론 및 각 장의 마지막 부분에 수록된 참고문헌도 독자들이 주요한 것과 부차적인 것을 최대한 이용할 수 있게 하려고 추가하고 개정했다. 스콜라 철학, 급진적 종교개혁, 가톨릭교회, 동방교회 등의 항목도 증보하고 개정했다. 특히 제1차 세계대전 이후 시대에 관한 내용을 개정하고 증보하였고, 가톨릭교회와 복음주의 진영에서의 세계교회운동의 새로운 발달에 관한 내용, 예를 들면 제2차 세계대전에서 독일, 이탈리아, 일본 등 우익 전체주의 국가들의 패배, 1989년 러시아와 동유럽에서 좌익 공산주의 전체주의의 몰락, 자유주의 신학과 신정통주의 신학과 급진 신학의 쇠퇴, 제3세계에서 복음주의의 발흥, 정치화한 진보적 에큐메니즘의 쇠퇴, 파라처치와 대형교회의 분파주의에 대한 도전, 대서양 연안에서 개신교의 부흥, 오순절-은사주의-제3의 물결 등이 성령을 강조한 것, 교회에서 여성들의 세력이 강해진 것, 박해에도 불구하고 세계적 교회가 성장한 것, 가톨릭교회가 더욱 개방적이 된 것 등을 수록했다.

  이 책을 통해 사람들이 자신의 영적 유산과 조상에 대해 깨닫게 되며, 삶과 말과 행위로 이 시대 사람들과 하나님을 더 잘 섬기는 데 도움이 되기를 바란다. 이 책이 출판되기까지 도와준 나의 동료들, 교사들, 학생들, 저술가들 및 여러 사람에게 깊이 감사한다. 이 책을 통하여 그리스도의 뜻이 널리 전파되고 교회가 영적으로 발전되리라고 믿는다.

서론

　기원전 6세기에 바빌론에 살았던 나보니두스(Nabonidus)부터 현대의 역사학자들과 고고학자들에 이르기까지 모든 사람은 역사에 대해 호기심을 가지고 있다. 이는 기독교인이 고백하는 신앙이 역사에 뿌리를 두고 있기 때문이다. 하나님이 인간이 되셔서 그리스도라는 인간의 몸을 입고 시간과 공간 안에 사셨다. 기독교는 과거에 근동 지방이나 극동 지방에서 출현한 모든 종교 중에서 가장 세계적이고 보편적인 종교가 되었고, 또 인류의 역사에서 크게 영향력을 발휘하게 되었다. 따라서 자신의 영적 조상에 관해 알려 하며, 과거의 선한 본보기들을 모방하려 하며, 교회가 범해온 오류들을 피하고자 하는 기독교인들은 특히 교회사에 깊은 관심을 둔다.

1. 교회사란 무엇인가?

　독일어 명사 "Geschichte"는 "발생하다"라는 뜻의 동사 "geschehen"에서 파생된 것이다. 이것은 역사를 하나의 과정이나 산물로서보다는 사건으로서 언급한다. 따라서 역사란 우선 인간 행위의 결과로서 시간과 공간 속에서 발생하는 실제의 사건이라고 정의할 수 있을 것이다. 그러한 사건은 절대적이고 객관적인 것이며, 하나님만이 직접 충분하게 하실 수 있다. 그러한 역사는 나중에 다른 장소에서 똑같이 되풀이될 수 없다. 물론 인간은 다른 시대, 다른 장소에서도 유사한 방식으로 행동하며, 선과 악의 영향을 받을 수 있으므로 역사가들이 볼 때 동일하거나 유사한 유형의 사건들이 있을 수 있다.

역사라는 단어에는 하나의 사건에 관한 정보(information)라는 의미도 있다. 이것은 과거에 대한 간접적인 정보인데, 흔히 그 사건에 관련된 문서나 객체의 형태로 존재할 것이다. 과학자들이 객관적으로 직접 자료를 다루는 것과는 달리, 하나님의 행위를 시간과 공간 안에서 참작해야 하는 역사학자들은 역사 안에서의 인간을 자유의지를 지닌 행위자로 간주하며, 자신의 자료가 간접적인 것임을 깨닫는다. 로마의 성 베드로 성당, 카타콤, 교황의 교서, 라벤나의 모자이크 등은 정보로서의 역사의 본보기이다.

"history"라는 단어는 헬라어 "historia"에서 유래된 것이며, 이것의 동사형은 "historeo"이다. 이 단어는 아티카인들에 의해 사용되었는데, 원래는 탐구와 연구 조사에 의해 학습하는 것을 의미했었다. 사도 바울은 갈라디아서 1장 18절에서 예루살렘에서 베드로를 접견했던 일을 묘사하기 위해 이 단어를 사용했다. 여기에서 과거에 대한 자료를 발견하는 것뿐만 아니라 탐구하거나 검토하기 위한 연구로서의 역사라는 의미가 생겨난다. 역사는 연구 과정을 수반하는 학문이다. 역사학자는 자신이 다루는 자료의 배경을 세심하게 연구함으로써 자신이 지닌 정보가 참된 것인지 아닌지를 시험한다. 학자들은 자신이 다루는 자료에 등장하는 유형들을 객관적으로 볼 때 올바른 귀납적 추리를 할 수 있다.

지금까지 "누가, 무엇을, 언제, 어디서" 등의 문제에 대한 대답을 추구해 온 역사학자들은 이제 자신이 소유한 자료가 지닌 의미나 그 자료가 생겨난 원인 등을 고려해야 한다. 역사를 지칭하는 용어로서 "histoikos"라는 단어를 사용한 그리스인들은 이런 의미에서 역사를 탐구의 산물이라고 생각했다. 이것은 역사가가 자신의 시대가 지닌 견해나 자신의 편견, 그리고 인간의 자유의지라는 요소에 비추어 과거를 주관적으로 재구성하는 것이다. 이러한 재구성은 부분적이며 오류나 인간의 편견이 개입되기 쉬우므로 이 방법을 통해서는 과거를 실제 그대로 완전하게 이야기할 수 없다. 그러나 역사학자들이 서로의 저서를 검토한다면, 과거에 대한 공통된 견해가 떠오를 것이다. 강의실에서 학생들은 보통 이런 형태의 역사를 공부한다. 비록 역사학자가 과거에 대한 절대적인 진리를 파악할 수는 없겠지만, 자신이 가진 정보가 허락하는 한 과거에 대한 진리를 객관적으로 공정하게 제시할 것이다.

이 논의를 통해서 학생은 역사란 사건, 정보, 탐구, 혹은 과정이나 산물, 혹은 해석이 될 수도 있음을 알게 될 것이다. 사건으로서의 역사는 절대적인 것이며 시간과 공간적으로 단 한 번만 발생한다. 그러나 정보나 탐구나 해석으로서의 역사는 상대적이며 변화한다.

역사란 사회적으로 중요한 인물의 과거에 관한 기록을 고고학 자료나 문헌 자료나 살아 있는 원천 등으로부터 과학적인 방법에 의해 수집한 조직적인 자료에 기초를 두고 해석한 것이라고 정의할 수 있다. 세속 역사가들과 마찬가지로, 교회사가들도 공정하게 역사 자료를 수집해야 한다. 물론 교회사가나 세속 역사가 모두 자료에 대해 중립적 위치를 지킬 수 없지만, 해석이라는 틀 안에서 그 자료에 접근한다는 사실을 교회사가는 인정한다.

그러므로 교회사란 고고학적 자료나 문헌, 혹은 살아 있는 사람들로부터 과학적인 방법에 의해 수집한 조직적인 자료에 근거하여 기독교가 인간 사회에 미친 영향, 기원, 과정 등에 대한 기록을 해석한 것이다. 그것은 인간과 세상의 구속에 관한 것으로서 해석되고 조직화한 이야기이다. 이러한 정의가 성취되어야 역사를 공부하는 기독교인 학생들이 자신이 고백하는 신앙 이야기에 관한 정확한 기록을 소유하게 될 것이다. 이 경우 빛의 자녀들이 어둠의 자녀들보다 뒤떨어져서는 안 된다. 하나님은 창조세계를 초월해 계시며 역사와 구속 안에 내재해 계신다.

2. 교회사에 대한 저술

1) 학문적 요소

교회사를 연구하는 학자들도 과학적인 방법을 사용한다는 점에서 교회사는 과학적인 요소를 소유한다. 역사가들은 고고학자들의 학문적 저술을 사용하는데, 고고학자들은 자신이 발굴해낸 과거의 유적들을 통해서 유익한 정보를 알아낸다. 로마 카타콤의 예술에 대한 연구를 통해서 우리는 초대교회에 대해 많은 것을 배울 수 있다. 교회사를 저술하는 사람은 교회의 역사에 관한 문서들을 평가하기 위해 문헌비평이라는 기법을 사용한다. 또 고고학자가 알아낸 자료, 문서, 혹은 사건에 직접 참여했던 살아있는 인물 등 모든 원자료를 선호할 것이다. 이 모든 자료와 그에 대한 평가를 통해서 그는 역사적 방법에서 제기되는 중요한 문제들—누가, 무엇을, 언제, 어디서—에 관한 정보를 얻게 될 것이다. 마지막 두 가지 질문은 역사가에게 특히 중요하다. 왜냐하면, 역사적인 사건들은 시간과 공간 속에서 발생하는 것이기 때문이다.

역사가의 저술은 방법론에서 과학적이다. 그러나 과거의 사건들에 관한 정보가 역사가 자신이나 그 시대의 관점으로 말미암아, 혹은 위대한 사람들의 영향을 받아 한쪽으로 치우쳐 있어 불완전하거나 거짓일 수 있으므로, 그의 저술이 정확한 학문을 만들어내지 못할 것이다. 그는 자신의 자료를 지지하는 자유의지를 지닌 행위자이기도 하다. 역사 속에서 행동하시는 하나님은 정확한 학문으로서의 역사라는 개념을 배제하실 것이다.

2) 철학적 요소

역사 속에서 어떤 의미를 추구하느냐에 따라 역사가들을 역사학파와 역사철학파로 구분한다. 전자는 인간, 자연, 또는 시간 속에서 발생하는 과정 안에서 객관적이고 과학적인 인과관계를 발견해내야 한다고 주장한다. 그러나 후자는 합리적으로 접근하여 자신의 자료를 무한히 궁극적이고 절대적인 것과 관련시키려 한다.

역사학파를 구성하는 중요한 학파로 지리적인 결정론, 경제적인 결정론,

그리고 전기적(傳記的) 해석학파를 들 수 있다. 교회사 해석에서 선구적 학파에 속하는 윌리엄 스위트(William W. Sweet)는 미국 교회사에 관한 저서에서 미개척 형태의 지리학이 결정적인 요소라고 주장했다. 토머스 칼라일은 16세기 중반에 발생한 영국의 내란이 크롬웰의 반작용이라고 주장했는데, 그런 점에서 크롬웰에 관한 칼라일의 저서는 전기적이다. 막스 베버(Max Weber)는 『프로테스탄트 윤리와 자본주의 정신』(The Protestant Ethic and the Spirit of Capitalism)[1]이라는 저서에서 프로테스탄티즘이 자본주의 성립의 요인이라고 주장했는데, 이는 경제적인 해석의 본보기이다.

역사철학을 다음과 같은 세 가지 범주로 생각해볼 수 있다.

1. 염세주의로 분류되는 집단. 이들은 역사를 세상의 면으로만 보기 때문에 현실에 대한 유물론적인 접근 방법을 택한다. 그들은 역사적으로 인간이 범한 실패에 사로잡혀 있다. 오스발트 슈펭글러(Oswald Spengler)의 『서양의 몰락』(The Decline of the West)[2]은 이런 식의 역사 접근 방법의 본보기이다. 슈펭글러는 국가보다 문명에 더 관심이 있었다. 그의 주장으로는 각 문명은 탄생기, 청년기, 장년기, 쇠퇴기, 그리고 사망 등 일련의 주기를 통과한다. 가장 최근의 문명인 서양문명은 지금 쇠퇴기에 있어 곧 사망할 것이다. 더불어 기독교도 사망할 것이다. 슈펭글러 같은 사람들은 인간의 실패에 집착하기 때문에 역사 안에서 발전을 보지 못한다. 그들의 견해는 서로 겹쳐 동심원들로 상징될 수 있을 것이다. 물론 그 원들 안에서 시간이 순환한다.

2. 낙관주의로 분류되는 집단. 역사에 관한 이들의 견해는 상승곡선, 혹은 나선에서 계속 위로 이어지는 단계들이라고 상징할 수 있을 것이다. 대부분의 낙관주의 해석가들은 인본주의자들이다. 그들은 역사 안에서 인간이 주

---

[1] 1904, reprint ed., New York: Scribner, 1930.

[2] New York: Knopf, 1939.

요하고 결정적인 요인이라고 본다. 또 그들은 보통 생물학적, 사회적인 진화를 인정하며 시간을 선(線)과 같은 것으로 본다. 현대의 위대한 역사철학자인 아놀드 토인비의 저서는 이러한 역사철학을 예증하는 데 도움이 된다. 우리가 문명의 역사를 연구해야 한다는 점에 있어서 토인비는 슈펭글러와 견해를 같이하지만, 각각의 문명이 나름의 목표―하나님 나라에 속한 하나의 주(洲)로서의 지구―를 향해 전진한다고 믿는 점에서 슈펭글러와 견해를 달리한다. 그는 다소 영적인 측면에서 역사에 접근하면서도 현대 성경비평과 진화론을 수용했다.

또 다른 낙관주의자인 헤겔(Georg W. Hegel)은 19세기에 활동한 독일 철학자이다. 그는 역사란 인간 자유의 발달 안에서 절대정신(Absolute Spirit)이 전개되는 것이라고 믿었다. 일련의 모순들이 화해하여 마침내 절대정신이 역사 안에 완전히 드러나게 되는 과정에 의해 발전이 이룩된다.

19세기의 사상가인 카를 마르크스(Karl Marx)도 낙관주의적 학파에 속한다. 그는 헤겔의 체계를 토대로 하면서도 실체에 대한 헤겔의 견해를 거부했다. 마르크스는 물질만이 유일한 실체이며, 종교를 포함한 모든 인간적인 제도는 경제적인 생산 과정에 의해 결정된다고 가르쳤다. 그의 주장으로는 일련의 계급 투쟁은 결국 노동자들의 승리로 끝나고 계급이 없는 사회가 세워질 것이다. 마르크스가 자신과 자신의 세상을 대속하는 인간의 능력을 강조하면서 토인비나 헤겔과 같은 방법을 사용했음에 유의하라.

3. 셋째로 염세주의적 낙관주의 집단이다. 필자가 여기에 속한다. 이들은 중생하지 못한 인간의 실패를 강조하는 점에서 염세주의자들과 의견을 같이하지만, 신적인 계시와 은혜의 빛 안에서 인간의 미래를 낙관한다. 염세주의적 낙관주의자들은 성경적 유신론자로서 역사에 접근하며, 역사적 과정 안에서 하나님의 영광을 발견하려 한다. 역사는 선과 악, 하나님과 마귀 사이에 벌어지는 투쟁의 과정인데, 그 과정에서 하나님의 은혜가 없으면 인간은

무력할 뿐이다. 그리스도께서 십자가에서 행하신 사역은 인간과 세상을 위한 하나님의 계획의 궁극적인 승리를 보장해준다. 그리고 장차 그렇게 될 때 그리스도가 재림하실 것이다.

교부 중 하나인 어거스틴이 기독교를 변호하고 설명한 책인 『하나님의 도성』(The City of God)이 이러한 접근 방법을 보여주는 훌륭한 예이다. 물론 어거스틴이 천년왕국을 현재의 교회시대와 동일시한 것에 대해서는 많은 기독교인이 의견을 달리한다. 어거스틴의 사상의 위대성은 창조를 지고하신 하나님의 것으로 간주한 데서 비롯된다. 헤겔이 독일 민족을, 마르크스가 노동자 계층을 선호한 것과는 달리, 역사에 관한 어거스틴의 견해에는 인류 전체가 포함된다. 그러나 하나님의 도성과 땅의 도성에서 죄가 사람들을 나누어 놓기 때문에, 역사 속에는 일시적인 이원론이 있다. 어거스틴은 인간 역사의 과정이 십자가에서 시작되어 십자가를 향해 전진하며, 십자가에서 흘러나오는 은혜는 그리스도의 불가시적인 몸인 교회 안에서 작용하는 것으로 간주한다. 하나님의 은혜로 말미암아 힘을 얻는 기독교인들은 악과의 싸움에서 하나님의 편에 서며, 역사는 그리스도 재림 때에 그 정점에 도달한다.

필자의 저서 『시간 속의 하나님과 인간』(God and Man in Time)[3]은 역사에 대한 기독교적 접근 방법을 제시하려는 시도이다.

3) 예술적 요소

마지막으로 기록으로서의 역사를 만드는 사람은 사실들을 제시할 때 되도록 예술적으로 하려고 노력해야 한다. 현대 역사가들은 역사를 문학적으로 제시하는 일을 강조하지 않았다. 따라서 학생들은 종종 역사를 관련 없는 데이터에 관한 장황한 설명으로 여기기도 한다.

---

3) Grand Rapids: Baker, 1979.

3. 교회사의 가치

어떤 자료가 기독교인들에게 어떤 가치를 지니는지 고려되지 않는다면, 교회사는 사실들을 기억하는 학문적인 지루한 훈련에 불과하게 된다. 고대 역사가들은 실용주의적이고 교훈적이고 도덕적인 역사의 가치를 현대의 역사가들보다 더 잘 인식하고 있었다. 이러한 가치가 교회의 역사를 연구하는 데서 성취되어야 한다고 생각하는 학생들은 이 특수한 역사의 분야를 연구하려는 강력한 동기를 소유한다.

1) 종합(synthesis)으로서의 교회사

교회사의 주요 가치 중 하나는 그것이 복음이 관련된 과거의 사실적 자료들을 종합하여 장차 시행될 복음의 선포 및 적용과 연결하려는 데 있다. 이러한 종합은 우리에게 복음을 선포하고 적용하려는 영감을 주며, 우리가 소유하고 있는 위대한 유산을 이해하게 해준다. 교회사는 과거로부터 현재에 이르기까지 교회 안에서 행하시는 하나님의 영을 보여준다. 조직신학이 과거 인간의 사상과 행동에 어떤 영향을 주었는지를 학생들이 깨달을 때 성경 해석학적 신학이 실천신학과 연결된다.

2) 현재를 이해하기 위한 보조물로서의 교회사

교회사는 현재에 대한 설명으로서 큰 가치를 지닌다. 만일 우리가 현재의 뿌리인 과거에 대해 어느 정도 지식이 있다면, 현재를 더 잘 이해할 수 있을 것이다. 미합중국에 250개 이상의 종교단체가 존재하는 것과 관련된 당황스러운 질문에 대한 대답이 교회사에서 발견된다. 분열의 원리가 초대교회 시대에 발견되며, 종교개혁 시대에 더욱 두드러진다. 미합중국 내의 개신교 감독교회의 뿌리를 추적하여 올라가 영국을 살펴보는 것, 그리고 왕의 세력과 교황청의 싸움에서 영국 국교회의 기원을 살펴보는 것은 매우 흥미로운 일이다. 감리교인들은 웨슬리의 신앙부흥 속에 있는 그 교회의 기원에 관심을 가진다. 웨슬리의 신앙부흥은 결국 감리교인들을 영국 국교회로부터 분리되게 했다. 개혁파 또는 장로교 신앙을 지닌 사람들은 자기 교회의 기원을 찾아 스위스로까지 추적해 간다. 이런 식으로 우리는 자신의 영적 조상을 알게 된다.

상이한 신앙들과 예배 의식에 관한 관습들도 과거 역사에 비추어보면 더 잘 이해할 수 있다. 감리교인들은 성찬식 때 무릎을 꿇는다. 이는 감리교인들은 여러 해 동안 영국 국교회 안에서 하나의 교회를 이루고 있었으며 국교회와의 결별을 원하지 않았던 웨슬리가 국교회의 예배의식과 관습을 따랐기 때문이다. 그와는 대조적으로 장로교인들은 자리에 앉아 성찬을 받는다. 칼빈과 아르미니우스(Arminius)의 견해를 연구해보면, 감리교 신학과 장로교 신학의 차이점을 더 분명히 알 수 있다.

과거를 연구함으로써 오늘날 교회의 문제점들이 조명되기도 한다. 왜냐하면, 역사 속에는 일련의 유형들과 서로 유사한 것들이 존재하기 때문이다. 국민이 개인적으로 종교를 소유해도 국가의 존재가 위협받지 않는다는 것을 로마제국의 황제들이 생각하지 못했음을 기억한다면, 오늘날 독재적인 통치자들이 백성들이 국가 안에서의 공적인 생활과 상관없이 개인적인 관심거리를 갖는 것을 허용하지 않는 이유를 쉽게 이해할 수 있다. 러시아와 그 위성 국가에서 교회와 국가의 관계가 또다시 문제가 되고 있으며, 과거 데키우스(Decius)와 디오클레티아누스(Diocletian) 시대에 기독교인들을 박해했던 것처럼 국가가 기독교인들을 박해한 것이라고 예상된다. 국가가 교구의 학교들을 지원하거나 바티칸에 특사를 보냄으로써 이룩한 교회와 국가의 연합 안에 내재하는 위험은 교회 안에서 영성이 서서히 쇠퇴하는 것, 그리고 325년에 콘스탄티누스 대제가 니케아 공의회를 통제한 것과 더불어 시작된바 세속 권력이 교회에 개입하는 것에 의해 조명된다. 테니슨(Tennyson)은 『율리시스』에서 우리는 "우리가 이미 만난 모든 것의 일부"임을 상기시킨다.

3) 길잡이가 되는 교회사　　교회 안에 존재하는 악을 바로잡는 것, 또는 오류나 그릇된 관습을 피하는 것은 교회의 과거를 연구하는 일이 지닌 가치이다. 현재는 과거의 산물이며 동시에 미래의 씨앗이다. 바울은 로마서 15장 4절과 고린도전서 10장 6, 11절에서 우리가 악을 피하고 선을 위해 경쟁하게 하는 데 과거의 사건들이 도움이 된다고 상기시켜준다. 성직정치를 행한 중세 시대의 가톨릭교회를 연구해보면, 오늘날 개신교 안에 기어들어 오고 있는 교회만능주의 안에 도사린 위험을 파악할 수 있다. 여러 새로운 분파들이 출현하고 있지만, 실상 새로운 가면을 쓴 과거의 이단들임이 드러날 것이다. 초대교회 안에 있었던 영지주의와 중세 시대의 카타리파(Cathari)를 연구해보면, 크리스천사이언스(Christian Science)를 더 잘 파악할 수 있다. 많은 사람이 성경과 교회사를 알지 못하기 때문에 그릇된 신학이나 옳지 않은 관습을 옹호하고 있다.

4) 동기부여 요인이 되는 교회사　　교회사는 높은 수준의 영성생활을 하도록 자극하게 될 덕성 함양, 영감, 또는 열심을 제공하기도 한다. 바울은 과거에 대한 지식이 기독교인의 삶에 소망을 줄 것이라고 믿었다(롬 15:4). 만일 정치 사회와 성직 사회의 악에 대항하여 그리스도를 위해 일어설 힘을 하나님이 주지 않으셨다면, 밀라노의 감독 암브로스(Ambros)는 황제 테오도시우스(Theodosius)가 데살로니가 사람들을 학살한 일을 회개하지 않으면 성찬을 베풀지 않겠다고 고집할 수 없었을 것이다. 웨슬리가 평생 말을 타고 수천 마일을 여행하면서 일만 번 이상 설교할 수 있게 만든 근면함과 추진력이 된 것은 웨슬리보다 더 좋은 여행 수단과 연구 방편을 가지고 있으면서도 그것들을 제대로 이용하지 않는 기독교인들에 대한 질책과 도전이었다. 우리는 라우센부쉬의 신학에 동의하지 않지만, 복음을 사회 문제에 적용하려 한 그의 열정에 감동하지 않을 수 없을 것이다. 캐리(Carey)의 일대기는 과거에도 선교 사역을 향한 감동이 되었으며 현재도 그러하다. 교회사의 전기적인 측면은 학생들에게 감동과 도전을 준다.

자신의 영적 조상에 대해 알게 되는 과정에서 덕성이 함양되기도 한다. 우리가 훌륭한 국민이 되기 위해서 고국의 역사를 연구해야 하듯이, 기독교인들은 자신의 영적 가계(家系)를 알아야 한다. 기독교의 발생과 발달을 보여주는 과정에서 교회사와 신약성경의 관계는 신약성경과 구약성경의 관계와 같다. 기독교인은 성경적 진리를 알아야 하듯이, 기독교의 성장과 발달의 주요 윤곽을 알아야 한다. 그래야만 자신이 그리스도의 몸의 일부라는 의식을 갖게 될 것이다. 그리스도의 몸에는 바울 같은 사람. 끌레르보의 베르나르 같은 사람, 어거스틴 같은 사람, 루터 같은 사람, 웨슬리 같은 사람, 부스 같은 사람 등이 포함된다. 역사의 연속성을 아는 데서 생겨나는 일체감은 영적 부유함으로 이어질 것이다.

지나간 시대에 교회가 지녔던 불멸의 특성을 이해하게 되면, 현재 박해가 진행되고 있는 국가들 안에 있는 교회의 장래를 염려하지 않게 될 것이다. 표면적인 박해, 불신앙의 관료주의, 또는 거짓 신학 등은 교회 안의 신앙부흥 역사에서 드러나는 영원한 중생의 능력에 맞설 수 없었다. 심지어 세속 역사가들도 웨슬리의 신앙부흥을 영국을 프랑스 혁명과 버금가는 사건에서부터 구한 요인으로 간주한다. 세속주의 시대에 교회사 연구는 안정하게 하는 영향력을 제공한다. 왜냐하면, 사람들은 복음으로 말미암아 변화된 사람들의 삶을 통해 역사하시는 하나님의 능력을 보기 때문이다.

그러나 특정 지역에서는 내적인 부패와 견딜 수 없는 외적 압력 때문에 교회가 멸망할 수도 있음을 기억해야 한다. 고대 카르타고의 교회, 7세기 중국의 경교(景敎), 16세기 일본의 가톨릭교회 등은 사라졌다.

복음 전도자, 목사, 교사 등 모든 기독교 사역자들이 교회사를 공부하는 것은 실질적인 가치가 있다. 조직신학의 역사적 발달을 공부한 학생은 조직신학을 훨씬 쉽게 이해할 수 있다. 니케아 공의회로부터 680년에 개최된 콘

5) **실질적인 도구가 되는 교회사**

스탄티노플 공의회에 이르는 시대의 역사를 알지 못하고서는 삼위일체론, 기독론, 죄, 구세론 등의 교리를 제대로 이해하지 못할 것이다.

교회사를 공부하는 학생은 설교를 위한 풍부한 예화 자료를 소유한다. 기독교적 조명과 성경의 영감을 동일한 수준에 놓는 맹목적인 신비주의의 위험을 알려주는 경고를 찾는 학생이 있는가? 그렇다면 중세 시대 신비주의 운동이나 초기 퀘이커주의를 공부하라. 성경의 가르침을 연구하고 적용하는 데 동반되지 않는 정통주의의 위험을 알고자 하는 학생은 1648년 이후 루터주의 내의 냉랭한 정통주의 시대에 주목하라. 그 시대에 경건주의라는 반작용이 일어났다. 그것은 성경을 진지하게 공부하는 것과 일상생활 속에서 실질적인 경건생활을 하는 것을 강조한 운동이었다.

6) 자유롭게 해주는 요인이 되는 교회사

마지막으로 교회사에는 문화적 가치가 있다. 서양 문명의 발달에서 기독교가 발휘한 역할에 대한 이해가 없으면 서양 문명의 역사는 불완전하며 이해할 수 없다. 인류의 역사와 그 종교 생활의 역사는 결코 분리될 수 없다. 역사적으로 기독교를 제거하려는 폭군들의 노력은 거짓 종교라는 대체물을 낳았다. 히틀러와 스탈린은 인종과 신분 계층을 강조함으로써 국가통제주의라는 자기들의 체계에 종교적 요소를 부여했다.

교회사를 연구한 학생은 교파적으로 편협하게 행동할 수 없을 것이다. 그는 그리스도의 참된 몸이 모든 시대를 초월하여 소유하는 통일성을 감지할 것이다. 또한 과거의 영적 거인들을 만날 때, 그리고 그들에게서 얼마나 많은 은혜를 입고 있는지 깨달을 때 그는 겸손해질 것이다. 그는 사소한 문제들에 관해 자신과 의견을 달리하지만, 바울이 사도행전 17장 2~3절과 고린도전서 15장 3~4절에서 강조한 것처럼 그리스도의 대속적인 죽음과 부활 등의 근본적인 신앙 교리에 대해 의견을 같이하는 사람들에게는 관용하는 태도를 보일 것이다.

편의상 교회사를 다음과 같이 주제별로 체계화할 수 있다.

1. 정치적 요소에는 교회와 국가, 그리고 교회의 세속적 환경 사이의 관계들이 포함된다. 나폴레옹이 프랑스 혁명에서 민주적 요소를 제거하고 프랑스인 다수의 종교였던 가톨릭교회만이 역할을 발휘할 수 있는 새로운 권위주의적 체계를 세웠음을 이해하지 못한다면, 1790년 성직자들의 공민헌장(Civil Constitution of the Clergy)으로 말미암아 야기된 상황에서부터 1801년 나폴레옹의 협약 때문에 야기된 상황으로의 변화에 함축된 프랑스의 정책상 역전을 이해할 수 없을 것이다. 교회사를 제대로 해석하려면 역사 속에서 작용하는 정치적, 사회적, 경제적, 그리고 심미적 요소를 이해해야 한다. 그러한 배경은 그것이 적용되는 지점에서 마련될 것이다.

2. 기독교 신앙의 전파를 무시해서는 안 된다. 여기에는 세계선교, 국내선교, 도시선교, 그리고 복음이 사람들에게 전달되는 모든 특별한 기법에 대한 이야기도 포함된다. 선 이야기에는 영웅들과 순교자들이 등장하는데, 그 이야기는 교회사에 없어서는 안 될 필수적인 부분이다. 기독교가 개인에게서 개인에게로 전해진다는 것, 그리고 주님께 충성하는 교회가 무한한 가능성을 지닌다는 것은 기독교 신앙 전파에 관해 연구해보면 드러난다.

3. 복음 전파로 말미암아 교회에 대한 여러 번의 박해가 있었다. 박해는 정치적-교회적인 유대 국가에 의해 시작되었으며, 데키우스와 디오클레티아누스 때에는 제국적인 차원에서 이루어졌으며, 이슬람의 정책에 포함되기도 했고, 현대 세속적 전체주의 국가에 의해 되살아나기도 했다. 박해에 대해 연구해보면 "기독교인들이 흘린 피는 (교회를) 낳은 씨앗이다"라는 터툴리안의 말이 진리임이 드러난다. 이 갈래의 교회사는 우리를 낙심하게 하기는커녕 오히려 교회가 박해의 시대나 그 직후에 가장 크게 발전했음을 보여준다.

4. 정체(政體)도 교회사의 한 갈래이다. 그것은 교회의 통치 형태에 대한 연구이다. 그것은 감독들(감독제도), 장로들(장로주의), 대표들에 의한 민주정체보

4. 교회사의 구조

1) 교회사의 갈래

다 더 직접적인 체계 안에 있는 회중(회중파), 또는 이 세 가지 체계를 수정한 정체를 기준으로 하는 교회 통치에 대한 고려를 필요로 한다. 목회자의 지위, 그리고 성직자와 평신도의 구분 등에 대한 고려 역시 여기에서 다루어진다. 종규(宗規)와 예배 형태 등도 정체와 관련된 것이다.

5. 교회가 이단과 싸우며 자신의 위치를 생각해내는 것과 관련된 논증법이 교회 발달의 중요한 면이다. 여기에는 이단을 대적하는 것, 그리고 이단에 대한 반응으로 교회의 신조와 기독교 문헌을 작성한 것에 대한 연구가 포함된다. 국가가 삶의 중심이 되어야 한다는 주장에 반응한 저스틴의 저서이든지 다양한 형태의 영지주의 이단을 폭로하는 이레네우스의 저서이든지 교부들의 문헌은 특히 논쟁 연구를 위한 풍성한 분야이다. 대부분의 신학 체계는 당면한 필요성을 충족시키기 위해 싸우던 시대에 형성되었다. 325년부터 1451년, 1517년부터 1648년 사이에 특별히 논쟁이라는 문제가 포함된다. 칼빈은 가톨릭주의의 오류를 피할 수 있는 성경신학을 마련하기 위해서 자신의 신학 체계를 전개했다.

6. 우리가 연구해야 하는 또 하나의 갈래는 관례(praxis)라고 부를 수 있다. 그것은 신앙생활에서의 실질적인 성취에 대한 고려이다. 이 분야의 교회사에서는 가정생활, 자선 행위, 일상생활에 미치는 기독교의 영향 등을 다룬다. 여기에는 교회의 생활방식도 포함된다.

7. 진리를 소개하는 문제에 관심을 기울이지 않는 기독교는 계속 성장할 수 없었다. 진리 소개에는 교회의 교육 체계, 찬송가학, 전례(典禮), 건축, 예술, 설교 등에 대한 연구도 포함된다.

각각의 분야에 대해서는 그 분야가 가장 중요한 위치를 차지한 시대를 다룰 때 논의하겠지만, 어느 시대에서나 이 모든 분야를 상세하게 다루지는 않을 것이다. 각각의 분야가 매력적인 연구의 중심이 될 수 있으므로, 필요한 일반적인 배경을 가지고 있는 사람은 개인적으로 스스로 연구할 수 있을 것이다.

역사가 "솔기 없는 옷"과 같다는 것을 학생들은 기억해야 한다. 이것은 역사란 시간과 공간이라는 틀 안에서 진행되는 연속적인 사건들의 흐름이라는 의미이다. 그러므로 교회사를 시대별로 구분하는 것은 단지 자료들을 다루기 쉽게 세분하여 학생들이 중요한 사실들을 기억하는 데 도움을 주려는 인위적인 수단에 불과하다. 로마제국의 백성들이 고대 시대의 어느 날 밤 잠자리에 들었다가 중세 시대인 다음 날 아침에 깨어난 것이 아니다. 역사적으로 시대별로 특징적인 인생관과 인간의 행위에 대한 견해가 있으며, 그것들은 시대가 흐르면서 점진적으로 변화한다. 역사를 시대별로 구분하면 기억하는 데 도움이 되며, 한 번에 한 시대씩 다루는 데 도움이 되고, 그 시대의 인생관을 제시해주기 때문에 역사를 연대순으로 구성하는 것이 가치가 있다.

2) 교회사의 시대 구분

(1) 고대교회사(B.C. 5-A.D. 590)

교회사의 첫 시대는 속사도 교회로부터 구 제국 가톨릭교회(Old Catholic Imperial Church)로의 성장, 그리고 로마가톨릭 체계의 출발을 보여준다. 활동의 중심지는 지중해 연안이었는데, 여기에는 아시아, 아프리카, 그리고 유럽이 포함된다. 교회는 문화적으로 그레코-로만 문명, 정치적으로는 로마제국이라는 환경에서 활동했다.

① *로마제국 내에서의 기독교의 전파(A.D. 100년까지)*

이 시대를 다룰 때는 기독교가 등장한 배경에 관심을 기울인다. 그리스도의 삶과 죽음과 부활 안에 있는 교회의 기초, 그리고 유대인 사회에서 교회가 설립된 것 등은 기독교의 발생과 기원을 이해하는 데 중요한 역할을 한다. 바울을 비롯한 여러 사람이 이방인에게 복음을 전파한 일, 그리고 기독교가 유대교와는 다른 하나의 분파로 출현하기 전에 유대교라는 강보 안에서 성장한 것, 그리고 예루살렘 공의회에서 그 강보를 벗어버린 일도 있었다. 또 이 시대에 사도들이 행한 주요 역할에 관해서도 관심을 기울여야 한다.

② 구 제국 가톨릭교회의 생존 투쟁(100~313)

이 시대의 교회는 외부로부터의 박해, 즉 로마제국의 박해에 직면하여 존속하는 일에 관련되어 있었다. 순교자들과 호교론자들은 이러한 표면적인 문제에 대한 교회의 대답이었다. 동시에 교회는 이단이라는 내적인 문제에 대처해야 했으며 논쟁적인 교회 저술가들은 이단에 대한 대답을 제공했다.

③ 구 제국 가톨릭교회의 지상권(313~590)

이 시대에 교회는 콘스탄티누스 대제 시대에 국가와 화해한 것과 테오도시우스 시대에 국가와 연합한 것에서 비롯된 여러 가지 문제에 직면했다. 얼마 후 교회는 국가의 지배를 받게 되었다. 로마 황제들은 그리스-로마 문화를 구하기 위한 통일된 국가를 소유하기 위해서 통일된 교의를 요구했다. 그러나 박해 시대의 기독교인들은 전체적인 교의를 작성할 시간을 소유하지 못했다. 그 후 신조에 관한 오랜 논쟁 시대가 이어진다. 과학적 정신을 가진 헬라 교부들과 라틴 교부들의 저술은 신학적 분쟁에 따른 당연한 결과이다. 기성 교회가 세속화하는 데 대한 반작용이요 항의로서 수도원운동이 출현했다. 이 시기는 조직적 발달의 시기로서 감독직이 강화되고 로마 교황의 세력이 증대되었다. 이 시대가 종식되면서 구 제국 가톨릭교회는 실질적으로 로마가톨릭교회가 되었다.

(2) 중세교회사(590~1517)

이제 활동의 무대는 남유럽에서 북유럽과 서유럽으로 옮겨간다(대서양 연한). 중세 교회는 많은 튜턴족 이민들을 기독교로 개종시키고, 그리스-로마 문화와 기독교를 튜턴족의 제도와 융합하기 위해 노력했다. 아울러 중세 교회는 교황 지상권 아래 그 조직을 더욱 중앙집권화했으며, 성례적-성직 정치적 체계를 발전시켰다.

① *제국의 발흥과 라틴-튜턴 기독교(590~800)*

그레고리 1세(Gregory 1)는 로마제국 내에 있는 많은 튜턴족 침입자들에게 복음을 전하는 과업에 치중했다. 이 시대에 동방교회는 아시아와 아프리카에서 교회의 영역을 잠식하던 경쟁 종교인 이슬람의 위협에 직면해 있었다. 옛 로마제국을 계승한 튜턴족 후계자인 샤를마뉴의 카롤링거 제국의 조직 안에서 점차 교황과 튜턴족의 동맹이 이루어졌다. 이 시대는 엄청난 손실의 시대였다.

② *교회와 국가의 관계 변화(800~1054)*

이 시기에 교회 내에서 최초의 분열이 발생했다. 1054년 이후 그리스 정교회는 8세기에 다마스쿠스의 요한이 제기한 정적(靜的)인 신학을 택하여 나름의 길을 갔다. 이 시기에 서방 교회는 봉건화되었으며, 로마교회와 국가의 관계에 관해 교황과 황제 모두 받아들일 수 있는 정책을 이룩하고자 노력했으나 성공하지 못했다. 동시에 클뤼니의 개혁자들은 로마교회 내에 횡행하는 악을 바로잡으려는 목표를 세웠다.

③ *교황권 지상주의(1054~1305)*

중세 로마가톨릭교회는 그레고리 7세(힐데브란트)와 이노센트 3세의 지도로 그 권력의 절정에 달했으며, 유럽에서 가장 강력한 군주에게 치욕을 줌으로써 교회의 요구를 관철하는 데 성공했다. 교황은 십자군 원정으로 명성을 획득했으며, 수도사들과 탁발 수도사들은 가톨릭 신앙을 전파하고 교회에 반대하는 사람들의 마음을 돌려놓았다. 토마스 아퀴나스는 스페인의 아랍인들에 의해 도입된 아리스토텔레스에 관한 지식과 기독교를 융합하여 대작을 저술했는데, 이 책은 가톨릭 신학의 권위 있는 표현으로 인정되었다. 고딕 양식의 성당은 그 시대의 초자연적이고 내세적인 관념을 표현했으며, 신자들에게 "돌 속에 표현된 성경"을 제공했다. 다음 시대에 로마가톨릭교회는 권력의 절정에서 추락하게 된다.

④ 중세가 저물고 현대가 밝아오는 시대(1305~1517)

타락한 교회 제도를 개혁하려는 내부의 시도가 신비주의자들에 의해 이루어졌다. 그들은 지나치게 제도화한 종교를 개인화하려 했다. 또 위클리프(John Wycliffe)와 후스(John Hus) 등 초기 개혁자들, 개혁 종교회의, 성경적 인문주의자들도 개혁을 시도했다. 지리적으로 넓어져 가는 시대, 르네상스 시대의 세속적이고 지적인 새로운 관점, 민족국가들의 발흥, 중산층의 등장 등은 퇴폐하고 부패한 교회를 방관하지 않았다. 로마가톨릭교회가 자체의 내부 개혁을 거부했기 때문에 종교개혁이 일어났다.

(3) 현대교회사(1517년 이후)

이 시대는 개신교 국교회를 낳은 분파주의, 그리고 19세기에 선교의 물결에 의해 기독교 신앙이 세계에 전파됨으로 말미암아 도래했다. 활동 무대는 이제 지중해나 대서양 연안이 아닌 전 세계가 되었다. 1995년에는 기독교가 우주적이고 전 세계적인 종교가 되었다.

① 종교개혁과 반종교개혁(1517~1648)

이전 시대에 로마가톨릭교회에 의해 억제되었던 반발이 이 시대에 폭발했으며, 새로 민족적이고 자유로운 프로테스탄트 교회들—루터파, 성공회, 칼빈파, 재세례파 등—이 출현했다. 결과적으로 가톨릭교회도 개혁을 고려하게 되었다. 가톨릭교회는 트리엔트 공의회와 예수회와 종교재판소 등 반종교개혁 운동을 통해 유럽에서 프로테스탄트주의의 전파를 억제했고, 중남미와 필리핀과 베트남에서 우위를 확보하며 부흥을 경험하게 되었다. 이 두 운동은 베스트팔렌 조약(1648)의 체결로 30년전쟁이 종식된 후에 비로소 안정을 찾고 자기들이 확보한 유익을 강화했다.

② 합리주의, 신앙부흥운동, 교파주의(1648~1789)

이 시기에 청교도들에 의해 칼빈주의의 견해가 북아메리카에 전파되었다. 영국인들은 이신론(理神論)으로 표현된 합리주의를 유럽 대륙에 전했다. 한편 대륙에서 일어난 경건주의가 정통주의에 대한 해답임이 증명되었다. 그 운동이 영국에서는 퀘이커운동과 웨슬리 운동으로 표현되었다.

③ 신앙부흥운동, 선교, 모더니즘(1789~1914)

19세기 초에 가톨릭교회의 부흥이 있었다. 이에 필적하는 개신교 신앙부흥으로 말미암아 유럽의 여러 국가에서 해외선교의 물결이 일어났고, 그로 말미암아 국내의 사회개혁이 이루어졌다. 이 시대 후반기에 합리주의와 진화론의 물결에 밀려 "성경과의 결별"이 발생했는데, 그것은 종교적 자유주의로 표현되었다.

④ 긴장 상태의 교회와 사회(1914년 이후)

세계 대부분 지역에서 교회는 세속적인 국가, 때로는 전제주의 국가라는 문제에 직면했다. 20세기 초의 감상적인 모더니즘이 물러가고 신정통주의가

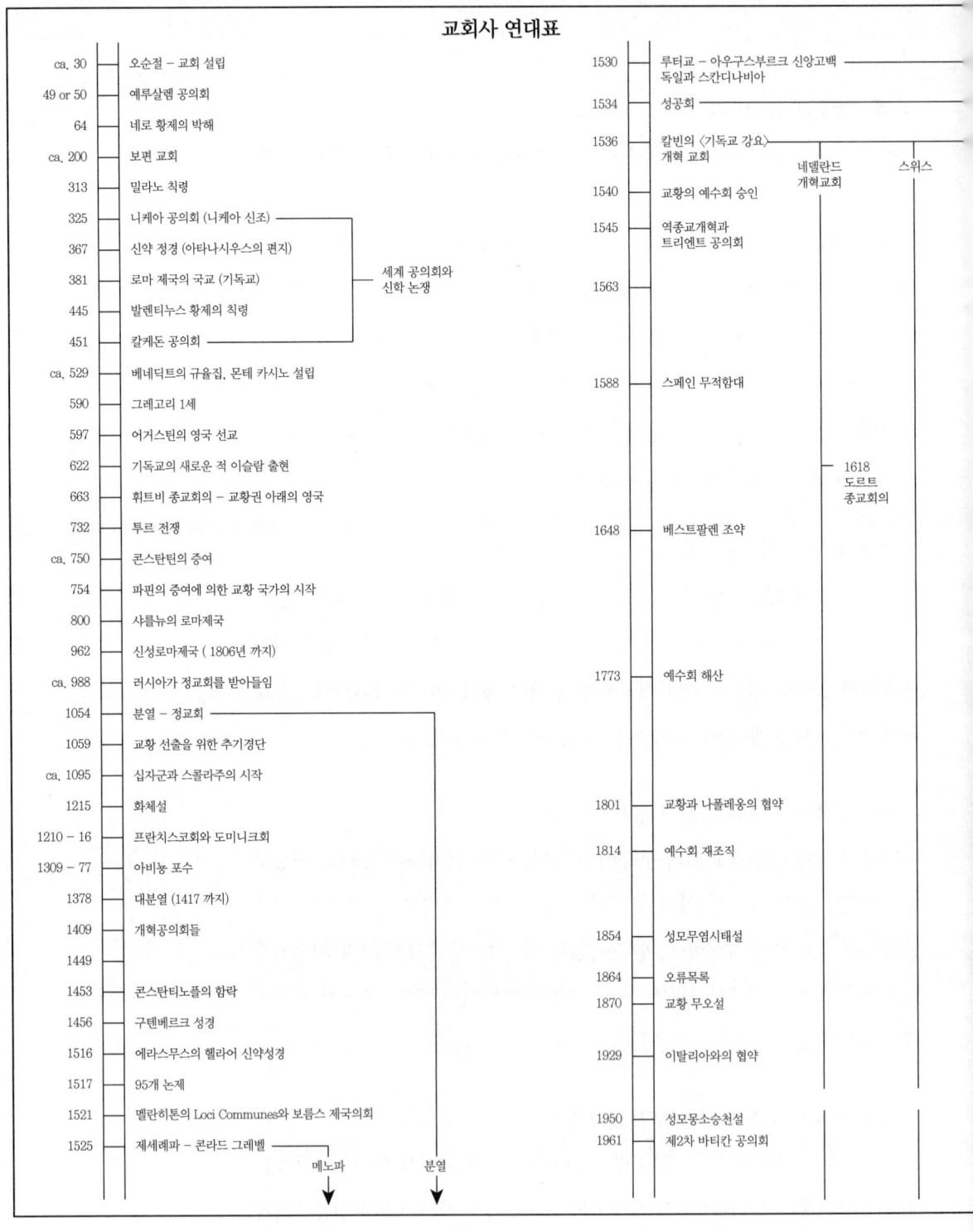

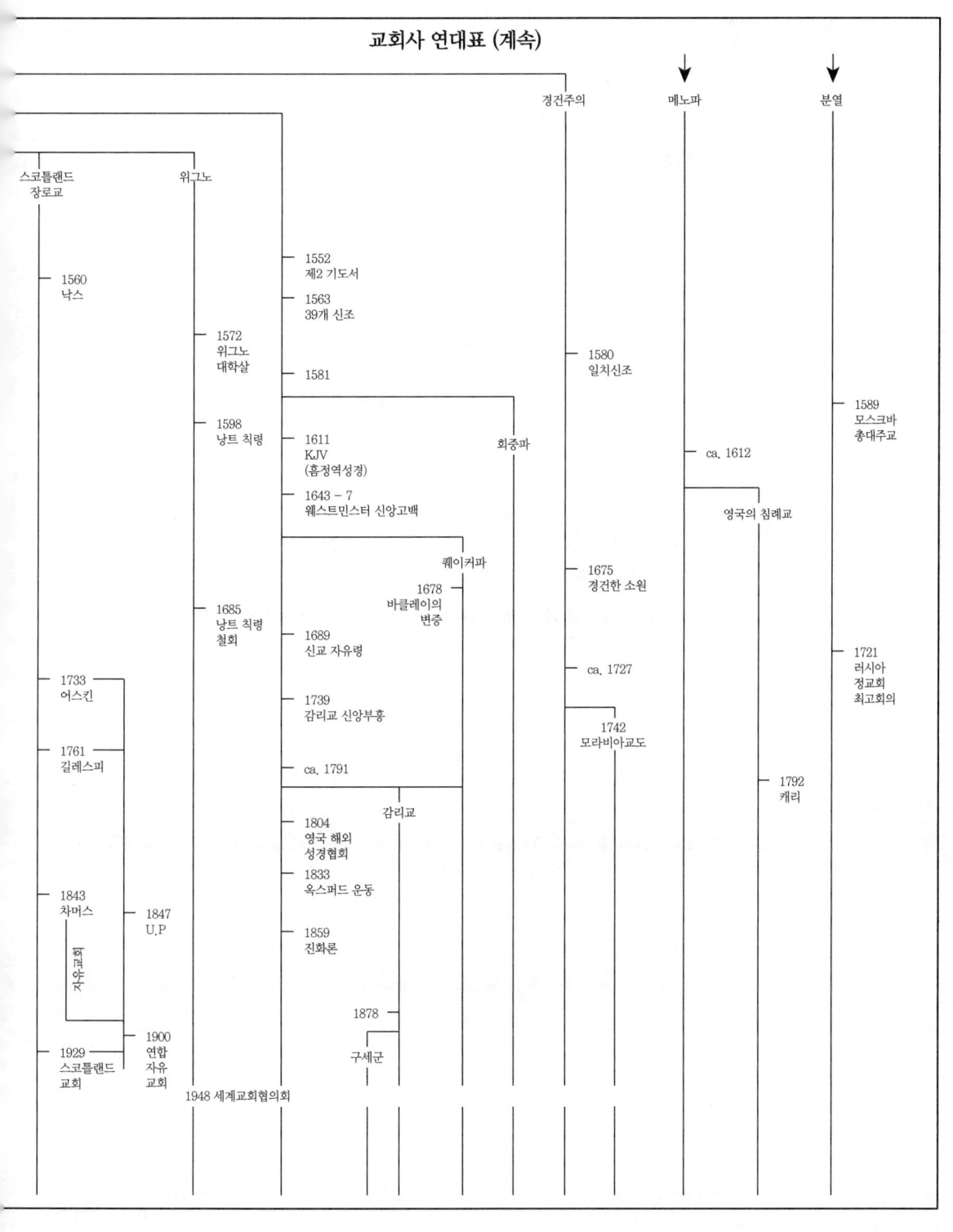

등장했다. 교회의 재결합을 추구하는 운동이 계속되고 있으며, 복음주의의 물결이 높아지고 있다.

이상과 같은 교회사의 기본 갈래들을 배우고, 종종 재고해보는 것이 유익할 것이다. 연대표는 사건들과 인물들과 각종 운동을 연결하는 데 유익하다.

참고문헌

1. 교회사

American Historical Association. *Guide to Historical Literature*. New York: Macmillan, 1961.

Case, Shirley J., ed. *A Bibliographical Guide to the History of Christianity*. Chicago: University of Chicago Press, 1931.

2. 일반 자료

Ayers, David and R. S. T. Fisher. *Records of Christianity*. New York: Barnes and Noble, 1971.

Baillie, John, John T. Mcneill, and H. P. Van Dusen, eds, *The Library of Christian Classics*. 26 vols. Philadelphia: Westminster, 1953-69.

Baldwin, Marshall W. *Christianity Through the Thirteenth Century*. New York: Harper, 1970.

Barry, Colman J. *Readings in Church History*, 3 vols. Westminster, Md.: Newman, 1965.

Bettenson, Henry, ed. *Documents of the Christian Church*. 2d ed. New York: Oxford University Press, 1963.

Defarrari, Roy J., ed. *The Fathers of the Church*. 60 vols. Washington: Catholic University of America Press, 1947.

Kidd, Beresford J. *Documents Illustrative of the History of the Church*. 3 vols.

London: SPCK, 1920-41.

Leith, John H. ed. *Creeds of the Churches*. Rev ed. Richmond: John Knox, 1973.

Petry, Ray C., and Manschreck, Clyde L, eds. *A History of Christianity*. 2 vols. Eaglewood Cliffs. N.J.: Prentice-Hll, 1964.

Roberts, Alexander, and Donaldson, James, eds. *The Ante-Nicene Fathers*. 10 vols. Grand Rapids: Eerdmans, 1951.

Shaff, Philip, *Creeds of Christendom*. 3 vols, 6th ed. New York: Scribner, 1890.

Shaff, Philip. ed. *A Select Library of the Nicene and Post-Nicene Fathers of the Church: First Series*. 14 vols. Buffalo: Christian Literature, 1886-90.

Shaff, Philip, and Henry Wace, eds. *A Select Library of Post-Nicene Fathers of the Christian Church: Second Series*. 14 vols. Buffallo : Christian Literature, 1890-1900.

Stevenson, A. J., ed. *A New Eusebius*. New York: Mcmillan, 1957.

___. *Creeds, Councils, and Controversies*. New York: Seabury, 1966.

3. 교회사의 역사

Barnes, Harry E. *A History of Historical Writings*. Norman Okla. University of Oklahoma Press, 1937.

Bowden, Henry, ed. *A Century of Church History*. Carbondale, Ill.: Southern Illinois University Press, 1988.

Cairns, Earle E. *God and Man in Time*. Grand Rapids; Baker, 1979.

Foakes-Jackson, Frederick J. *A History of Church History*, Cambridge, England: Heffer, 1939.

Guilday, Peter, ed. *Church Historians*. New York: Kenedy, 1926.

Jedin, Hubert, and John Dolan, eds. *The Handbook of Church History*. New York: Herder, 1965.

4. 정기간행물

American Catholic Historical Association. *The Catholic Historical Review*. Washington: Catholic University of America Press, 1915.

American Society of Church History. *Church History*. Chicago: American Society of Church History, 1932.

5. 사전과 백과사전

Brauer, Jerald, ed. *The Westminster Dictionary of Christian Church*. Philadelphia: Westminster, 1971.

Cross, Frank, and E. A. Livingstone, eds. *The Oxford Dictionary of the Christian Church*, 2d ed. London: Oxford University Press, 1974.

Douglas, J. D, ed. *The International Dictionary of the Christian Church*. rev. ed. Grand Rapids: Zondervan, 1978.

Eggenberger, David, ed. *The New Catholic Encyclopedia*. 16 vols. Washington, D.C.: Catholic University of America Press, 1967-74.

Hasting, James, ed. *Encyclopedia of Religion and Ethics*. 13 vols. New York: Scribner, 1908-26.

Hammack, Mary L. *A Dictionary of Women in Church History*. Chicago: Moody, 1984.

Moyer, Elgin S. and Earle E. Cairns. *Wicliffe Biographical Dictionary of the Church*. Rev. and enl, ed. Chicago: Moody, 1982.

Wace, Henry, and William C. Piercy, eds. *A Dictionary of Christian Biography and Literature*. London: Murray, 1911.

6. 지도

Anderson, Charles. Augsburg *Historical Atlas*. Minneapolia: Augsburg, 1967.

Gaustad, Edwin S. *Historical Atlas of Religion in America*. Rev. ed. New York: Harper, 1979.

Jedin, Hubert, Kenneth S. Latourette, and J. Martin. *Atlas Zur Kirchengeschichte*. Freiburg, Ger.: Herder, 1970.

Littel, Freaklin H. *The Macmillan Atlas History of Christianity*. New York: Macmillan, 1976.

Shepherd, William R. *Historical Atlas*. 8th ed. New York: Barnes and Noble,

1956.

7. 교회사 요약

Cameron, Richard M. *Outlines of the Early and Medieval History of the Christian Church*. Boston: published privately, 1943.

____. *Outlines of the Reformation and Modern History of the Christian Church*. Boston: published privately, 1943.

Walton, Robert C. *Chronological and Background Charts of Church History*. Grand Rapids: Zondervan, 1986.

8. 교회사 교재

Bainton, Roland H. *Christendom: A Short History of Christianity and Its Impact on Western Civilization*. Rev. ed. New York: Harper, n.d.

Broadbent, E. H. *The Pilgrim Church*. London: Pickering and Inglis, 1931.

Bruce, F. F., ed. T*he Advance of Christianity Through the Centuries*. 8 vols. Grand Rapids: Eerdmans, 1958-68.

Chadwick, Owen, gen, ed. *History of the Christian Church*. 6 vols. Harmondsworth, Middlesex: Penguin, 1960-70.

Clarke, C. P. S. *A Short History of the Christian Church*. London: Longmans, 1929.

Clouse, Robert G., Richard V. Pierard, and Edwin M. Yamauchi. *Two Kingdoms*. Chicago: Moody Press, 1993.

Daniel-Rops, Henri. *The History of the Christian Church*. 10 vols. New York: Dutton, 1957-67.

Dolan, John P. *Catholicism*. Woodbury, N.Y.: Barron's Educational Series, 1968.

Dowlley, Tim, ed. *Eerdman's Handbook to the History of Christianity*. Grand Rapids: Eerdmans, 1990.

Fisher, Geroge P. *History of the Christian Church*. New York: Scribner, 1887.

Isichei, Elizabeth. *A History of Christianity in Africa*. Grand Rapids: Eerdmans, 1995.

Jacobs, Charles M. *The Story of the Christian Church*. Rev. ed. Philadelphia: Muhlenberg, 1947.

Johnson, Paul. *A History of Christianity*. New York: Atheneum, 1977.

Kromminga, D. H. *A History of the Christian Church*. Grand Rapids: Eerdmans, 1945.

Latourette, Kenneth S. *A History of Christianity*. New York: Harper, 1953.

___. *A History of the Expansion of Christianity*. 7 vols. Grand Rapids: Zondervan, 1970.

___. *Christianity in a Revolutionary Age*. 5 vols. Grand Rapids: Zondervan, 1969.

Manschreck, Clyde L. *A History of Christianity in the World*. Englewood Cliffs, N.J.: Prentice-Hall, 1974.

McManners, John, ed. *The Oxford History of Christianity*. New York: Oxford, 1993.

Meyer, Carl S. *Church History From Pentecost to the Present*. Chicago: Moody, 1970.

Nagler, Arthur W. *The Church in History*. New York: Abingdon, 1929.

Newman, Albert H. *A Manual of Church History*. 2 vols. Rev. ed. Chicago American Baptist Publication Society, 1931-33.

Qualben, Lars P. *A History of the Christian Church*. New York: Nelson, 1933.

Rowe, Henry K. *History of the Christian People*. New York: Macmillan, 1931.

Shaff, Philip. *History of the Christian Church*. 8 vols. Reprint. Grand Rapids: Eerdmans, 1960.

Sweet, William W. *Makers of Christianity*. 3 vols. New York: Henry Holt, 1934-37.

Tucker, Ruth A. *From Jerusalem to Irian Jaya*. Grand Rapids: Zondervan, 1983.

___.*Guardians of the Great Commission*. Grand Rapids. Zondervan, 1988.

Tucker, Ruth A., and Walter Liefeld. *Daughters of the Church*. Grand Rapids: Zondervan, 1987.

Vos, Howard. *An Introduction to Church History*. Rev. and enl. ed. Chicago: Moody, 1988.

Nichols, Robert H. *The Growth of the Christian Church*. Philadelphia: Westminster, 1930.

Walker, Williston. *A History of the Christian Church*. 3nd ed. New York. Scribner, 1970.

9. 교리사

Gonzalez, Justo. *The History of Christian Thought*. 3 vols. Nashville: Abingdon, 1975.

Kerr, Hugh T. ed. *Readings in Christian Thought*. Nashville: Abingdon, 1966.

McGrath, Alastair, ed. *The Blackwell Encyclopedia of Christian Thought*. Oxford: Blackwell, 1993.

Neve, Juergen L., and Otto W. Heick. *A History of Christian Thought*. Rev ed. 2 vols. Philadelphia: Fortress, 1965-66.

Pelikan, Jaroslav. *The Christian Tradition: A History of the Development of Doctrine*. Chicago: University of Chicago Press, 1971.

10. 선교사

Glover, Robert. *The Progress of Worldwide Missions*. Rev. and enl, ed. by J. Herbert Kane. New York: Harper, 1960.

Kane J. Herbert. *A Global View of Missions*. Grand Rapids: Eerdmans, 1971.

___. *Understanding Christian Missions*. 4th ed. Grand Rapids: Baker, 1986.

Labourette, Kenneth S. *A History of the Expansion of Christianity*. 7 vols. New York: Harper, 1937-45.

Neill, Stephen S. *A History of Christian Missions*. 2d ed. New York: Bantam Books, 1986.

Olson, C. Gordon. *What in the World is God Doing?* Cedar Knolls, N.J.: Global Gospel Publishers, 1989.

Thiessen, John C. *A Survey of World Missions*. 3nd ed. Chicago: Moody, 1961.

11. 기독교 문학

Hurst, George L. *An Outline of the History of Christian Literature*. New York: Mcmillan, 1926.

12. 기독교 예술과 건축

Gardner, Helen. *Art Through the Ages*. Rev. ed. New York:Harcourt, Brace, 1959.

제1부

고대교회사

B.C. 5~A.D. 590

제국 내의 기독교 전파(100년까지)
구 제국 가톨릭교회의 생존 투쟁(100~313)
구 제국 가톨릭교회의 지상권(313~590)

제1장

때가 차매

바울은 갈라디아서 4장 4절에서 그리스도가 인간의 모습으로 세상에 오시기 전의 시대, 즉 하나님의 섭리에 의한 역사적인 준비 시대에 주의를 환기한다: "때가 차매 하나님이 그 아들을 보내사." 마가도 세상에 모든 것이 준비된 후에 그리스도가 오셨음을 강조한다(막 1:15)[1] 교회사를 공부할 때 그리스도가 세상에 오시기 전에 있었던 사건들을 고려해보면 바울과 마가의 진술이 진실임을 인정하게 된다.

이 주제에 관한 대부분의 논의에서는 유대인뿐만 아니라 헬라인과 로마인들도 그리스도의 출현을 위한 종교적 준비에 공헌했다는 사실이 잊히어왔다. 헬라인과 로마인들이 역사를 발달시켜왔으므로 그리스도는 자신이 이 세상에 탄생하기 전이나 탄생한 후에는 전혀 가능하지 못했던 방법으로 역사에 최대의 충격을 주실 수 있었다. 이제 이들의 다양한 공헌에 대해 생각해보기로 한다.

그리스도가 세상에 오시기 전에 정치적으로 역사에 기여한 사람들은 주로

1. 환경

1) 로마인들의 정치적 공헌

---

[1] 동일한 사상을 보려면 *Epistle to Diognetus*, chaps. 8-9, and Origen, *Against Celsus*, 2.30을 보라.

로마인들이었다. 하나님은 자기의 뜻을 이루기 위해 우상 숭배, 신비 종교, 황제 숭배 등을 행한 로마인들을 사용하신 것이다. 물론 그들은 하나님을 알지 못했다.

  1. 로마인들은 그 전의 민족들과는 달리 보편 법칙 아래서 인류가 하나라는 의식을 발달시켰다. 제국 내의 이러한 단결 의식은 모든 사람이 죄의 형벌 아래 있으며, 그들에게는 우주적 유기체인 그리스도의 몸, 즉 그리스도의 교회의 일부가 되게 해주는 구원이 제공된다는 사실 안에서 인류의 하나 됨을 선포하는 복음을 받아들이기에 우호적인 환경을 만들어냈다.

  고대 근동지방의 제국, 심지어 알렉산더 대왕의 제국도 정치적 조직 안에서 사람들에게 일체감을 주는 데 성공하지 못했다. 정치적 단결이 로마제국의 특별한 과업이 되었다. 로마 법정의 정의에 따라 제국 내의 로마인들과 신민들에게 로마법을 적용할 것이 강조되었다. 이 로마법은 초기 군주국가의 관습법에서 발전한 것이었다. 주전 5세기 공화정 시대에 이 법을 성문화한 것이 12표법(12表法, Twelve Tables)인데, 이것은 로마의 소년 교육의 필수과정이 되었다. 외국인이 연루된 소송을 다루는 책임을 맡은 외국인 담당 집정관(praetor peregrinus)들이 자신이 맡은 외국의 법을 잘 알게 됨에 따라 로마인들은 로마법의 위대한 원리가 로마가 아닌 다른 모든 국가들의 법의 일부이기도 하다는 인식을 갖게 되었다. 그리하여 로마의 관습에 기초를 둔 12표법은 다른 국가들의 법에 의해 보강되었다. 철학적 성향을 지닌 로마인들은 인간의 본성에 기록되었으며 합리적인 과정에 의해서 발견될 수 있는 원리들을 지닌 우주적 법이라는 그리스의 개념을 차용하여 이러한 유사점들을 설명했다.

  일체화라는 개념을 촉진하는 데 기여한 또 하나의 발전적 조처는 로마인이 아닌 사람에게도 시민권을 수여한 것이었다. 이 과정은 그리스도의 탄생 이전 시대에 시작되었으며, 212년에 카라칼라(Caracalla)가 로마제국 내의 모든 자유인에게 시민권을 수여함으로써 완료되었다. 로마제국에는 그 당시 역사적으로 중요한 지중해 연안 지역이 포함되어 있었기 때문에, 모든 사람이 하나의 법률 체계 아래 있었으며 한 국가의 시민이었다.

　서로 다른 종족 출신의 사람들을 하나의 정치 조직 안에 융합하려 하며, 개인의 권위, 그리고 로마 시민의 권리와 정의에 대한 권리를 강조하는 로마법은 죄에 대한 벌과 죄로부터 구원하는 구세주를 제시함으로써 인류의 하나됨을 전하는 복음을 예고하는 것이었다. 바울은 빌립보 교인들이 하늘나라의 시민임을 상기시켰다(빌 3:20).

　2. 아우구스투스(Augustus Caesar, 27 B.C.-A.D. 14) 황제가 통치하기 이전에 활동한 복음의 사자들에게 있어서 지중해 지역에서의 자유 운동들이 어려움을 주었을 것이다. 고대 세계는 여러 개의 경쟁적 소단위들, 즉 도시국가나 종족들로 분할되어 있었는데, 이것이 여행이나 사상 전파에 방해가 되었다. 로마제국의 건설 시기에 제국의 세력 확장과 더불어 지중해 연안의 국가들은 평화로운 발달 시대를 누렸다. 폼페이는 지중해 연안의 해적들을 소탕했고, 로마 군인들은 아시아와 아프리카와 유럽으로 가는 길의 평화를 유지했다. 이처럼 비교적 평화로운 세계였기 때문에, 초대 시대의 기독교인들은 쉽게 이곳저곳으로 이동하며 곳곳에서 복음을 전할 수 있었다.

　3. 로마인들은 로마의 광장에 있는 황금 이정표에서부터 방사선으로 제국 전역으로 뻗어 나간 도로망을 발달시켰다. 주요 도로들은 포장되었으므로 그 수명이 무척 길었다. 이러한 도로들이 언덕과 골짜기를 관통하여 제국의 먼 곳까지 뻗어 있었다. 바울의 전도여행을 연구해보면, 그가 이 훌륭한 도로망을 이용하여 로마제국의 전략적 중심지들을 여행했음을 알 수 있다. 로마의 도로 및 도로변에 위치한 전략적인 도시들은 바울의 선교 사역 성취에 없어서는 안 될 도움을 제공했다.

　4. 복음 전파에서 세계적인 조직이라는 이상의 발달과 로마 군대의 역할을

무시할 수 없다. 전쟁과 안일한 생활 태도 때문에 로마 시민들만으로는 군사들을 충원할 수 없었기 때문에 로마 군대는 속국의 백성들을 군사로 활용하는 관습을 채택했다. 그리하여 로마 문화에 접하게 된 속국의 백성들은 로마의 사상을 고대 세계 전역에 전파하는 데 도움이 되었다. 이들 중 일부는 기독교로 개종하여 자신의 근무지에 복음을 전파했다. 영국에 최초로 기독교가 전파된 것은 영국에 주둔했던 기독교인 군사들의 노력의 결과일 수도 있다.

5. 로마에 정복된 많은 민족은 자기들이 믿던 신들에 대한 신앙을 잃었다. 왜냐하면, 그 신들은 그들이 로마에 패배하지 않도록 지켜주지 못했기 때문이다. 그러한 사람들에게는 그 시대의 종교가 충족시켜줄 수 없는 영적 공백이 있었다.

그들의 잃어버린 종교 대신에 로마가 제공한 대체물들은 그들로 보다 더 영적인 종교에 대한 욕구를 더욱 강하게 느끼게 했을 뿐이다. 초대교회 시대에 등장한 로마 황제 숭배는 로마제국이라는 개념을 확실하게 하는 수단으로서만 호소력이 있었다.

영적인 도움과 정서적인 도움을 주는 데에는 이것보다 다양한 신비종교들이 더 효력이 있었다. 기독교는 이 신비종교들 안에서 가장 큰 경쟁자를 발견했다. 대모신(大母神) 키벨레(Cybele) 숭배는 프리지아(Phrygia)로부터 로마에 도입된 것이다. 이 풍요의 여신 숭배 의식에 키벨레의 배우자인 아티스(Attis)의 죽음과 부활을 표현한 드라마가 포함되는데, 이것이 백성들의 정서적 욕구를 충족시켜 주는 듯하다. 이집트에서 도입된 이시스(Isis) 숭배는 죽음과 부활을 강조한다는 점에서 키벨레 숭배와 흡사하다. 페르시아에서 도입된 미트라교(Mithraism)는 특히 로마 군인들에게 호소력이 있었다. 이 종교는 12월 축제, 기적적으로 탄생한 구원자인 미트라 신, 그리고 예배당과 예배 등을 가지고 있었다.

이 종교들은 모두 구원자-신을 강조했다. 키벨레 숭배에서는 황소를 제물로 바친 후 그 피로 숭배자에게 세례를 주는 것이 요구되었다. 미트라교에는 희생 제물을 먹는 의식이 포함되어 있었다. 이 종교들의 영향 때문에 기독교가 요구하는 것들은 약간 기이한 것처럼 보였다. 이 종교들이 행하는 피 흘리는 제사가 자기들을 위해 아무것도 해주지 못한다는 것을 발견한 사람들이 성령의 감화를 받아 기독교가 제공하는 실재를 받아들였다.[2]

지금까지 논의한 요인들을 검토해보면, 로마제국이 유아기의 기독교가 전파되는 데 바람직한 정치적 환경을 제공했다는 결론에 이르게 된다. 중세 시대의 교회도 로마제국의 영광을 제거하지 못했고, 교회의 체계 안에서 그 이상들을 영속화하려 했다.

로마가 기독교의 전파를 예비하는 데 크게 기여했지만, 그것은 그리스의

미트라교
고대 페르시아와 인도의 종교로서 로마 군인들 사이에서 유행했다. 미트라스는 거룩한 황소를 죽인 빛과 진리의 신이다.

2) 그리스인들의 지적 공헌

---

2) 최근 일부 학자들은 신비종교 안에서 기독교의 주요 전거들 중 하나를 발견해내려 했다. 그들의 견해에 의하면 바울은 예수의 단순한 윤리적 종교를 신비종교로 발달시켰다. 그러나 교회가 일찍이 이러한 종교들을 대적하여 싸웠으며 그것들과 관계를 갖지 않았음을 기억해야 한다(고전 8:5). 그러한 행위는 로마인들의 혼합절충주의적 경향과 현저하게 대조된다. 누구든 로마 시민으로서 황제 숭배의 의무를 이행하면 자신이 원하는 다른 종교를 신봉할 자유를 소유했다. 더욱이 기독교인들은 기독교를 다른 종교와 혼합하기를 거부했으므로 로마제국의 박해를 받았다. 여러 변증서를 읽어보면, 개인의 삶에 관한 기독교의 특이한 주장들 때문에 심한 박해를 받았음을 알 수 있다. 로마의 이교 세계는 이 새로운 종교가 다른 종교들과는 달리 그 윤리와 신학에서 타협하지 않는다는 것을 발견했다. 이러한 사실을 염두에 두고 보면, 바울이 그 시대에 유행한 다른 종교와 기독교를 혼합하여 절충했을 가능성이 없다.

정신이 제공한 지적 환경에 미치지 못한다. 로마 시가 기독교의 정치적 환경과 연관이 있다고 볼 수 있다면, 복음 전파에 도움을 준 지적 환경을 제공한 것은 아테네였다. 로마인들이 정치적으로는 그리스인들을 정복했지만, 호라티우스(Horace)가 자신의 시에서 지적한 것처럼 문화적으로는 그리스인들이 로마인들을 정복했다. 현실적인 로마인들은 도로와 다리와 공공건물을 건설했지만, 그리스인들은 고귀한 정신적 건축물들을 세웠다. 그리스의 영향 아래 초기 공화국의 평범한 전원 문화가 제국의 지적 문화에게 길을 비켜 주었다.

1. 세계적인 복음이 온 세상에 최대한의 영향을 미치기 위해서 세계적인 언어가 필요했다. 현대 세계에서 영어가 세계적인 언어가 되었듯이, 그리고 중세 스콜라 시대에 라틴어가 세계적인 언어가 되었듯이, 그리스어는 고대 세계의 세계적인 언어가 되었다. 로마제국이 등장할 무렵 대부분의 개화된 로마인들은 그리스어와 라틴어를 알고 있었다.

그리스어가 세계적인 언어가 된 과정은 대단히 흥미롭다. 기원전 5세기에 아테네 제국이 성장하면서 아테네인들이 사용하던 아티카어(Attic)가 널리 사용되었다. 이 제국은 5세기 말에 멸망했지만, 고전 그리스 문학에서 사용된 아테네인들의 방언은 알렉산더와 그의 군대, 그리고 기원전 338년부터 146년 사이에 헬레니즘 세계의 상인들이 사용하는 언어가 되었으며, 지중해 연안에서 수정되고 풍부해지고 널리 전파되었다.

그것은 고전 그리스어와는 다른 것으로서 코이네(Koine)라고 알려진 평민들의 언어였으며, 이를 통해서 기독교인들은 고대 세계의 여러 민족과 접촉할 수 있었고, 신약성경을 이 언어로 기록했으며, 알렉산드리아의 유대인들은 자기들의 구약성경인 70인역을 이 언어로 기록했다. 최근에서야 신약성경의 그리스어가 그리스도 시대에 평민들이 사용한 그리스어였음이 알려졌다. 이 언어와 표준 그리스어 사이에는 현저한 차이점이 있다. 심지어 어느 독일 신학자는 신약성경의 그리스어는 신약성경을 기록하기 위해 성령이 주신 특별한 그리스어였다고 말했다.

지난 세기말에 아돌프 다이스만 (Adolf Deissman)은 신약성경의 그리스어가 1세기에 평민들이 일상생활에 필요한 문서나 사업에 관해 파피루스에 기록할 때 사용했던 것과 같다는 것을 발견했다. 그 후 몰턴(Moulton)과 밀리건(Milligan) 등의 학자들이 파피루스에 사용된 어휘와 신약성경의 어휘를 비교 연구함으로써 다이스만이 발견한 사실에 학문적 기초를 부여했다. 이 발견으로 말미암아 현대어로의 많은 번역이 촉진되었다. 초창기에 복음이 평민들의 언어로 기록되었음을 고려할 때 우리 시대에도 복음은 평민들의 언어로 표현되어야 한다고 번역자들은 주장한다.

2. 그리스 철학은 기독교 이전의 종교들을 멸망시킴으로써 기독교의 도래를 이해했다. 로마인이든지 그리스인이든지 상관없이 그리스 철학의 주의(主義)를 알게 된 사람은 곧 자신의 다신론 종교를 이성적으로 이해할 수 없게 되어 자신의 종교를 버리고 철학으로 옮겨갔다. 그러나 철학 역시 그의 영적인 욕구를 충족시켜 주지 못했으므로 회의주의자가 되거나 로마제국의 신비 종교에서 위로를 얻으려 했다.

그리스도가 세상에 오셨을 때 철학은 이미 플라톤 시대의 절정기에서 몰락하여 스토아주의나 에피쿠로스주의 등 개인 중심의 이기적 사상 체계로 옮겨간 상태였다. 게다가 철학은 단지 지적이고 추상적인 개념으로서의 하나님만을 구하고 생각할 수 있었다. 철학으로는 인격적인 사랑의 하나님을 드러낼 수 없었다. 그리스도가 세상에 오셨을 때 철학이 이런 상태에 있었기 때문에 사람들은 더욱 더 영적으로 삶에 접근하게 되었다.

또 위대한 그리스 철학자들은 그 시대의 그리스도인들이 자신이 살고 있는 일시적이고 상대적인 세계를 초월하는 실재에 관심을 두도록 환기함으로써 기독교에 이바지했다. 기원전 4세기의 소크라테스와 플라톤은 현세의 일시적인 감각의 세계가 진, 선, 미 등 지적이고 추상적인 개념을 최고의 이상으로 하는 실재의 그림자에 불과하다고 가르쳤다. 그들의 주장으로는 실재는 일시적이고 물질적인 것이 아닌 영적이고 영원한 것이다. 그들은 진리 탐구를 통해서 인격적인 하나님에 이르지 못했지만, 인간이 지성을 통해 하나님을 추구함으로써 얻을 수 있는 최상의 것에 도달했다. 기독교는 소크라테스와 플라톤의 철학을 받아들인 사람들에게 신인(神人)이신 그리스도 안에서의 진·선·미의 역사적 계시를 제공했다. 그리스인들은 영혼 불멸을 믿었지만, 몸의 부활을 믿지 않았다.

그리스 문학과 역사를 살펴보면, 그리스인들이 옳고 그름, 인간의 영원한 미래 등의 문제에 관심이 있었다고 확신하게 된다. 그리스의 비극 시인 아이스킬로스(Aeschylus)는 『아가멤논』(Agamemnon)이라는 드라마에서 아가멤논의 고난이 그의 불의한 행위의 결과라고 주장하면서 "너희 죄가 반드시 너희를 찾아낼 줄 알라"(민 32:23)는 성경의 교훈과 거의 같은 말을 했다. 그러나 그리스인들은 죄를 기계적이고 계약적인 것 이상으로 보지 않았다. 그들은 감히 하나님과 맞서며 이웃에게 해를 끼친 개인적인 잘못을 죄로 보지 않았다.

그리스도가 세상에 오셨을 때 사람들은 이전과는 달리 인간의 이성과 다신론의 부족함을 깨달았다. 개인주의적인 에피쿠로스(Epicurus)와 제논(Zenon)의 철학, 그리고 신비종교들은 인간이 하나님에 대해 더 개인적인 관계를 원한다는 것을 증명했다. 기독교는 이러한 개인적인 관계를 제공했으며, 또 그리스 문화가 자체의 부적당함 때문에 많은 굶주린 심령을 만들어냈음을 발견했다.

3. 그리스인들 역시 새로 출현한 기독교를 세상이 받아들이도록 하는 데 종교적인 방법으로 기여했다. 기원전 6세기의 유물론적인 그리스 철학의 도래로 말미암아 호머의 『일리아드』(Iliad)와 『오디세이』(Odyssey)에 묘사된 것과 같은 다신론 신앙이 파괴되었다. 이 신앙에 포함된 요소들은 기계적인 예배

상태에 기초를 두고 있었지만, 곧 그 생명력을 잃었다.

그 후 사람들은 철학을 의지했지만, 철학 역시 곧 그 활력을 잃었다. 철학은 소피스트들의 후계자들 아래 실용주의적 개인주의 체계, 또는 스토아 철학자인 제논과 에피쿠로스의 가르침에서 찾아볼 수 있는 주관적 개인주의 체계가 되었다. 에피쿠로스의 철학을 시적(詩的)으로 해석한 루크레티우스(Lucretius)는 인간의 영을 더욱 더 정교한 형태의 원자로 간주하는 물질주의적 형이상학을 기초로 하여 초자연적인 것을 무시하라고 가르쳤다. 스토아 철학은 초자연적인 것을 고려하지 않았지만, 여기에서의 신은 피조세계와 거의 동일시되었기 때문에 이 철학은 범신론적이다. 스토아 철학에서는 신(神)의 아버지 됨과 인간의 형제애를 가르쳤으며, 매우 바람직하고 윤리적인 법을 고수했지만, 합리적인 과정에 따라 이성에 의해 발견해야 하는 자연법에 인간이 복종하도록 버려두었다.

그리스와 로마의 종교 체계와 철학 체계들은 고대의 범신론적 종교들을 멸망시키고 인간의 이성으로는 하나님께 이를 수 없음을 보여줌으로써 기독교에 기여했다. 많은 사람이 신봉했던 신비종교들은 사람들이 죄와 대속이라는 용어에 친숙해지게 했다. 그리하여 기독교가 등장했을 때 로마제국의 백성들은 삶에 대한 영적인 접근 방법을 제공하는 듯한 종교에 수용적인 태도를 나타냈다.

2. 유대인들의 종교적 기여

유대인들뿐만 아니라 로마인들과 그리스인들도 기독교의 도래에 종교적으로 기여했다. 아테네인들과 로마인들이 환경적으로 기여했지만, 기독교의 전통이라고 표현되는 유대인들의 공헌에 미치지 못할 것이다. 기독교는 로마라는 정치적 환경에서 발달했으며, 그리스인들의 지성에 의해 만들어진 지적 환경을 대면했을 것이다. 그러나 유대교와 기독교의 관계는 그보다 훨씬 더 긴밀하다. 유대교는 기독교라는 장미꽃이 피기 위해 붙어있어야 하는 줄기라고 생각할 수 있다.

유대인들은 그리스인들과는 달리 이성으로 하나님을 발견하려 하지 않았다. 그들은 하나님이 존재한다고 생각했으며, 하나님을 예배해야 한다고 생각하고 기꺼이 예배했다. 그들은 하나님이 자기들을 찾으셨으며, 아브라함을 비롯한 여러 지도자에게 나타나심으로써 역사 안에서 스스로를 계시하셨다는 사실에 의해

그리스도 시대의 주화
로마제국의 황제 티베리우스(A.D. 14-37)의 얼굴이 새겨져있다.

이러한 과정에 이르게 되었다. 예루살렘은 기독교의 도래를 위한 적극적이고 종교적인 상징이 되었다. 그리스도께서 사마리아의 우물가에서 여인에게 말씀하신 것처럼(요 4:22) 진실로 구원이 이를 것이었다. 아프리카와 아시아와 유럽의 교차점에 위치한 이 작은 속국에서 구세주가 나오실 것이었다. 유대교는 기독교에 전통을 제공했으며, 한동안 이 유아기의 종교에 피난처를 제공했다.

1) 유일신론

유대교는 건전한 영적 유일신론을 강조한다는 점에서 대부분의 이교와 대조적이다. 바빌론 유수 상태에서 귀환한 후 유대인들은 우상숭배에 빠지지 않았다. 모세를 통해 그들에게 주어진 하나님의 메시지는 세상의 유일하신 참 하나님께 충성하라는 것이었다. 이교의 신들은 우상에 불과했으며, 유대인 신자들은 확실하게 그것들을 정죄했다. 그리스도께서 세상에 오시기 전 3세기 동안 이 유일신론이 지중해 지역 전역에 흩어져 있는 많은 회당에 의해 전파되었다.

유대인들은 세상에 의를 가져다주실 메시아가 오실 것이라는 소망을 온 세상에 제공했다. 이 메시아 대망은 베르길리우스(Virgil)가 장차 태어날 이상적인 로마의 통치자-아우구스투스의 아들-에 대해 묘사한 시에 표현한 국가주의적 열망과 대조된다. 유대인들의 꾸준한 전파에 의해 메시아 대망 사상이 로마 세계 전역에 유포되었다. 심지어 그리스도가 죽었다가 부활하신 후에 제자들도 세상에 메시아 왕국의 도래를 기대하고 있었다(행 1:6). 오늘날 많은 기독교인이 그리스도의 재림을 기대하는 것은 과거 유대 세계에서 메시아의 도래를 기대했던 분위기를 이해하는 데 도움이 된다.

2) 메시아 대망

유대교의 율법 중 도덕적인 부분에는 현존하는 가장 순수한 윤리 체계가 들어 있다. 십계명의 높은 표준은 그 시대에 사용된 윤리 체계 및 그러한 체계를 신봉하는 사람들이 사용한 윤리 체계의 부패한 관습과 대조된다. 유대인에게 있어서 죄란 그리스인들이나 로마인들이 생각하듯이 표면적이고 기계적이고 계약적인 잘못이 아니라, 하나님의 뜻이라는 것을 알면서도 그 뜻을 범하는 것으로서 먼저 순수하지 못한 마음에 표현되고 그다음에 표면적으로 악한 행위로 표현된다. 이러한 구약성경의 도덕적이고 영적인 접근 방법은 죄 문제에 진정으로 대처하는 죄와 대속의 교리를 강화했다. 구원은 하나님에게서 오는 것이었으며, 합리주의적인 윤리 체계나 주관적인 신비종교 안에서는 발견되지 않았다.

3) 윤리 체계

유대인들은 유아기의 기독교에 구약 성경을 제공함으로써 기독교의 도래를 위한 길을 예비했다. 신약 성경을 대충 공부해보아도 그리스도와 사도들이 구약 성경의 혜택을 입고 있었다는 것. 그리고 구약 성경을 인간에게 주신 하나님의 말씀으로 여겨 존중했음을 알 수 있다. 많은 이방인이 구약 성경을 읽었으며 유대교 신앙의 주장에 친숙했다. 이 사실이 유대교로 개종한

4) 구약 성경

많은 사람에 관한 기사에서 지적된다. 이 개종자 중 많은 사람이 갓 태어난 교회의 성경인 구약 성경 때문에 유대교를 떠나 기독교로 개종할 수 있었다. 이슬람교를 비롯한 많은 종교의 창시자들이 경전을 남겼지만, 그리스도는 교회를 위해 거룩한 저술을 남기지 않았다. 구약성경의 책들과 신약 성경의 책들은 성령의 감동으로 주어진 것으로서 교회의 문헌이 되었다.

5) 역사철학

유대인들은 역사가 의미가 있다고 주장함으로써 역사철학을 가능하게 했다. 그들은 역사란 일련의 무의미한 주기들이라거나 단순한 진보 과정이라고 여기는 견해에 반대했다. 그들은 역사를 만드신 주권적 하나님이 역사 안에서 인간의 허물을 극복하시고 황금시대를 이루신다는 견해를 지지했다.

6) 회당

유대인들은 초기 기독교가 발흥하여 발달하는 데 가장 유익했던 기구를 제공했다. 이 기구가 유대교의 회당이다. 바빌론에 포로로 잡혀가 생활하는 동안 예루살렘 성전에서 예배를 드릴 수 없었기 때문에 생겨난 회당은 유대인의 생활에 없어서는 안 될 부분이 되었다. 회당을 통해서 유대인들과 많은 이방인이 삶에 대한 고귀한 접근 방법에 친숙해졌다. 바울은 전도여행을 할 때 어느 도시에 도착하면 먼저 그곳의 회당에 가서 설교했다. 회당은 초대 기독교의 설교 장소가 되었다. 유대교는 사람들을 그리스도에게 인도하는 초등교사(paidagōgos)였다(갈 3:23-25 참조).

지금까지 논의한 것들은 기독교가 시대적으로나 종교적으로 조건이 좋은 시기에 출현했음을 보여준다. 그리스도가 세상에 오시기 전에는 하나의 법과 통치 아래 그렇게 큰 종교가 존재한 적이 없었다. 지중해 연안의 세계는 로마를 중심으로 하는 하나의 문화를 소유하고 있었다. 세계적으로 하나의 공용어를 사용했다는 사실 역시 복음 전파에 기여했다. 새로운 종교의 탄생

지인 팔레스타인은 이 세계 안에 전략적 위치를 소유하고 있었다. 바울은 기독교가 "한쪽 구석에서 행한 것"(행 26:26)이 아니라고 주장했는데, 그것은 옳은 말이었다. 왜냐하면, 팔레스타인은 아시아와 아프리카와 유럽을 육로로 연결하는 중요한 교차점이었기 때문이다. 고대에 발생한 많은 중요한 전쟁은 이 전략적인 지역을 차지하기 위한 것이었다. 기독교가 탄생하던 시기로부터 3세기 동안의 상황은 지중해 지역에 기독교를 전파하는 데 있어서 고대 시대나 중세 시대의 어느 때보다 더 바람직했다. 이것은 세계적으로 중요한 선교학자의 견해이다.[3]

그리스와 로마의 환경 및 유대교의 전통을 통해서 세상이 준비를 갖추었으므로, 전쟁으로 찢기고 죄로 말미암아 지친 인류를 구속하기 위해 하나님이 아들을 보내실 "때가 찼다." 그리스도가 탄생하실 무렵 로마제국에서 활동하던 모든 종교 중에서 유대교와 기독교만이 인류사의 변천 과정에서 살아남았다는 것은 중요한 사실이다.

참고문헌

Ayer, Joseph C., Jr. *A Source Book for Ancient Church History*. New York: Scribner, 1913.

Benko, Stephen. *Pagan Rome and the Early Christians*. Bloomington: Indiana University Press, 1984.

Boak, Arthur E. R., and William G. Sinnigen. *A History of Rome to A.D. 565*. 5th ed. New York: Macmillan, 1965.

Botsford, George W., and Charles A. Robinson. *Hellenic History*. 4th ed. New York: Macmillan, 1956.

---

3) Kenneth A. Latourette, *The First Five Centuries: A History of the Expansion of Christianity*, vol. 1 (New York: Harper, 1937), 1:8.

Breed, David. *A History of the Preparation of the World for Christianity*. 2d ed. New York: Revell, 1893.

Bright, William. *The Age of the Fathers*. 2 vols. New York: Longmans, 1903.

Bruce, F. F. *The Spreading Flame*. Grand Rapids, Eerdmans, 1958.

Chadwick, Henry. *The Early Church*. Grand Rapids: Eerdmans, 1968.

Clarke, C. P. S. *Church History from Nero to Constantine: Milwaukee*: Morehouse, 1920.

Cochrane, Charles S. *Christianity and Classical Culture*. New York: Oxford University Press, 1944.

Davies, John G. *Early History of the Christian Church*. New York: Doubleday, Anchor, 1967.

Duchesne, Louis. *Early History of the Christian Church*. 3 vols. London: Murray, 1909-24.

Ferguson, Everett. *Background of Early Christianity*. Grand Rapids: Eedmans, 1993.

Finegan, Jack. *Light From the Ancient Past*. 2d ed. Princeton: Princeton University Press, 1959.

Foakes-Jackson, Frederick J. *The History of the Christian Church from the Earliest Times to A.D. 461*. 6th ed. Cambridge, Eng.: Deighton, Bell, 1947.

Freemantle, Anne, ed. *A Treasury of Early Christianity*. New York: Viking, 1953,

Howe, George, and Gustave A. Harrer. *Greek Literature in Translation*. New York: Harper, 1924.

___. Roman Literature in Translation, New York: Harper Brothers, 1924.

Kelly, Joseph F. *The Concise Dictionary of Early Christianity*. Collegeville, Minn.: The Liturgical Press, 1992.

Kidd, Beresford J. *A History of the Christian Church to A.D. 461*. 3 vols. Oxford: Clarendon, 1922.

Lietzman, Hans. A *History of the Early Church*. 4 vols. Translated by B. L. Woolf. New York: Scribner, 1938-50.

Schaff, Philip. *History of the Christian Church*. New York: Macmillan, 1913.

Schurer, Emil. *History of the Jewish People in the Time of Jesus Christ*. 2d ed. 5

vols. New York: Scribner, 1891.

Scramuzza, Vincent M., and Paul L. Mackendrick. *The Ancient World.* New York: Holt, Rinehart, and Winston, 1958.

Stevenson, A. J., ed. *A New Eusebius.* New York: Macmillan, 1959.

___. *Creeds, Councils, and Controversies.* Grand Rapids: Eerdmans, 1966.

Stob, Ralph. *Christianity and Classical Civilization.* Grand Rapids: Eerdmans, 1950.

Tenney, Merril C. *New Testament Times.* Grand Rapids: Eerdmans, 1965.

Van der Meer, F., and Christine Mohrmann. *Atlas of the Early Christian World.* Translated and edited by Mary F. Hedlund and H. H. Rowley. New York: Nelson, 1958.

Wand, J. W. C. *A History of the Early Church to A.D. 590.* London: Metheun, 1949.

제2장
이 반석 위에

그리스도는 교회의 기초가 되는 반석이시다. 우리를 죄에서 구원하시는 하나님에 대한 신앙이 그분을 통해서 우리에게 임하며, 그분에게서 사랑이 흘러나와 인간의 심령에 도달한다. 하나님은 인간을 육적이고 영적인 존재로 지으신 분이시며 장래의 소망을 위한 토대이시므로 인간은 인격을 거룩하게 여긴다.

누가(1:1-4)와 요한(20:30-31)은 복음서에서 기독교가 역사적인 종교이며 역사적인 그리스도가 없으면 존재할 수 없다고 말했다. 우리가 사용하는 달력, 교회, 일요일을 안식일로 삼은 것, 그리고 그리스도를 따르는 사람들의 삶에 나타나는 놀라운 변화 등은 역사적인 그리스도를 확인해주는 역사적인 증거이다.

1. 그리스도의 역사성

주관적이고 인간적인 측면에서 볼 때 기독교의 출발점은 세속 역사 안에 있다. 이것들은 그리스도의 위격, 삶, 죽음 등과 연결되어 있으므로, 그리스도의 역사적 존재를 뒷받침하는 증거를 고찰해보아야 한다. 많은 사람이 그리스도가 인류의 역사 안에 나타나셨다는 사실을 부인해왔다(요 1:14).[1] 그런

---

1) Shirley J. Case, *The Historicity of Jesus* (Chicago: University of Chicago Press, 2d

데 성경 외에도 그리스도의 존재를 뒷받침하는 역사적 증거가 있다는 것은 참으로 다행한 사실이다.

1) 이교도의 증언

로마의 역사가 타키투스(Tacitus, 55-117)는 "크리스천"이라는 명사의 기원을 "크리스투스"(Christus)와 연결했다. 크리스투스는 티베리우스 황제 때 "총독 본디오 빌라도에게서 사형 선고를 받고 처형된 인물이다."[2]

소아시아의 비티니아(Bithynia)와 폰투스(Pontus)의 총독이었던 플리니(Pliny)는 112년경에 트라야누스 황제에게 서신을 보내어 크리스천들을 어떻게 다루어야 하는지에 대한 조언을 구했다. 그의 서신은 그리스도와 관련된 성경 외적인 귀중한 정보를 제공한다. 플리니는 크리스천들이 도둑질이나 간음 등을 범하지 않는 것, 거짓말을 하지 않는 것, 신뢰를 저버리지 않는 것 등을 기록하고 그들의 도덕적인 고결함을 칭찬했다. 그는 그들이 "그리스도를 신으로 찬양한다"[3]고 말했다.

수에토니우스(Suetonius)는 『12황제의 전기: 클라우디우스 편』(Lives of the Twelve Caesars: Vita Claudius)에서 유대인들이 크레스토스(그리스도)로 인한 소요 때문에 로마에서 축출되었음을 언급했다.

다소 풍자적이며, 그렇기 때문에 귀중한 또 한 사람의 증인은 루키아누스(Lucian, 125?-190?)이다. 그는 170년경에 크리스천들과 그들의 신앙에 대한 풍자서를 저술했다. 루키아누스는 그리스도를 "새로운 사이비 종교"를 시작했기 때문에 "팔레스타인에서 십자가형에 처해진" 인물이라고 묘사했다. 그는

---

ed., 1928), pp. 39-61.

2) Tacitus, *Annals*, 15.44.

3) Pliny, *Epistles*, 10.96.7; 10.967.1.

초기 기독교 공동묘지에서 발견된 프레스코화
우물가에서의 예수와 여인의 만남을 묘사하고 있다.

루키나 카타콤의 중앙 부분
벽에 뚫린 구멍 속에 시신들이 있었다. 로마의 카타콤은 넓이가 600에이커가 넘는다.

카타콤의 벽화에 묘사된 성찬식 장면

그리스도가 크리스천들은 서로 형제로 여겨야 한다는 것, 그리고 자기의 법을 지켜야 한다는 것 등을 가르쳤다고 기록했다. 또 그는 크리스천들이 "십자가에 못 박혀 죽은 소피스트"[4]를 예배한다고 조롱했다.

이 증언들은 크리스천들을 적대하고 멸시한 로마제국의 지식인들의 증언

---

4) Lucian, *The Passing of Peregrinus*, 1.11.13.

이기 때문에 매우 귀중한 역사적 증거이다. 우리는 역사적인 문헌인 성경과 상관없이 이러한 증언들을 기초로 하여 그리스도의 역사적 생존을 뒷받침하는 타당한 증거가 있다고 결론지을 수 있다.

2) 유대인의 증언

요세푸스(Josephus, 37?-100?)는 부유한 유대인으로서 자신의 저술을 통해서 개화된 로마인들을 대상으로 유대교의 정당성을 입증하려 했다. 그 역시 그리스도에 대해 언급했다. 요세푸스는 "그리스도라고 불리는 예수의 동생"[5] 야고보에 대해 기록했다. 어떤 사람들은 기독교인들이 삽입해 넣은 것이라고 하지만, 많은 사람이 원본으로 간주하는 구절에서, 요세푸스는 그리스도가 빌라도에 의해 십자가형에 처해진 "지혜로운 사람"이었다고 기록했다.[6] 기독교인들이 삽입한 부분이 있음을 인정하더라도, 대부분의 학자들은 방금 언급한 이 정보가 원문의 일부일 가능성이 크다는 데 동의한다. 요세푸스는 기독교에 우호적이지 않았으며, 따라서 그리스도에 대한 그의 언급은 큰 역사적 가치를 지닌다.

3) 성경 외의 기독교적 증언

위경에 속하는 많은 복음서, 행전(行傳)들, 서신들, 그리고 묵시록들이 예수 그리스도의 역사성을 주장한다. 이것들은 몽테규 제임스(Montague R. James)의 『신약성경 위경』(The Apocryphal New Testament, New York: Oxford University Press, 1924)에 수록되어 있다. 비둘기, 물고기, 닻 등을 그린 명문(銘文)들과 그림들, 그밖에 카타콤에서 발견되는 기독교의 상징들은 기독교력, 주일, 교회 등이 존재했다는 것, 그리고 역사적 그리스도에 대한 믿음을 증언해준다.

안타깝게도 스키타이의 수도원장 디오니시우스 엑시구우스(Dionysius

---

5) Flavius Josephus, *Antiquities of the Jews*, 20.9.1.

6) Ibid., 18.3.3.

Exiguus, 550년경 사망)는 *Cyclus Paschalis*라는 저서에서 그리스도의 탄생 연대를 로마가 건국된 해로부터(A.U.C.) 749년이 아닌 754년으로 잡았다.

마태는 자신이 기록한 복음서에서(2:1) 예수가 "헤롯 왕 때에" 태어났다고 기록했다. 요세푸스는 『유대 고대사』(Antiquities 18.6.4)에서 헤롯이 죽기 전 750년(A.U.C.)의 일식(日蝕)을 언급했다. 헤롯이 죽기 전에 유대인들의 아기들을 학살한 일과 이집트로의 도피가 있었으므로, 그리스도의 탄생 연대를 749년(A.U.C.), 또는 B.C. 5년으로 추정할 수 있다.

요한복음 2장 20절에서 유대인들은 당시 예루살렘 성전이 46년 동안 건축되고 있었다고 말했다. 요세푸스와 로마의 역사가 디오 카시우스(Dio Cassius)는 779년(A.U.C)에 성전 건축이 시작되었다고 말했다. 누가복음 3장 23절에서는 예수가 30세쯤 되었다고 말하는데, 779년에서 30을 빼면 749년(A.U.C.) 또는 B.C 5년에 예수가 탄생했을 가능성이 가장 크다. 이것은 오늘날 우리가 기독교의 기원으로 삼고 있는 것보다 약 5년 정도 빠른 연대이다.

2. 그리스도의 성품

성경은 그리스도의 인품과 성품에 대한 몇 가지 사실을 제공한다. 복음서를 읽어보면 그분의 독창성에 감명을 받게 된다. 유대인들이나 현재의 권위자들이 다양한 주장을 뒷받침하는 근거로서 다른 근거들을 인용하는 곳에서 예수는 단지 "내가 말한다"라고 말씀하셨다. 이러한 표현을 사용하는 진술들, 그리고 복음서에 기록된 그와 유사한 구절들은 그리스도의 창의성과 독창성을 지적해준다. 이러한 창의성과 독창성은 그 시대 사람들을 놀라게 했다(막 1:22; 눅 4:32).

성경에는 그리스도의 성실성도 현저하게 드러나 있다. 흔히 담대한 성품은 베드로, 사랑은 요한, 온유함은 안드레와 연결된다. 그러나 그리스도 안에는 어떤 성품도 지나친 것이 없었다. 기록에 의하면 그리스도의 성품은 균형 있고 통일성이 있었다. 이러한 균형, 독창성, 투명성 등은 그리스도의 동

정녀 탄생이라는 역사적 기록에 의해서만 제대로 설명될 수 있다.[7]

3. 그리스도의 사역

그리스도의 인격의 초월적인 중요성과 그의 사역을 따로 떼어서 생각할 수 없다. 그리스도의 사역은 적극적이면서 동시에 피동적이었다. 33년의 사역 동안 그리스도는 율법이 요구하는 의 – 하나님의 아들이신 그리스도가 소유하고 있는 본질적인 의에 추가되는 의 – 의 증거를 제시했다. 본질적인 의가 아닌 표면적인 의, 스스로 획득하는 의는 그러한 의를 획득할 수 없는 사람들, 하나님에게서 죄 사함을 받기 위해 의로운 대체물이 필요한 사람들을 위해 죽을 수 있는 자격을 그리스도에게 부여했다. 이 적극적인 사역에 상응하는 것이 십자가에서의 자발적인 죽음이라는 소극적인 사역이다(빌 2:5-8). 그리스도의 사역이 지닌 이 두 가지 역사적인 양상은 섬기고 고난받아야 하는 자신의 사역에 관한 그리스도의 진술 안에서 요약된다(막 10:45).

1) 그리스도의 사역

그리스도가 12세 때 부모와 함께 예루살렘에 갔다는 기록(눅 2:41-50) 및 그리스도의 모친과 동생들에 대한 몇 가지 언급 외에는 그리스도가 나사렛에 거하던 시기에 대해 거의 알려지지 않았다. 그분은 집에서, 그리고 회당에서 행하는 어린이 학교에서 성경 교육을 받았을 가능성이 크다. 그분은 아버지의 직업인 목수일도 배웠다. 왜냐하면 유대인 자녀들은 누구든 손으로 하는 직업훈련을 받았기 때문이다. 나사렛이 주요한 교역로에 접해 있었기 때문에 그리스도에게는 외부 세계의 삶을 관찰할 기회가 있었을 것이다. 그분의 비유와 설교는 그분이 자연을 예리하게 관찰했음을 보여준다. 그리스도는 하나님이 자연 안에서 행하신 자기 계시와 구약성경 등을 통해서 하나님을 알았다. 이 기간은 그리스도가 장차 행해야 할 사역의 준비 단계이며, 그

---

[7] J. Gresham Machen, *The Virgin Birth of Christ* (New York: Harper, 2d ed., 1932).

는 육체적으로 사회적으로 정신적으로 영적으로 성장했다(눅 2:52).

　그리스도의 사역 이전에 그의 선구자인 세례 요한의 짧은 사역이 있었다. 그리스도가 공생애를 시작하시면서 처음으로 공적으로 모습을 나타내신 것은 요한에게 세례받으신 일과 관련되어 있다. 예수의 공생애를 연구해보면, 이 사건 이후 예수는 유대의 여러 중심지에서 일하셨다. 이러한 정책은 그가 "이스라엘 집의 잃어버린 양"(마 15:24)들을 도우러 왔다는 주장과 관계가 있다.

　그리스도는 광야에서 시험을 받으신 후 장차 자신이 부활하여 승천한 후에 성령의 인도 하심 아래 자신의 사역을 이어 계속할 제자들을 선발하셨다. 가나의 혼인집에서 물을 포도주로 변하게 하신 일은 그리스도가 행한 최초의 기적이다. 이 일이 있고 난 후 잠시 예루살렘을 방문하셨는데, 그동안 성전에서 장사꾼들을 쫓아내셨고 니고데모와의 만남이 이루어졌다. 이 만남은 그의 사역의 영적인 본질을 드러냈다(요 3:3, 5, 7). 그다음 그리스도는 사마리아를 거쳐 갈릴리로 돌아오셨다. 사마리아에서 만난 여인과 나눈 대화는(요 4장) 그리스도의 사역이 주로 유대인을 대상으로 한 것이지만 민족이나 남녀의 제한을 받지 않음을 증명해준다.

　나사렛에서 배척당하신 그리스도는 가버나움을 갈릴리 사역의 기지로 삼으셨다. 갈릴리 사역은 그리스도가 세상에서 사람들을 위해 행하신 봉사의 중요한 부분을 이룬다. 예수는 이곳을 기점으로 하여 세 차례 갈릴리를 여행하셨다. 주로 갈릴리 동쪽 지역에서 행해진 첫 번째 여행의 특징은 중풍 병자와 절름발이 등을 고쳐주신 것, 나인 성 과부의 아들을 살려주신 것, 제자들을 선발하는 일을 완수하신 것 등이다. 이 기적들은 그분이 선포하신 원리가 인간의 행동을 지배해야 한다는 탁월한 진술과 조화를 이룬다. 이러한 원리들이 산상수훈에 포함되어 있다. 산상수훈의 주제는 참 종교가 율법이 요구하는 외적인 행동과 관련된 것이 아닌 영적인 것이라는 점이다.

갈릴리 남쪽에서의 두 번째 여행의 핵심은 주님의 나라에 관한 비유적 가르침이다(마 13장). 거라사에서 귀신들린 자를 고쳐주신 것, 야이로의 딸을 살려주신 것 등의 기적은 그리스도의 말과 행위를 뒷받침하는 능력을 증언해 준다. 세 번째 여행도 가르침과 설교와 병 고침의 사역이었다.

이처럼 그리스도는 세 차례 갈릴리 지방을 여행하셨다. 매번 여행을 마친 후에는 얼마 동안 한적한 곳에 물러가 쉬시면서 주로 제자들을 가르치는 일에 주력하셨다. 그러면서도 그리스도는 자기를 찾아오는 사람들의 욕구를 충족시켜 주셨다. 그래서 첫 번째 휴식 기간에 5천 명을 먹이셨고, 갈릴리 바다 위를 걸으심으로써 자연에 대한 자신의 주권을 증명하셨다. 이 기적으로 말미암아 제자들은 자신이 하나님의 아들이라는 그리스도의 주장이 진실임을 실감했다. 두 번째 휴식 기간에 그리스도는 자신에 대한 놀라운 믿음을 나타낸 수로보니게 족속 여인의 딸에게서 귀신을 쫓아내셨다(막 7:26). 세 번째 휴식 기간도 그리스도의 병 고침과 축복의 능력을 드러낸 기간이었다.

갈릴리에서의 집중적 사역을 마친 후 그리스도는 초막절에 예루살렘에서 잠시 사역하셨다. 이 기간에 그리스도는 종교 지도자들―바리새인과 사두개인들―의 반대에 담대하게 맞서셨다. 이들의 반대 때문에 그리스도는 요단강 동편의 베레아로 가셔서 사람들을 가르치고 병 고침을 행하셨다. 베레아에서의 사역에 이어 예루살렘에서의 마지막 한 주간의 짧은 사역이 행해진다. 이 기간에 그리스도는 유대의 국가 지도자들과 종교 지도자들의 적대감에 공적으로 맞섰고, 그들의 기계적이고 표면적인 종교적 접근 태도를 비유로 책망하셨다. 그리스도가 십자가에 달려 돌아가신 슬픈 주말에 세상을 향한 그리스도의 적극적인 사역이 끝났다. 영광스러운 부활―이것은 신약성경의 문서적 증언에 기초를 둔 확실한 역사적 사실이다(행 1:3; 고전 15:4-8)―후 그리스도는 제자들에게만 나타나셨다. 그리스도의 사역 절정은 제자들 앞에서 승천하신 것이다. 이 승천은 그리스도께서 자신을 대신할 성령을 보내실 것이며 장차 세상에 다시 오실 것이라는 약속의 발단이다.

기독교는 세상에서의 그리스도의 사역을 뒷받침하는 네 가지 문서를 가지고 있다. 그 문서의 저자들은 각기 다른 관점에서 그리스도에 대한 기사를 제공한다. 마태는 구약 성경의 예언을 성취하신 약속된 메시아이신 그리스도의 행위를 강조한다. 그는 "이 모든 일이 된 것은 주께서 선지자로 하신 말씀을 이루려 하심이니"라는 말을 거듭 사용한다. 로마인을 대상으로 기록한 마가는 인가(人子)이신 그리스도의 실용적 측면을 강조한다. 그는 "곧바로" 또는 "즉시"라는 의미로 번역되는 헬라어 단어를 거듭 사용함으로써 그리스도의 행위와 능력을 강조한다. 역사가인 누가는 그리스도의 사역이 지닌 인간적인 면을 묘사한다(눅 1:1-4). 사도 요한은 믿음으로 그리스도를 영접하는 사람에게 복을 주시는 능력을 지니신 하나님의 아들 그리스도를 묘사한다(요 1:12; 20:30-31).

2) 그리스도의 사명

그리스도의 3년 동안의 사역의 적극적인 단계는 수동적인 단계, 즉 십자가 고난의 예비 단계에 불과했다. 십자가에서의 고난은 선지자에 의해 예고된 큰 사건(사 53장) – 그리스도를 영접하고 십자가에서 나타내신 그의 영적 능력을 자기 것으로 삼는 사람들을 죄에서 해방하며(엡 1:19-23; 3:20) 악의 군대를 궁극적으로 패배시킬 사건이었다(갈 3:10, 13). 그리스도가 세상에 오신 것은 이처럼 중요한 목적, 일시적이면서 영원한 목적 때문이었다. 마태복음 16장 21절, 마가복음 8장 31절, 누가복음 9장 44절 등에서 이 사실이 강조된다.

3) 그리스도의 메시지

세상에서 그리스도의 주된 사명은 십자가였지만, 십자가가 그리스도의 주된 메시지는 아니었으며 그것 자체가 목표로 간주되지도 않았다. 복음서를 연구해보면 그리스도의 가르침의 주요 메시지는 하나님 나라이다. 그리스도는 "하나님의 나라"와 "천국"이라는 말을 즐겨 사용하셨다. 마태는 천국이라는 용어를 주로 사용했다.

이 표현들에 대한 주요 해석에 의하면, "하나님의 나라"는 하나님께 자원하여 충성하는 우주 안의 모든 존재에게 미치는 하나님의 통치를 언급한다. 인간은 영적으로 중생한 후에 그 나라에 들어가는데, 그 나라는 영적인 것이며 시간과 영원을 포함한다(마 6:33; 요 3:3, 5, 7). 이 나라에는 악이 모양도 존재하지 않으며, 그리스도는 이 나라에서 궁극적으로 아버지께 복종하실 것이다(고전 15:24-28). 현재 이 나라가 윤리적이고 영적인 나라라는 것, 교회가 그 나라의 일부라는 것, 그리고 그 나라가 최종적으로 완전히 실현되는 것은 장래의 일이라는 것 등은 모든 해석자가 믿고 있는 사실이다.

한편 "천국"에 대한 논의에서는 견해들이 다양하다. 어떤 사람들은 "천국"과 "하나님의 나라"라는 표현에 서로 겹치는 부분이 있지만, 이것들이 두 개의 다른 영역을 언급한다고 생각한다. 이 두 가지를 구분하는 주된 이유는 그리스도께서 천국을 묘사하실 때에는 가라지 비유나 그물의 비유를 사용하셨지만, 하나님의 나라를 묘사하실 때에는 이러한 비유를 사용하지 않으셨다는 점이다. 이 두 비유에서 천국에는 선과 악의 혼합물이 존재한다고 가정하며, 하나님의 나라에 대한 언급에서는 자원하여 하나님의 뜻에 복종하는 사람들만 언급한다. 따라서 많은 사람은 이 두 용어 사이에 차이점이 있으며, 그러므로 동의어가 될 수 없다고 생각한다. 그들의 견해에 의하면 "하나님의 나라"는 하나님과 관련되며, 선을 특성으로 하고, 시간적으로 존재하기도 하지만 우주적이고 영원한 나라이다. 반면에 "천국"이라는 표현은 그리스도의 세상에서의 유한한 통치와 관련되며, 그 안에 선과 악이 존재한다(마 8:11-13).

전천년주의자들은 이 두 용어가 동일한 것이 아니라고 가정한다. 그들은 천국은 현세에서의 그리스도의 통치와 연결되며, 하나님의 나라는 성부 하나님의 영원한 통치라고 생각한다. 현재와 같은 교회 시대에서의 천국은 기

종말에 대한 견해

전천년설:

은혜 시대 ──┬── 대환난 ──┬── 천년왕국 ──┬── 영원한 상태
            │   │ 세상에 유대인 왕국이 세워짐 │ 새 하늘
            │   │   │ 새 땅
            │   │   │ 사 65:2, 벧후 3:9,
            │   │   │ 계 21:1
            │   │   │
            │   │   │ 민족들과 사탄의 반란
            │   │   │ 흰 보좌 심판
            │   │   │ 계 20:11-15
            │   │ 재림   │
            │   │ 아마겟돈   │
            │   │ 계 1:7;   │
            │   │ 계 19;   │
            │   │ 계 20:1-6   │
            │ 교회   │   │
            │ 공중으로 끌어올려짐   │
            │ 살전 4:3-18   │

성육 십자가

무천년설:

이스라엘 (구약) ──┬── 교회 ──┬── 이방인 (신약) ──┬── 환난 ──┬── 영원한 상태
                                                  │ 적그리스도 │ 새 하늘과
                                                  │   │ 새 땅
                                                  │ 재림   │

성육과 십자가

후천년설:

천년왕국 ──┬── 영원한 상태
교회 시대 │
           │ 재림

성육 십자가

독교권과 동등하다. 기독교권은 기독교인들, 자칭 기독교인들, 불신자들, 그리고 유대인들 등의 혼합물이다. 장차 그리스도께서 재림하실 때 믿지 않는 유대인들과 이방인들이 천국에서 쫓겨날 것이며, 천국은 천 년 동안 그리스도와 그의 교회에 의해 통치될 것이다. 이것은 선지자들이 예고했던 나라일 것이며, 이 나라 안에서 이스라엘은 팔레스타인 땅에서 복을 받게 될 것이다. 천 년 동안 갇혀 있던 감옥에서 석방된 사탄이 잠시 반역한 후에 그리스도께서 권위를 아버지께 넘기실 것이며, 마지막 심판 후에 최종적으로 천국의 깨끗한 부분이 하나님의 나라와 합병될 것이다.

이 두 용어가 동의어이며 교회와 동일시될 수 있다고 주장하는 사람들은 그 나라가 역사적인 것이며 발전하는 과정 안에서 이루어질 것으로 생각한다. 그 과정에서 교회는 장차 그리스도가 재림하실 때에 받으실 나라를 위해 길을 예비하는 일을 행한다. 그들의 계획에서 사람들을 위한 보다 좋은 환경을 만들어내려는 사회적인 행위가 중요한 부분이 된다. 종종 십자가에서의 대속사역을 희생시키고 기독교를 윤리적 용어로 해석하기도 한다. 이것이 후천년설이다.

찰스 피니(Charles Finney), 핫지(Hodge), 워필드(B. B. Warfield), 스트롱(A. H. Strong) 등 일부 19세기의 사상가들도 후천년주의적 종말론을 신봉했지만, 그것은 보수적이면서 정통적인 형태였다. 그들은 성령의 인도하심과 능력 아래 있는 중생한 사람들의 교회가 그들이 속한 사회에 영향을 줄 것이므로 사람들 사이에 완전한 천년왕국 질서가 출현할 것이라고 믿었다. 천년왕국이 끝날 때 그리스도가 오시면, 경건한 사회가 존재할 것이다. 어거스틴이 천년왕국을 교회 시대와 동일시한 것이 이 견해의 뒷받침이 되었다.

위에 지시된 해석에 동의하지 않지만 두 용어가 동의어라고 생각하는 사람들은 그 나라가 최종적으로 실현되는 것은 미래의 일로서, 그리스도의 재림 때에 초자연적이고 대격변적으로 완성될 것이라고 믿는다. 그들은 전천년주의자들의 진화론적 접근 방법을 받아들이지 않는다. 이런 사람들을 무천년주의자라고 부른다.

이 두 용어가 동의어라고 믿거나 그렇지 않다고 믿거나, 그것은 중요한 문제가 아니다. 의견이 완전히 일치해야 하는 중심적 사실들에 관한 복음주의자들의 견해가 일치하기 때문이다. 죄란 환경적이고 집단적인 것이 아니라 유전적이고 개인적인 것이라는 점이 하나님의 나라에 대한 전천년주의의 견해를 배제한다. 인간은 원죄를 청산해야 한다. 그러므로 교회의 주된 과업은 설교나 사회적인 행동으로 세상을 회심시키는 것이 아니라 복음 전파에 의해 세상을 복음화하는 것이다. 그리하면 참 교회를 구성하게 될 사람들이 성령이 주시는 마음의 확신에 의해 그 메시지에 응답할 기회를 얻게 된다. 이것은 현 시대의 교회가 해야 할 특별한 과업이다. 그러나 이것은 사회의 구성원이기도 한 기독교인들이 일상적인 사회생활 속에서 기독교를 실질적인 종교로 만드는 일을 배제하지는 않는다. 그리스도는 교회가 사회적 활동으로 그리스도의 재림을 위해 세상을 준비시키는 역사적인 발달 과정에 의해서는 그 나라가 실현되지 않을 것이라고 가르치셨다. 성경의 가르침에 따르면 그 나라가 지니는 현재의 윤리적이고 영적인 측면과 다른 미래의 종말론적 측면은 교회의 사역 결과로서 임하는 것이 아니라 그리스도가 재림하실 때에 초자연적이고 대격변적으로 실현될 것이다.

4) 그리스도가 행하신 기적

그리스도는 많은 기적을 행하셨으며, 그것이 그리스도의 사역의 중요한 부분이다. 그리스도가 기적을 행하신 것은 하나님의 영광을 드러내며 그분이 하나님의 아들이심을 보여주어 사람들이 그리스도를 믿고 하나님께 영광을 돌리게 하기 위한 것이었다(요 2:22-23; 3:2; 9:3). 그리스도께서 행하신 기적은 능력, 역사, 이적, 표적 등 다양한 명칭으로 불린다. 합리주의자들과 경험주의자들은 기적의 가능성을 부인하면서 그것을 자연법에 의해 설명하거나 신화로 간주하려 했다. 기적을 신화로 간주하는 태도에는 역사적 기록을 부인하는 일도 포함된다. 기적은 우리가 알고 있는 자연법에 의해서 설명할 수 없지만, 도덕적 목적을 위한 신의 특별한 개입 때문에 이루어진 현상이라고 정의할 수 있다.

기적의 가능성과 개연성은 초자연적이고 창조적인 그리스도에 의해서, 그리고 그러한 기적들이 역사적인 사실이었음을 기록한 역사적 기록에 의해 증명된다. 그리스도가 행하신 기적들 때문에 그 시대의 많은 사람이 그리스도라는 인물과 그의 사역을 믿을 만한 것으로 받아들였다.

5) 그리스도가 지닌 의미

복음서에서 사실적으로 제시된 그리스도에 대해 다른 견해들이 많았다. 325년부터 451년, 1517년부터 1648년 사이에 있었던 신학 논쟁에서 사람들은 주로 신조로 그리스도를 해석하려 했다. 신비주의자들은 개인적으로 직접 체험할 수 있는 그리스도를 생각했다. 18세기 말과 19세기 초에 어떤 사람들은 그리스도를 역사적인 그리스도로 생각했으며, 그리스도를 비범한 인간으로 간주하기 위해서 초자연적인 사건들을 교묘히 설명했다. 그러나 참 기독교인들은 항상 그분을 하나님의 그리스도라고 생각해왔다.

그리스도의 역사적 중요성은 인격에 기초한 새로운 가치관의 발달에서 드러난다. 그리스인들은 인간이 이성적인 존재이기 때문에 인격의 권위를 갖는다고 주장했다. 그러나 교회는 인간이 그리스도에 대한 믿음으로 말미암아 잠재적인, 또는 실질적인 하나님의 자녀가 되기 때문에 인격이 권위를 가진다고 주장해왔다. 이러한 기독교적 관념은 결과적으로 삶의 인간화를 낳았다. 계층이라는 장벽, 또는 성적인 장애물이나 인종적인 장애물이 교회 안에서 제거되었으며, 사회 개혁으로 말미암아 모든 사람을 위한 보다 좋은 생활 조건이 형성되었다. 19세기 영국의 사회개혁 지도자들은 복음 전도자들이었다. 표면적인 법보다 내면적이고 윤리적인 사랑의 법을 강조한 것은 인간의 인격과 갈보리의 그리스도가 접촉한 데 따른 결과이다. 그리스도가 예술과 문학에 미친 영향은 엄청나다.

그리스도의 성품, 사역, 가르침, 특히 죽음과 부활이 기독교의 출발점이다. 많은 종교는 그 종교를 창시한 인간이 없이 존재할 수 있다. 그러나 기독교에서 그리스도를 제거한다면, 기독교는 생명이 없는 빈껍데기가 될 것이다. 그리스도는 교회에 두 개의 의식, 사도들, 하나님 나라에 대한 기본 메시지, 그리고 주된 종규를 주셨으며(마 16:16-19; 18:15-20), 세계를 복음화하는 데 있어서 교회를 통해 일하신 성령을 주셨다. 그리스도는 기본적인 조직, 훌륭하게 정의된 교리 체계, 거룩한 책 등을 남기신 것이 아니다. 이것들은 그리스도가 세상에 계시지 않는 동안 사역하기 위해 세상에 보내신 성령의 지도로 바울을 비롯한 사도들에 의해 이루어질 일이었다. 그리스도를 기초로 삼고 성령을 창시자로 삼는 참교회는 오순절부터 오늘날에 이르기까지 십자가에 달려 죽으셨다가 부활하여 승천하신 주님을 찬양하면서 승리의 전진을 해야 했다(마 28:19; cf. 행 1:8). 이제 기독교는 세계적인 종교이다.

참고문헌

복음서는 역사적 그리스도를 연구하는 데 주요한 참고문헌이다. 그리스도의 생애를 체계적이고 연대순으로 공부할 때 복음서를 조화롭게 이용하면 도움을 얻을 수 있다.

Aland Kurt, *Synopsis of the Four Gospels: Greek-English Edition*, 2d ed. New York: UBS, 1976.

Case, Shirley J. *The Historicity of Jesus*. 2d ed. Chicago: University of Chicago Press, 1928.

Edersheim Alfred. *The Life and Times of Jesus the Messiah*. 3d ed. New York: Longmans, 1900.

___. *Jesus the Messiah*. Grand Rapids: Zondervan, 1970.

Hoehner, Harold W. *Chronological Aspects of the Life of Christ*. Grand Rapids: Zondervan, 1977.

Maier, Paul L. *Josephus*. Grand Rapids: Kregel, 1994.

Robertson, Archibald T. *Syllabus for New Testament Study*. 5th ed. London: Hodder & Stoughton, 1923.

Smith, David. *The Days of His Flesh*. London: Hodder & Stoughton, 1924.

Thomas, Robert L., and Stanley N. Gundry. *A Harmony of Gospels*. Chicago: Moody, 1978.

Vollmer, Philip. *The Modern Student's Life of Christ*. New York: Revell, 1912.

제3장
먼저는 유대인에게

그리스도가 교회를 세운 창시자라기보다 교회의 기초라는 사실은 마태복음 16장 18절에서 "내가 이 반석 위에 내 교회를 세우리니"라고 말씀하시면서 미래 시제를 사용한 데서 분명해진다. 누가는 자신이 기록한 복음서에서 자신이 "무릇 예수께서 행하시며 가르치시기를 시작하심부터"(행 1:1)에 관한 정보를 제공한다고 주장한다. 한편 그는 사도행전에서는 성령의 인도하심 아래 사도들에 의해 초대교회가 세워지고 전파된 것에 관해 기록했다. 심지어 제자들도 그리스도의 사명이 지닌 영적 본질을 오해했다. 그러므로 그들은 그리스도께서 부활하신 후에 메시아 왕국을 회복하실 것인지 알기를 원했다(행 1:6). 그러나 그리스도께서는 그들이 성령으로 말미암아 능력을 받은 후에 예루살렘과 유대와 사마리아와 땅끝까지 이르러 그리스도의 증인이 되어야 한다고 말씀하셨다(행 1:8).

그리스도께서 유대인들에게 복음을 전파하는 것을 우위에 두셨음에 주목해야 한다. 초대 교회는 이 명령을 따랐다. 베드로는 오순절에 예루살렘에서 처음으로 복음을 선포했다. 그 후 유대인 기독교인들이 복음을 유대의 여러 도시와 사마리아에 전했다. 결국, 초대 교회는 대체로 유대인들로 이루어졌으며 유대교 안에 존재했다. 누가는 사도행전 1-12장에서 초기 기독교가 유대교 안에서 발달한 것, 그리고 안디옥에까지 전파된 것에 대해 기록했다.

신약성경에서 교회는 항상 그리스도를 믿는 사람들의 집단과 연결된다. 그들은 대개 집에서 예배했고(행 12:5, 12; 롬 16:5; 골 4:15; 몬 2), 자신을 하나의 조직이나 교파로 생각하지 않았다.

1. 예루살렘 교회의 설립

그리스도를 증오하는 데 중심 역할을 했던 도시가 기독교가 처음 출현한 곳이 되었음은 역설적인 것처럼 보이지만 사실이다. 기원후 30년부터 44년경까지 예루살렘 교회는 초기 기독교 공동체 내에서 주도적 위치를 차지했다.

교회의 설립에서 성령이 뛰어난 역할을 했다. 이것은 그리스도께서 세상에서의 마지막 몇 주 동안 행하신 약속, 즉 승천하신 후에 교회를 지도할 "또 다른 보혜사"를 보내겠다는 약속과 일치한다. 요한복음 14장 16~18절, 15장 26~27절, 16장 7~15절을 연구해보면 초대교회에서의 성령의 역할을 알 수 있을 것이다. 사도행전의 초점은 사도들의 설교의 주제였던 그리스도의 부활, 그리고 오순절 이후 기독교 공동체에 능력을 부여하고 인도하신 성령에게 있다. 성령은 구속 사역을 인간에게 중재하는 일에서 성 삼위의 대리인이셨다.

처음 교회가 세워지던 시기에 지중해 지역의 유대인들은 오순절을 지키기 위해 예루살렘에 와 있었다(행 2:5-11). 그런데 신적 능력이 초자연적으로 나타나서 베드로가 여러 나라의 방언으로 말하게 되었기 때문에(이 일은 교회의 기원과 성령강림과 관련하여 발생했다). 유대인들은 하나님의 놀라운 사역에 관해 자기들의 언어로 선포되는 일을 목격했다(행 2:11). 이때 베드로는 최초로 그리스도가 메시아이심과 구원하는 은혜를 선포했는데, 그의 설교는 일찍이 행해진 것 중에서 가장 큰 결실을 거둔 설교였을 것이다. 최소한 삼천 명이 베드로가 선포한 말씀을 받아들이고 세례를 받았다(행 2:41).

교회는 급속히 성장했다. 곧 세례받은 사람들이 오천 명에 달했다(행 4:4).

많은 사람이 믿고 교회의 일부가 되었다(행 5:14). 그중 많은 사람이 유월절이나 오순절과 관련된 큰 명절을 지키기 위해 예루살렘을 방문한 헬라파 유대인이었다(행 6:1). 이 새 신앙에 귀의한 사람 중에는 제사장들도 있었다. 예루살렘에 있던 초대 교회의 교인들 중에 제사장들의 무리가 있었다고 언급된다(행 6:7). 그들 중에는 그리스도가 운명하실 때 성전 휘장이 찢어지는 것을 목격한 사람들이 있었을 것이며, 이것이 사도들의 복음 전파와 더불어 그들이 그리스도께 복종하게 했을 것이다.

이러한 급속한 성장에 맞선 유대인들의 반대가 있었다. 기독교가 율법의 해석자요 제사장으로서의 자기들의 특권에 위협이 된다는 것을 깨달은 종교 지도자들은 기독교와 맞서 싸우기 위해 힘을 모았다. 박해는 정치적-종교적 집단인 산헤드린에서 시작되었다. 산헤드린은 로마의 허락을 받아 국가의 세속 생활과 종교생활을 감독했다. 베드로와 요한은 최소한 두 번 그 존엄한 집단 앞에 소환되어 복음을 전하지 말라는 요구를 받았지만, 그 요구에 동의하지 않았다. 후일 박해는 주로 정치적인 것이 되었다. 이 시기에 헤롯은 야고보를 죽이고 베드로를 감옥에 가두었다(행 12장). 그 후 박해는 정치적 또는 종교적 형태로 행해졌다.

이 초기 박해 때에 스데반이 최초로 순교했다. 스데반은 예루살렘 교회의 구제 자금을 관리하기 위해 선출된 일곱 집사 중에서 가장 탁월한 사람이었다. 스데반의 정신과 논리를 반박할 능력이 없었던 거짓 증인들은 그를 산헤드린 앞에 소환하여 그의 범죄에 대해 해명하라고 했다. 스데반은 유대 지도자들이 그리스도를 거부한 사실을 비난한 후 끌려나가 돌에 맞아 죽었다. 그러나 기독교 신앙을 위한 최초의 순교자의 죽음은 기독교 전파와 성장에 귀중한 요소가 되었다. 나중에 사도 바울이 된 사울은 스데반에게 돌을 던진 사람들의 겉옷을 보관했다. 스데반이 잔인한 죽음에 직면하여 담대했고 용서하는 정신을 지녔다는 사실이 사울에게 감명을 주었음이 거의 확실하다.

사도행전 9장 5절에서 주님이 "나는 네가 박해하는 예수라"고 말씀하신 것이 이것을 가리키는 듯하다. 그 후의 박해는 가장 호된 것이었다. 이 박해는 유아기의 교회를 정결하게 하고 흩어지게 함으로써 그 메시지가 다른 지역에 전파되는 수단이 되었다(행 8:4).

기독교로 개종한 사람들 모두가 곧은 마음을 지녔던 것은 아니다. 아나니아와 삽비라는 속임수를 사용하여 죄를 지었기 때문에 최초로 권징의 대상이 되었다. 이 권징은 이 초기 조직의 지도자였던 사도들에 의해 신속하고 무섭게 시행되었다.

범죄한 이 부부에 대한 권징의 이야기는 예루살렘의 초기 교회가 공산주의를 실천한 것이 아닌가 하는 의문을 제기한다. 사도행전 2장 44~45절과 4장 32절은 "각 사람이 자신의 능력에 따라 각자 필요한 사람에게 베푼다"라는 사회주의적 격언에 기초를 둔 유토피아적인 사회주의의 실천을 암시하는 듯이 보인다. 그러나 이것이 예루살렘이 아닌 타 지역 사람으로서 고향에 돌아가기 전에 새로운 신앙에 대한 가르침을 받기 원하는 많은 사람의 욕구를 충족시켜 주기 위해 고안된 일시적 조처라는 사실에 유의해야 할 것이다. 이 일이 자발적인 것이었음이 훨씬 더 중요하다. 그것은 국가의 강요에 의한 것이 아닌 집단적 협동에 의한 것이었다. 사도행전 5장 3~4절에서 베드로는 아나니아와 삽비라가 재산을 소유할 수 있고 팔 수 있는 자유를 가지고 있었다고 말한다. 공동 소유는 자의에 의해 이루어진 일이었다. 자본주의를 뒷받침하는 보증으로 성경을 사용해서는 안 된다.

그러나 초기 기독교는 특정 지역에서의 큰 사회적 변화를 장려하지 않았다. 초기 예루살렘 교회는 남녀의 영적 평등을 주장했으며, 교회 안의 여인들에게 관심을 기울였다. 누가는 구제 사업을 장려하는 데서 나타난 도르가의 지도력에 관심을 기울였다(행 9:36). 가난한 사람들을 보살피기 위해 남자들의 집단이 만들어진 것도 초대 교회 시대에 발생한 놀라운 사회적 현상이다. 구제 사업은 조직화된 집단인 집사들에 의해 행해졌다. 이렇게 함으로써 사도들은 영적 지도에 모든 시간을 사용할 수 있었다. 급속한 성장 및 유대교 회당의 관습을 모방한 데서 비롯된 필요성 때문에 초대 교회에는 여러 가지 직무와 직분자들이 증가했다. 얼마 후 장로들과 집사들이 예루살렘 교회에서 책임을 나누어 맡게 되었다.

초기 예루살렘 교회 지도자들의 설교 본질은 기독교의 출현에 관한 이야기에서 두드러지게 나타난다. 베드로의 최초 설교(행 2:14-36)에서 베드로가 고난받는 메시아에 대해 예고한 구약 시대의 선지서를 인용했음에 유의해야 할 것이다. 그런 후에 그는 하나님께서 그리스도를 죽은 자들 가운데서 살리셨으므로 그리스도가 약속된 메시아라는 견해를 개진한다. 결국, 그는 믿음으로 그리스도를 영접하는 사람들에게 구원을 가져다줄 수 있었다. 사도들이 행한 초기 설교의 주된 논지가 사도행전 17장 2-3절에 요약되어 있다. 그리스도께서 죄를 대속하기 위해 죽으셔야 한다는 필요성이 선지서에 예고되어 있었으며, 부활은 그리스도가 인간을 구원하실 수 있는 메시아이심을 입증하는 증거였다. 바울도 같은 기법을 사용했다(고전 15:3-4). 유대인과 이방인을 대상으로 행한 사도들의 설교 내용은 십자가에 달려 죽었다가 부활하신 그리스도였다(요 5:22, 27; 행 10:42; 17:31).

지금까지 유대인들로 구성된 예루살렘 교회의 역사를 서술했다. 그런데 이 교회는 곧 다른 교회들에 지도자의 자리를 내주었다. 예루살렘 공의회에서 이방인들에게 율법에 복종할 것을 강요하지 말라고 결정함으로써 이방인들의 교회가 유대인들의 통제에서 영적으로 해방되는 길이 열렸다. 주후 68년 예루살렘이 티투스(Titus)에게 포위되었을 때 예루살렘 교회의 교인들은 예루살렘을 떠나 요단 건너편의 펠라(Pella)로 도피했다.[1] 예루살렘 성전이 파

---

1) Eusebius, *Ecclesiastical History*, 3.5.

괴되고 예루살렘 교회가 도피한 이후 예루살렘은 기독교의 중심지로 간주되지 않았으며, 안디옥을 비롯한 도시들이 교회의 중심적 위치를 차지하게 되었다. 이에 따라 기독교가 유대교라는 강보에서 벗어나지 못할 것이라는 위험이 제거되었다.

2. 팔레스타인 교회   사도행전 1~7장에 기록된 초대교회의 역사를 읽는 사람들은 예루살렘 교회의 활동에 관심을 둔다. 8장부터 12장까지 관심의 중심이 확대되어 유대와 사마리아까지 관심의 대상에 포함된다. 기독교는 다른 종족들에게 전파되었다. 이처럼 참 기독교는 항상 선교를 지향한다.

빌립이 사마리아를 방문한 것으로 말미암아(행 8:5-25) 순수한 유대인 혈통이 아닌 민족에게 복음이 전해졌다. B.C. 721년에 사마리아가 멸망한 후 아시리아에 끌려가지 않은 열 지파 사람들과 아시리아인들이 제국의 다른 지역에서 이주시킨 정착민들 사이에서 태어난 사람들이 사마리아인이다. 그때부터 유대인과 사마리아인은 원수가 되었다. 자신의 사역이 너무 커서 혼자서는 모든 욕구를 충족시킬 수 없음을 깨달은 빌립은 베드로와 요한에게 사마리아로 와서 도와달라고 요청했다. 이 일은 복음 전파를 가로막는 인종의 장벽이 최초로 깨진 사건이었다. 빌립은 사마리아에서의 사역을 완수한 후 성령의 인도하심을 받아 에티오피아의 고위 관리인 내시에게 복음을 전했다.

베드로는 유대인에게 최초로 복음을 전한 사람이며, 공식적으로 이방인에게 복음을 전한 최초의 인물이기도 하다. 그는 이방인들에게도 복음을 소유할 수 있는 권리가 있음을 분명히 보여주는 환상을 본 후 로마의 백부장 고넬료의 집에 갔으며, 오순절에 고넬료의 집에서도 같은 현시가 있었음을 알고 놀랐다(행 10~11장). 그 후 베드로는 기꺼이 이방인에게 은혜의 말씀을 전했다. 에티오피아의 내시와 고넬료는 그리스도의 구원에 관한 메시지를 받는 특권을 받은 최초의 인물들이었다.

예루살렘에서 도피해 나온 사람들은 처음에는 유대인들에게만 복음을 전했지만(행 11:20), 얼마 후 시리아의 안디옥에 대규모의 이방인 교회가 형성되었다. 안디옥 사람들이 조롱하는 의미로 붙인 것이지만, 이곳에서 크리스천(Christian)이라는 명사가 생겨났는데, 이 명사는 그리스도를 따르는 사람들을 지칭하는 명예로운 호칭이 되었다. 안디옥은 바울이 이방인을 대상으로 선교 사역을 시작한 곳이었으며, 로마를 목적지로 하는 바울의 선교 여행의 출발지였다. 안디옥 교회는 규모가 컸기 때문에 유대의 교회들이 가뭄으로 고생할 때 그들을 구제할 수 있었다. 기원후 44년부터 66년까지 그곳은 기독교의 중심지였다.

그러나 멀리 떨어진 지역의 이방인들에게 복음을 전하는 과업이 이루어져야 했다. 그 과업은 바울에 의해 시작되었으나 아직 완성되지 않은 교회의 사명이다.

참고문헌

Bruce, F. F. *Commentary on the Book of Acts: The Eniglsh Text*. Grand Rapids: Eerdmans, 1954.

Guthrie, Donald. *The Apostles*. Grand Rapids: Zondervan, 1972.

Kidd, Beresford J. *A History of the Christian Church to A.D. 461*. 3 vols. Oxford: Clarendon University Press, 1922.

Lenski, Richard C. *The Interpretation of the Acts of the Apostles*. Columbus, Ohio: Warburg, 1954.

Longenecker, Richard N. "The Acts of the Apostles," *The Expositor's Bible Commentary*. Vol. 9 ed. by Frank E. Gaebelein. Grand Rapids: Zondervan, 1980.

Schaffl, Philip. *History of the Apostolic Church*. New York: Scribner, 1869.

제4장
헬라인에게도

베드로가 최초의 이방인 개종자들에게 복음을 전하는 도구가 되었음에도, 유대인으로 구성된 초기 교회는 기독교의 우주적 특성을 빨리 이해하지 못했던 듯하다. 바울은 하나님의 계시를 통해서 이방 세계를 향한 복음 전파가 필요함을 깨닫고 큰 이상을 가지고 이방 세계에 복음을 전파하는 데 일생을 바친 사람이다. 초대교회 내의 사람들과는 달리 바울은 기독교의 우주적 특성을 인식하고 로마제국 전역에 기독교를 전파하는 데 헌신했다(롬 11:13; 15:16). 바울이 십자가의 메시지를 가지고 서쪽으로 전진해 가면서 "로마제국을 그리스도의 것으로"라는 슬로건을 마음에 품고 있었을 것으로 생각할 수도 있다(롬 15:15-16, 18-28; 행 8:15; 22:21). 그는 이 목적을 성취하기 위해서 자신을 아끼지 않았으며, 동시에 자기의 동족인 유대인들을 등한히 하지도 않았다. 이것은 그가 여행 중 어느 곳에 도착하면 먼저 유대인 회당을 찾아갔으며, 그의 말에 귀를 기울이려는 유대인들과 이방인 개종자들에게 복음을 전한 사실에서 증명된다.

1. 바울의 배경

바울은 평생 세 가지 세속적인 충성을 의식하고 살았다. 그는 청년 때에는 장래가 촉망되는 청년에게만 허락되는 교육을 받았고 가말리엘이라는 유대인 교사에게 교육을 받았다. 유대의 종교 교육에 관한 한 바울만큼 훌륭한

바울의 전도여행과 로마 여행

교육을 받은 사람이 거의 없었으며, 바울만큼 그 교육을 통해 철저한 유익을 얻은 사람도 없었다(빌 3:4-6). 그는 길리기아의 주요 도시인 타르수스(Tarsus)의 시민이었다(행 21:39). 또 그는 로마 시민권을 가지고 있었는데(행 22:28), 그리스도를 위한 자신의 사명을 수행하는 데 도움이 될 경우에는 로마 시민으로서의 특권을 주저하지 않고 사용했다(행 16:37; 25:11). 그는 회심하기 전에는 유대교인이었다. 그의 삶의 초기 활동무대는 타르수스였는데, 그곳은 큰 대학과 지적 분위기를 지닌 곳이었다. 한편 로마제국은 그가 활동한 정치적 환경이었다. 이처럼 바울은 세계적인 도시 문화 속에서 성장했다.

이 정치 환경은 복음 전파에 그리 믿음직한 환경이었던 것 같지 않다. 아우구스투스 황제는 B.C. 27년에 양두정치를 시행하여 명목상으로는 국가의 통제권을 원로원과 나누어 가짐으로써 정치적인 면에서 공화정의 몰락을 초래했다. 불행히도 아우구스투스의 후계자들은 그와 같은 능력이 없고 성품도 갖추지 못했으며, 통치도 제대로 하지 못했다. 칼리굴라(Caligula, 37-41)는 재위 기간 중 얼마 동안 정신이상이었다. 네로(Nero, 54-68)는 자기 가족을 죽인 잔인한 사람이었다. 그의 통치 때에 바울이 순교했고, 교회가 최초의 박해를 겪었다. 그러나 클라우디우스(Claudius, 44-54)는 탁월한 관리자였으며, 그가 통치하는 동안 제국은 꽤 안정을 누렸다. 바울의 선교 여행 대부분이 클라우디우스 황제 때 이루어졌다.

사회적·도덕적 상황은 정치 상황보다 훨씬 더 좋지 않았다. 제국의 하사품으로 말미암아 부유한 신흥 귀족 계급이 생겨났는데, 그들은 노예를 소유했고, 자신의 합법적 욕망이나 비합법적 욕망에 영합했다. 이 계층은 기독교라는 새로운 종교를 멸시했으며, 기독교가 빈곤계층에 호소하는 것이 사회에서의 자기들의 우월한 위치에 위협이 된다고 여겼다. 그러나 바울이 로마에서 감옥에 갇혀 있는 동안 복음을 전함으로써 이 계층의 사람 중 몇이 개종했다(빌 1:13).

바울도 경쟁적인 다른 종교의 도전에 직면했다. 로마인들의 종교관은 약간 절충적이었으며, 국가적인 예배의식(이것은 황제숭배와 과거 공화정 시대의 숭배의식을 결합한 것으로서 제국 내에서 유대인을 제외한 모든 사람이 복종해야 할 것을 주장했다. 유대인들은 법적으로 이러한 의식에서 면제되었다)에 참여하는 것을 방해하지 않는 신앙에 대해서는 종교적 관용을 베풀었다. 물론 기독교인들은 국가 종교의식에 참여할 수 없었으므로 국가의 반대에 직면했다. 미트라, 키벨레, 이시스 등을 숭배하는 보다 주관적인 신비종교들은 제국 내에 있는 다른 종교들의 복종을 요구했다. 기독교는 유대교의 분파로서 유대교와 구분된다고 간주되었기 때문에 유대교의 반대도 증가했다.

로마의 지성인들은 스토아주의, 에피쿠로스주의, 신 피타고라스주의 등의 철학 체계를 수용했으며, 철학적 관상이 구원에 이르는 길이라고 주장했다. 스토아주의는 범신론적 견해, 이성에 의해 자연법과 도덕법이 발견될 수 있다는 관념, 하나님의 아버지 되심과 인간의 형제애라는 교리를 지니고 있었으며, 로마제국의 철학적 토대를 제공한 듯이 보였다. 마르쿠스 아우렐리우스(Marcus Aurelius, 161-180) 같은 일부 황제들은 스토아주의의 윤리적 표준이 호소력이 있다고 여겼다. 바울은 종교적으로 혼란한 상황에 그리스도의 죽음에 대한 구속의 복음으로 대처해야 했다.

고고학은 바울의 생애와 사역에서 중요한 지점들의 연대를 주정하는 데 도움이 된다. 바울은 갈리오(Galio)가 총독이 되기 18개월 전부터 고린도에 머물렀다(행 18:12-13). 델피에서 발견된 돌에 새겨진 명문에서는 갈리오가 클라우디우스 황제 재위 26년(A.D. 51-52)에 아가야에서 업무를 시작했다고 언급한다. 그러므로 바울의 방문은 18개월 전인 A.D. 50년에 시작되었을 것이다. 이 연대를 기준으로 바울의 일생과 관련된 연대들을 계산하면 비교적 정확

하다.[1)]

바울의 회심도 객관적인 역사적 사건이었다. 그는 이 일에 대해 고린도전서 9장 1절과 15장 8절에서 언급한다. 이 일은 다메섹으로 가는 도중에 그리스도와의 직접적인 대면으로 이루어졌다(행 9:22, 26). 이 체험은 나중에 그의 선교 사역과 가르침과 저술과 신학의 중요한 부분이 되었다.

2. 바울의 사역

바울은 다방면으로 재능이 있는 인물이었으므로, 그의 사역을 여러 범주에서 살펴볼 필요가 있다. 각각의 논의에서는 하나님께서 바울에게 주신 사명, 그리고 자신에게 맡겨진 과업을 성취하기 위해 그가 얼마나 헌신했는지 등이 강조될 것이다.

1) 복음 전도자

바울은 헌신적이면서도 지혜로운 선교사였다. 그리스도께서 교회에 주신 지상명령을 수행하는 사람들에게 유익을 준 원리들을 사용했음을 그의 인생에서 찾아볼 수 있다. 그의 전도여행도를 보면, 그가 안디옥에서 시작하여 로마에 이르는 큰 반원형의 지역을 다니면서 전도하는 동안 복음이 얼마나 발전했는지 알 수 있다. 바울은 복음을 서방에 전파하는 것을 기본 원리로 삼았다. 비록 로마 정부의 죄수 신세였지만 자신의 목적지인 로마를 보았을 때 그는 무척 기뻐했을 것이다.

또 바울은 전략적 중심도시를 기점으로 하여 설교할 수 있는 지역을 고려했다. 그는 항상 가장 전략적인 도시의 새로운 지역에서 사역을 시작했으며, 개종자들로 하여금 주변 마을이나 시골에 메시지를 전하게 했다. 이 점을 고려해볼 때 그는 골로새를 방문하지 않았으며(골 2:1), 골로새 교회는 그가 에베

---

1) Adolf Deissman, Paul, *A Study in Social and Religious History* (London: Hodder and Stoughton, 1926), p. 1.

소에서 파견한 사람들에 의해 세워졌을 것이다.

바울은 로마제국의 전략적 중심지에 도착하면 먼저 유대인 회당에 가서 메시지를 전함으로써 사역을 시작했다. 유대인들이 반대하면 다른 곳에 가서 이방인에게 직접 복음을 전했다. 그 원리는 먼저 유대인에게 메시지를 전한 후에 이방인에게 복음을 전한다는 것이었다. 이 원리는 사도행전에 기록된 여행 기사를 연구해보면 발견될 것이다(롬 1:16).

바울은 한 곳에 교회를 세운 후에는 자신이 그곳을 떠난 후 교회를 다스릴 수 있도록 장로들과 집사들을 세워 조직을 갖추었다. 그는 견고한 토대 위에 교회를 조직했다.

바울은 유아기의 교회에 짐이 되는 것을 원하지 않았으므로, 새 지역에서 복음을 전하는 동안 스스로 벌어 생계를 유지했다. 고린도에서는 복음을 전하면서 천막 만드는 일을 했다(행 18:2-4; cf. 살전 2:9). 그는 사람들에게 이 원리를 강요하지 않았지만, 그것은 그의 사역에 필요한 일이었다. 교회도 자조(自助)해야 했다.

그가 사역하면서 성령을 의지했음은 사도행전과 그의 서신에서 드러난다(행 13:2, 4; 16:6-7). 그는 하나님께서 원하시는 사역지라는 분명한 증거가 없는 한 어느 곳에도 가려 하지 않았다. 그는 복음의 개척자가 되기 위해서 아무도 발을 들여놓지 않은 지역에 가려 했다(롬 15:20). 이 개척자적 정신 때문에 그는 안디옥에서 로마까지 복음을 가지고 갔으며, 생전에 서쪽으로 스페인에까지 갔을 것이다.

바울이 따른 이 원리들은 계속되는 복음 전파의 체계화된 중심지가 된 교회들을 발달시키는 데 큰 유익이 되었다. 그는 이 교회들을 감독하지 않은 상태로 버려두지 않았다. 그는 자신이 세운 교회들을 격려하고 튼튼하게 하려고 그곳을 거듭 방문하거나 편지를 썼다(행 15:36). 이처럼 영감에 의한 건전한 지도를 받아 기독교가 급속히 성장한 것은 당연한 일이다.

2) 바울의 저술 활동

바울은 각 교회에서 찾아온 방문객이나(고전 1:11) 자신이 파견한 대리인들의 보고를 통해서(살전 3:6) 각 교회의 상황을 파악했다. 지역적 상황에 따라 필요하다고 생각되면 당면한 문제에 대처하기 위해 성령의 인도하심 아래 편지를 썼다. 그는 그리스도의 재림 교리에 관한 오해를 해결하기 위해서 데살로니가 교회에 두 번 편지를 썼다. 고린도 교회는 거대한 이교 도시에 있는 교회가 직면하는 문제에 직면해 있었는데, 바울은 그 교회의 문제를 해결하기 위해서 첫 번째 편지를 썼다. 그리스의 문명 도시에서 특히 교회가 직면하는 인간적 지혜 및 영적인 지혜와 관련된 문제(고전 1~4장), 이교 환경에서 발생하는 도덕적 문제(고전 5장), 우상숭배자들과의 사회적 관계에서 제기되는 문제(고전 8~10장) 등은 바울이 서신 왕래를 통해서 다루어야 했던 문제 중 일부이다. 고린도 교회에 보낸 두 번째 편지는 첫 번째 편지에 기록했던바 자신의 행동 권위를 확실히 하기 위해 자신의 사도직을 확인해야 할 필요성 때문에 쓴 것이다. 갈라디아서는 율법적 행위보다 믿음이 기독교의 작동 원리로 간주되도록 하기 위해 유대교의 율법과 기독교의 관계라는 문제 때문에 쓴 것이다. 로마서는 복음에 관한 조직적 주석이요 설명이다. 로마서는 복음에 대한 체계적인 설명이요 해설이다. 바울은 로마의 감옥에 갇혀 있는 동안 에베소 교회, 골로새 교회, 그리고 빌립보 교회의 특별한 문제 때문에 4개의 서신을 썼다. 빌레몬에게 보낸 개인적인 편지는 기독교인인 주인과 종의 관계에서 발생하는 문제를 다룬다. 디모데와 디도에게 보낸 세 편의 목회서신에서는 젊은 목회자가 직면하는 문제들을 다룬다.

이 편지들은 바울이 사랑하는 교회에서 발생한 역사적인 위기 때문에 쓴 것임에 유의해야 할 것이다. 이 "시대를 위한 소책자들"의 위대성은 바울이 1세기의 교회들 안에 존재한 위기에 대처하기 위해 개발한 원리들이 현대의 교회에도 적용된다는 사실에서 드러난다. 비록 시간적으로나 공간적으로 환경이 달라지지만, 인간은 항상 비슷한 문제에 직면하며, 비슷한 원리들이 유익히게 사용된다. 모든 교회가 나름의 문제들을 해결하는 데 있어서 바울 서신은 매우 유익하게 적용된다. 바울은 항상 신학적 공식과 실질적 적용의 균형을 이루었다.

3) 바울 사상의 원리

바울에 대한 역사적 논의에서 그의 서신들, 특히 로마서에 개진된 근본적 교리들을 무시할 수 없다. 그리스도는 훌륭하게 정의된 교리 체계를 남기지 않으셨으며, 이러한 교리 체계를 구성하는 것은 바울이 성령의 인도하심을 받아 해야 할 일이었다. 그러나 이 신학 체계는 그리스도의 가르침과 상반된 것이 아니었고, 오히려 그리스도의 가르침과 죽으심에서 비롯된 것이었다.[2] 바울이 가정과 회당과 가말리엘 문하에서 받은 교육, 자연 관찰(롬 1:19-20), 회심 체험, 창조적 지성, 그리고 무엇보다도 거룩한 계시는 그의 신학 발달에 중요한 요인이 되었다.

바울의 복음의 핵심은 요약될 수 있다. 바울은 행복과 유용성이 모든 사람이 갈망하는 근본 목표임을 깨달았다. 현세와 내세에서의 행복과 유용성은 하나님의 은총을 획득하는 데 달려 있다. 하나님의 은총은 하나님의 뜻대로 행하는 사람에게만 주어진다. 바울과 유대인 동료들은 하나님의 거룩하심의 표현인 모세의 법을 준수하는 것이 복되고 유익한 삶을 보장해준다고 믿었다. 그러나 바울은 율법의 행위가 죄에 대한 지식을 낳을 뿐이며, 율법에 표현된 하나님의 뜻을 성취하는 일에서 인간을 무력하게 버려둔다는 것을 발견했다(롬 7장).

다메섹 도상에서의 경험은 율법이 아닌 그리스도의 십자가가 영적 생활의 출발점이 된다는 것을 계시해 주었다. 유대인의 율법을 완벽히 지키셨던 그리스도는 완전한 인간이요 하나님이셨기 때문에 죄를 범한 인간을 대신하

---

2) Floyd V. Filson, *One Lord One Faith* (Philadelphia: Westminster, 1943).

여 십자가에서 자신을 제물로 내주며 인간의 죄심을 대신 질 수 있으셨다(갈 3:10, 13). 사람들은 그리스도께서 행하신 사역을 믿음으로 받아들이기만 하면 된다.

바울의 윤리 체계는 이렇게 믿음으로 말미암은 그리스도와 신자의 개인적 연합에서 생겨났다. 이 수직적 관계는 도덕적 생활 속에 표현된 기독교적 사랑에 의해 동료 신자들과 연합하는 수평적 관계와 균형을 이루어야 한다(엡 1:15; 요일 3:23). 유대교의 율법주의나 스토아 철학의 합리주의가 아니라 기독교의 사랑이 기독교적 행위의 원천이 되어야 한다. 신자가 주님과 신비적으로 연합하는 것이 사랑의 원천이 될 것이다. 이 사랑의 생활에는 우상숭배, 성적 불결함, 술 취함 등에서 생겨나는 개인적인 더러움에서 벗어나는 일이 포함된다. 긍정적으로 그것은 이웃에 대한 사랑과 봉사와 고결한 생활을 만들어낸다.

이러한 윤리 체계는 유대교의 도덕률을 부인하는 것을 의미하는 것이 아니다. 그것은 오히려 가정, 가족, 그리고 국가 안에서 더욱 고귀한 사랑의 차원에서 그것을 성취하는 것을 의미한다. 기독교의 높은 윤리 표준은 이웃에 있는 이교도들에게 감명을 주어 기독교 신앙의 위대함을 깨닫게 했다. 바울의 이타적 봉사 생활은 유대인과 이방인 모두에게 하나님의 영광과 인간의 유익을 위한 봉사에 헌신한 기독교인이 성장하는 데 있어서 하나님이 어떤 일을 하실 수 있는지를 보여주는 계시였다.[3]

바울의 역사철학은 그의 윤리적 견해 및 신학적 견해와 밀접하게 연결되어 있다. 그는 고대 세계의 특징적 이론이었던 역사의 순환이론과 불확실한 진화적 발전이라는 현대의 이론을 거부한다. 그는 거듭나지 않은 인간의 실패 및 자신의 거룩한 계획을 성취하시는 하나님의 능력을 참작하는 대격변적이

---

3) Morton S. Enslin, *The Ethics of Paul* (New York: Harper, 1930).

고 초자연적인 역사관을 지지했다. 이 견해는 국가들에 한정되는 것이 아니며 인류 전체를 포함한다. 이 견해에 의하면 진보는 하나님의 은혜로 말미암아 힘을 얻어 행하는 영적 싸움을 통해서만 이루어진다. 궁극적으로 하나님은 그리스도께서 갈보리 십자가 위에서 섭리적으로 패배시킨 악의 군대를 이기고 승리하실 것이다(롬 11:36; 엡 1:10).

4) 논쟁가 바울

바울은 단순히 기독교를 제시하는 데 만족한 것이 아니다. 그는 순수한 기독교 교리에 대한 위협 때문에 적과 싸워야 했다. 그는 말과 글로써 기독교 교리의 순수성을 위해 싸웠다. 그는 그리스도의 위격과 사역에 관한 완전하지 못한 견해들을 철저히 혹평했으며, 잘못을 범한 사람들을 돌이켜 신앙을 되찾게 하려고 노력을 게을리하지 않았다.

제1차 전도여행을 마친 후 바울은 예루살렘 공의회에서 구원의 범위와 방편에 관한 어려운 문제에 관해 이야기했다. 유대교의 품 안에서 탄생한 교회는 두 집단으로 발전했다. 바리새적 배경을 지닌 유대인 기독교인 집단은 이방인들도 구원을 얻으려면 유대인처럼 모세의 율법을 지켜야 한다고 믿었다. 그들은 기독교를 유대교의 특별한 분파로 만들기를 원했다. 또 하나의 집단은 구원이 오직 그리스도에 대한 믿음에 의해 임한다는 것, 그리고 행위 때문에 유대인에게만 주어지는 것이 아니라 모든 사람에게 제공된다는 것을 깨달았다.

야고보에게서 전자의 견해를 선포할 권위를 받은 유대인 기독교인들이 안디옥에 도착한 것(행 15:24)이 계기가 되어 49년 또는 50년에 이 문제를 해결하기 위해 예루살렘에서 회의가 열렸다. 안디옥 교회의 위임을 받고(행 15:2) 계시를 통해(갈 2:2) 확신을 갖게 된 바울과 바나바는 교회 역사상 최초의 공의회이며 가장 중요한 공의회에 참석하기 위해 예루살렘으로 갔다.

그들은 교회 전체의 공적인 모임에서 자기들의 활동에 관해 이야기했고(행

15:4-5), 그 후에 별도의 개인적 모임에서 그 문제를 자세히 논의하기 위해 사도들과 장로들을 만나 해결책을 마련하려 했다(행 15:6; 갈 2:2-10).[4] 이 개인적인 회의에 이어 또 한 차례 전체적인 회의가 개최되었는데, 그 회의에서 참석한 모든 사람이 동의할 수 있는 결정에 도달한 듯하다(행 15:7-29). 회의의 결과는 바울의 이방인 사역을 칭찬한 것(행 15:25-26; 갈 2:9), 그리고 이방인들이 유대교의 율법을 지키지 않아도 된다는 것이었다(행 15:19). 피나 목매어 죽인 것 먹는 것을 금하는 것 등 유대인 신자들을 회유하려는 사소한 요구 사항들도 진술되었다. 이방인 개종자들에게도 우상숭배와 부도덕한 행위—이것들은 악한 이교의 환경에서 성장한 개종자들에게 특히 유혹이 되는 죄들이다—를 피할 것이 요구되었다(행 15:20-21). 이러한 요구 사항들은 칭의를 얻는 방법에 관한 근본 원리와 관련이 없는 것이었다. 그것들은 단지 유대인 신자들과 이방인 개종자들의 좋은 관계를 촉진하기 위해 고안된 것이었다.

예루살렘 공의회에서 발생한 일들은 원칙적인 문제가 관련되었을 때 바울이 얼마나 완강한지 보여준다. 그는 그 공의회에서 디도에게 할례를 행할 것을 고려하지 않았다(갈 2:3). 그러나 디모데와 함께 제2차 전도여행을 떠날 때 디모데에게 할례를 받게 했다(행 16:1-3). 그것은 할례를 받지 않았다는 사실이 복음 전파에 장애가 되지 않게 하기 위해서였다. 바울은 자신의 사역을 촉진하기 위해서라면 기꺼이 이렇게 해롭지 않은 일에서는 양보했다. 그러나 예루살렘에서는 디도가 할례받는 것을 허락하지 않았는데, 그 이유는 당시 그가 이방인들은 유대인의 율법을 지킬 필요가 없다는 원리를 위해 싸우고 있었기 때문이다.

---

4) 저자는 갈라디아서 2장 1-10절에 기록된 예루살렘 방문을 예루살렘 공의회 참석과 연결하는 추론 방식을 따른다. 이러한 견해는 William J. Conybeare and John S. Howson, *The Life and Epistles of Saint Paul* (New York: Scribner, 1897)에 잘 표현되어 있다.

기독교를 유대인의 의식적 율법에서 해방한 것이 그 공의회의 원대한 결과였다. 그 후 믿음이 인간이 구원받는 유일한 수단이 되었다. 이 믿음은 모든 민족을 위한 것이기 때문에, 기독교는 유대교의 분파가 되는 위험에서 해방된 것이다. 의무감에서가 아니라 하나님에 대한 사랑 때문에 유대교의 도덕률을 따르게 하는 새로운 사랑의 법이 기독교 윤리의 기초가 되었다. 교회가 큰 문제에 직면하여 민주적으로 대처했다는 사실에도 관심을 기울여야 한다. 교회와 그 지도자들은 성령의 인도를 받은 결정을 내렸다. 이미 믿음으로 구원받은 유대인 신자들은 원한다면 자발적인 의무로서 자유로이 모세의 율법을 지킬 수 있었다.

기독교는 예루살렘 공의회를 잊어서는 안 된다. 종교개혁자들도 같은 문제에 직면했었다. 그들은 로마교회가 구원의 조건으로 믿음 외에 인간적인 행위를 요구하는 것을 보았다. 윤리적 행위로 하나님을 기쁘시게 할 것을 강조하는 현대의 자유주의자들도 같은 실수를 범하고 있다. 예루살렘 공의회의 문제는 영원히 계속되는 문제이며, 그 회의에서 승리한 원리들은 교회사 전체에서 타당성을 갖는다.

바울은 교회 내에 있는 초기 단계의 영지주의와 싸우면서 그리스 이성주의의 도전에 직면했다. 유대인 신자들은 구원의 수단을 율법적인 것으로 만들려 했고 어떤 사람들은 그것을 지적인 것으로 만들려 했다. 영지주의는 골로새 교회에서 발달한 것으로서 특히 위험한 것이었다.

영지주의자들은 영은 선하고 물질은 악하다고 구분하는 이원론적 철학을 신봉했다. 그들의 견해에 의하면 순수한 영과 악한 물질 사이를 연결해주는 고리는 천상 존재들의 계층이다. 천사들은 이 계층에 속하므로 경배를 받아야 한다(골 2:8, 18-19). 구원은 주로 물질적이고 악한 육체의 욕망을 부인하는 금욕적 행위에 의해서(골 2:14-17, 20-23), 그리고 엘리트 신자들만 접근할 수 있는 영지 혹은 지식에 의해서 얻을 수 있다. 인간의 교만을 혹평하는 이 체

계 안에서 믿음은 종속적 위치를 차지할 뿐이다.[5]

바울은 창조주요 구속자이신 그리스도의 완전한 능력을 강조함으로써 이 이단에 맞섰다(골 1:13-20). 그리스도는 하나님의 완전한 현현이시며, 하나님보다 조금도 열등하시지 않다(골 1:19; 2:9). 바울은 이 교리 안에서만 인간이 구세주에 대한 확신을 가지고 죄 문제에 대처할 수 있다고 생각했다.

영지주의는 교회가 대처해야 할 최초의 이단이었으며, 그 후 여러 가지 이단이 생겨났다. 어느 시대나 오신(誤信)들이 계속 발생하는데, 그것들은 흔히 같은 원인에서 생겨난다. 과거 골로새 교회에서처럼 오늘날도 이성을 과신하고 합리화하는 경향 때문에 이단들이 생겨날 수 있다. 개인의 삶에서 기독교 이전 시대의 종교적 유산을 보존하다가 참과 오류가 혼합되어 구원에 치명적인 결과를 초래할 수 있다. 그것이 유대인 신자들이 범했던 잘못이다. 일부 성경을 잘못 사용하거나 지나치게 강조하는 데서 잘못된 이론이 생겨나기도 한다. 때로 그릇된 열광주의에 빠진 지도자가 진리를 옹호하려다가 진리를 파괴하기도 한다. 2세기의 몬타누스(Montanus)가 그 예이다.

바울은 믿음과 용기가 있었기 때문에 구원의 메시지를 로마제국의 이방 민족들에게 전할 수 있었으며, 유럽을 가로질러 서쪽을 향해 승리의 행진을 하면서 기독교 문화의 씨앗을 뿌릴 수 있었다. 그는 죄인을 위한 구원이라는 맥락에서 그리스도의 삶과 죽음의 의미를 해석한 특별한 해석자였다. 그는 믿음이 율법주의나 합리주의와 혼합되지 않도록 보존했다. 그는 교회들을 조직화했으며, 교회들이 직면한 문제들을 기독교적 방식으로 해결하도록 돕기 위해 계속 서신 왕래를 했다. 바울은 그리스도의 영원하고 우주적인 의미를 깨달았으며 "이방인의 사도"(롬 11:13; 15:16)로서 그리스도를 이방 세계에 해석해주었다.

---

5) 영지주의에 대해 더 자세히 알려면 제8장을 보라.

참고문헌

Burton, Ernest D. *The Records and Letters of the Apostolic Age*. New York: Scribner, 1895.

Conybeare, William., and John S. Howson. *The Life and Epistles of St. Paul*. 2 vols. New York: Scribner, 1854.

Deissman, Gustav. *The Religion of Jesus and the Faith of Paul*. New York: Doran, n.d.

Goodman, Frank J. *A Harmony of the Life of Paul*. Grand Rapids: Baker, 1951.

Greenslade, S. L. *Schism in the Early Church*. London: SCM, 1953.

Guthrie, Donald. *The Apostles*. Grand Rapids: Zondervan, 1974.

Longencker, Richard N. *The Ministry and Message of Paul*. Grand Rapids: Zondervan, 1971.

Machen, J. Gresham. *The Origin of Paul's Religion*. New York: Macmilllan, 1923.

Moe, Olaf. *The Apostle of Paul, His Life and His Work*. Translated by L. A. Vigness. Minneapolis: Augsburg, 1950.

___. *The Apostle, His Message and Doctrine*. Translated by L. A. Vigness. Minneapolis: Augsburg, 1954.

Smith, David. *The Life and Letters of Saint Paul*. London: Hodder & Stoughton, 1919.

Stewart, James S. *A Man in Christ*. London: Hodder & Stoughton, 1935.

제5장
책과 양피지 문서

　종교 문헌 중에서 신약성경은 하나의 고립된 산봉우리가 아니라 고대 교회가 만들어낸 종교 문헌이라는 산맥에서 가장 높은 봉우리로 보아야 한다. 신약성경의 기본적인 문학 형태들—복음서, 행전, 서신, 묵시—은 고대 교회 교부들이 저술할 때 모방하는 모델이 되었다. 우리는 신약성경에 속한 책들의 수효가 많은 데 놀라기보다 초대교회 내의 많은 종교 문헌에 비추어 그 수효가 적은 데 놀란다. 누가는 성령의 감화를 받아 그리스도의 생애에 대한 기사를 쓴 시기에 많은 복음서가 유포되어 있었다고 암시한다(눅 1:1).

　교부들의 저술은 신약시대부터 4세기 후반까지의 역사적 지식의 틈을 채우는 데 크게 기여한다. 교부들은 말이나 글로 교회를 지도하면서 표면적인 박해와 내부적인 이단에 맞서 변증적이고 논증적인 글을 저술했다. 신앙에 대한 정확한 진술을 제공하기 위해 신조들이 작성되었다. 오늘날 기독교의 삶과 사상의 발달을 연구하는 데 있어서 교부들의 저술은 엄청난 가치를 지닌다. 이 문헌들은 조금도 따분하지 않다. 그것들을 읽는 사람은 지식뿐만 아니라 영감을 보상으로 받게 될 것이다. 저자들은 성경의 용어를 인용하고 사용한다.

　"교부"(father of the church)라는 호칭의 기원은 특히 서방 교회에서 자애로운 충성심을 표현하기 위해 감독들에게 주어진 "아버지"(father)라는 호칭에 있

교회 교부들

서방	동방

1세기 (95 ~ 150년 경)
사도 교부들: 교화, 예표론적 해석

	교화	
로마의 클레멘트	이그나티우스 폴리캅 위-바나바서 디오그네투스에 보낸 편지 클레멘트 2서 파피아스 헤르마스의 목자 디다케 (교리문답 지침서)	

2세기 (120 ~ 220) 변증가들 - 기독교 옹호

	설명	
터툴리안	아리스티데스 순교자 저스틴 타티안 아테나고라스 테오필루스	

3세기 (180 - 250) 논증가들 - 거짓 교리 대적

	논박	
정체	알렉산드리아 학파 (풍유적, 사변적) 판태누스 클레멘트 오리겐 - 〈헥사플라〉 (구약) 원리론 (풍유적 해석 방법을 사용한 최초의 조직신학)	안디옥 학파 (문법적 - 역사적)
이레내우스 대 영지주의자 서방 신학의 창시자 터툴리안의 삼위일체론 대 프락세아스 키프리안: 주교 제도와 로마감독의 수위권에 관해		

4세기 (325 ~ 460) 학문적 성경 연구의 황금시대

	성경 해석	
제롬: 성경 번역자 암브로스: 설교자 어거스틴: 신학자, 〈하나님의 도성〉	아타나시우스 가이사랴의 바질	크리소스톰: 설교자 (기독교적 행위) 테오돌

다. 그 용어는 3세기 이후 교회의 정통 수호자들과 신앙의 해석자들을 지칭하는 데 널리 사용되었는데, 이들은 대부분 감독이었다. 교부학(patrology)은 이들의 생애와 저서를 연구하는 학문이다. 이들은 대체로 사도 시대가 끝나면서부터 칼케돈 공의회(451년)까지의 시대에 살았다. 다음 쪽에 수록된 도표는 교부들이 활동한 시대, 주요 저서, 저서의 주요 특성 등을 아는 데 도움이 될 것이다.

신약성경의 저술들이 기원후 1세기 이전에 완성되었다는 합리적인 보증이 있다. 사도들과 사도들의 교리를 알고 있는 사람들이 기독교 문헌을 저술하는 과업을 계속했다. 이 사람들은 사도 교부들(Apostolic fathers)이라고 알려져 있다. 그들의 저술은 대부분 95년부터 150년 사이에 저술되었다.

이들의 저서에는 몇 가지 특성이 있다. 그들의 표현은 진지한 신앙과 경건에 대한 구어체의 단순한 진술이며, 오리겐이나 알렉산드리아의 클레멘트의 저술에서처럼 이교 철학을 배운 흔적이 거의 나타나지 않는다. 교부들은 구약성경을 존중했으며, 자신의 사상을 뒷받침하기 위해서 구약성경을 매우 의지했다. 그러므로 어떤 경우에 예표론적 해석을 지나칠 정도로 사용한 것을 볼 수 있다. 그들은 기독교가 구약성경의 예언과 예표의 성취라고 선언한다. 이들은 신약성경에 사용된 문학 형태도 알고 있었으며, 그것들을 저술의 본보기로 사용했다. 그들의 저서에서는 교회의 목양적이고 실질적인 덕성 교육이 중요한 목적으로 자리 잡고 있다.

95년경에 고린도 교회에서 심각한 소요가 발생했다. 얼마 후 로마교회의 주도적 인물인 장로 클레멘트(Clement)는 장로들을 대적하는 신자들에게 소요를 중지하고 장로들에게 복종하라고 권면하기 위해 고린도 교회에 보내는 첫 번째 편지를 썼다(1:1; 15:1-2; 45:47-3-5). 신약성경의 책들을 제외하면 이 편지가 가장 초기의 기독교 저술이기 때문에 최근에 교부들의 저술 중에서

1. 서간 문학

1) 로마의 클레멘트
(30?-100년)

탁월한 위치를 부여받았다.

클레멘트는 도입부에서 과거에 그 교회가 지녔던 훌륭한 정신을 상기하라고 요구한 후에(1~3장) 자신의 충고에 순종하게 하려고 사랑, 회개, 겸손 등 기독교적 덕목에 관한 일련의 권면을 시작한다(4~38장). 구약성경의 많은 구절을 인용하여 행한 이 권면들 중간에 장래 부활의 확실성과 관련된 짤막한 부분(24~26장)이 삽입되어 있다. 25장에서 불사조에 관한 이교도들의 이야기를 부활의 예화로 사용한 것은 흥미로운 일이다. 39장부터 59장 2절까지에서 고린도 교회의 불화에 더욱 직접적인 관심을 표현한다. 42~42장에 사도직의 계승이라는 사상이 등장한다. 장로들과 집사들은 사도들이 임명하는 것이며, 사도들은 그리스도에 의해 보내심을 받았고, 또 그리스도는 하나님의 보내심을 받았다는 점에 초점을 둔다. 그런 후에 클레멘트는 민주적으로 임명된 이 지도자들에게 순종하라고 강력하게 요구한다(44:3). 이 부분 뒤에 다소 긴 기도문이 이어지는데(59:3~61장), 거기에는 교회의 일치를 원하는 그의 강력한 소원이 나타나 있다. 이 서신은 화합하라는 권면(62~65장)으로 끝맺는다.

이 서신은 1세기 말 교회에서 감독들과 장로들이 누린 높은 지위에 관한 정보를 제공하기 때문에 중요하다. 감독에게 순종하는 것이 기독교적 화합을 이루는 실질적인 보증이 될 것이다. 성직자들은 평신도들과 구별된다(40:1). 클레멘트의 서신은 구약성경에서 인용한 많은 인용문들(약 1,500개) 때문에 흥미롭다. 게다가 바울의 경력에 대해 광범위하게 인용한 언급이 들어 있다(5:5-7). 바울이 로마에서 두 차례 감옥에 갇힌 것, 그리고 잠정적인 협상 동안 석방되었던 일 등이 주로 언급된다. 또 그리스도의 피가 구원의 방편이라고 말한다(7:14).

2) 이그나티우스
(Ignatius, 35년경-107년경)

이그나티우스는 시리아의 안디옥교회 감독이었다. 그는 기독교를 증언했다는 이유로 체포되어 로마로 압송되었고, 원형경기장에서 동물들과 싸우다가 죽게 되어 있었다. 그는 로마로 호송되는 도중에 여러 도시를 통과했는데, 그곳의 교회에서 방문객들을 만나도 좋다는 허락을 받았다. 그는 순교하기 전에 이 교회들의 친절에 대한 감사의 편지를 썼다. 로마인들에게 보낸 편지는 주로 로마에서 이그나티우스를 구하려고 노력하지 말라는 호소이다. 이그나티우스는 자신의 순교를 환영했고, 자신이 짐승들의 이빨에 씹혀 "그리스도의 순수한 빵"이 되는 것을 방해하게 될 모든 조처를 막으려 했다(2:4). 이 일곱 편의 편지는 100년경에 쓰인 것이 분명하다. 몇 편의 편지는 그가 쓴 것인지 의심이 되지만, 그의 것으로 인정된 편지들은 그의 가르침을 분명히 보여준다.

이그나티우스는 편지에서 로마로 호송되는 도중에 방문한 교회의 평화와 화합을 위협하는 이단들에 대해 경고하려 했다. 그는 영지주의와 가현설에 반대했다. 가현론자들은 그리스도가 물질적인 몸에 의해 더럽히지 않은 순수한 영적 존재라고 주장했다. 그래서 사람들은 그리스도의 물질적 몸의 실체를 부인하고 십자가에서 고난당한 것은 환영(幻影)에 불과하다고 주장했다 (서머나 교회에 보낸 서신 제1장). 이그나티우스는 이 거짓 교훈의 해독제로서 육체 안에서의 그리스도의 계시를 주장했다(서머나 교회에 보낸 서신 1장, 트랄리아 교회에 보낸 서신 9~10장).

이 초대교회의 교부 역시 화합을 이루고 이단의 성장을 피하는 방법으로 감독에게 순종할 것을 강조했다. 이 무렵 각 교회의 장로 중 한 사람이 전제군주적인 감독이 되고 동료 감독들이 그에게 순종했다는 증거가 그의 편지에 있다.[1] 이그나티우스는 장로들이 감독에게 순종하는 것을 하프의 현들

---

1) 에베소 교회에 보낸 서신 2:2; 3:2; 4:1-2; 5:1-2; 6:1, 2-3; 마그네시아 교회에 보낸

이 이루어내는 조화에 비유했으며(에베소 교회에 보낸 서신 4:1), 모든 기독교인들에게 군주적 감독과 장로들에게 복종하라고 촉구한다. 그는 감독직과 장로직을 구분하고, 장로들은 군주적 감독보다 하위에 위치하고 교인들은 이 두 직분자들보다 하위에 위치한다고 구분한 최초의 인물이다. 그의 견해에 의하면 권위에 따른 교회의 성직 계급은 감독, 장로, 그리고 집사이다. 그러나 이그나티우스는 가톨릭(catholic)이라는 단어를 처음으로 사용했지만(서머나 교회에 보낸 서신 제8장) 로마교회의 감독이 다른 감독들보다 우위에 있다고 주장하지는 않았다. 단지 각 교회 안에서 감독이 장로들보다 우위에 있을 뿐이다. 이그나티우스는 이 세 계급이 없으면 교회가 성립하지 못한다고 믿었다(트랄리아 교회에 보낸 서신 3).

3) 폴리캅
(Polycarp, 70년경-155년)

사도 바울의 서신을 상기하게 하는바 빌립보 교회에 보낸 서신의 저자 폴리캅은 요한의 제자였기 때문에 제자들의 정신을 알 수 있는 특별한 기회를 소유했었다. 여러 해 동안 서머나의 감독으로 일했던 폴리캅은 155년에 말뚝에 묶여 화형을 당했다. 그는 로마 총독 앞에서 재판을 받으면서 자신이 80년 동안 섬겨왔고 선한 것만 주신 그리스도에 대해 나쁘게 말할 수 없다고 말했다.[2]

폴리캅은 110년에 빌립보 교회가 보낸 편지에 답장을 썼다. 그 편지에서 그는 그리 큰 독창성을 발휘하지 않았다. 그는 종종 구약성경과 신약성경을 직접 또는 간접적으로 인용했으며, 자신이 사도들, 특히 요한에게서 많은 정

서신 3:1; 4:1; 6:1-2; 7:1; 13:1-2; 트랄리아 교회에 보낸 서신 2:1; 3:1-2; 7:1-2; 13:2; 필라델피아 교회에 보낸 서신 1:1; 3:2; 8:1을 보라.

2) Eusebius, *Ecclesiastical History*, 4.15.

보를 받았음을 이야기했다. 그는 초대 교회의 생활과 신앙을 증언해주는 2세기의 귀중한 증인이다. 그는 빌립보 교회 교인들에게 덕망 있는 생활, 선한 행위, 그리고 필요하다면 죽기까지 견고하게 설 것을 권면했다. 왜냐하면, 그들은 믿음으로 그리스도 안에서 구원을 받았기 때문이다. 그는 신약성경을 약 60번 인용했는데, 그중 34번은 바울의 글을 인용했다. 이것은 신약성경의 다른 책들뿐만 아니라 바울이 빌립보 교회에 보낸 편지 및 여러 서신에 대해 알고 있었음을 보여준다. 이그나티우스와는 달리 폴리캅은 교회의 정체(政體)에 관심을 두지 않았다. 그러나 그는 신자들의 실질적인 일상생활을 강화하는 데 관심을 가졌다.

4) 바나바 서신 (Epistle of Barnabas)

이 편지는 신약성경에 등장하는 바나바가 아닌 다른 사람이 쓴 것이 분명하므로, 종종 위-바나바서(Pseudo-Barnabas)라고 알려진다. 많은 교부는 그 편지를 신약성경에 등장하는 바나바와 연결하지만, 저자가 신약성경의 바나바가 아님이 서신 자체에서 확인된다. 이 편지는 130년경에 알렉산드리아 출신의 신자가 쓴 것으로 간주된다.

이 편지는 유대인 신자들로부터 모세의 율법이 효력을 지니고 있으므로 반드시 지켜야 한다고 설득 받는 이방인 개종자들을 도우려는 목적으로 쓴 것이다. 저자는 1~17장에서 그리스도의 삶과 죽음이 구원에 매우 적절하다는 것, 그리고 기독교인이 율법을 지키지 않아도 된다는 것을 나타냄으로써 이 주장을 폐기한다. 모세의 언약은 그리스도의 죽음과 더불어 종식되었다. 마지막 4장에서는 두 가지 삶의 길, "빛의 길"(The Way of Light)과 검은 자의 길(The Way of the Black One)을 대조하여 제시하면서 빛의 길을 따르라고 권한다. 이 두 가지 길은 『디다케』(Didache)에 제시된 두 가지 길을 상기시키며, 그것과 밀접한 관계를 갖는 듯하다.

이 편지의 저자는 구약성경의 예표론을 지나치게 사용하여 알레고리가 될 정도였다(119번 인용).³⁾ 그는 아브라함의 종 318명이 십자가에서의 그리스도의 죽음을 가리키는 것으로 풍유화했다. 그 근거는 300이라는 헬라어 수사가 십자가 형태이며 18을 지칭하는 헬라어 수사는 예수의 이름 중 처음 두 문자라는 데 있다. 저자는 창세기 14장 14절에 대한 이 특이한 해석을 자랑했다(9:9). 그는 자신이 구약성경에서 끌어내고픈 의미를 추출하기 위해서 정당한 예표론을 사용하지 않고 풍유를 사용했다. 이것은 알렉산드리아의 필로에게서 생겨난 관습이다. 필로는 이것에 의해 그리스 철학과 구약성경을 조화시키려 했다. 이 관습은 후일 오리겐에 의해 조직적인 해석 방법으로 발달했는데, 건전한 성경해석에 많은 해를 끼쳤다.

5) 디오그네투스에게 보낸 편지

2세기 말이나 3세기 초에 익명의 저자가 쓴 이 편지는 마르쿠스 아우렐리우스를 가르친 교사 디오그네투스(Diognetus)에게 보낸 것인 듯하다. 이 편지는 그 특징이 호교론적이기 때문에 사도 교부들의 저술 가운데 위치하며, 이것을 호교론적 저술로 간주하는 것이 정당한 듯하다.

저자는 우상숭배의 어리석음(1~3장), 유대교의 부적당함(3~4장), 기독교 신앙의 탁월함, 개종자들에게 주는 유익(5~12장) 등을 설명함으로써 합리적으로 기독교를 옹호한다. 또 그는 일련의 흥미로운 비교를 통해서 세상에서 기독교인의 역할이 육체 안에서 영혼의 역할과 흡사하다고 말한다(6장).

6) 고린도교회에 보낸 클레멘트의 두 번째 편지

이것은 150년의 것으로서 편지가 아닌 설교이며 클레멘트가 쓴 것도 아니지만, 일반적으로 사도 교부들의 글과 함께 다루어진다.

저자는 그리스도에 대한 건전한 견해, 몸의 부활을 믿는 신앙, 기독교인

---

3) 풍유란 도덕적 선입관이나 철학적 선입관에 따라 성경의 문자적 의미를 해석함으로써 숨겨진 상징적 의미를 찾는 것이다. 그것은 저자가 독자들을 위해 의도했던 의미를 왜곡한다.

의 순결한 생활 등에 관심을 가졌다. 먼저 구원의 유익을 강조한 후(1~4장) 기독교적 덕목을 실천하며 그리스도를 통해 임한 구원을 제대로 활용함으로써 (18~20장) 세상을 대적하는 싸움에 참여하라고 권한다(5~7장). 이 편지는 2세기의 설교 내용을 보여주는 흥미로운 것이다.

2세기 중엽 프리기아(Phrygia)의 히에라폴리스의 감독 파피아스는 사도들을 알고 있는 오래 믿은 신자들에게서 얻은 정보를 기록해두기 위해서 『주님의 말씀 해석』(Interpretation of the Sayings of the Lord)을 저술했다. 파피아스가 요한의 제자였을 수 있다. 그 문서는 그리스도의 생애와 말씀을 다룬다. 비록 그 문서가 남아있지 않지만, 유세비우스와 이레네우스의 저술에서 그것의 단편들을 대할 수 있다. 이레네우스의 저술 안에 보존된 단편[4]은 파피아스가 천년왕국설 신봉자였다는 증거를 제공한다. 유세비우스에 의해 보존된 부분[5]은 복음서의 기원에 대한 흥미로운 설명을 제공한다. 그는 마가가 베드로의 통역자였고, 마태는 히브리어로 복음서를 기록했다고 진술했다. 이 작은 발췌문들은 그의 완벽한 저서가 신약성경의 신앙과 삶과 문학에 대해 제공할 설명을 인식하는 학생들을 안타깝게 한다.

7) 파피아스(60?-130?)

헤르마스의 『목자』(Shepherd)는 계시록을 모방한 것으로서 150년경에 헤르마스에 의해 저술되었을 것이다. 무라토리 정경(Muratorian Canon)의 저자에 의하면 헤르마스는 140년부터 155년까지 로마의 감독으로 일한 피우스(Pius)

2. 묵시문학

---

4) Irenaeus, *Against Heresies*, 5:33.3-4; 5.36.1-2.

5) Eusebius, *Ecclesiastical History*, 3.39.3-5, 15-16.

의 동생이었다.[6] 저자가 환상과 풍유를 사용한 것이 존 번연의 저서를 생각나게 하지만, 불행히도 헤르마스에게는 번연과 같은 능력이 없었다.

그 저서는 상징과 환상이 풍부한 묵시록의 형태로 기록되었지만, 그 목적은 도덕적이고 실질적인 것이다. 저자는 기독교 신자인 로마 여인 로다(Rhoda)의 종이었다. 로다는 그에게 자유를 주었고, 그는 부유한 사업가가 되었다. 그런데 그 과정에서 그는 가족들을 소홀히 했는데, 결국 그의 가족들은 엄청난 죄를 범했다. 헤르마스와 아내는 죄를 자백하고 회개했지만, 자녀들은 신앙을 버렸다. 그 후 그는 재산을 모두 잃었다. 이 저서는 이 경험을 바탕으로 한 것으로서 죄인들을 회개하게 하기 위한 것이다. 회개의 거룩한 삶이 이 책의 요지이다(명령 4). 이 편지의 메시지들은 어느 부인과 한 천사에 의해 헤르마스에게 주어진다. 제1부는 회개의 필요성을 상징으로 강조하는 5개의 환상으로 이루어져 있다. 그다음에 12개의 명령이 주어지는데, 거기서는 회개하는 사람이 하나님을 기쁘시게 하려고 따라야 하는 윤리법이 묘사된다. 마지막 부분은 10개의 비유로 구성된다. 여기에서의 주요 주제는 회개의 중요성이다. 『목자』의 저자는 기독교 사회의 개인의 관계에 관심을 가진다.

3. 요리문답

『디다케』(Didache, Teachings of the Apostles)라는 작은 책은 1893년에 브리엔니오스 필로테오스(Breynnios Philotheos)라는 사람이 콘스탄티노플의 어느 교회 도서관에서 발견하여 1883년에 출판함으로써 빛을 보게 되었다. 이 교회 교육 지침서는 2세기 중엽 이전에 현재의 형태로 구성되었을 가능성이 크다. 그러나 많은 사람은 그 책의 많은 부분이 신약성경에 있는 관습들과 흡사하

---

[6] 무라토리 정경은 훼손된 단편인데, 신약성경의 목록이 담겨있다. 2세기 말 교회가 정경으로 인정했던 것인 듯하다.

다는 것을 근거로 그 책이 그 이전에 저술되었다고 주장한다.

언뜻 보아도 이 책이 네 부분으로 구성되어 있음을 알 수 있다. 제1부는 위-바나바서(Pseudo-Batnabks)에서 말한 두 가지 생활 방식과 흡사한 것으로서 생명의 길과 사망의 길에 대한 논의로 이루어져 있다(1~6장). 여기에서는 사망의 길을 따르는 사람들의 행위와 대조하여 기독교적 삶과 일치하는 윤리적 행동이 제시된다. 그다음에 세례, 금식, 성찬 등 의식에 관한 문제들을 논한다(7~10장). 제3부에서는 거짓 선지자와 참 선지자를 구분하는 법, 자격 있는 관리를 찾아내는 방법, 종교 문제 등에 관한 교훈이 제시된다(11~15장). 이 문서에서 거짓 선지자란 음식과 거처를 받으면서도 그 보답으로 교회에 영적 감화를 주지 못하는 사람이라고 지적한다. 주님의 재림에 대비하여 깨어 일관성 있는 생활을 해야 할 필요성이 마지막 부분에서 다루어진다. 이 논의를 통해서 95년부터 150년까지의 초대교회 생활을 묘사한 『디다케』의 중요성이 분명해진다.

지금까지 언급된 문헌들을 연구하는 사람은 그 보답으로 여러 가지 지식과 감화를 받을 것이다. 이처럼 덕을 함양해주는 문헌을 지금까지 모든 시대의 교회가 등한히 해온 것은 안타까운 일이다.

참고문헌

Goodspeed, Edgar. *A History of Early Christian Literature*. Revised and enlarged by Robert Grant. Chicago: University of Chicago Press, 1946.

Lake, Kirsopp. *The Apostolic Fathers*. Loeb Classical Library. New York: Putnam, 1930.

Newman, Albert. *A Manuel of Church History*. Rev. and enl. ed. Philadelphia: American Baptist Publication Society, 1933.

Quasten, Johannes. *Patrology*. 3 vols. Westminster, Md.: Newman, 1950-63.

Swete, Henry B. *Patristic Study*. 3d ed. New York: Longmans, 1904.

Tixeront, J. *A Handbook of Patrology*. Translated by S. A. Raemers. St. Louis: Herder, 1947.

Williams, Robert R. *A Guide to the Teachings of the Early Church Fathers*. Grand Rapids: Eerdmans, 1960.

제6장
감독과 집사

교회는 두 차원에 존재한다. 하나는 성령에 의해 한 몸으로 결합한 영원하고 불가시적이고 성경적인 유기체이다. 또 하나는 일시적이고 역사적이고 가시적이며 인간적이고 제도적인 조직이다. 전자는 목적이고 후자는 수단이다.

조직으로서의 교회의 발달은 성령의 인도 아래 사도들에게 맡겨졌다. 규모가 큰 집단은 지도자를 필요로 하며, 그것이 성장함에 따라 제 기능을 발휘하게 하려면 지도자의 기능을 세분하고 전문화해야 한다. 교회의 예배를 품위 있고 질서 있게 드리도록(고전 14:40) 안내하기 위한 전례식문도 조직체로서의 교회가 성장한 데 따른 논리적 결과이다. 예배하는 유기체로서의 교회의 궁극적 목적은 삶의 질을 성취하는 것이다. 그러므로 기독교는 하나의 유기체의 일부이며 하나의 조직의 일부이다.

1. 교회의 통치

교회 행정 조직의 기원은 그리스도에게로 소급된다. 왜냐하면, 그리스도는 유아기 교회의 지도자로 삼으려고 열두 제자를 선발하셨기 때문이다. 사도들은 성령의 인도하심을 받아 교회 내의 여러 직임의 발달에서 주도권을 발휘했다. 이것은 로마가톨릭교회가 발달시켜온 피라미드식의 성직계급제도가 아니다. 왜냐하면, 새 직분자들은 사도들이 임명한 사람들에 의해 선발되어야 했으며, 특별한 영적 자격을 소유해야 했기 때문이다. 그러므로 직임에 대한 성령의 내적 소명이 있었고, 교회의 민주적 투표에 의한 표면적 소명이 있었으며, 사도들에 의해 그 직무에 임명되는 일이 있었다. 교회의 직분자들과 교인들은 그리스도를 통해서 하나님께 직접 나아갈 권리를 지닌 영적 제사장이었으므로(엡 2:18) 구원을 위해 일할 특별한 제사장 계층은 없어야 했다.

이 직분자들을 두 계층으로 나눌 수 있을 것이다. 카리스마적인 직분자들(헬라어로 charisam는 은사를 의미한다)은 그리스도가 선발하신 특별한 영적 은사를 부여받은 사람들이다(고전 12:14; 엡 4:11-12). 그들의 기능은 주로 영감을 주는 것이었다. 두 번째 계층은 관리적 직분자들이다. 이들의 기능은 주로 관리적인 것이다. 사도들의 시대가 끝난 후에는 장로들이 많은 영적 책임을 맡았다. 이들은 성령의 인도하심을 따라 기도한 후에 회중에 의해 선발되었고 사도들에 의해 임명되었다.

1) 카리스마적 직분자

이들의 주요 책임은 복음의 진리를 수호하고 전파하는 것이었다. 이들은 그리스도에 의해 선발되어 성령을 통해 교회 안에서 지도력을 발휘했다. 바울은 이러한 직임을 넷 또는 다섯 가지라고 지적했다: 사도, 예언자, 복음 전도자, 섬기는 자, 그리고(또는) 가르치는 자. 많은 사람은 섬기는 자와 가르치는 자가 같은 사람을 지칭하는 것으로 생각한다.

사도들은 그리스도의 삶과 죽음, 특히 그의 부활을 목격한 증인들이었고(행 1:22; cf. 고전 1:1; 15:8), 그리스도에 의해 개인적으로 부르심을 받은 사람들이었다. 바울은 자기의 사도직의 기초를 살아 계신 그리스도의 직접적인 부르심에 두었다. 초대교회 최초의 직분자들은 온갖 기능을 수행했는데, 후일 초대교회의 급속한 성장에 따른 욕구를 사도들이 충족시킬 수 없게 되었을 때 다양한 직분자들이 이 기능들을 나누어 수행했다.

초대교회사에 관한 누가의 기록 중 처음 12장에서 베드로는 사도 중 가장 주도적인 인물이다. 그는 오순절에 예루살렘에서 최초로 공식적으로 유대인들에게 복음을 선포했다. 그뿐만 아니라 고넬료의 가정에 전도한 일은 최초로 이방인에게 복음을 전한 일이기도 하다. 그의 활동에 관한 신약성경의 기록에는 중세 가톨릭교회가 지녔던 성직정치적이고 권위적인 관념이 전혀 등장하지 않는다. 초대교회에서 시작되는 전승은 베드로가 로마에서 사망했다고 확정한다. 그러나 어느 흥미로운 전승은 베드로가 로마 감옥에서 탈출하여 도망했다고 기록한다. 도중에 그리스도를 만난 베드로는 주님에게 어디로 가시느냐고 물었다. 그리스도는 다시 십자가에 달리기 위해 로마로 가고 있다고 대답하셨다. 어느 전승에 의하면 베드로는 회한이 가득하여 서둘러 로마로 돌아가서 자청하여 거꾸로 십자가에 달려 죽었다고 한다. 이는 그가 그리스도와 같은 방식으로 죽을 자격이 없다고 생각했기 때문이다.

세베대의 아들 야고보는 변화산이나 겟세마네 동산에 있었던 인물이다. 그는 열두 사도 중 최초의 순교자로서 44년에 헤롯 아그립바에 의해 참수되었다. 스페인 사람들은 그를 수호성인으로 여긴다.

그리스도의 형제 야고보는(갈 1:19) 예루살렘 교회에서 베드로 다음의 지위를 차지한 지도자였다. 그가 교회의 탁월한 인물이었음은 예루살렘 공의회 때 지도자의 위치를 차지했었다는 사실에서 드러난다. 그는 초기 예루살렘 교회의 대부분의 지도자보다 더 유대교의 율법주의에 가까웠지만, 예루살렘 공의회에서는 유대인 기독교인들과 이방인 기독교인들 사이의 중간 위치에 섰다. 전승에 의하면 그는 거룩함과 깊은 기도생활을 경험했다고 한다. 그는 항상 무릎을 꿇고 기도했기 때문에 무릎이 낙타의 발처럼 딱딱했다고 한다. 사람들은 그를 성전 꼭대기에서 내던진 후에 곤봉으로 때려죽였는데, 그동안 그는 스데반이 순교하면서 한 것과 비슷한 용서의 말을 했다.[1] 그는 열두 사도 중 하나가 아니었다.

요한은 초대교회의 지도자로서 베드로와 동등한 서열로 취급된다. 전승에 의하면 그는 후일 에베소에서 사역했다. 도미티안 황제는 그를 소아시아 서쪽 해안에서 멀리 떨어진 곳에 있는 밧모라는 바위섬에 유배했다. 이곳에서 그는 계시록을 썼다. 도미티안 황제가 죽은 후에 에베소로 돌아온 그는 늙어 죽을 때까지 그곳에서 아시아 교회들을 섬기며 일했다.[2] 그의 복음서, 세 개의 서신, 그리고 계시록은 신약성경 안에 있는 풍부한 문학적 유산의 일부이다.

베드로의 형제 안드레는 근동 지방과 스키타이(Scythia)에서 사역했다. 약간 후대에 형성된 전승에 의하면 그는 X자 형태의 십자가에 달려 죽었다고 한다.

빌립의 말년에 대해서는 예루살렘이 멸망한 후에 히에라폴리스에서 자연사했으리라는 것 외에 거의 알려져 있지 않다. 알패오의 아들 야고보의 사역과 죽음에 대해서는 전혀 알려진 것이 없다. 다대오에 관한 전승은 그가 페르시아에서 사역하다가 순교한 것으로 말한다. 가룟 유다를 대신하여 사도가 된 맛디아는 에티오피아에서 사역하다가 순교했다고 한다. 열심당원 시몬도 순교했다. 전승에서는 바돌로매가 어떻게 순교했는지 분명히 밝히지 않지만, 어느 전승에 의하면 그는 인도에 가서 복음을 전했다고 한다. 마태도 에티오피아에서 사역한 것으로 추정된다. 제자 중 가장 의심이 많은 도마는 파르티아(Parthia)에서 사역했다고 하지만, 또 다른 전승에 의하면 인도에서 사역하다가 순교했다고 한다. 중세 시대에 교회의 명사들의 죽음을 영화

---

1) Eusebius, *Ecclesiastical History*, 2.23.

2) Ibid., 3.18, 20, 23.

롭게 하던 경향과 비교해볼 때 이들에 관해 신약성경이나 전승에서 전혀 언급이 없는 것은 매우 놀라운 일이다.[3]

예언자들이 신약 시대 교회의 영향력 있는 지도자들로 등장했다. 그들은 미래를 예고하거나 예언할 뿐만 아니라 복음을 전하는 기능을 수행했다(행 13:1; 15:32). 아가보(Agabus)는 장차 기근이 들 것과 바울이 유대인들에 의해 투옥될 것을 예언했는데, 그대로 이루어졌다(행 11:28; 21:10-14). 『디다케』에 거짓 예언자와 참 예언자를 구분하는 방법에 대한 가르침이 있는 것을 보면 (10:7; 11:7-12) 초대교회가 거짓 예언자들 때문에 피해를 보 있었음이 분명하다.

빌립은 복음 전도의 은사를 발휘했지만(행 21:8), 이 직무 및 그 특별한 기능에 대해서는 거의 알려지지 않았다. 아마 그것은 특히 지금까지 한 번도 복음을 접하지 못한 새로운 지역에서 복음 전하는 것을 주 업무로 삼은 순회선교사의 사역을 언급했을 것이다.

섬기는 자와 가르치는 자가 각기 다른 인물로서 서로 다른 업무를 수행했는지, 아니면 하나님의 특별한 은사를 받은 사람이 행해야 할 두 가지 기능을 지칭하는 것인지에 관해서도 문제가 있다. 참 교사를 시험하는 기준에 관해 신약성경은 그리 모호하지 않다. 요한의 기준에 의하면(요 2:1-11) 그리스도께서 육신을 입으신 인간으로 세상에 오셨음을 부인하는 사람은 참 교사일 수 없다. 참 교사의 특성에 대해서 『디다케』에 지적되어 있다(11:1-2).

위에서 다룬 직분자들은 인간이 아닌 하나님에 의해 직분에 임명된 사람들이었다. 그런데 "전 교회의 동의를 받아"[4] 민주적으로 선출된 계층의 직분자

2) 관리 직분자

---

3) Ibid., 3.1.

4) Clement, *I Corinthians*, 44; *Didache* 15; 행 6:5; 13:2-3.

들이 있다. 그들의 직무는 특정 교회 안에서 다스리는 기능을 수행하는 것이었다. 사도들은 회중에 의해 선출되어 능력을 발휘했다. 사도들이나 카리스마적 직분자들과는 달리, 관리직 직분자들(때로 여인들도)은 전체 그리스도의 교회 안에서보다는 지역 교회나 회중 안에서 일하며 권위를 행사했다. 교회가 성장함에 따라 과도하게 일해야 하며 여러 가지 문제에 직면하게 된 사도들을 도와야 할 필요성이 커짐에 따라 이 직임들이 기능에 따라 분류되고 세분되었다. 장로들이 지역 문제를 주관한 회당의 본보기가 이러한 직임들을 만들어내게 한 요인이었을 것이다.

장로의 직임은 지역 교회에서 가장 높은 직분이었다. 교회 내의 삼중 조직을 고수하는 사람들은 장로(presbyter)라는 명사와 감독(episkipos)이라는 명사가 동의어가 아니라 감독직과 장로직 등 별개의 직임을 나타낸다고 주장한다. 그러나 신약성경에서 이 두 가지 명사가 동일한 직무와 관련되어 있음이 분명하다(행 20:17, 28; 빌 1:1; 딛 1:5, 7). 군주적인 감독직의 성장은 2세기 사도 시대가 끝난 후에 시작되었다.

장로의 자격 조건이 신약성경에 최소한 두 번 분명하게 요약되어 있다(딤전 3:1-7; 딛 1:5-9). 장로는 교인들이나 교회 밖의 사람들에게 평판이 좋은 사람이어야 한다. 교회를 잘 다스리며 규율을 세우는 것, 그리고 공적 예배를 인도하는 것이 그들이 행한 주요 임무였던 것 같다(딤전 5:17; 딛 1:9).

집사 직분은 장로 직분에 종속되지만, 그 직분을 맡는 사람들도 장로들처럼 엄격한 자격 조건을 갖추어야 했다(행 6:3; 딤전 3:8-13). 민주적인 선출 과정이 예루살렘에서 사도들에 의해 규정되었다(행 6:3, 5). 교회의 구제사업은 주로 집사들의 업무였다. 후일 그들은 장로들이 성찬을 교인들에게 나누어주는 일을 도왔다.

사도 시대에 여인들에게도 이 직분이 허락되었던 듯하다. 그렇기 때문에 바울은 뵈뵈를 여집사로 추천했다(롬 16:1). 전도자 빌립의 딸들은 예언자의 직무를 수행했다(행 21:9). 그러나 바울은 여인들이 교회 안에서 교사가 될 수 없다고 말했다(고전 14:34; 딤전 2:12).

회중을 위해 일할 직분자들의 출현 및 그들의 자격 조건과 의무에 대한 규정은 1세기 말에 완성되었다. 1세기 말과 2세기 초에 그리스도 안에 있는 믿음에 의한 구원, 사도들이 저술한 문헌의 증가, 그리고 그 필요성을 충족시키기 위한 조직화 등과 더불어 교회는 급속히 성장했다.

2. 초대교회의 예배

사도들의 시대부터 질서 있는 형태의 예배가 관심사였다. 바울은 고린도 교인들에게 규모 있고 품위 있게 예배하라고 권했다(고전 14:40). 그보다 먼저 그리스도는 참 예배의 본질을 말씀하시면서 하나님은 영이시므로 참 예배는 영의 문제라고 말씀하셨다(요 4:24). 예배는 영혼을 하나님 앞에 데려가는 종교 활동을 통해서 인간의 영이 하나님의 현존과 접촉하는 것이다.

오늘날에는 일반적으로 교회를 예배의 장소로 생각하지만, 초대 시대 교인들은 교회라는 단어를 장소를 지칭하는 것으로 생각하지 않았다. 교회는 개인적으로 그리스도와 관계를 가지고 있는 사람들의 집단을 의미했다. 이런 집단은 형편이 허락되는 한 가정이나(행 12:12; 롬 16:5, 23; 골 4:15; 몬 1-4), 성전에서(행 5:12), 서원에서(행 19:9), 또는 회당에서(행 14:1, 3; 17:1; 18:4) 모였다. 교인들의 교제와 하나님 예배를 위한 모임이 장소보다 더 중시되었다.

1세기에는 매주 첫째 날 두 차례 예배가 행해졌다. 그날은 그리스도께서 죽은 자들 가운데서 살아나신 날이기 때문에 예배일로 채택되었다(행 20:7; 고전 16:2; 계 1:10). 아침 예배에는 성경 강독(골 3:16), 장로들이 이끄는 권면, 기도, 찬송(엡 5:19) 등이 포함되었다. 저녁 예배 때 성찬을 행하기 전에 애찬을 행했다(고전 11:20-22). 1세기 말에 애찬이 사라지고 아침 예배 때 성찬식을 거행했다. 플리니는 트라야누스 황제에게 보낸 편지에서 기독교인들이 새벽에

모여 찬송하고 도덕적인 생활을 하기로 서원한다고 기록했다.[5]

2세기 중엽의 예배 순서에 관한 정보로 순교자 저스틴(Justin the Martyr)의 『제1변증서』(*First Apology*)와 『디다케』[6]에서 훨씬 더 완전한 것이 발견된다. "일요일"에 개최된 예배는 "사도들의 언행록"이나 "선지자들의 저술"을 시간이 허락하는 한도 내에서 읽는 것에서부터 시작되었다. 그다음에 낭독한 "본문"에 기초를 두고 권면이나 설교를 한다. 그다음에 회중이 일어서서 기도한다. 평화의 입맞춤을 한 후에 주님의 만찬을 기념한다. 감사기도를 하면서 떡과 포도주를 봉헌하고 교인들은 아멘으로 응답한다. 그다음에 집사들은 예배에 참석하지 못한 사람들의 집에 떡과 포도주를 가져다준다. 마지막으로 그들은 과부와 고아, 병자, 죄수, 나그네 등을 도울 목적으로 기부금을 걷는다. 이것으로 예배가 끝나며, 사람들은 집으로 돌아간다.

성만찬과 세례는 초대교회가 실시한 두 가지 성례이다. 왜냐하면, 그것들은 그리스도께서 제정하신 것이기 때문이다. 1세기에는 침례 형식이 널리 시행되었으나, 강이 없거나 많은 양의 물이 없으면은 『디다케』의 가르침에 따라 수세자의 머리에 물을 부음으로써 세례를 행했다.[7] 세례 은 사람들만 성찬을 받을 수 있었다.

3. 초대교회 생활

초대교회 시대에는 가난한 사람들과 병자들을 돕는 국가적인 자선기관이 없었고, 교회가 그 책임을 맡았다. 성찬식을 마친 후 헌금할 때 형편이 좋은

---

5) Pliny, *Epistles*, 10.96.7 in Henry Bettenson, ed. *Documents of the Christian Church* (New York: Oxford University Press, 2d ed., 1963), pp. 3-4. *The Didache* 7-15; Justin Martyr, *First Apology*, 65-67; Tertullian, *Apology*, 39도 보라.

6) *Didache*, 7-15; Martyr, *First Apology*, 63-67 in Bettenson, *Documents*, pp. 66-67.

7) *Didache* 7.1-3.

사람에게서 거둔 돈은 이러한 용도에 사용되었다. 바울도 매 주일 신자들에게서 구제금을 거두는 관습에 대해 언급했다(고전 16:1-2). 집사들은 그것을 가난한 사람들을 돌보는 데 사용했다. 교회의 여인들은 가난한 사람들을 위해 옷 만드는 일을 함으로써 구제 사업을 도왔다(행 9:36-41).

교회는 노예제도를 직접 공격하지 않았고, 기독교인들이 노예를 소유하는 것도 금하지 않았다. 그러나 곧 기독교는 기독교인 주인과 종이 그리스도 안에서 형제임을 기억하라고 함으로써 그 제도의 뿌리를 잘랐다. 바울이 골로새 교회의 지도자 빌레몬에게 보낸 편지를 보면 성실한 기독교인인 빌레몬이 오네시모에게 자유를 주었을 가능성이 크다는 인상을 준다.

초대교회는 로마 사회의 이교 관습을 버리라고 주장했다. 그러나 해롭지 않은 사회적 관계 안에 있는 이교도 이웃과 구별하라고 주장하지는 않았다. 바울은 기독교의 원리를 희생하거나 양보하지 않는 한 이교도들과 사회적으로 섞여 지낼 수 있다고 추론했다(고전 5:10; 10:20-33). 그러나 그는 우상숭배나 이교의 부도덕함과 관련된 관습과는 철저히 결별할 것을 주장했다. 기독교인들은 그리스도의 몸(고전 6:12)에 해를 끼칠 행동이나 연약한 기독교인이 길을 벗어나게 하는 행동을 하지 않을 것(고전 8:13; 10:24), 그리고 하나님께 영광이 되지 않을 행동을 피할 것(고전 6:20; 10:31) 등의 원리를 따라야 한다. 이 원리들은 이교의 극장, 경기장, 도박, 신전 등에 참석하는 것을 금한다.

바울은 이처럼 기독교인들에게 도덕적으로나 영적으로 분리하는 태도를 가지라고 요구했으면서도 세속 정부의 권위에 복종할 것, 납세, 높은 자리에 있는 자들을 위해 기도할 것 등 시민의 의무 수행을 권했고, 그들은 그렇게 행했다(롬 13:7; 딤전 2:1-2). 그들은 일차적으로 순종해야 할 높은 권세인 하나님의 가르침을 범하라는 요구를 받지 않는 한 훌륭한 시민 역할을 했다.

초대 교회가 그 원리들을 위해 싸우고 죽는 데서 발휘한 깨끗한 삶과 사랑과 용기는 로마제국의 이교 사회에 큰 영향을 주었으며, 그리하여 그리스도가 사망하고 3세기 후에 콘스탄티누스 대제는 니케아 공의회를 소집하여 주재함으로써 국가 안에서 기독교의 중요성을 공식적으로 인정했다.

참고문헌

Schaff, Philip. *History of the Apostolic Church*. New York: Scribner, 1869, pp. 433-492, 545-586.

구 제국 가톨릭교회의 생존 투쟁(100~313)

제7장

그리스도인가, 가이사인가?

역사적으로 어느 시대에나 기독교는 표면적인 문제와 내면적인 문제에 직면해왔다. 100년부터 313년까지 교회는 내부적으로 이단이라는 심각한 문제에 직면해 있었으며, 동시에 로마 정부의 박해라는 외적인 문제를 해결해야 했다.

로마제국 내의 기독교인들, 9~10세기 중국의 경교(景敎) 신자들, 17세기 일본의 가톨릭 신자들, 그리고 나치와 공산주의 국가의 기독교인들은 국가적인 적대감을 경험하여 순교하는 데까지 이르게 되었다. 기독교인들은 루키아누스(Lucian), 프론토(Fronto), 켈수스(Celsus) 등 이교 지성인들의 공격을 받았다.

많은 사람은 교회가 겪은 박해의 횟수, 기간, 범위, 강도(强度) 등을 혼동해왔다. 250년 이전까지 박해는 주로 지역적이고 산발적으로 발생했는데, 흔히 정부의 확고한 정책에 따른 결과라기보다는 폭도들의 행동에 따른 결과였다. 그러나 250년 이후 박해는 로마제국 정부의 정책이 되었으며, 따라서 광범위하고 난폭해졌다. 그 기간에 "기독교인들이 흘린 피는 씨앗이다"라는 터툴리안의 사상이 많은 기독교인의 현실이 되었다. 박해에도 불구하고, 또는 박해 때문에 교회는 계속 성장하여 마침내 콘스탄티누스 대제 시대에 예배의 자유를 획득했다.

1. 박해의 원인

1) 정치적 원인

당국에서 기독교를 유대교 일부로 간주하는 동안 교회는 거의 박해를 받지 않았다. 왜냐하면, 유대교는 합법적인 종교(religio licita), 합법적인 분파였기 때문이다. 그러나 기독교가 별개의 분파로서 유대교와 구분되는 비밀 사회로 분류되면서 로마 당국으로부터 금지되었다. 로마는 백성들의 충성을 받는 일에서의 경쟁자를 내버려두려 하지 않았다. 그리하여 기독교는 불법 종교요 로마 국가의 안전을 위협하는 존재로 간주되었다. 로마제국은 국가와 종교의 연합 상태 안에 있는 최고의 선이었다.

종교는 국가의 안정에 기여할 때만 묵인되었다. 급속하게 성장한 기독교는 그리스도에게만 도덕적으로나 영적으로 충성할 것을 요구했으므로, 그리스도에 대한 충성과 황제에 대한 충성 중 하나를 선택해야 할 경우 황제는 둘째 위치로 밀려나야 했다. 로마제국의 틀 안에서 고전 문화를 보존하는 일에 열중했던 로마의 지도자들은 이것을 국가에 대한 불충으로 간주했다. 그들은 기독교인들이 국가 안에 또 하나의 국가를 세우려 한다고 간주했다. 그리스도의 몸은 우주적 국가나 우주적 교회 중 하나를 포기해야 했다. 그리스도의 절대적인 주권은 절대 주권을 주장하는 황제의 교만한 주장과 어긋났다.

기독교의 많은 관습은 기독교인들이 국가에 충성하지 않는다는 로마 당국자들의 의심을 확인해주는 듯했다. 기독교인들은 로마의 황제 신에게 바친 제단에 분향하기를 거부했다. 한편 아우구스투스 시대부터 콘스탄티누스 대제 시대에 이르기까지 사람들은 국가의 안녕이 이들과 밀접하게 연결되어 있다고 생각해왔다. 이 제단에 제사 드린 사람은 개인적인 종교 행위를 할 수 있었다. 그러나 기독교인들은 이 제사를 드리려 하지 않았으므로 국가에 충성하지 않는 것으로 간주되었다. 또 기독교인들은 대체로 밤에 비밀리에 모여 예배를 드렸는데, 로마 당국자들은 이것을 국가의 안전을 위협하는 음모를 꾀하는 것으로 보았다. 313년 이전까지 기독교인들은 군 복무의 의무를 거부했다.

2) 종교적 원인

기독교가 박해를 받은 데에는 정치적 원인 외에 종교적 이유도 있었다. 로마의 국교는 기계적이고 표면적인 것이었다. 거기에는 눈으로 볼 수 있는 관습, 제단, 우상, 사제, 행렬, 성가집, 의식 등이 있었다. 로마인들은 로마 국교의 중요한 요구에 복종하는 한 판테온에 있는 신들에 새 우상을 추가하는 것을 반대하지 않았다. 그러나 기독교인에게는 우상도 없고 가시적이고 번잡한 예배 절차가 거의 없었다. 그들의 예배는 영적이고 내면적이었다. 그들이 눈을 감고 서서 드리는 기도는 눈에 보이는 대상에게 드리는 것이 아니었다. 로마인들이 볼 때 이것은 무신론이었다. 왜냐하면, 그들은 상징적이고 물질적으로 표현된 신에 익숙해 있었기 때문이다.

기독교인들이 비밀리에 모이는 것도 도덕적 비난거리가 되었다. 그들이 근친상간한다거나 사람 고기를 먹는다거나 자연스럽지 못한 관습을 행한다는 소문이 공공연히 나돌았다. 그리스도의 몸과 피를 상징하는 떡과 포도주를 먹는 것과 관련된 오해 때문에 기독교인들이 어린아이를 죽여 하나님께 제물로 바치고 그 살을 먹는다는 소문이 나돌았다. "평화의 입맞춤"(kiss of peace)이라는 단어가 왜곡되어 근친상간 및 개화된 로마인들의 정신으로는 이해되지 않는 음탕한 일을 행한다는 비난으로 이어졌다. 이것들이 헛소문이라는 사실이 그리 차이를 만들어내지 못했다.[1]

3) 사회적 원인

사회적인 문제들도 로마제국이 교회를 박해하는 명분에 기여했다. 하류 계층과 노예들에게 큰 호소력을 발휘한 기독교인들은 사회의 지도층인 귀족들의 미움을 받았다. 이 지도자들은 그들을 멸시했고, 그들이 하류 계층에 미치는 영향력을 두려워했다. 기독교인들은 만인 평등을 주장했으며(골 3:11), 이교도들은 소수의 특권층이 하류 계층과 노예들의 섬김을 받는 귀족주의적

---

1) Justin Martyr, *Dialogue*, 10.

교회의 문제 (100 ~ 313)

외부 문제

- 로마국가 – 교회의 반응
  - 순교자들
  - 호교론자들
    순교자 저스틴 (동방)
    터툴리안 (서방)

- 이교도 지성인들
  - 루시안
    페레그리누스의 죽음
  - 켈수스
    참된 토론
    오리겐의 반응: 『켈수스 논박』

내부의 문제

이단 – 영지적 단일신론

응답

- 성경 정경

- 논쟁
  이레내우스 대 영지주의
  터툴리안 대 단일신론

- 신조
  신앙의 규칙 – 터툴리안, 이레내우스

- 구조 (정체)
  1. 사도 전승 – 로마의 클레멘트
  2. 주교 제도
     a. 이그나티우스의 단일 감독제
     b. 키프리안의 교황 수위권

사회 구조를 주장했다. 기독교인들은 신전이나 극장이나 오락 장소에서 이교들과 어울리지 않았다. 이처럼 그들은 사회적으로 인정된 관습을 따르지 않았기 때문에 미움을 받았는데, 이것은 어느 시대에나 국교를 따르지 않는 사람들이 직면하는 현상이다. 그들의 순결한 생활은 상류층의 추잡한 삶을 무언으로 질책했다. 기독교인들이 당시 사회적으로 통용되는 관습을 따르지 않았기 때문에 이교도들은 그들이 사회에 위협이 된다고 생각했고, 그들을 군중을 선동하여 반역을 일으킬 가능성이 있는 "인류의 증오자들"이라고 규정했다.

4) 경제적 원인

로마제국이 기독교를 박해한 데 경제적 고려도 작용했음을 잊지 말아야 한다. 바울이 에베소에서 우상을 만드는 사람들의 반대를 받았다는 사실은 기독교의 전파 때문에 생계의 위협을 받게 된 사람들이 느낀 기득권 의식을 보여주는 단서가 된다. 그들은 기독교가 다이아나 숭배에 초래할 해로움보다는 자기들의 사업에 끼칠 위험에 더 관심을 가졌다(행 19:27). 사제들, 우상 제조자들, 점쟁이, 화가, 건축가, 조각가 등은 자신의 생계 수단을 위협하는 종교에 열성을 보이려 하지 않았다.

지역적이고 산발적으로 진행되던 박해가 250년에는 전반적이고 난폭한 것이 되었는데, 로마인들의 계산에 의하면 그 해는 로마제국이 건설된 지 약 천 년이 되는 해였다. 이 시기에 재앙, 기근, 시민들의 불안 등이 제국에 재앙을 초래했는데, 사람들은 제국 내의 기독교인들의 존재 및 과거의 신들을 버린 것 때문에 이러한 어려움이 임했다고 생각했다. 일종의 천년왕국의 종말에 관한 미신은 항상 존재하는데, 이런 점에서 로마인들은 천 년이 되기 직전의 중세 시대 사람들과 그리 다르지 않았다. 기독교인들을 박해하는 것이 로마가 직면한 어려움을 극복하는 논리적 방법인 듯이 보였다.

로마제국 당국자들이 볼 때 이러한 여러 조건이 복합적으로 작용하여 기

로마제국 초대 황제 아우구스투스
이 1세기 말의 명문(銘文)은 율리우스 시저의 종손인 아우구스투스를 찬양하고 있다.

독교인들을 박해하는 일을 정당화해 주었다. 박해 때마다 이 네 가지 원인이 작용한 것은 아니지만, 기독교가 기독교적 생활을 주장하는 것은 이교의 혼합절충주의 및 국가에 대한 절대적인 충성 요구와 충돌했다. 당연히 로마제국의 고결함을 보존하려는 제국의 정책 일부로서 박해가 시작되었다. 기독교는 합법적 권리를 지닌 인정된 종교가 아니었다. 폭도들, 국가, 그리고 이교도 저술가들에게 주는 대답으로 순교자들과 호교론자들이 등장했다.

2. 교회에 가해진 박해

기독교인들에 대한 박해는 정치적인 것인 동시에 종교적인 것이었다. 교회의 유아기라고 할 수 있는 예루살렘 교회 시대에는 유대인들이 박해자였다. 로마제국의 조직적인 박해는 네로 시대(54-68)에 시작되었다. 그러나 이러한 박해들은 지역적이고 산발적으로 발생했었다. 그러다가 데키우스(Decius) 시대인 250년에 전반적이고 가혹한 박해가 시작되었다.

1) 100년까지의 박해

확실하지 않지만, 네로는 교회를 박해한 최초의 주된 박해자로 구분된다. 타키투스에 의하면 네로가 불을 지르라고 명령하여 로마 시의 일부를 불태웠다는 소문이 있었다고 한다. 이 소문이 광범위하게 받아들여졌기 때문에 네로는 그 소문을 없애기 위한 희생양을 찾아야 했다. 그는 방화죄를 기독교인들에게 전가하고 그들을 제거하는 일에 몰두함으로써 자신에 대한 반감을 기독교인들에게 옮겨가게 했다. 그 박해는 로마와 그 주변 도시들에 한정된 것이었다.[2] 베드로와 바울도 이 시기에 사망했다.

횡포한 도미티안 황제 시대인 95년에 다시 박해가 시작되었다. 유대인들은 주피터 신전을 지원하기 위해 거둔 인두세를 내지 않았다. 기독교인들은 계속 유대인들과 관련되어 있었기 때문에 황제의 진노를 입어 고난을 받았다. 이 박해 때에 사도 요한이 밧모 섬에 유배되어 계시록을 기록했다.

2) 국가적 금령 하의 기독교(100-250)

기독교인들이 피고로 법정에 서야 했던 최초의 조직적인 박해는 소(小) 플리니가 통치하던 시기인 112년경에 비티니아(Bithynia)에서 발생했다. 플리니는 트라야누스 황제에게 흥미로운 편지를 보냈다. 그는 편지에서 기독교인들에 대한 정보를 제공하고 자신의 정책을 요약하여 기록한 후에 트라야누스에게 그 문제에 대한 판단을 요청했다. 그는 "이 미신(기독교)의 나쁜 영향"이 큰 도시뿐만 아니라 작은 마을들과 지방에까지 퍼졌기 때문에 신전들은 거의 황폐해졌고 제물용 짐승을 파는 사람들이 가난해졌다고 썼다. 플리

---

2) Tacitus, *Annals*, 15.44, in Henry Bettenson, ed. *Documents of the Christian Church* (New York: Oxford University Press, 2d ed., 1963), pp. 1-2.

니는 트라야누스에게 자신이 기독교인들을 다룬 과정에 대한 정보도 제공했다. 누군가가 기독교인에 관한 정보를 제공하면, 플리니는 그 기독교인을 법정에 세우고 기독교인인지 확인하기 위해 세 가지 질문을 했다. 질문 후에 그가 죄목을 인정하면 사형을 선고했다. 트라야누스 황제는 답장에서 플리니의 조처가 옳다고 말했다. 기독교인들을 색출해낼 필요는 없지만, 일단 기독교인으로 고발된 사람이 회개하고 로마의 신들을 숭배하지 않으면 처벌해야 한다는 것이었다.[3] 이 박해 때에 이그나티우스가 목숨을 잃었다.

2세기 중엽 서머나에서 또 한 차례 박해가 있었다. 이때 기독교인들을 당국에 끌고 간 폭도들 때문에 폴리캅이 순교했다.[4]

마르쿠스 아우렐리우스 황제 시대에 이르기까지 박해의 원인은 로마 시에 발생한 화재처럼 지역적인 재난이나 야심적인 총독의 행동에 있었다. 스토아주의자였던 마르쿠스 아우렐리우스 황제는 스승 프론토(Fronto)에게 받은 교육 때문에 기독교에 대한 편견을 가지고 있었다. 그는 자기가 통치하는 동안 발생한 재해나 인위적 재난의 원인을 기독교의 성장 때문으로 돌리면서 기독교인들을 박해하라는 명령을 내렸다. 위대한 변증가인 순교자 저스틴이 이때 로마에서 순교했다. 여성들도 박해를 피하지 못했다. 퍼페투아(181-203)는 부유한 귀족 가문의 딸이었다. 그녀는 박해를 맡은 관리와 아버지의 철회 요청을 거부하고서 채찍에 맞고 짐승에게 찢기고 참수되었다.

3) 전 세계적인 박해
(250년 이후)

데키우스는 로마제국의 역사가 천 년이 될 무렵에 황제가 되었다. 당시 제국은 자연재해 및 안팎으로부터의 공격으로 혼란스러웠다. 데키우스는 문화

---

3) Pliny, *Epistles*, 10.96-97, in Bettenson, *Documents*, 3-4; Eusebius, *Ecclesiastical History*, 3.33.

4) Eusebius, *History*, 4.15.

가 보존되려면 강력한 힘이 있어야 한다고 여겼다. 기독교인들은 수적으로 급속하게 증가했으며 국가 안에 또 하나의 국가를 세우려는 것처럼 보였기 때문에 국가를 위협하는 존재로 간주되었다.

250년 데키우스는 최소한 일 년에 한 차례 로마의 신들과 황제의 수호신을 모신 제단에 제물을 드릴 것을 요구하는 칙령을 발포했다. 제물을 드리는 사람에게는 리벨루스(libellus)라는 증명서를 발급해주었다.[5] 후일 교회는 이 증명서를 받기 위해서 기독교 신앙을 부인했던 사람을 다루는 문제 때문에 동요했다. 교회로서는 다행스럽게도 박해는 이듬해에 데키우스가 사망할 때까지만 지속하였다. 그러나 오리겐은 이때 받은 고문 때문에 결국 목숨을 잃었다.[6]

황제의 명령에 의한 국가적인 박해가 여러 번 있었지만, 데키우스와 발레리안 시대의 박해 이후부터 디오클레티아누스 황제 시대에 이르는 시기에는 큰 박해가 발생하지 않았다. 발레리안 황제 때에 키프리안(Cyprian)이 순교했다. 디오클레티아누스(245-313)는 로마제국의 정치적 혼란기에 황제가 된 강력한 군사 지도자였다. 그는 강력한 군주제만이 제국과 그 문화를 구할 수 있다고 생각했다. 285년에 그는 아우구스투스 황제가 B.C 27년에 만든 제도, 즉 황제와 원로원이 권위를 나누어 차지하는 양두정치를 종식했다. 그의 견해에 의하면 강력한 동양식의 군주제만이 혼란상태를 해결할 수 있는 유일한 대안인 듯했다. 이러한 독재적인 제국에는 정치적으로 민주적인 요소들, 그리고 국가적 종교에 반대하는 신앙을 관용할 여유가 없었다. 이러한 상황에서 기독교인들이 겪은 가장 가혹한 박해가 시작되었다.

기독교인들에 대한 박해를 선포하는 최초의 칙령이 303년 3월에 발표되었

---

5) Bettenson, *Documents*, p.18.

6) Eusebius, *History*, 6.29.

콘스탄티누스 대제(306~337년 재위)는 312년에 밀비아 전투에서 XP 문자를 새긴 군기를 앞세워 승리했다. 그는 313년에 밀라노 칙령을 발포하여 기독교인들의 박해를 종식했다.

다. 디오클레티아누스는 기독교인들의 집회 중지, 교회들을 없앨 것, 교회에 다니는 관리들의 파면, 그리스도를 증언하는 사람들의 투옥, 성경을 불태워 없앨 것 등을 명령했다. 이 마지막 명령 때문에 후일 교회가 어려움을 겪게 된다. 즉 북아프리카에서 박해자들에게 성경 사본을 넘겨주었던 배교자들이 박해가 끝난 후 교회로 돌아가게 해 달라고 요청했는데, 이들을 어떻게 다룰 것인가에 관한 문제로 도나투스파 논쟁이 발생했다. 보다 나중에 발표된 칙령에서는 기독교인들이 이교의 신들에게 제물을 바치지 않으면 목숨을 잃게 될 것이라고 명령했다.[7] 유세비우스에 의하면 기독교 지도자들과 회중으로 감옥이 가득 차서 죄수들을 수용할 장소가 없었다고 한다.[8] 기독교인들은 재산을 잃거나 추방되거나 감옥에 갇히거나 칼에 맞아 죽거나 짐승에게 찢겨 죽었다. 운이 좋은 사람은 로마식 강제수용소라고 할 수 있는 곳에 수용되어 죽을 때까지 광산에서 일해야 했다. 305년에 디오클레티아누스가 양위하고 은퇴하면서 박해가 완화되었다.

---

7) Bettenson, *Documents*, p.14; Eusebius, *History*, 8-2-12.

8) Eusebius, *History*, 8.6.

여러 차례 박해가 있은 후 311년에 갈레리우스(Galerius)는 임종하면서 제국의 평화를 파괴하지 않는다면 기독교를 신봉할 자유를 주라는 칙령을 발포했다. 그러나 리키니우스(Licinius) 시대에 이르기까지 박해가 완전히 종식되지는 않았다. 313년에 콘스탄티누스 대제가 밀라노 칙령을 발포했다. 이 칙령은 기독교뿐만 아니라 모든 종교에 예배의 자유를 허락했다.[9] 콘스탄티누스 대제는 "하나님을 예배하는 것"이 통치자의 "우선적이고 주된 관심사"여야 한다고 믿었기 때문에 제국의 정책으로서 종교의 자유를 대신할 대안이 없다고 생각했다. 그가 십자가를 보았는데, 그 십자가가 그의 경쟁자들을 물리치고 승리를 보장해주었다는 사실이 이 신교(信敎) 자유 정책과 관련이 있는 듯하다. 그는 시대를 앞서간 인물이었다. 왜냐하면, 민주국가의 경우에도 현대에 이르러서야 비로소 종교의 자유가 안정된 정책이 되었기 때문이다. 그 후 기독교인들은 예배의 자유, 그리고 사람들에게 전도할 수 있는 자유를 소유했다.

우리 시대에도 교회와 국가의 관계에서 이와 같은한 문제가 발생했었으며, 많은 국가의 기독교인들은 법 아래서만 신앙의 자유를 소유한다. 또 국민의 충성을 받는 일에서 경쟁자를 용납하지 않는 국가는 기독교인들을 박해하기도 한다. 초대 시대에 교회가 박해를 받으면서 싸운 일은 국가와 교회의 분리라는 개념의 중요성을 지적해준다. 공적인 이해관계와 상관없이 개인적 이익을 소유하는 것이 허락되는 곳에만 종교의 자유가 존재할 수 있다.

3. 박해의 결과

혹심한 박해의 시기에도 기독교는 급속하게 전파되었다. 이것은 순교자들의 피가 교회의 씨앗이 되었음을 증명해준다. 속사도 시대의 교회는 일종의 도시 운동이었다. 바울에 의하면 그리스도가 부활하신 후 예루살렘의 적극

---

9) Bettenson, *Documents*, pp. 15-16; Eusebius, *History*, 10.5.

적인 신자들의 수효가 약 500명이었다(고전 15:6). 플리니의 편지에 의하면 2세기 초에 기독교는 이미 소아시아 지방의 강력한 종교였다. 1세기의 기독교는 대체로 제국의 동쪽 지방에 한정되어 있었고, 기독교가 새로운 도시에 소개될 때마다 유대인들에게 먼저 받아들일 기회가 주어졌다. 2세기에는 헬라어를 사용하는 이방인들 사이에서 기독교가 신속하게 전파되었다. 알렉산드리아의 교회는 이집트의 주요 교회가 되었다. 200년경에는 제국 전역에서 기독교인을 찾아볼 수 있었다. 3세기에는 제국의 서쪽 지방에 있는 라틴계 사람들에게 복음을 전하는 데 초점을 두었다. 카르타고를 중심으로 하는 강력한 교회가 북아프리카에서 성장했다. 300년에는 제국 주민의 5~15%가 교인이었을 것으로 추정된다. 당시 로마제국의 인구는 5천만~7천5백만 명이었다.

교회는 박해로 말미암아 야기된 내부 문제들을 해결해야 했다. 북아프리카와 로마에서는 데키우스의 박해 때 이교 제단에 제물을 바쳤던 배교자들과 디오클레티아누스 박해 때 박해자들에게 성경을 내주었던 배교자 중에서 회개한 사람들을 처리하는 문제로 두 차례 심각한 논쟁이 벌어졌다. 어떤 사람들은 그들을 교회와 전혀 교제하지 못하게 하기를 원했지만, 나머지 사람들은 얼마 동안의 근신 기간을 둔 후에 받아들이기를 원했다. 도나투스파 논쟁은 디오클레티아누스 황제의 박해에서 야기된 것으로서 콘스탄티누스 대제 시대까지도 해결되지 않았다(제8장을 보라).

디오클레티아누스 시대의 박해로 말미암아 교회는 신약성경의 정경 문제에 봉착했다(제10장을 보라). 기독교인들은 목숨이 위험해도 포기하지 않아야 할 책들이 표준적인 책이 되어야 한다고 생각했다. 이러한 생각이 어떤 문헌을 정경에 포함하느냐를 판단하는 최종적인 결정에 기여했다. 변증서들도 저술되었다.

박해가 교회와 국가의 관계라는 영원한 문제에 제공한 단서를 고려해보면, 박해의 시대는 매우 흥미로운 시대이다. 기독교는 도덕적인 문제와 영적인 일에서 신자들의 절대적인 충성을 요구한다. 신자는 하나님께 바치는 도덕적, 영적 충성을 범하는 것을 요구하지 않을 때만 국가에 복종할 수 있었다. 현재 신앙 때문에 박해받는 여러 국가의 신자들은 초대 시대 박해의 역사를 길잡이로 사용할 수 있을 것이다. 그리스도에게 순종할 것인가, 가이사에게 복종할 것인가의 문제는 교회사에 등장하는 영원한 문제이다.

참고문헌

Ayer, Joseph, Jr. *A Source Book for Ancient Church History*. New York: Scribner, 1913.

Frend, W. H. C. *Martyrdom and Persecution in the Early Church*. New York University Press, 1967.

Grant, Robert M. *The Sword and the Cross*. New York: Macmillan, 1955.

Norwood, Frederick. *Strangers and Exiles*. 2 vols. Nashville: Abingdon, 1969.

Workman, Herbert B. *Persecution in the Early Church*. London: Epworth, 1923.

제8장
우화(寓話)인가, 건전한 교리인가?

 2~3세기의 기독교인들은 전략가들이 피하려 하는 것, 즉 두 개의 전선(戰線)에서 싸워야 했다. 교회는 교회를 없애려 하는 로마제국에 맞서 생존을 위해 싸우는 동시에 내면적으로 교리의 순수성을 보존하기 위해 싸우고 있었다. 기독교로 개종하는 사람 중에는 행위로 말미암는 구원을 주장하는 유대교 배경에서 성장한 사람이 있고 그리스 철학이라는 지적 환경에서 성장한 사람들도 있었다. 교회가 이 개종자들을 제대로 교육할 능력을 갖추기 전까지 이들 중 많은 사람은 이전의 사상을 그대로 지닌 채 새로운 환경에 들어가려는 경향이 있었다.

 어떤 사람들은 제국의 상류층에게 기독교가 지적인 존경을 받을 수 있는 것처럼 보이게 하려 했다. 기독교를 율법주의적으로 왜곡하거나 철학적으로 왜곡하려는 경향이 이 시대의 교회 안에 존재했다. 어떤 경우 지나치게 열렬한 지도자들은 교회 안에 실제로 존재하거나 존재한다고 생각되는 악을 바로잡기 위해 특별한 해석을 개진했고, 많은 사람이 그들의 이단적 사상을 따랐다. 결국, 이단은 분파주의를 낳았고, 분파주의에서 새로운 분파들이 생겨났다.

1. 율법주의적 이단

 예루살렘 공의회에서 구원의 조건으로서 유대교 율법의 의식적이고 예식적인 요구에서 이방인들을 해방하기로한 것이 최종적인 것이었다고 생각하는 사람이 있었을 것이다. 그러나 유대교에서 개종한 사람들은 일신론(monotheism)을 되돌아보았으며, 그리스도나 구원을 생각하는 데 있어서 유대교 유전과 신앙을 혼합하여 생각하는 경향이 있었다. 132-135년에 바 코흐바(Bar Kochba)가 주도한 유대인 반란을 로마 당국이 진압한 후 얼마 동안 팔레스타인 및 주변 국가에는 에비온 종파의 집단들이 존속했다. 이들은 하나님의 통일성, 그리고 하나님이 우주를 창조하셨음을 강조했다. 그들은 유대교 율법이 하나님의 뜻의 최고의 표현이며 인간에게 구속력을 갖는다고 믿었다. 또 예수가 요셉의 아들로서 세례받을 때에 성령이 임함으로써 어느 정도 신성을 획득했다고 믿었다. 그러므로 그들은 마태복음의 가르침은 지지했지만, 바울의 글은 싫어했다. 그들은 이방인 개종자들도 유대인 신자들처럼 율법의 구속을 받으며 율법과 할례를 떠나서는 구원이 없다고 믿었다. 135년에 예루살렘이 로마에 의해 멸망한 후 그들은 그리 영향을 미치지 못했다. 그러나 그들의 존재와 신앙은 교회가 그리스도에 대한 믿음만이 하나님 앞에서 개개인을 의롭게 해준다는 원리를 위해 거듭 싸워야 했음을 보여준다.

2. 철학적 이단

기독교 신앙의 교리적 순수함에 대한 한층 더 큰 위협은 그리스 철학에서 유래했다. 유대인들보다 더 많은 이방인이 기독교로 개종했다. 그들 중에는 기독교를 철학으로 희석하거나 기독교에 이교 철학을 덧입히고자 하는 철학자들이 많았다.

1) 영지주의

철학적인 위험들 중 가장 큰 것인 영지주의(Gnosticism)는 150년에 그 세력이 절정에 달했는데, 그 기원은 신약시대에 있다. 바울은 골로새 교회에 보낸 편지에서 초기 형태의 영지주의와 싸웠던 듯하다. 기독교 전승은 영지주의의 기원이 베드로가 심하게 책망했던 시몬 마구스(Simon Magus)[1]에게 있다고 이야기한다.

영지주의는 악의 기원에 대한 설명으로 신정설(神政說)을 만들어내려 하는 인간의 본성적인 욕망에서 생겨났다. 영지주의자들은 물질과 악을 연결했다. 그렇기 때문에 그들은 영이신 하나님이 악과의 관련에서 자유하실 수 있으며, 인간이 그 본성의 영적인 측면에서 하나님과 관련될 수 있는 철학 체계를 만들어내는 길을 추구했다. 그것은 인간의 기원에 관한 큰 질문에 대한 해답을 구하는 인간의 성향을 보여준 논리적 체계 또는 합리적 체계였다. 그들은 기독교와 헬라 철학을 종합함으로써 그 일을 하려 했다. 영지주의자들은 고린도전서 1~2장에 등장하는 헬라인들처럼 인간의 지혜를 사용하여 하나님이 인간을 다루시는 방법을 이해하며 십자가의 스티그마처럼 보이는 것을 피하려 했다. 만일 영지주의자들이 성공했다면, 기독교는 고대 세계의 철학적 종교에 불과하게 되었을 것이다.

1946년에 상부 이집트의 나그 함마디(Nag Hammadi)에서 발견된 이집트와 시리아의 영지주의에 관한 100쪽에 달하는 문서가 그들의 교리 개념을 제공해준다. 이원론이 그들의 주된 교의였다. 영지주의자들은 물질세계와 영적 세계의 분리를 주장했다. 그들에게 있어서 물질은 항상 악과 연결되고 영은 선과 연결되었으므로 하나님이 이 물질세계를 창조하신 분일 수 없었다.

하나님과 물질세계 사이의 틈은 영지주의의 높은 신에게서 유출된 방사물(emanation) 중 하나인 데미우르게(Demiurge: 악한 창조자. 신에 종속된다고 간주되는 초자연적 존재)라는 사상으로 채워졌다. 이 방사물들은 영적인 부분보다 물질적인 부분이 더 많은 존재들이었다. 이러한 방사물들 중 하나인 데미우르게는 영적인 부분은 충분히 소유하고 있었기에 창조력이 있었고 물질적인 부

---

[1] Irenaeus, *Against Heresies*, 1.23.1-5; cf. 행 8:9-24.

분을 충분히 소유하고 있었기에 물질세계를 창조할 수 있었다. 영지주의자들은 데미우르게를 구약성경의 여호와와 동일시했고, 여호와를 싫어했다.

그들은 그리스도를 설명하기 위해서 가현설(Docetism)이라는 교리를 채택했다. 물질은 악한 것이기 때문에 그리스도는 인간의 몸과 연결될 수 없었다. 절대적으로 영적이며 선한 분이신 그리스도는 물질과 연합할 수 없었다. 인간 예수는 물질적인 몸의 외관을 지닌 환영이었거나(가현설), 인간 예수가 세례받을 때부터 십자가에서 고난당할 때까지 잠시 그리스도가 예수의 인간적 몸에 임했다. 그 후 그리스도가 인간 예수에게서 떠났고, 예수는 십자가에서 죽었다. 인간이 지적 과정에 의해 자신을 구원하도록 도와줄 지식이나 특별한 영지를 가르치는 것이 그리스도가 해야 할 일이었다.

인간의 영혼 또는 영적인 부분에만 해당하는 구원은 믿음과 더불어 시작되지만 그리스도께서 엘리트들에게 전해주신 특별한 영지는 영혼 구원 과정에서 훨씬 더 유익하다. 몸은 물질적인 것이며 언젠가 벗어버려야 하므로, 엄격히 금욕적인 관습들 아래 두거나 자유주의에 넘겨야 한다. 비전(秘傳)의 영지를 소유한 신령한 영지주의자들, 그리고 믿음이 있지만, 영지에 접근하지 못한 정신적인 사람들만 천국에 들어갈 것이다. 물질적인 사람은 결코 천국의 상태를 누리지 못할 것이다. 왜냐하면, 영원히 버림받을 운명이기 때문이다. 몸의 부활도 있을 수 없다.

성례에 떡과 포도주라는 물질이 사용되므로 성례를 행하지 않았다.

영지주의자들이 공통으로 주장한 주요 교리에 대한 이 서술 때문에 특별한 교리들을 지닌 많은 영지주의 분파들의 존재에 관해 오해하지 않기를 바란다. 이레네우스(Irenaeus)의 『이단 논박』(Against Heresies)의 처음 몇 권을 대충 읽어보면 그들의 사상이 매우 다양하며 많은 집단이 있었음을 알 수 있을 것이다. 사투르니누스(Saturninus)는 시리아 영지주의 학파의 우두머리였고, 이집트에서는 바실리데스(Basilides)가 또 다른 학파를 이끌었다. 마르시온

(Marcion) 및 그의 추종자들은 영지주의와 관련된 집단 중에서 가장 영향력이 있었던 듯하다.

　마르시온은 140년에 고향 폰투스를 떠나 로마로 갔고, 그곳에서 로마교회에 영향력을 발휘하게 되었다. 그는 유대교를 악한 것으로 생각했으며, 유대교의 성서 및 그 안에 묘사된 여호와를 미워했다. 그는 자기 나름대로 정경을 작성했는데, 거기에는 누가복음 및 바울의 이름과 연결된 신약성경의 10개의 서신이 포함되었다. 그는 사업을 통해 로마교회를 도울 수 있을 만큼 부유해졌지만, 이러한 사상을 주장했기 때문에 추방되었다. 그리하여 그는 자신의 교회를 세웠다. 그 교회는 구약의 하나님을 배격하고 예수 안에 계시된 사랑의 신을 택하는 영지적 이원론을 주장했고, 마르시온의 정경을 받아들였다.

　성경적 관점에서 영지주의를 비판해보면, 교회가 이 교리와 맞서 싸운 것이 지혜로운 일이었음이 분명히 드러난다. 영지주의는 두 개의 신, 즉 구약성경에 등장하는 악한 창조신과 구속하는 선한 신이 있다고 가정한다. 결과적으로 영지주의는 교회 안에 반(反) 셈족주의를 방조했다. 또 그리스도의 인성, 대속의 죽음, 몸의 부활도 부인했다. 그러나 요한은 그리스도가 하나님의 영광을 드러내기 위해 우리 가운데 거하신다고 주장했다. 바울이 골로새 교회에 보낸 편지에서 그리스도 안에 있는 하나님의 충만을 강조한 것은 결코 놀라운 일이 아니다(골 1:19; 2:9). 영지주의는 귀족적 엘리트들만 천국에서 신과 함께 거하는 기쁨을 누린다고 주장함으로써 영적 교만을 방조했다. 영지주의자들은 내세에 인간의 몸이 존재한다고 생각하지 않는다. 이런 관점에서 그것은 현세를 초월하여 인간의 몸을 위한 내세를 인정하지 않는 그리스의 신화학이나 철학 사상과 흡사하다. 영지주의가 주장하는 금욕주의는 수도원운동이라고 알려진 중세 금욕주의에 기여하는 요소가 되었다.

　그러나 그것은 부지불식간에 교회의 발달에 기여했다. 마르시온이 자신의 신약성경의 정경을 확정했을 때 교회는 자체 방어를 위해서 어떤 책들을 정경으로 인정하여 교리와 삶에 대한 권위를 갖는 것으로 간주해야 하는가 하는 문제에 관심을 두게 되었다. 정통성을 시험하기 위한 짧은 신조가 실질적 욕구를 충족시키는 데 박차를 가했다. 이단을 대적하는 신자들의 연합의 중심으로서 감독직을 강조함에 따라 감독의 특권이 강화되었다. 이 일은 로마 감독이 탁월한 지위를 차지하는 일로 이어졌다. 터툴리안, 이레네우스, 히폴리투스 등의 논쟁가들은 영지주의 사상을 반박하는 논쟁에 글로써 참여했다. 영지주의의 가르침은 7세기의 바울파(Paulicans), 11~12세기의 보고밀파(Bogomils), 그리고 후일 프랑스 남부에서 발생한 알비파(Albigenses)의 교리에 어느 정도 재현되었다.

2) 마니교

영지주의와 약간 유사한 점이 있는 마니교(Manichaeinism)는 메소포타미아의 마니(Mani) 또는 마니케우스(Manichaeus, 216-276)라는 사람이 창시했다. 그는 3세기 중엽 특이한 철학 체계를 발달시켰다. 마니는 기독교 사상, 조로아스터교, 그리고 동양의 다른 사상들을 결합하여 철저히 이원론적인 철학을 만들어냈다. 마니는 두 개의 상반되는 영원한 원리가 존재한다고 믿었다. 최초의 인간은 하나의 존재의 발산으로 존재하게 되었는데, 그 존재도 빛의 나라를 다스리는 통치자에게서 발산된 보다 더 고등한 존재이다. 빛의 왕을 대적하는 존재는 어둠의 왕인데, 그는 최초의 인간을 속여 빛과 어둠이 섞인 존재로 만들려 했다. 영혼은 인간을 빛의 나라와 연결했지만, 몸은 그를 어둠의 나라에 예속되게 했다. 구원은 인간의 영혼 안에 있는 빛을 몸이라는 물질의 노예 상태에서 해방하는 일이었다. 이 해방은 빛이신 그리스도에게 드러남에 의해서 이루어질 수 있었다. 엘리트 또는 완전한 자들은 이 집단의 제사장 계층이다. 그들은 금욕생활을 했고, 빛의 해방에 필요한 몇 가지 의식을 수행했다. 방청자들은 이 엘리트 집단의 물질적 욕구를 충족시킴으로써 거룩함에 동참했고, 그럼으로써 구원에 동참했다.

금욕생활을 강조하는 마니교에서는 성욕이 악한 것이고 독신 생활이 탁월한 것이라고 강조했다. 마니교는 교회 안에서 일반 신자들과는 상관없이 제사장 계층이 발달하는 데 기여했다. 한편 일반 신자들은 입문하지 않은 평신도로 간주되었다.

마니교는 마니가 죽은 후에도 오랫동안 페르시아에서 큰 영향을 발휘했다. 위대한 사상가인 어거스틴은 진리를 찾아 방황하면서 12년 동안 마니교를 신봉했었다. 그러나 그는 회심하고 기독교로 돌아온 후 마니교를 반박하는 데 힘을 기울였다.

3) 신플라톤주의

일반인들은 신비주의를 단지 중세 시대 신비가들과 관련하여 생각한다. 그러나 중세 시대만 아니라 어느 시대에나 교회 안에는 신비적인 경향이 있었다.

신비주의는 세 가지 형태로 존재한다고 볼 수 있다. 첫째, 인식론적 형태의 신비주의이다. 이러한 신비주의는 인간이 하나님을 알게 되는 방법을 강조한다. 이런 형태의 신비주의에 몰입한 사람은 하나님에 대한 지식이 직관이나 영적 조명에 의해서 직접 우리에게 임한다고 생각한다. 이성이나 성경은 내면의 빛보다 열등한 것이다. 대부분의 중세 신비가들, 17세기 가톨릭교회의 정적주의자들, 그리고 퀘이커 교도들이 이러한 견해를 가지고 있었다. 형이상학적 신비주의는 인간의 영적 정수가 특별한 체험 속에서 신비적으로 신적 존재 안에 흡수된다고 생각한다. 인간이 죽을 때 인성이 사라지고 나면 영은 신적 존재의 일부가 된다. 신플라톤주의자들(중세 시대에 이들 중 일부는 급진적 신비주의자였다)과 불교도들이 이런 형태의 신비주의를 고수했다. 이와 대조적으로 성경은 윤리적이고 영적인 형태의 신비주의를 강조한다. 여기에서 개인은 그리스도와 동화되며, 성령의 내주(內住)하심에 의해서 하나님과 관계

를 갖는다.[2]

신 플라톤주의는 존재론적 형태의 신비 철학을 보여주는 좋은 예이다. 그것은 알렉산드리아에서 암모니우스 사카스(Ammonius Saccas, 174?-242?)에 의해 만들어졌다. 암모니우스의 부모는 기독교인이었다. 기독교 교부인 오리겐이나 플로티누스(Plotinus, 205?-270)가 사카스 밑에서 수학했다. 플로티누스는 250년부터 275년까지 로마의 어느 학교에서 이 교리를 가르치면서 실질적인 지도자 역할을 했다. 포르피리우스(Porphyrios, 232-305)는 플로티누스의 전집을 근거로 하여 신 플라톤주의에 대한 저서를 펴냈다. 그가 편찬하여 출판한 『엔네아즈』(Enneads)라는 책이 지금까지 보존되어온다. 그 책은 이원론보다는 형이상학적 일신론을 가르친다.

신 플라톤주의자들은 절대자는 모든 존재하는 것의 초월적 근원으로서 만물이 유출(overflow)이라는 과정에 의해 창조되었다고 생각한다. 이 유출 또는 방사(emanation)가 추론 능력을 지닌 영과 몸으로 이루어진 인간을 만들었다. 우주의 목표는 만물의 원천인 신적 본질 안에 다시 흡수되어 들어가는 것이었다. 사람이 이성적 관상에 몰두하여 신비적 직관에 의해 하나님을 알고 만물의 근원이신 분에게 흡수되기를 추가할 때, 철학이 이 과정에 기여한다. 엑스터시의 체험은 이 세상에서 인간이 누릴 수 있는 최고의 상태였다. 이러한 사상이 어거스틴에게 영향을 주었다.

"배교자"라고 알려진 줄리안(Julian) 황제는 기독교와 경쟁적 위치에 있던 이 철학을 받아들였고, 짧은 재위 기간(361-363)에 그것을 제국의 종교로 삼으려고 노력했다. 어거스틴도 진리를 찾아 헤매는 동안 잠시 이 철학을 받아들였다. 이 운동은 기독교 안에 신비주의가 일어나는 데 기여했고, 기독교의

---

[2] Arthur C. McGiffert, *A History of Christian Thought* (New York: Scribner, 1946), 128-29.

높은 윤리적·영적 요구를 받아들이려 하지 않던 이교도들에게 기독교를 대신할 매력적인 대체물을 제공했다. 이 철학은 6세기에 사라졌다.

3. 신학적 오류

어떤 견해는 기독교의 의미를 잘못 해석하거나 지나치게 강조한 것, 또는 항의운동이라고 생각될 수 있다. 그러나 그것들은 기독교에 해로운 것이었고 복음화 사역에 기울여야 할 에너지를 이러한 오류를 반박하는 데 사용해야 했다. 몬타누스주의와 단일신론(monarchianism)이 이러한 오류에 속한다.

1) 몬타누스주의

몬타누스주의는 A.D. 155년 이후 프리기아에서 몬타누스(Montanus)가 벌인 시도, 즉 교회 안의 형식주의 및 교회가 성령의 이끄심보다 인간의 지도력에 의존하는 등의 문제에 대처하기 위한 시도에서 시작되었다. 그는 각 교회에서 감독이 탁월한 권위를 차지하는 것에 반대했다. 이처럼 형식주의와 인간적 조직과 맞서 싸우려 했기 때문에 그는 재림설과 성령론을 다시 옹호하게 되었다. 불행히도 일반적으로 그런 운동들이 그렇듯이 그는 지나치게 극단적으로 흘렀으며 성경을 광신적으로 해석했다.

몬타누스는 영감에 관한 특이한 교리를 발전시키면서 영감이 직접적이고 지속적인 것이라고 주장했으며, 또 과거에 성령이 바울과 사도들을 통해서 교회에 말씀하셨던 것처럼 보혜사인 몬타누스 자신을 통해서 교회에 말씀하신다고 주장했다. 또 그는 터무니없는 종말론을 주장했다. 그는 그리스도의 천국이 프리기아의 페푸자(Pepuza)에 세워질 것이며, 자기가 그 나라에서 탁월한 지위를 차지할 것이라고 믿었다. 그 나라가 세워질 때를 대비하기 위하여 그와 그의 추종자들은 엄격한 금욕을 실천했다. 부부 중 하나가 죽었을 경우 재혼을 금했고, 많은 금식일을 지켜야 했고, 마른 음식을 먹어야 했다.[3]

---

3) Eusebius, *Ecclesiastical History*, 5.16.

교회는 이러한 터무니없는 운동들을 정죄했다. 381년에 콘스탄티노플 공의회가 몬타누스파를 이단으로 간주했다. 그러나 교부 터툴리안은 그 집단의 교리에 매료되어 몬타누스주의자가 되었다. 그 운동은 카르타고와 동부 지역에서 가장 활발했다. 그것은 교회가 지나치게 조직화하거나 하나님의 성령을 의지하는 태도가 부족할 때 교회 안에서 발생하는 영속적인 항의를 대변했다. 몬타누스주의는 과거에나 지금이나 교회의 조직과 교리 형성이 인간 본성의 정서적인 면과 하나님과의 직접적인 영적 접촉을 원하는 갈망을 충족시켜주는 것과 분리되어서는 안 된다는 점을 경고해준다.

2) 단일신론 (Monarchianism)

몬타누스가 지나치게 열성적으로 성령과 영감에 관한 교리를 제시했지만, 단일신론은 하나님을 분리된 세 개의 위격으로 인식하려는 시도에 반대하여 하나님의 통일성을 지나치게 강조했기 때문에 잘못되었다고 말할 수 있다. 그들은 일신론을 다짐하는 데 관심을 가졌지만, 결국 유니테리언주의의 고대 형태로 끝내고 말았다. 유니테리언주의는 그리스도의 신성을 부인한다. 그들의 문제점은 그리스도를 어떻게 하나님과 관련짓는가에 있었다.

3세기에 사모사타(Samosata)의 바울이라는 사람이 안디옥의 감독으로 있었다.[4] 그는 감독직 외에도 팔미라(Palmyra)의 여왕 제노비아(Zenobia)의 정부에서 요직을 차지하고 있었다. 그는 안디옥 교회에서 종종 거친 몸짓을 하며 설교하면서 청중에게 손뼉을 치거나 손수건을 흔들라고 요구하는 등 선동하는 행동을 했다. 이따금 그는 여성 성가대가 그를 찬양하는 노래를 부르게 했다. 재산을 물려받지 못했고 사업에 종사하지도 않았던 그가 소유하고 있던 큰 재산의 출처에 대해 약간의 의심이 있었다. 그는 유능하지만 무절제한 사람이었다. 그는 그리스도가 신이 아닌 선한 인간에 불과하며, 세례받을

---

4) Ibid., 7.27-30.

때 신적 로고스가 그의 존재를 관통함으로써 신성 및 구세주의 자격을 획득했다고 가르쳤다. 이처럼 단일신론을 주장했기 때문에 신이신 구세주를 인정하지 못했다. 사모사타의 바울이 제시한 교리는 역동적 단일신론(Dynamic Monarchianism) 또는 양자론적 단일신론(Adoptionist Monarchianism)이라고 알려졌다.

삼위양식론(Modal Monarchianism)의 주창자 사벨리우스(Sabellius)는 삼신론(tritheism)의 위험을 피하려 했다. 200년 이후에 그는 사벨리우스주의라는 가르침을 만들었다. 그는 본질의 현현이 아닌 양태의 현현에 의한 삼위론을 가르쳤다. 구약 시대의 하나님은 아버지로서 현현되었으며, 후대에는 인간은 대속하는 아들로서, 그리고 그리스도가 부활하신 후에는 성령으로 현현하셨다. 그러므로 신격(Godhead) 안에 삼위가 있는 것이 아니라 세 가지 양태가 있다는 것이다. 그의 견해는 인간이 소유할 수 있는 세 가지 관계에 의해 증명될 수 있을 것이다. 하나의 관계 안에서 인간은 아들이 되며, 또 다른 관계에서는 형이 되고, 세 번째 관계에서는 아버지가 된다. 그런데 이 세 관계 속에 있는 실제 인물은 한 사람이다. 이 견해는 그리스도를 별개의 위격으로 인정하지 않는다.

4. 교회의 분열

1) 부활절 논쟁

종규와 의식 등의 문제와 관련된 분열이 유아기의 교회 안에서 발생했다. 2세기 중반에 부활절 날짜와 관련하여 논쟁이 발생했다. 동방교회에서는 유대교력에 의한 유월절인 닛산 월 14일을 부활절로 지켜야 한다고 주장했다. 155년 로마의 감독 아니케투스(Anicetus)는 이 견해 때문에 폴리캅을 대적했다. 아니케투스는 닛산 월 14일 다음의 주일을 부활절로 지켜야 한다고 주장했다. 190년에 로마의 감독 빅톨이 폴리캅을 반대하면서 아시아 교회들을 파문했을 때 이레네우스는 그가 권력을 남용했다고 질책했다. 이처럼 동방교회와 서방교회가 의견의 일치를 이루지 못하다가 325년 니케아 공의회에서 서방교회의 견해가 채택되었다.

2) 도나투스주의 (Donatism)

300년 이후 디오클레티아누스 황제의 박해 결과로서 도나투스파 논쟁이 발생했다. 논쟁의 중심지는 북아프리카였다. 도나투스는 카르타고의 감독 카이실리안(Caecilian)을 직무에서 해임하려 했다. 왜냐하면 펠릭스가 카이실리안을 임명했는데, 펠릭스는 디오클레티아누스 박해 때 배교했다고 고발을 당한 인물이었기 때문이다. 도나투스는 펠릭스가 박해 때 신앙을 지키지 못하고 용서받지 못할 죄를 범했기 때문에 그의 성직 임명이 무효라고 주장했다. 도나투스와 그의 집단은 마요리누스(Majorinus)를 감독으로 선출했고, 마요리누스가 313년에 사망한 후 도나투스가 감독이 되었다. 콘스탄티누스 대제가 아프리카 교회에 기부금을 주었을 때 도나투스파는 한 푼도 받지 못했기 때문에 불평했다. 로마에서 개최된 공의회는 성례의 효력은 성례를 집전하는 사람의 성품에 의존하는 것이 아니라고 결정했다. 이런 까닭에 도나투스파는 도움을 받을 권리가 없었다.

서방교회 감독들이 모인 공의회가 314년에 아를(Arles)에서 개최되었는데, 이 공의회도 도나투스파의 주장에 반대하는 결정을 내렸다. 어거스틴은 이 논쟁에 관심을 가졌고, 교회의 권위에 관해 많은 글을 썼다. 이 권위는 구원에 필요한 것이었다.

결론적으로 논쟁, 오류, 이단 등으로 말미암아 야기된 결과가 항상 파괴적인 것은 아니었다. 그로 인해 교회는 권위 있는 정경을 계발하게 되었으며, 이레네우스와 터툴리안은 성경의 근본적 가르침을 요약한 신앙의 규칙을 작성했다. 거짓 신학에 대한 해답을 제공해야 할 필요성은 기독교 신학이 등장하는 자극제가 되었다. 또 이단이나 오류를 대적하는 집결점으로서 감독의 지위가 강화되었다. 야심적인 사람들이 자신의 권위를 강조하려는 시도, 성경 일부를 지나치게 강조하거나 잘못 해석하는 것, 그리고 잘못을 범한 소수

무리를 교회가 사랑 없는 태도로 다룬 것 등에서 거짓 교훈들이 생겨났다. 그러나 이것들이 최종적으로 교회를 약화한 것은 아니다. 그것들은 오히려 교회로가 신앙을 신중하게 고려하고 조직을 발달시키게 했다.

참고문헌

Frend, W. H. C. *The Donatist Church*. Oxford: Clarendon University Press, 1952.

Neve, Juergen L. and Ottp W. Heick. *A History of Christian Thought*. 2 vols. Philadelphia: Fortress, 1965-1966.

제9장
신앙을 위한 진지한 싸움

 2~3세기에 교회는 솟구치는 자아의식을 새로운 문학 작품-변증가들과 논쟁가들의 저술-으로 표현했다. 변증가들 중에서 가장 위대한 인물은 순교자 저스틴(Justin Martyr)이었고, 논쟁가들 중 가장 탁월한 사람은 이레네우스였다. 변증가들은 정부를 대적하여 저술로써 논쟁에서 승리하려 했다. 그들은 기독교인들이 박해받을 일을 전혀 하지 않았음을 국가 지도자들에게 이해시키려 했다.

 이레네우스 같은 논쟁가들은 이단 운동의 도전에 맞서려 했다. 사도 교부들이 오직 기독교인을 대상으로 기독교인만 위해 저술한 데 반해, 이들은 로마제국의 지도자들을 대상으로 하며 로마 국가의 지도자들을 위해서, 그리고 이단자들을 대상으로 저술했으며, 문서를 통한 논쟁을 통해 그들을 성경의 진리로 돌아오게 하려 했다. 변증가들은 대화라는 이교 문학 형태와 변증이라는 법적인 형태를 사용했다.

1. 변증가

 변증가들은 적극적인 목표와 부정적인 목표를 가지고 저술에 임했다. 부정적인 면에서 그들은 이교도들이나 켈수스 같은 저술가들이 그들에게 전가한바 그들이 무신론자요 식인 관습, 근친상간, 게으름, 반사회적 행동 등을 한다는 비난에 반박하려 했다. 또 기독교와 비교하여 유대교나 이방 종교들이나 황제숭배 등이 어리석고 악한 일임을 보여줌으로써 적극적이고 건설적인 접근 방법을 전개했다.

변증서라고 알려진 그들의 저술은 이교 지도자들에게 이성적으로 호소했으며, 기독교에 대한 지적 이해를 창출하여 기독교에 대한 법적인 장애물 제거를 목표로 했다. 그들의 주요 논거 중 하나는 기독교인들에게 씌운 죄목들이 입증되지 못했으므로 기독교인들이 로마 국가의 법에 따라 시민으로 인정되어야 한다는 것이었다.

이들은 신학자로서보다는 철학자로서 저술했으며, 기독교가 가장 오래된 종교로서 우위를 차지한다고 강조했다. 이는 트로이 전쟁 이전의 것인 모세 오경 등의 저술, 그리고 그리스 사상에서 발견되는 모든 사상이 기독교나 유대교에서 차용된 것이기 때문이었다. 그리스도의 순수한 삶, 그가 행하신 기적, 그리고 그리스도에 관한 구약성경의 예언들의 성취 등이 기독교가 최고의 철학임을 입증해주는 증거로 제시된다. 이 저술가들은 대체로 기독교를 받아들이기 전에 그리스 철학의 테두리 안에서 교육을 받았기 때문에 그리스 철학을 사람들을 그리스도에게 인도하는 방편으로 간주했다. 그들은 사도 교부들의 글보다 신약성경을 더 많이 사용했다.

1) 동방교회의 변증가

140년경 아테네의 기독교 철학자 아리스티데스(Aristides)가 안토니누스 피우스(Antoninus Pius) 황제에게 보내는 변증서를 썼다. 1889년에 렌델 해리스(J. Rendel Harris)가 시내 산의 성 캐더린 수녀원에서 이 책의 시리아어 번역본을 발견했다. 이 책의 1~14장에서는 기독교 예배의 탁월성을 증명하기 위해서 기독교의 예배를 갈대아의 예배, 그리스의 예배, 이집트의 예배, 그리고 유대교의 예배와 대조한다. 마지막 3장에서는 초기 기독교의 관습과 윤리를 묘사한다.

순교자 저스틴(100?-165)은 2세기의 최고 변증가였다. 세겜 근처 마을에서

신앙 옹호

호교론자
개종한 이교도
박해 받음
주로 구약을 사용함
기독교를 설명하거나 옹호함
변증적이거나 대화체 형식 사용

논쟁가
기독교 문화권에서 성장
내부의 이단적 적들을 대적함
주로 신약성경을 사용함
이단 사상을 공격함
논쟁적 문헌

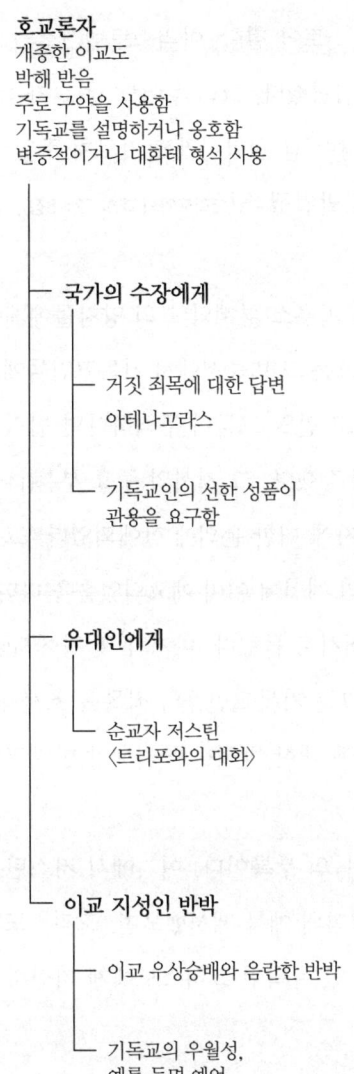

- 국가의 수장에게
  - 거짓 죄목에 대한 답변
    아테나고라스
  - 기독교인의 선한 성품이
    관용을 요구함

- 유대인에게
  - 순교자 저스틴
    〈트리포와의 대화〉

- 이교 지성인 반박
  - 이교 우상숭배와 음란한 반박
  - 기독교의 우월성,
    예를 들면 예언

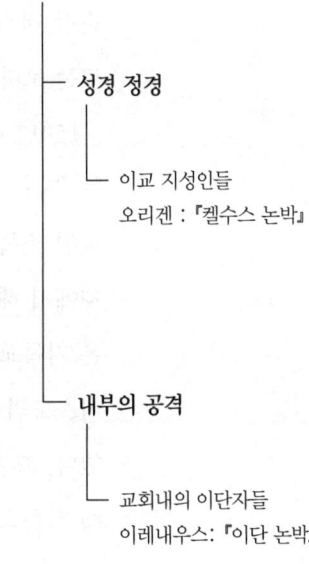

- 성경 정경
  - 이교 지성인들
    오리겐 : 『켈수스 논박』

- 내부의 공격
  - 교회내의 이단자들
    이레내우스: 『이단 논박』

이교도 부모에게서 태어난 그는 일찍부터 진리를 탐구하는 방랑 철학자가 되었다. 그는 플라톤의 이상주의적인 스토아 철학, 아리스토텔레스의 사상, 그리고 피타고라스의 수사철학 등을 섭렵했다. 그러던 어느 날 그가 해변을 걷고 있을 때 어느 노인이 그에게 성경이 참 철학이라고 가르쳐 주었다. 그 순간 저스틴은 간절히 원하던 평화를 발견했다(「트리포와의 대화」 2~8장). 그 후 그는 로마에 기독교 학교를 열었다.

150년 직후에 저스틴은 안토니누스 피우스 황제와 그의 양자들에게 보내는 『제1 변증서』(First Apology)를 썼다. 그는 그 변증서에서 기독교인들에게 가해진 죄목을 조사해볼 것(1~3장), 그리고 만일 그들이 무죄하다면 법적인 제재에서 해방해줄 것(4-3장)을 강력히 주장했다. 그 저서의 주요 부분(14~60장)은 기독교의 윤리, 교의, 그리고 창시자에 대한 논의에 할애되었다. 그는 그리스도의 탁월한 삶과 덕이 구약성경의 예언에 이미 예고되었음을 나타내려 했다. 그는 박해와 오류들을 마귀의 역사로 돌렸다. 마지막 몇 장에서(61~67장) 기독교의 예배에 관해 설명했다. 그는 기독교인들의 죄목을 조사해보면 그들의 무죄가 밝혀질 것이므로 그들에 대한 박해를 중지해야 한다고 주장했다.

『제2 변증서』는 본질상 『제1 변증서』의 부록이다. 여기에서 저스틴은 기독교인들에게 가해진 잔인함과 불공정함의 예를 제시했으며, 그리스도와 소크라테스를 비교한 후에 사람들 안에 있는 덕이 그리스도에게 기인하는 것이라고 지적했다.

『트리포와의 대화』(Dialogue with Trypho)에서 저스틴은 예수 그리스도가 메시아임을 유대인들에게 이해시키려 했다. 그는 성경을 풍유적으로 해석했고, 그렇게 하려고 예언을 강조했다. 이 글의 1~8장은 자서전적인 부분으로서 이 위대한 작가의 삶에 대한 정보를 제공하는 귀중한 출처이다. 이 책의 대부분(9~142장)에서 세 가지 사상을 전개한다. 즉 옛 언약 법의 쇠퇴와 복음 등장의 관계, 로고스이신 그리스도와 하나님을 연결함, 그리고 이방인을 하나님의 백성으로 부르심 등이다. 저스틴은 그리스도를 구약성경 예언의 성취라고 보았다.

타티안(Tatian, 110?-180)은 동방의 학자로서 널리 여행했으며, 로마에서는 저스틴 밑에서 수학했다. 그는 2세기 중엽 이후『헬라인들에게 고함』(Address to the Greek)을 저술했다. 이 책은 그리스인들이 문화적 지도권이 자기들에게 있다고 주장하는 것을 변증 형식으로 비난한 것이다. 그 책의 주요 관심사는 그리스인 전체를 대상으로 했다는 점에 있다. 타티안은 기독교가 그리스의 종교와 사상보다 탁월하므로 기독교인들을 공정하게 대해야 한다고 주장했다. 제2부(5~30장)에서는 기독교의 가르침을 그리스의 신화 및 철학과 비교했다. 제3부에서는 모세가 트로이 전쟁보다 연대적으로 훨씬 오래전의 사람이므로 기독교가 그리스의 종교와 사상보다 유서 깊은 것이라고 주장했다(31~41장). 또 그는 로마 시에서 보았던 그리스 조상(彫像)에 대해 흥미롭게 논했다(33~34장). 타티안은『헬라인들에게 고함』의 저자일 뿐만 아니라 최초의 사복음서 요람인『디아테사론』(Diatessasron)을 편찬한 사람이다.

아테나고라스(Athenagoras)는 아테네의 교수였으며 성경을 읽고 회심한 사람이다. 177년경에 그는『기독교인들을 위한 청원』(Supplication for the Christians)이라는 책을 저술했다. 도입부의 몇 장에서 기독교인들에게 가해진 혐의들을 기술한 후 이교의 신들은 인간이 만들어낸 것에 불과하다는 것(4~30장), 그리고 이교의 신들이 그 추종자들과 마찬가지로 음란하다는 것(31~34장)을 보여줌으로써 기독교인들이 무신론자라는 혐의에 반박한다. 마지막 장에서 그는 기독교인들이 근친상간하지 않았고 희생제사의 절기에 어린아이를 죽여 그 살을 먹지 않았으므로(35~36장) 황제는 기독교인들에게 관용을 베풀어야 한다고 결론지었다.

안디옥의 테오필루스(Theophilus)도 성경을 읽고 회심한 사람이다. 그는 180

년 이후 어느 때인가 『아우톨리쿠스에게 보내는 변증서』(Apology to Autolycus)를 저술했다. 아우톨리쿠스는 박식한 이교도 관리였는데, 테오필루스는 합리적 논쟁을 통해 그를 기독교로 인도하려 했다. 그는 제1권에서 하나님의 본성과 탁월하심에 대해 논했고, 제2권에서는 기독교 신앙에 비교하여 이교의 연약함을 제시했다. 마지막 권에서는 기독교 신앙에 대한 아우톨리쿠스의 반론에 답변했다. 그는 삼위일체를 언급하면서 *trias*라는 단어를 처음으로 사용했다.

2) 서방교회의 변증가   서방의 변증가들은 기독교 신앙과 이방 종교의 유사성보다 기독교의 특징과 합목적성을 강조했다.

터툴리안(Tertullian, 160-240)은 서방교회의 탁월한 변증가였다. 그는 카르타고에서 근무하는 로마 백부장의 가정에서 태어났다. 그는 그리스어와 라틴어 교육을 받았기 때문에 고전에 통달해 있었다. 그는 유능한 법률가가 되었으며, 로마에서 연설을 가르치고 법률가로 활동하다가 기독교로 개종했다. 불같은 성질과 호전적인 정신을 지닌 그는 몬타누스파의 삶에 대해 청교도적 접근을 시도했으며, 202년에 몬타누스주의자가 되었다. 그는 건전한 서방 신학을 발달시키고, 기독교를 대적하는 거짓된 철학적 요인들과 이교적 요인들을 물리치기 위해 논리적인 라틴 정신을 발휘했다.[1)]

그는 자신이 사는 지방을 다스리는 로마 총독에게 보낸 『변증』(Apology)에서 기독교인들에게 씌운 오랜 혐의들에 대해 반박했으며, 기독교인들이 제국의 충성스러운 시민이라고 주장했다. 정부가 박해함으로써 기독교인들을 없애려 할 때마다 기독교인들이 증가했으므로 박해가 실패였음을 그는 지적

---

1) Henry Bettenson, *Documents of the Christian Church* (New York: Oxford University Press, 2d ed., 1963), pp. 7-8.

했다.[2] 그는 법률지식을 반영하면서 국가가 의심쩍은 법적 근거로 교회를 박해하고 있다고 주장했다. 왜냐하면, 기독교인들의 교제, 교리, 윤리 등은 이교를 신봉하는 이웃들의 것보다 훨씬 더 고귀한 것이었기 때문이다.

미누키우스 펠릭스(Minucius Felix)는 200년경에 『옥타비우스』(Octavius)라는 대화체의 글을 저술했다. 이 책은 이교도인 그의 친구 카에실리우스(Caecillius)를 기독교로 개종시키려고 저술한 변증서이다.

이처럼 도덕적이고 합리적인 접근으로 이교 세계의 호의를 획득하려는 시도는 혼합절충주의로 이어졌는데, 혼합절충주의가 기독교를 탁월하지만 철학에 불과한 것으로 만들었음은 종종 주장되는 바이다. 변증가들은 외형적으로는 철학적이었지만 내용으로는 기독교적이었다. 이 사실은 이들의 저서를 대충 읽어보아도 증명될 수 있다. 변증서들은 1세기 중반의 기독교 사상을 알 수 있는 단서를 제공한다는 점에서 귀중하다. 그 책들이 저자가 의도했던 목적, 즉 교회에 대한 박해의 종식을 이루었는지는 의심스럽다.

2. 논쟁가

2세기의 변증가들이 당국자들에게 기독교를 합리적으로 설명하고 정당화하려 했는데 반해, 2세기 말부터 3세기 초까지의 논쟁가들은 이단의 거짓 가르침이라는 도덕에 맞서며 거짓 가르침과 이단 교사들을 정죄하는 등 공격적인 태도를 보였다. 이단 문제와 기독교 진리의 신학적 조직화라는 문제에 대처하면서 동방교회와 서방교회가 다른 접근 방법을 사용했음에 주목해야 한다. 동방교회는 사변적인 신학에 집중했고 형이상학적인 문제에 관심을 기울였다. 한편 서방교회는 교회 정체(政體)의 일탈에 더 큰 관심을 가졌고, 이 문제에 관련된 질문에 실질적이고 건전한 대답을 작성하려고 노력했다.

---

[2] Tertullian, *Apology* 50: 기독교가 급속히 성장했음에도 불구하고 국가에 대한 충성을 강조한 것에 대해서는 32장과 37장을 보라: "(순교자) 피는 (교회의) 씨앗이다"라는 유명한 말은 50장에 있다.

이교에서 갓 개종한 변증가들은 교회의 안전을 위협하는 표면적인 위협, 즉 박해와 관련하여 저술했다. 그러나 이미 기독교 문화를 배경으로 소유하고 있던 논쟁가들은 교회의 평화와 순수성을 위협하는 내면적인 위협, 즉 이단 문제에 관심을 기울였다. 구약성경의 예언을 강조한 변증가들과는 달리 논쟁가들은 기독교 교리의 원천으로 신약성경을 강조했다. 논쟁가들은 논증으로 자신이 대적하는 거짓 교훈을 정죄하려 했고, 변증가들은 이교도 이웃들과 통치자들에게 기독교를 설명하려 했다. 그 이전 시대의 인물인 사도 교부들은 교회의 덕을 함양하려 했었다.

1) 이레네우스: 영지주의를 대적한 논쟁가

서머나(Smyrna)에서 태어난 이레네우스는 그곳의 감독이었던 폴리캅의 설교에 감화를 받았다. 이레네우스는 서머나를 떠나 고울로 갔고, 180년 이전에 그곳의 감독이 되었다. 그는 설교하는 감독으로 성공했지만, 그의 가장 큰 업적은 영지주의를 대적하는 논쟁적 저술 분야에 있다.

『이단 논박』(Adversus Haereses)은 185년경에 저술되었는데, 그것은 성경을 사용하고 관련된 전승들을 개진함으로써 영지주의 교리를 논박하려는 시도였다. 제1권은 대체로 역사적인 것인데, 영지주의자들의 가르침에 관한 지식을 제공하는 가장 훌륭한 출처이다. 그것은 로마의 영지주의 학파의 지도자인 발렌티니안(Valentinian)에 대한 철학적 논쟁이다. 제2권에서 이레네우스는 하나님과 구분되는 데미우르게(조물주, Demiurge)가 존재한다는 영지주의 사상에 반대하여 하나님의 통일성을 주장했다. 제1권과 제2권에서는 다소 부정적인 접근 방법을 사용했지만, 제3권부터 제5권까지 기독교의 지위에 대해 적극적으로 설명했다. 제3권에서 성경 및 관련된 전승을 사용하여 영지주의를 논박했다. 제4권에서 마르시온의 주장과 반대되는 그리스도의 말씀을 인용함으로써 마르시온을 정죄했다. 제5권에서 부활의 교리를 옹호했다. 영지주의자들은 부활이 악한 물질인 몸과 영을 연결한다고 생각하여 부활을 인정하지 않았다.

제3권에서 이레네우스는 그리스도로부터 계승되어온 사도적 지도자들을 통한 교회의 유기적 통일성3)과 신앙의 규칙4)을 강조했다. 그는 잘 조직된 교회는 통일성을 성취할 수 있다고 생각했고, 그러한 교회는 이단 사상과 이단을 가르치는 교사들의 선동에 저항할 수 있다고 믿었다.

2) 알렉산드리아 학파

185년경에 기독교로 개종한 이교도들을 가르치기 위한 교리문답학교가 알렉산드리아에서 문을 열었다. 이 학교의 초대 지도자는 판타에누스(Pantaenus)였다. 판타에누스는 스토아주의를 신봉하다가 개종한 유능한 인물이었다. 그의 뒤를 이어 클레멘트(Clement)와 오리겐(Origen)이 유력한 기독교 사상 학파의 지도자로 활동했다. 알렉산드리아 학파에 속한 사람들은 철학을 사용함으로써 기독교를 체계적으로 설명해줄 신학 체계를 발달시키려 했다. 그들은 이전 시대의 철학과 고전 학문을 배운 사람들이었는데, 그것이 기독교 신학을 체계화하는 데 사용될 수 있다고 생각했다.

그리하여 그들은 성경을 문법적이고 역사적으로 해석하는 것을 강조하는 대신에 풍유적인 해석 체계를 발달시켰는데, 이것이 그 후 기독교에 해를 끼쳐왔다. 이 해석 방법은 성경에도 문자적이고 역사적인 의미(인간의 몸에 해당함), 숨겨진 도덕적 의미(인간의 혼에 해당함), 그리고 영적으로 진보한 기독교인들만 이해할 수 있는 심오한 영적 의미(인간의 영에 해당됨)가 있다고 주장했다. 이 해석 체계는 알렉산드리아에 거주하던 유대인 필로(Philo)가 사용한 기법에서 발달한 것이다. 필로는 구약성경의 언어 속에서 그리스 철학과 연결할 수 있는 숨은 의미를 발견함으로써 유대교와 그리스 철학을 연결하려 했

---

3) Irenaeus, *Against Heresies*, 3.3.3; 4.26.2.

4) Ibid., 1.10.1. 신약성경에 관한 그의 견해를 알려면 3.11.8을 보라.

다. 알렉산드리아 학파 사람들은 성경의 기자가 그 저술 대상을 위해 의도했던 의미 및 그것이 현재 상황에 어떻게 적용되는지에 관심을 두기보다 그 안에 숨겨진 의미를 찾는 데 관심을 가졌다. 이러한 해석 방법은 성경을 바르게 해석하려는 큰 뜻에 해를 끼쳤고, 결국 어리석고 비성경적인 신학 사상을 만들어냈다.

알렉산드리아의 클레멘트(155-215, 사도 교부인 로마의 클레멘트와 혼동해서는 안 된다)는 아테네의 이교 가정에서 태어났다. 그는 여러 곳을 여행하며 여러 교사 문하에서 수학하다가 결국 판타에누스 밑에서 공부하기 시작했다. 그는 190년 이전에 알렉산드리아 학교의 지도자인 판타에누스와 교제했다. 190년부터 202년까지 그 학교의 지도자로 지내다가 박해 때문에 그곳을 떠났다.

클레멘트는 일종의 기독교 철학자의 이상을 목표로 삼았다. 기독교가 위대하고 궁극적인 철학임을 사람들이 깨닫게 하려면 그리스 철학과 기독교를 연결해야 했다. 그는 그리스의 이교 문헌을 폭넓게 읽었으며, 자신의 저서에 약 500명에 달하는 저자들의 글을 인용했다.

그의 저서 『그리스인에 대한 권고』(Protrepticus)는 190년경에 이교도들에게 참된 철학으로서의 기독교의 탁월성을 보여주어 기독교를 받아들이게 하려고 저술한 변증적이고 선교적인 문서이다. 또 다른 저서 『교사』(Paidagogos)는 젊은 기독교인들을 위한 가르침을 담은 도덕적 논문이다. 여기에서 그는 그리스도를 기독교적 삶을 위한 규칙을 주신 참 교사로 제시한다. 『잡록집』(Stromata)은 클레멘트가 그 시대의 이교 문학을 폭넓게 알고 있었음을 드러내 준다. 제1권에서 기독교는 참지식으로, 기독교인은 참 지식인으로 표현된다. 클레멘트는 그리스 철학이 구약성경의 진리를 채용했으며 복음을 예비하는 것으로 생각했다.[5] 제2권에서는 기독교의 윤리가 이교의 윤리보다 탁월함을 보여주었다. 제3권은 기독교의 결혼에 관한 해설이다. 가장 흥미로운 부분인 제7권과 제8권에서 그는 기독교의 종교생활 발달에 대해 묘사했다.

클레멘트가 그리스 학문을 좋아했음은 의심의 여지가 없다. 그러나 그의 저술을 연구해보면, 그가 기독교적 삶에서 성경을 가장 중요하게 여겼다는 느낌을 받는다. 한편 그는 진리는 하나님께 속한 것이므로 그리스 학문에 있는 진리도 하나님을 섬기는 데 사용되어야 한다고 주장했다. 이러한 주장에는 기독교와 그리스 학문을 결합함으로써 기독교를 그리스 철학과 성경적 가르침을 혼합하고 절충한 것에 불과한 것으로 만들 위험이 있었다.

클레멘트의 제자로서 교리문답학교의 지도자직을 계승한 사람이 오리겐(Origen, 185?-254)이다. 오리겐은 부친 레오니데스(Leonides)가 순교할 때 16세로서 8명의 가족을 돌보아야 했다. 기록에 의하면 그는 아버지와 함께 순교하려 했지만, 어머니가 그의 옷을 감추었기 때문에 어쩔 수 없이 집에 있었다고 한다. 그는 유식하고 유능했으므로 18세 때인 203년에 클레멘트의 후계자가 되어 알렉산드리아 학교를 맡았고, 231년까지 그 직책을 유지했다. 영지주의자였다가 개종한 암브로스(Ambros)라는 부자가 오리겐의 친구가 되어 그의 저서를 출판할 수 있도록 배려해주었다. 일설에 의하면 오리겐이 저술한 것이 6천 개의 두루마리였다고 한다. 오리겐은 높은 지위를 차지하고 있었고 부자 친구도 있었지만, 단순하고 금욕적인 생활을 했고 딱딱한 널빤지 위에서 잠을 잤다.[6]

---

5) Clement, *Stromata*, 1.5, in Bettenson, *Documents*, p. 6; Eusebius, *Ecclesiastical History*, 6.13.

6) Eusebius, *History*, 6.1-8, 16, 19, 23-27, 32.

활동 범위에서 오리겐은 어거스틴과 비교될 수 있다. 성경에 관한 본문비평의 출발점은 『헥사플라』(Hexapla)라 할 수 있다. 그 책은 히브리어와 그리스어로 된 구약성경 역본들을 대조한다.[7] 그 책에서 오리겐은 원문의 정확한 표현이라고 확신할 수 있는 본문을 찾으려 했다. 이러한 본문에 대한 관심 때문에 그는 종교개혁 이전의 누구보다 더 성경주석 작업에 몰두했다. 또 다른 저서 『켈수스에 대한 반론』(Against Celsus)은 플라톤주의자인 켈수스가 『진정한 담론』(True Discourse)에서 기독교인들에게 가한 고발에 대해 진술하고 답변한 책이다. 오리겐은 기독교인들이 비이성적이며 기독교에 역사적인 토대가 부족하다는 비난을 다루면서 기독교와 이교를 대조하여 기독교가 이루어낸 행동의 변화, 기독교인들이 지닌 편견 없는 진리 탐구의 정신, 그리고 그리스도와 기독교 지도자들과 그리스도의 추종자들이 지닌 순수성과 영향력 등을 강조했다.

오리겐이 기독교 문학에 기여한 가장 큰 업적은 『원리론』(De Principiis)일 것이다. 이 책은 루피누스(Rufinus)가 번역한 라틴어 역본만 전해져 내려오고 있다. 이 책은 조직신학에 관한 기독교 최초의 논문이다. 이 책 제4권에서 오리겐은 장황하게 풍유적 해석 방법을 전개했다. 안타깝게도 그는 그리스도가 성부에 의해서 "영원히 생성되었다"라고 생각했지만, 동시에 그리스도가 성부에게 종속된다고 생각했다. 또 그는 영혼의 선재(先在), 모든 영의 궁극적인 회복, 그리스도가 사탄에게 내준 속전(贖錢)이라는 것 등의 사상을 고수했고, 육체적 부활을 부인했다.

3) 카르타고 학파

서방교회는 오리겐과 같은 철학자들이 매료되었던 사변적인 신학보다 교회의 조직, 통치, 교회와 관련된 교리 등에 더 관심을 가졌다. 이러한 관점의

---

7) Ibid., 6.16.

차이는 오리겐의 저서를 터툴리안이나 키프리안의 저서와 비교해 보면 드러난다.

터툴리안(160?-240)은 종종 이설(異說)을 전혀 포용하지 않는 편협한 태도를 보였지만, 많은 주제에 관해 광범위하고 훌륭하게 저술했다. 그는 『변증서』(Apology)에서 기독교인들에 대한 거짓 혐의와 박해에 맞서 기독교인들을 변호했다. 그는 변증적인 문제뿐만 아니라 실질적인 문제에 대해서도 저술했다. 그는 특별한 소논문에서 여인들의 검소한 옷차림과 치장을 강조했고, 기독교인들은 이교의 오락과 부도덕함과 우상숭배를 멀리해야 한다고 주장했다. 이 실질적인 글들은 그가 신봉한 몬타누스파의 철저한 금욕주의의 결과인 듯하다.

그러나 신학자로서의 터툴리안의 저서는 매우 탁월하다. 그는 라틴 신학의 창시자였으며, 삼위일체의 교리를 신학적으로 진술하고 삼위일체라는 용어를 처음 사용한 사람이다. 그는 215년경에 저술한 『프락세아스에 대한 반론』(Against Praxseas) 제2장과 제3장에서 이 일을 했다. 그는 성부와 성자의 위격의 구분을 강조한 듯하다. 『영혼론』(De Anima)에서는 영혼이 재생산 과정을 통해 부모에게서 자식에게 전해진다는 영혼 유전론(靈魂遺傳論)을 강조했다. 『세례론』(Of Baptism)에서는 세례 의식을 강조했으며, 세례받은 후에 범한 죄가 대죄가 된다고 믿었고, 유아세례에 반대했다.

키프리안(200?-258?)은 카르타고의 부유한 이교 가정에서 태어났으며, 수사학과 법률을 공부했다. 그는 수사학 교사로 성공했지만, 영적으로 만족을 얻지 못하다가 246년경 기독교인이 되었다. 그는 248년경에 카르타고의 감독이 되어 9년 동안 직무를 수행하다가 258년경에 순교했다. 그는 위대한 조직자요 관리자였다. 그는 로마의 감독 스테픈이 로마 주교의 지상권을 주장하는 데 반대했다.

제롬에 의하면 그는 터툴리안을 스승으로 존경했다. 그러나 터툴리안이 열정적인 데 반해 키프리안은 냉정했다. 키프리안의 중요 저서는 『공교회의 일치에 관하여』(De ecclesiae catholicae unitate)이다. 이 책은 교회의 일치를 파괴하는 데 주력하는 듯한 노바티안(Novatian)을 추종하는 분파주의자들을 대상으로 한 것이다. 키프리안은 감독과 장로를 구분했으며, 교회 일치의 중심점이요 분열을 방지하는 보증인으로서 감독을 강조했다. 그는 로마 주교의 지상권을 주장하지 않았지만, 교회의 초기 역사에서 계승되어온 사도직의 계보를 추적하면서 베드로를 존경하는 것의 우선성을 역설했다. 터툴리안이 삼위일체론을 형성하고 삼위일체라는 명칭을 만들어내는 데 기여했다면, 키프리안은 사도직의 승계와 교회 안에서의 로마 감독의 지상권이라는 교리를 만들어낸 최초의 인물이라 할 수 있다.

키프리안은 성직자란 성찬식 때 그리스도의 몸과 피를 봉헌하는 일을 행하는 사제라고 생각했다.[8] 이 사상이 후일 화체설로 발달했다.

참고문헌

Farrar, Frederick W. *Lives of the Fathers*, 2 vols. New York: Macmillan, 1889.

Leigh-Bennet, Ernest. *Handbook of the Early Christian Fathers*. London: Williams & Norgate, 1920.

---

[8] Cyprian, *Epistle*, 63.14.

제10장

결속을 강화하는 교회

100년부터 313년까지 교회는 외적으로는 로마제국의 박해, 내적으로는 이단의 가르침 및 그에 따른 분열이라는 문제에 대처하는 방법을 고려해야 했다. 교회는 신약성경의 정경을 확정함으로써(이것은 교회에 신앙과 관습을 위한 권위 있는 책을 제공했다), 신조를 작성함으로써(이것은 교회에 신앙에 관한 권위 있는 진술을 제공했다), 그리고 군주적 주교들(이들 중에서 로마의 주교가 지도자 지위를 차지했다)에 대한 순종으로 결속을 공고히 하려 했다. 주교들에 대한 순종은 교회의 조직에 일체감을 부여했다. 논쟁가들은 이단들과 논쟁하면서 책을 저술했다. 170년경 교회는 자체를 공교회(catholic church) 또는 보편교회(universal church)라고 칭했다. 이것은 이그나티우스가 『서머나 교회에 보낸 편지』(*Epistle to Smyrna*)에서 처음 사용한 용어이다.

1. 군주적 감독

실질적인 필요성이나 이론상의 필요성 때문에 각 교회 안에서 감독의 지위를 높이게 되었고, 마침내 사람들은 감독직이 신약시대와 연관되어 있으며 교회 내의 다른 지도자들보다 우위에 있다고 생각하게 되었다. 박해와 이단이라는 문제에 대처하려면 지도력이 필요했기 때문에 감독의 권한이 강화되어야 했다. 사도직의 계승이라는 교리의 발달, 그리고 주님의 만찬을 더 중시하게 된 것 역시 감독의 권한을 증가시킨 중요 요인들이다. 그것은 특정

교회의 군주적 감독이 나머지 교회의 감독들보다 중요하다고 인정하기 위해 통과한 짧은 단계에 불과했다. 2세기 중엽 군주적 감독의 등장으로 말미암아 곧 로마교회의 군주적 감독이 특별한 영예를 차지하게 되었다.

몇 가지 조건이 로마교회의 감독에게 특권을 가져다주었다. 교회의 초기 역사 이후로 개진되어온 가장 중요한 논거는 그리스도께서 최초의 로마 감독이라 할 수 있는 베드로를 반석이라고 지칭하시고 그 반석 위에 교회를 세우겠다고 말씀하심으로써 다른 사도들보다 베드로를 높이신 것이다(마 16:18). 마태복음 16장 19절에 따르면, 그리스도는 베드로에게 천국 열쇠를 주셨고, 후일 특별히 베드로에게 자기 양을 먹이라고 위임하셨다(요 21:15-19).

마태복음에서 반석을 지칭하기 위해 두 가지 단어가 사용되었음에 유의해야 한다. 그리스도께서 말씀하신바 교회를 세우실 반석이 베드로임이 분명하다. 그리스도는 베드로를 *petros*(stone)라 하셨다. 베드로에게 적용된 명사는 남성형이지만, 그리스도의 교회 기초가 될 반석에 사용된 명사는 여성형이다. 그러므로 "그리스도는 살아 계신 하나님의 아들"이라는 베드로의 고백, 그리고 반석이라는 그리스도의 말씀이 베드로를 언급한다고 보는 것이 바른 해석이다.

또 베드로가 겟세마네 동산에서 그리스도를 저버릴 것이라고, 즉 사탄에게 패배할 것이라고 말씀하신 것(눅 22:31-32), 그리고 부활하신 후 그리스도를 배반했던 일을 용서하신 후 베드로에게 양을 먹이라고 요청하셨던 것을 기억해야 한다. 마태복음 16장 19절에서 베드로와 관련하여 언급된 것과 비슷한 권세가 다 사도들에게도 부여되었다(요 20:19-23). 베드로는 그의 첫 번째 편지에서 자신이 아닌 그리스도가 교회의 기초라고 말했다(벧전 2:6-8). 바울은 베드로가 높은 지위를 가지고 있다고 여기지 않았다. 그러므로 베드로가 갈라디아에서 유대인 신자들과 영합하고 타협했을 때 그를 질책했다.

이러한 사실들에도 불구하고, 로마교회는 초기부터 그리스도께서 베드로에게 로마교회의 초대 감독이요 사도들의 지도자의 지위를 주셨다고 주장해 왔다. 키프리안과 제롬은 로마 교구가 다른 교구들보다 우월한 지위를 갖는다는 지상권을 역설함으로써 이 주장을 개진하는 데 기여했다.[1]

로마가 많은 사도 전승과 연결되어 있었기 때문에, 자연히 여러 가지 특권이 로마의 감독에게 부여되었다. 예를 들면 베드로와 바울은 로마에서 순교했다. 이 두 사람이 초대교회의 탁월한 지도자였으므로, 교회와 로마의 감독이 특권을 추가하려 한 것은 당연한 일이었다. 네로 황제 시대인 64년에 발생한 로마제국 최초의 박해 때에 로마교회가 그 중심점이었다. 바울의 서신 중에서 가장 길고 중요한 서신이 이 교회에 보낸 것이다. 로마교회는 100년에 이르기까지 모든 교회 중에서 가장 규모가 크고 부유한 교회였다. 제국의 수도로서의 로마의 역사적 특권 때문에 이 도시에 있는 교회의 지위도 자연히 높아졌다. 이 교회는 이단과 분파주의에 맞서 확고하게 정통주의를 유지했기 때문에 명성을 획득했다. 로마교회의 초기 지도자 중 하나인 클레멘트는 고린도교회에 편지를 보내어 감독을 중심으로 하는 교회의 화합을 강조했다. 클레멘트, 이그나티우스, 이레네우스, 키프리안 등 많은 서방교회 교부들이 감독직의 중요성을 강조했는데, 특히 키프리안이 로마 감독직의 중요성을 강조했다. 모든 감독이 동등했고 모두 그리스도로부터 이어져 온 사도권 계승 안에 있었지만, 로마의 감독은 베드로로부터 계승된 계보 안에 있었기 때문에 특별한 영예를 소유한다고 간주하였다.

로마교회의 중요한 다섯 감독 중 일부가 여러 가지 이유로 직위를 상실했음을 기억해야 한다. 135년 예루살렘이 로마에 멸망한 후 예루살렘의 감독은 로마의 감독의 경쟁자가 되지 못했다. 2세기에 아시아가 몬타누스주의로

---

1) Henry Bettenson, *Documents of the Christian Church* (New York: Oxford University Press, 2d ed., 1963), pp. 71-74.

말미암아 분열됨으로써 에베소교회의 감독이 그 명성을 잃었다.

이 시기가 끝날 무렵 옛 공교회와 관련하여 세 가지 일이 실현되었다. 모든 감독은 사도들을 통해서 그리스도와 연결된다는 사도권 계승의 교리가 받아들여졌다. 각 교회 안에서 하나의 감독이 군주적 감독으로서 동료 장로들보다 우월한 지위를 차지했다. 로마의 감독은 그 교구와 관련된 전승들이 지닌 중요성 때문에 감독들 중 으뜸으로 인정되었다. 이러한 우월성은 후일 로마의 감독이 교회의 교황으로서 지상권을 지닌다는 주장으로 이어졌다. 클레멘트와 이그나티우스와 이레네우스는 분열을 방지하며 일치를 북돋기 위한 보증으로 성직자계급제도 안에서의 사도적 계승을 발달시켰다. 이그나티우스와 이레네우스의 견해에 의하면 성직자 계급제도는 이단을 대적하기 위한 가장 훌륭한 방어책이며 참 교리를 북돋울 수 있는 것이었다.

2. 신앙의 규칙 발달

교회의 일치를 북돋는 결속체로서의 감독의 역할은 신조의 발달 때문에 강화되었다. 신조란 대중이 사용할 수 있는 신앙의 진술로서 구원과 교회의 신학적 안녕에 필요한 조항들이 포함된다. 신조는 정통성을 시험하기 위해서, 동료 신자들을 알아보기 위해서, 그리고 본질적인 신앙의 교리를 요약하기 위해 사용되어왔다. 신조는 산 신앙을 전제로 하여 지적으로 표현한다. 종교개혁 시대에 교파에 따라 여러 가지 신조가 등장했다. 전체 교회의 대표들이 작성한 종교회의 신조 또는 보편 신조들이 313년부터 451년까지의 신학적 논쟁 기간에 출현했다. 최초의 신조는 세례신조로서 그 본보기로 사도신경을 들 수 있다.[2] 신조란 성경 안에 있는 관습과 거룩하고 절대적인 신앙의 규칙을 상대적이고 제한적으로 표현한 것임을 기억해야 한다. 신약성경 안

---

2) Philip Schaff, *The Creeds of Christendom* (New York: Scribner, 3 vols., 6th ed., 1890), vol. 3. chap. 1. 이것은 교회의 신조들이라는 전체적 주제를 개관해주는 탁월한 개론서이다.

에서 신조의 느낌을 지닌 진술들이 로마서 10장 9-10절, 고린도전서 15장 4절, 디모데전서 3장 16절에서 발견된다.

이레네우스와 터툴리안은 참 기독교인과 영지주의자를 구별하는 데 사용하기 위해 신앙의 규칙을 개발했는데, 그것들은 주요 성경적 교리들의 요약이었다.[3]

사도신경은 성경의 기본 교리를 요약한 것으로서 현재 우리가 소유하고 있는 것 중에서 가장 오래된 것이다. 어떤 사람들은 사도신경이 마태복음 16장 16절에 기록된바 그리스도와 관련한 베드로의 간략한 진술을 바탕으로 발전된 것이며, 초기부터 세례 때에 신앙고백문으로 사용되었다고 생각한다. 340년경에 가장 오래된 신조가 로마에서 등장했는데, 그것은 400년경에 루피누스(Rufinus)가 사용한 것과 비슷한 것이다. 이 신조는 삼위일체론적이며, 삼위의 위격과 사역에 관심을 둔다. 그것은 집단으로서의 교회의 우주적 본질을 강조하며, 구원을 그리스도와 관련지었으며, 신자의 부활과 내세의 목표에 초점을 두는 분명한 종말론을 포함한다. 지금도 많은 교회는 사도신경이 기독교 신앙의 요점을 편리하게 요약해놓은 유익한 것으로 생각한다.

3. 신약성경 정경

권위 있는 결속체로서의 감독과 권위 있는 신앙을 진술한 신조에 이어 권위 있는 책들의 목록이 강화제로 등장했다. 사람들은 흔히 정경이 공의회들에 의해 확정되었다고 생각하는데, 이것은 잘못된 생각이다. 왜냐하면, 신약성경의 정경이라는 주제로 발표했던 공의회들은 얼마 동안 교회가 광범위하게 받아들여 온 것을 공적으로 진술한 데 불과하기 때문이다. 정경 형성은 서서히 진행되어 실질적으로는 175년에 완성되었으며, 몇 권의 책의 기자에

---

3) Beresford J. Kidd, *Documents Illustrative of the History of the Church* (London: SPCK,, 3 vols., 1920-1941), 1:117-18. 145-46.

대해서는 계속 논란이 있었다.

　몇 가지 실질적인 이유로 신약성경을 구성하는 정경의 목록을 확정하게 되었다. 이를테면, 마르시온 같은 이단자들이 자기 나름의 정경을 확정하고 사람들을 그릇되게 인도하고 있었다. 박해 때에 신자들은 정경의 일부라고 확신하지 않는 책을 위해서는 목숨을 거는 모험을 하려 하지 않았다. 사도들이 서서히 사라지고 있었기 때문에, 예배에 사용하는 데 적합하다고 인정할 수 있는 신빙성 있는 기록들이 필요했다.

　하나의 책이 정경으로 인정될 수 있는지를 판단하는 기준은 그것이 사도들과 관련되었다는 증거가 있는지였다. 사도나 베드로의 도움을 받아 기록한 마가복음의 기자 마가처럼 사도들과 밀접하게 관련된 사람이 기록하였는가? 공적으로 봉독될 때에 사람들의 덕을 함양하는 능력, 그리고 신앙의 규칙과 일치하는지도 정경을 구분하는 기준이었다. 어떤 책들이 정경이며 오늘날 신약성경이라고 알려진 것에 포함될 수 있는지와 관련하여 최종적인 결정을 하게 한 것은 성령의 인도하심을 받은 교회의 보편적 의식, 그리고 사도가 저술한 것이거나 사도의 영향을 받아 기록되었다는 역사적 증명이었다.

　제일 먼저 에베소 교회의 지도자들이 바울의 서신들을 수집했다. 그다음으로 2세기 초에 복음서들이 수집되었다. 무라토리(Lodovico A. Muratori, 1672-1750)가 밀라노에 있는 암브로스의 도서관에서 발견한 무라토리 정경은 180년경의 것으로 추정된다. 324년경 유세비우스는 신약성경 중에서 적어도 20권의 책을 구약성경의 책들과 같은 수준에서 정경으로 받아들일 수 있다고 생각했다. 야고보서, 베드로후서, 요한 2서, 요한 3서, 유다서, 히브리서, 요한계시록 등을 정경에 포함할 것인지는 계속 고려되고 있었다.[4] 이 책

---

4) Eusebius, *Ecclesiastical History*, 3.l25.

들을 정경에 포함하는 것이 지연된 주된 원인은 기록한 사람이 불확실했기 때문이었다. 그러나 알렉산드리아의 감독 아타나시우스(Athanasius)는 367년 부활절에 자신이 담당하는 교회들에 보낸 편지에서 현재의 신약성경과 같이 27권의 책을 정경으로 열거했다. 397년에 개최된 카르타고 공의회를 비롯하여 후대에 개최된 여러 공의회에서는 오랜 세월에 걸쳐 교회가 전반적으로 인정해온 사실들을 인정하고 통일되게 표현했을 뿐이다. 교회가 히브리서와 요한계시록을 정경으로 인정하는 일을 지체한 것은 교회가 이 문제를 얼마나 헌신적으로 세심하게 다루었는지를 보여준다.

약 5천500개의 사본이 성경 본문들의 진실성을 증언해준다. 쿰란에서 발견된 이사야서는 가장 초기의 것이요 가장 방대한 것이다. 3천100개가 넘는 사본에 거의 성경 본문 전체가 담겨 있고, 약 2천300개의 예배용 성구집에는 성경 본문의 여러 부분이 담겨 있다. 카이사르의 『갈리아 전쟁』(Gallic Wars) 같은 대부분의 고대 본문들은 대체로 카이사르 이후 900년간에 대한 10개 미만의 사본이 있을 뿐이다.

4. 전례(典禮)

사도들을 계승했다는 사실에서 권위를 취하는 군주적 감독을 강조했기 때문에, 많은 사람은 군주적 감독이 화합의 중심이요 진리의 저장고요 성례를 통해서 하나님의 은혜의 방편을 나누어주는 자라고 생각하게 되었다. 신비종교를 믿다가 개종한 사람들도 성직자와 평신도를 구분하는 관념의 발달에 기여했을 것이다. 그들은 감독직의 거룩함을 강조했다. 성찬식과 세례의식은 신임할 수 있는 목회자들만이 집례할 수 있게 되었다. 성찬식이 하나님께 드리는 희생제사라는 관념이 발달함에 따라서 교회 내의 일반 신도들과 비교하여 감독의 탁월한 거룩함이 강조되었다.

교회에 입문하는 행위로서의 세례는 흔히 부활절이나 오순절에 거행되었다. 처음에는 그리스도에 대한 믿음과 세례를 받고자 하는 소원이 유일한 조

시리아 동부 유프라테스 강변에 있는 두라-유로파 발굴지.
개인 집을 기독교 회중이 사용할 수 있도록 개조했다.

건이었지만, 2세기 말에는 개종자의 경험이 사실인지 시험하기 위해 예비 신자로서의 수습 기간이 추가되었다. 이 수습 기간에 예비 신자들은 본당에 들어가지 못하고 본당 입구 앞에 있는 넓은 홀에서 예배드렸다. 원칙적으로 세례 형식은 침례였지만 때로 물을 뿌리거나 붓는 방식도 사용되었다. 터툴리안은 반대하고 키프리안이 지지한 유아 세례, 임종 때의 세례, 병자에게 주는 세례 등이 이 시대에 발달했다. 교회는 성만찬과 세례 주위를 많은 조건과 사제만 할 수 있는 의식으로 둘러싸서 보호했다.

교회력에서 일련의 절기들이 등장한 것이 이 시기의 일이다. 유대교의 유월절을 그리스도의 부활에 적용한 데서 생겨난 부활절이 최초의 절기였던 듯하다. 350년경에 크리스마스가 절기로 채택되었으며, 이교 요소들이 제거되었다. 부활절 전 40일 동안 참회하며 육체의 욕망을 억제하는 사순절이 크리스마스가 절기로 채택되기 전에 교회의 절기로 받아들여졌다.

313년 이전의 기독교인들은 로마의 지하무덤인 카타콤에 모였고, 그곳을 자기들의 매장지로 삼았다. 이러한 지하 무덤은 몇 마일에 달하는 지하 통로로 이루어져 있었다. 기독교를 상징하는 물고기, 비둘기 등 여러 가지 형상은 기독교 예술의 증거로서 몇몇 무덤에서 발견되었다.[5] 그것들은 1578년

---

5) Jack Finegan, *Light From the Ancient Past* (Princeton: Princeton University Press, 2d ed., 1959), pp. 451-85.

에 재발견되었다. 현존하는 것 중에서 교회로 사용된 가장 오래된 건물은 듀라-유로파(Dura-Europa)에 있는 가정교회인데, 대략 232년경의 것으로 추정된다. 이것은 예일 대학 탐험대가 발굴해냈다.

이 시대가 끝날 무렵 기독교인들은 로마의 바실리카 양식의 교회를 건축하기 시작했다. 바실리카 양식의 교회는 직사각형의 건물이다. 서쪽 끝에 있는 현관, 또는 넓은 홀에서는 예비 신자들이 예배드렸고, 동쪽 끝의 반원형 공간에는 제단과 감독의 좌석이 위치했고, 긴 중앙 회중석 양편에 통로가 있었다. 일반적으로 이 시대의 교회들은 꽤 단순했지만 313년 이후 교회가 국가의 호의를 받게 되면서 매우 화려해졌다. 이교도들은 교회나 카타콤에서 예배하는 사람들을 반사회적이라고 간주했다. 왜냐하면, 기독교인들은 터툴리안 같은 저술가들의 요구 때문에 그 시대에 유행하는 세속적 오락을 피했으며 정치생활에 관여하기를 거부했기 때문이다. 그러나 기독교인들은 주님을 부인하지 않을 수만 있다면 사회에서 자신이 맡은 역할을 기꺼이 수행했다. 그들은 순결하고 행복한 가정생활을 영위했고, 가난한 자들을 위한 자선활동을 통해서 서로에 대한 사랑을 드러냈는데, 이것이 이교도 이웃들에게 감명을 주었다. 로마 황제들은 기독교를 근절할 수 없으며 결국 기독교와 타협해야 한다는 것을 깨달았다. 국가적인 박해로 말미암아 야기된 표면적인 문제들과 이단으로 인한 불화와 분열의 위협이라는 내면적인 문제에도 불구하고, 교회는 당당하게 난관을 헤치고 승리했다. 313년부터 590년까지 국가와 교회가 밀접한 관계를 유지한 것 때문에 많은 폐해가 초래되었는데, 그것들은 박해 기간에는 전혀 없었던 것들이었다.

참고문헌

Hardman, Oscar. *A History of Christian Worship*. London: Hodder & Stoughton, 1937.

Schaff Philip. *The Creeds of Christendom*. 3 vols, 6th ed. New York: Scribner, 1890.

Souter, Alexander. *The Text and Canon of the New Testament*. New York: Scribner, 1923.

Westcott, Brooke F. *The Bible in the Church*. London: Macmillan, 1913.

제11장
제국과 야만족들의 위협에 직면한 교회

375년부터 1066년까지, 소위 암흑시대에 야만족인 튜턴족의 대규모 이동이 서유럽에서 발생했다. 이 시기에 교회는 두 가지 문제에 직면했다. 교회는 로마제국의 쇠퇴로 말미암아 멸망의 위협을 받는 그리스-히브리 문화를 보존하는 "소금"의 구실을 해야 할 처지에 놓였다. 사본들이 필사되고 보존되는 중심지였던 수도원들이 이러한 기능을 수행하는 데 도움이 되었다. 또 교회는 방랑하는 집단을 구성하고 있는 종족들에게 복음을 제공하는 "빛"의 역할을 해야 했다. 이 일은 선교 수도사들의 사역을 통해서 성취되었으며, 여러 종족을 기독교로 귀의시키는 데 성공했다. 그러나 문화를 보존하고 여러 종족을 개종시킨 데 따른 대가로 교회가 세속화되었고, 국가가 교회 일에 관여하게 되었다. 제도의 발달과 교리에도 해로운 영향이 미쳤다.

1. 교회와 국가

콘스탄티누스 대제가 신앙의 자유를 허락한 이후의 교회와 국가의 관계를 이해하려면, 그 시대에 황제가 직면했던 정치적 문제들을 살펴보아야 한다. 아우구스투스(Augustus)가 안토니의 군대를 물리친 후 이룩한 강력한 원수(元首)정치로 말미암아 B.C. 133~31년에 로마공화정을 몰락시킨 무정부 상태의 혁명 시대가 종식되었다. 원수정치(principate)는 황제가 강력한 군주로서 원로원과 함께 권위를 소유하는 제도이다. 그러나 이 제도는 너무 연약하여 내부의 부패 및 제국의 국경을 위협하는 야만족들의 도전에 대처할 수 없었다. 192년부터 284년 사이에 원수정치 시대의 초기에 누렸던 번영과 평화가 사라지고 또다시 혁명의 시대가 도래했다. 285년에 디오클레티아누스는 그리스-로마 문화의 안전을 도모하려는 의도에서 동양의 전제주의를 모방하여 더 독재적으로 제국을 재편했다. 기독교가 이 문화를 위협하는 것처럼 보였기 때문에 303년부터 305년 사이에 그는 갈레리우스의 부추김을 받아 기독교를 말살하려 했으나 실패했다. 빈틈없는 그의 후계자 콘스탄티누스는 기독교를 힘으로 몰아낼 수 없으면 고전 문화를 구하기 위해 동맹으로 사용할 수 있다는 것을 깨달았다.[1] 콘스탄티누스 대제가 국가를 완전히 통제하면서 교회와 국가가 타협하는 과정이 시작되었다. 311년부터 324년까지 콘스탄티누스 대제는 공식적으로는 리키니우스(Licinius)와 함께 나라를 다스렸지만, 실질적인 국사 결정은 거의 콘스탄티누스가 했다.

콘스탄티누스 대제(285-337)는 로마 군대의 지도자인 콘스탄티우스(Constantius)와 동양의 해방 노예로서 기독교 신자인 헬레나 사이에서 태어난 사생아였다. 그는 312년에 적들이 그를 압도할 듯이 보일 즈음 "이 표식을 가지고 정복해라"라는 뜻의 라틴어와 십자가가 하늘에 나타난 환상을 보았다. 그는 이것을 길조로 생각하고 나아가 티베르 강의 밀비아 다리 전투에서 적들을 패배시켰다. 실제로 환상이 나타났다고 볼 수 있겠지만, 교회에 대한 콘스탄티누스 대제의 우호적인 태도는 타산적인 것이었다. 교회는 새로운 화합의 중심이 되며 고전문화와 제국을 구하는 데 기여할 수 있을 것 같았다. 그가 세례를 받지 않고 미루다가 임종 직전에 세례를 받았다는 사실, 그리고 과거 이교가 국교였을 때 대제사장의 호칭이었던 "최고 신관"(Pontifex

---

1) Charles N. Cochrane, *Christianity and Classical Culture* (New York: Oxford University Press, 1944).

Maximus)이라는 호칭을 그대로 지니고 있었다는 사실이 이러한 견해를 뒷받침해주는 듯하다. 더욱이 자신의 왕위를 이을 권리를 가진 젊은이들을 처형한 것은 성실한 기독교인의 행위라고 볼 수 없다. 그의 정책에는 미신과 타산에 따른 편의주의가 혼합되어 있었을 것이다.

콘스탄티누스 대제가 기독교를 인정한 동기에 대한 이러한 해석이 옳든지 그렇지 않든지, 콘스탄티누스 대제는 교회에 우호적인 정책을 채택하기 시작했다. 313년에 콘스탄티누스 대제와 리키니우스는 밀라노 칙령을 발포하여 완전한 신앙의 자유를 허락했다. 그 후 몇 년 동안 콘스탄티누스 대제는 일련의 칙령을 발포하여 몰수했던 교회의 재산을 돌려주게 했고, 국가가 교회에 장려금을 주었으며, 성직자들을 공적 의무에서 면제해주고, 점치는 것을 금했고, 주일(일요일)을 안식하고 예배하는 날로 정했다.[2] 심지어 314년 아를에서, 그리고 325년 니케아에서 그는 신학적 지도자의 위치를 취하여 도나투스 논쟁과 아리우스 논쟁을 중재하려 했다. 당시 기독교인이 제국 전체 인구의 10%를 넘지 못했지만, 기독교인들은 제국 안에서 큰 영향력을 발휘했다.

콘스탄티누스 대제는 교회에 자유와 은총을 베풀고, 교회를 제국에 봉사하게 한 것 외에도 330년에 콘스탄티노플을 건설했다. 이 일은 서로마제국과 비잔틴 제국의 분리를 돕고, 1054년에 발생한 대분열의 길을 예비했다. 그러나 이 일로 말미암아 5세기에 서로마제국이 게르만족에 몰락할 때 그레코-로마 문화가 피할 피난처가 마련되었다. 콘스탄티노플은 비잔틴 제국 내에서 정치 세력의 중심지가 되었고, 476년 이후 로마의 감독에게 영적 권세와 정치적 권세가 주어졌다.

---

2) Henry Bettenson, *Documents of the Christian Church* (New York: Oxford University Press, 2d ed., 1963), pp. 15-19; Lactantius, *De Martibus Persecutorum*, 48; Eusebius, *Ecclesiastical History*, 10.5.

콘스탄티누스 대제의 아들들은 교회에 대한 우호적인 정책을 사용했고, 심지어 이교의 사원에 참여하거나 제사 드리는 것을 금지하는 칙령들을 발포함으로써 이교가 방어적 자세를 취하게 했다. 기독교가 국교가 된 것처럼 보이게 된 직후인 361년에 줄리안(Julian, 332-63)이 황제로 등극함으로써 기독교는 좌절을 맛보았다. 줄리안은 표면적으로는 어쩔 수 없이 기독교를 받아들였지만, 그의 친척들이 기독교인 통치자들에 의해 살해되었고, 그 자신은 아테네에서 철학을 공부하여 신플라톤주의의 추종자가 되었었다. 그는 교회의 특권을 빼앗았고, 이교 철학과 종교를 보급하는 데 도움을 주기 위해 온갖 편의를 제공했다. 교회로서는 다행스럽게도 그의 재위 기간은 짧았고, 교회의 발달에서 맛보아야 했던 좌절은 일시적인 것에 그쳤다.[3]

후대의 황제들은 계속 교회에 특권을 부여했고, 결국 기독교는 제국의 국교가 되었다. 그라티아누스(Gratian) 황제는 최고신관이라는 호칭을 버렸다. 테오도시우스 1세는 380년과 381년에 칙령을 발포하여 기독교를 국교로 삼았다. 기독교가 아닌 다른 종교를 믿는 사람은 국가로부터 처벌을 받았다.[4] 392년에 발표된 콘스탄티노플 칙령은 이교 신앙을 금지했다. 529년에 유스티니아누스 황제는 아테네의 철학 학교를 폐쇄하라고 명령함으로써 이교 신앙에 또 한 차례 타격을 주었다. 527년부터 565년까지 재위한 유명한 유스티니아누스 황제(483-565)는 콘스탄티노플에 성 소피아 교회를 건축했다. 그는 로마법대전(Corpus Iuris Civilis) 안에 로마법을 성문화했다. 그것은 현대 많은 국가의 기본법이 되었고, 교회법의 기초였다. 라벤나에 있는 산비탈레 성당의 모자이크 타일에 아름다운 그와 아내 테오도라의 초상화가 표현되어 있다.

---

3) Bettenson, *Documents*, pp. 19-21.

4) Ibid., p. 22.

멸시받는 작은 분파였던 기독교가 강대한 로마제국의 공식 종교가 되기까지 걸어온 발자취를 돌이켜보면, 이 승리의 행진이 교회에 해로운 것이었다고 생각할 수 있다. 기독교가 사회의 도덕 수준을 향상했으며, 그리하여 사회 내에서 여성의 권위가 인정되었고, 검투 경기가 사라졌으며, 노예들을 온화하게 다루게 되었고, 로마의 법이 더욱 공정해졌고, 선교 사역의 확장이 가속화되었다. 그러나 국가와의 연합에 따른 유익이 있는 반면에 현저한 불이익도 있음을 교회는 발견했다. 국가는 교회를 보호하고 도와주는 데 따른 반대급부로서 영적인 문제와 신학적인 문제에 개입할 권리를 요구했다. 콘스탄티누스 대제는 세속 통치자였음에도 불구하고 오만하게도 314년에 아를에서, 325년에 니케아에서 교회 내의 분쟁을 중재하려 했다. 교회와 국가의 투쟁이라는 골치 아픈 오랜 문제의 출발점이 이 시기에 있다. 불행히도 과거에 이교의 종교 당국자들이 기독교에 대한 박해자가 되었던 것처럼, 교회는 권력을 획득하면서 오만하게도 이교도를 박해했다. 교회와 국가의 재접근이 교회에 복을 가져다주기보다 장애를 가져다준 것은 어떻게 보면 공정한 일인 듯하다.

2. 교회와 야만족

4세기 초에 교회가 제국과 타협할 수 있게 된 것은 잘된 일이었다. 왜냐하면, 3세기 후반에 새로운 문제, 즉 11세기까지 계속될 이주를 시작한 많은 사람을 어떻게 기독교로 개종시킬 것인가 하는 문제가 대두하였기 때문이다. 375년부터 1066년에 이르기까지 튜턴족, 바이킹족, 슬라브족, 몽골족 등이 대규모로 유럽에 이동해 들어왔다.

1) 야만족의 확산

4세기 말에 제일 먼저 고트족이 다뉴브 강 언저리의 변경에 모습을 드러냈다. 몽골족이 배후에서 위협했기 때문에 그들은 제국 안에 들어가는 것을 허락해 달라고 로마 당국에 요구했다. 378년에 그들과 로마인들 사이에 벌어진 아드리아노플 전투에서 발렌스(Valens) 황제가 사망하고 아리우스파인 서고트족이 제국의 동쪽 지역에 유입되었다. 이 전쟁이 끝난 후 많은 사람이 다뉴브 강을 건너 제국으로 이주하기 시작했다. 그들은 410년에 로마를 약탈했고, 426년경에는 스페인에 왕국을 세웠다. 그들의 뒤를 이어 라인 강 동편으로부터 역시 아리우스파인 반달족이 침입하여 북아프리카에 정착했다. 그 후에 동고트족이 침입하여 테오도릭의 영도 하에 로마제국을 몰락시키는 데서 주도권을 잡았다.

5세기에는 아리우스파인 롬바르드족과 부르고뉴족, 그리고 이교도인 프랑크족이 라인 강을 건너 침입하여 오늘날의 프랑스 지방에 정착했고, 앵글로색슨족은 영국에 정착했다. 역시 5세기에 서로마제국의 교회는 아틸라(Attila)가 이끈 훈족의 침입으로 말미암아 일시적이기는 했지만 무서운 위협에 직면했다. 훈족은 451년에 샬롱(Chalons)에서 패퇴했다. 교회가 많은 튜턴족들을 기독교로 이끄는 듯했지만, 6세기에 무슬림과 롬바르드족의 새로운 위협이 현실화되었다.

서유럽이 발달시킨 문명의 위대함은 신선하고 활기찬 야만족들이 제국을 침입한 데 기인한 것이 아니라 유럽 서북부에서 이 야만족들이 대규모로 기독교를 받아들인 데 기인한다.

2) 야만족의 복음화

아르메니아는 300년경 조명자 그레고리(Gregory the Illuminator)로 말미암아 복음을 받아들였는데, 그때 국왕 트리다테스(Tridates)가 개종하여 세례를 받았다. 신약성경이 아르메니아어로 번역되었다. 어떤 사람들의 주장으로는 410년까지 약 260만 명이 기독교를 받아들였다고 한다. 아르메니아는 공식적으로 기독교 국가가 된 최초의 국가였으며, 수 세기에 걸친 박해에도 불구하고 아르메니아인들은 기독교 신앙을 고수해왔다.

그리스인 프루멘티우스(Frumentius, 300?-380?)는 배가 파선했기 때문에 노예

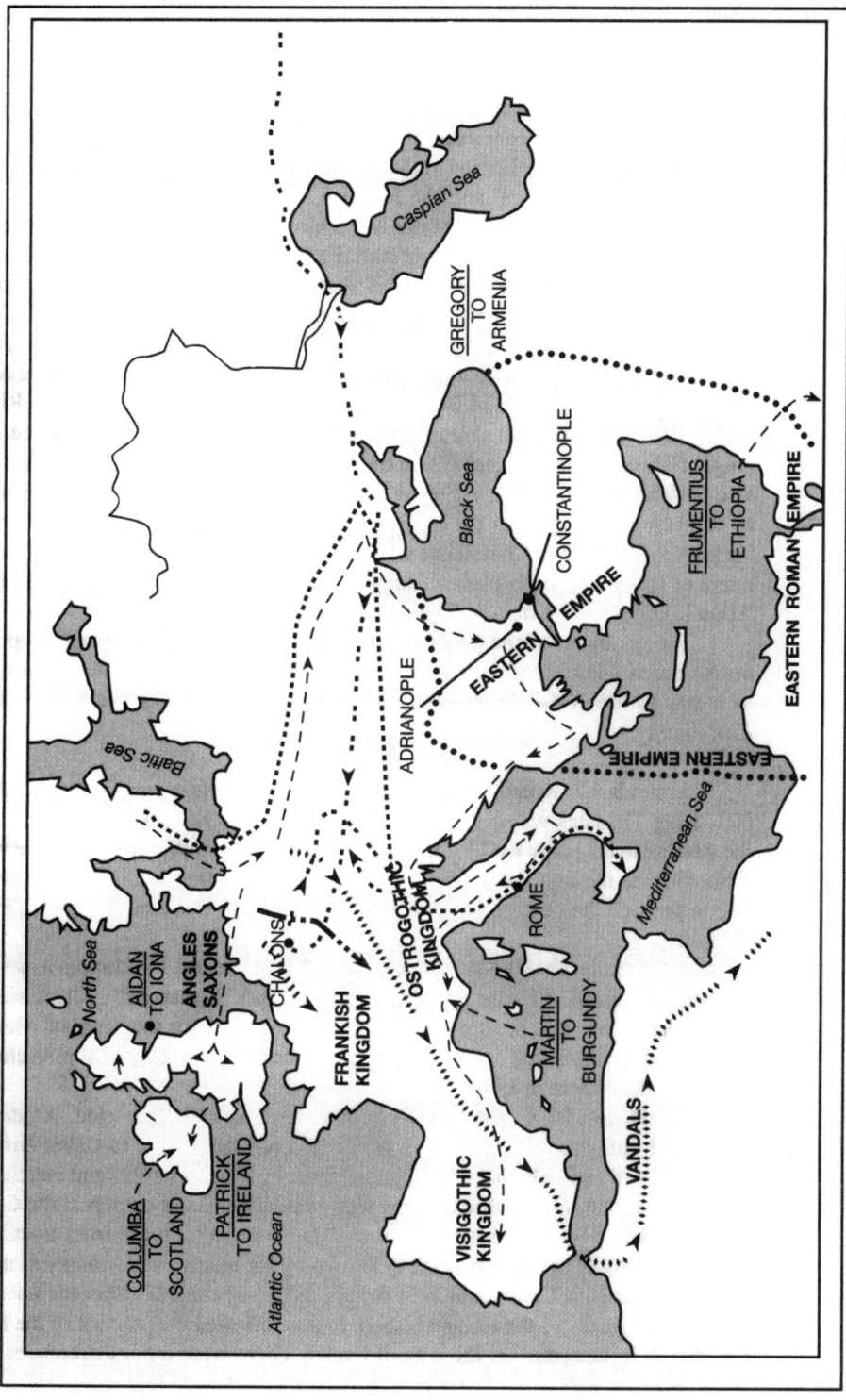

로 에티오피아에 잡혀갔다가 나중에 자유를 얻었다. 그는 에티오피아인들에게 복음을 전했다. 알렉산드리아의 아타나시우스는 프루멘티우스를 감독으로 임명하여 알렉산드리아 관할 아래 에티오피아의 콥트교회를 이끌게 했다. 에티오피아 콥트교회는 1957년에 이집트로부터 독립했다.

영국 제도(諸島)도 이 시기에 기독교를 받아들였다. 기독교가 켈트족의 영역인 브리튼에 도입된 것에 관한 정보는 그리 많지 않다. 로마인 정착민들과 상인들에 의해 기독교가 그곳에 소개되었을 가능성이 크다. 314년 아를에서는 켈트족 감독들이 영국교회를 대표했었다. 어거스틴의 적이었던 펠라기우스(Pelagius)도 영국교회 출신이었는데, 410년경에 대륙에서 펠라기우스주의라는 이단을 가르치기 시작했다. 초기 영국의 켈트 교회는 로마 감독의 관할권이나 지상권을 인정하지 않았다. 영국교회는 부활절 날짜를 결정하는 데 있어서 동방교회의 관습을 따랐다. 그밖에도 사소한 특징상의 차이점들이 많았다. 5세기 초에 로마 군대가 제국 동쪽 국경을 침입한 야만족들의 위협에 대처하기 위해 영국에서 철수했으므로 이 켈트족의 교회는 무방비상태가 되었다. 켈트족은 이교도인 앵글족과 색슨족과 주트족(Jute)에 몰살되거나 서쪽 지방과 북쪽 지방의 산악지대로 쫓겨났다.

고트족 선교는 서고트족이 다뉴브 강을 건너 로마제국으로 밀려들어 오기 전에 시작되었다. 아리우스파였던 울필라스(Ulfilas, 310?-383)는 서고트족 사회에서 선교하라는 소명을 느꼈다. 그는 고트족 기독교인들의 감독으로 임명되어 그들의 사회에서 함께 살았다. 그의 선교 사역은 성공했고, 고트족이 로마제국을 침입했을 때 그들 중 많은 사람이 기독교인이었다.

그는 최초의 탁월한 선교사요 번역자로서 알파벳을 만들었고, 고트족의 언어를 글로 옮겼으며, 그들에게 그들의 언어로 된 성경을 주었다. 고트족이 호전적이었기 때문에, 그는 열왕기서와 사무엘서를 그들의 언어로 번역하지 않는 것이 좋다고 생각했다. 그리하여 고트족은 울필라스가 믿는 아리우스파 기독교를 받아들였다. 후일 이 사실은 서방교회에 이교를 믿는 많은 종족을 개종시키는 과업뿐만 아니라 스페인의 서고트족과 롬바르드족을 개종시켜 아리우스주의를 버리고 정통 기독교를 받아들이게 해야 하는 어려운 문제를 제공했다.

라인 강을 건너온 이교도인 튜턴족 침입자들은 서방교회에 더 급박하고 어려운 문제를 제공했다. 오늘날 프랑스의 수호신인 투르의 마르틴(335?-400?)은 남부 골(Gaul) 지방에 정착한 부르고뉴족에게 전도하라는 소명을 느꼈다. 그는 이 민족에게 복음을 전하면서 다소 과격하고 개척적인 전략을 사용했다. 그는 군사수도사 집단을 조직하고, 그들을 이끌고 사람들이 이교의 신들을 예배하는 작은 숲을 공격하여 없앴다. 그의 저서는 어거스틴의 저서만큼 후대의 역사에 영향을 주지 못했다. 왜냐하면, 부르고뉴족이 역시 골에 정착한 프랑크족의 지배 아래 들어갔기 때문이다.

투르의 그레고리는 자신의 저서 『프랑크족의 역사』(History of the Franks)에서 프랑크족의 정착, 역사, 개종 등에 관해 기술했다. 5세기 말경 프랑크의 왕 클로비스(Clovis, 481-511)는 기독교인인 부르고뉴의 공주 클로틸다(Clotilda)와 결혼했다. 클로틸다의 영향, 그리고 전쟁에서 신이 도왔다는 그녀의 생각이 복합적으로 작용하여 1946년에 클로비스가 기독교로 개종했다.[5] 그가 기독교인이 됨에 따라 백성들도 기독교를 받아들였다.

백성들의 회심이 진정한 것이었는지 알 수 없지만, 클로비스가 공적으로 기독교를 받아들인 일은 교회사에 큰 영향을 미쳤다. 오늘날의 프랑스의 골 지방을 지배하던 프랑크인들은 모두 기독교 안에 거하게 되었다. 골 지방은 선교 기지가 되었고, 이곳을 기점으로 스페인에 정착한 고트족을 정통 기독

---

5) Frederic A. Ogg, *A Source Book of Medieval History* (New York: American, 1907), pp. 53-54; Gregory of Tours, *The History of the Franks* (Oxord: Clarendon University Press, 2 vols., 1927), 2.18-22).

교로 돌아오게 하려고 선교사들이 파송되었다. 가장 중요한 것은 중세 시대 초기에 프랑크 왕국이 교황제를 지원했다는 것이다. 프랑크의 왕들은 이탈리아의 적으로부터 로마 주교를 구하기 위해 여러 번 알프스를 넘어 공격했다.

후일 아일랜드의 수호신이 된 패트릭(Patrick, 389?-461)은 16세 때 해적에게 잡혀 아일랜드로 끌려갔다. 그는 그곳에서 가축을 돌보면서 6년 동안 살았다. 고국에 돌아온 그는 아일랜드에 가서 선교해야 한다는 소명을 느꼈다. 그리하여 432년부터 461년까지 아일랜드의 켈트족 사회에서 사역하면서 드루이드(Druid) 종교 사제들의 반대에도 불구하고 그 섬을 켈트족 기독교의 중심지로 만들었다. 유럽의 암흑시대에 아일랜드는 문화의 중심지가 되었고, 이곳의 수도사들이 선교사나 학자로서 유럽 대륙에 파견되어 활동했다. 콜룸바(Columba)도 이곳을 기점으로 스코트족에게 기독교를 전했다.

패트릭이 아일랜드의 사도였다면, 콜룸바(521-597)는 스코틀랜드의 사도였다. 그는 563년에 이오나(Iona)에 수도원을 세웠는데, 이 수도원이 스코틀랜드 복음화의 중심지가 되었다. 635년에는 이 수도원 출신인 아이단(Aidan)이 노섬브리아의 침략자인 앵글로색슨족에 복음을 전하러 갔다. 아일랜드와 스코틀랜드의 켈트 교회는 선교 교회였다.

이 시기가 끝날 무렵 켈트족 기독교인들과 로마의 기독교인들은 경쟁적으로 앵글로색슨족과 동맹을 맺으려 했고, 그들을 기독교로 개종시키는 일을 도왔다.

580년에 교회는 로마의 국가적 박해에서 벗어났을 뿐만 아니라 로마 국가와 긴밀한 관계를 맺게 되었다. 또 제국을 침략한 튜턴족을 기독교로 개종시키며 그들에게 그리스-로마 문화를 전수하는 데 있어서 교회는 나름대로 구실을 했다. 그러나 그 과정에서 많은 이교도가 급속하게 기독교로 개종했기 때문에 교회는 그들을 제대로 훈련하고 지도하지 못했다. 그리하여 많은 사람이 옛 생활방식과 습관을 지닌 채 기독교에 귀의했다. 과거의 영웅숭배는 성인숭배로 대체되었다. 이교 냄새가 나는 많은 의식주의적 관습들이 교회에 도입되었다. 야만족들의 욕구를 충족시키는 과정에서 교회가 부분적으로 이교화된 것이다.

참고문헌

Arpee, Leon. *A History of Armenian Christianity*. New York: Armenian Missionary Association, 1946.

Atiya, Aziz S., ed. *The Coptic Encyclopedia*. 8 vols. New York: Macmillan, 1991.

Baynes, Norman H. *Constantine the Great and the Christian Church*. New York: Gordon, 1974.

Edman, V. Raymond. *The Light in the Dark Ages*. Wheaton, Ill.: Van Kampen, 1949.

King, Noel Q. *The Emperor Theodosius and the Establishment of Christianity*. Philadelphia: Westminster, 1960.

Mcneill, John. T. *The Celtic Churches* (200-1200). Chicago: University of Chicago Press, 1974.

Moorman, John R. H. *A History of the Church in England*. New York: Morehouse-Gorham, 1954.

Robinson, Charles G. *The Conversion of Europe*. London: Longmans, 1917.

제12장
공의회 논쟁과 신조의 발달

　313년부터 451년까지의 신학적 논쟁들은 신조를 작성하는 데서 비롯된 문제들을 해결하기 위한 공의회들을 소집하는 결과를 초래했다. 교회사에는 두 차례의 큰 신학적 논쟁 시대가 있었다. 종교개혁 시기에 벌어진 신학적 논쟁에서 개신교는 두 개의 위대한 신조를 배출했다. 그보다 일찍 325년부터 452년 사이에 한 차례의 신학적 논쟁이 있었다. 이 시기에 보편공의회 또는 세계공의회의 지도자들은 갈등을 해결해야 할 책임을 지니고 있었다. 이 공의회들이 니케아 신조와 아타나시우스 신조처럼 위대한 보편교회의 공식을 탄생시켰다. 이 시대에 교회의 주요 교의들이 계발되었다. "교의"(dogma)라는 단어는 헬라어에서 파생된 것으로서 동사형 *dokeo*는 "생각하다"라는 의미이다. 이 시대에 작성된 교의나 교리들은 논란이 되는 점들에 관한 성경의 의미를 정확하게 해석하고 잘못된 견해를 피하고자 성경과 교부들의 글을 궁구하고 탐구한 결과였다.

　또 이 시대는 교회에 대한 열심에 성경연구가 동반되지 않으면 개인이나 교회가 오류에 빠질 수 있음을 보여주는 본보기가 된다. 사벨리우스(Sabellius)는 신격의 통일성을 지키려다가 근본적인 삼위일체론을 부인했고, 아리우스는 다신론이라는 위험을 피하려다가 그리스도와 성부의 관계에 관한 반성경적 접근 방법에 연루되었다.

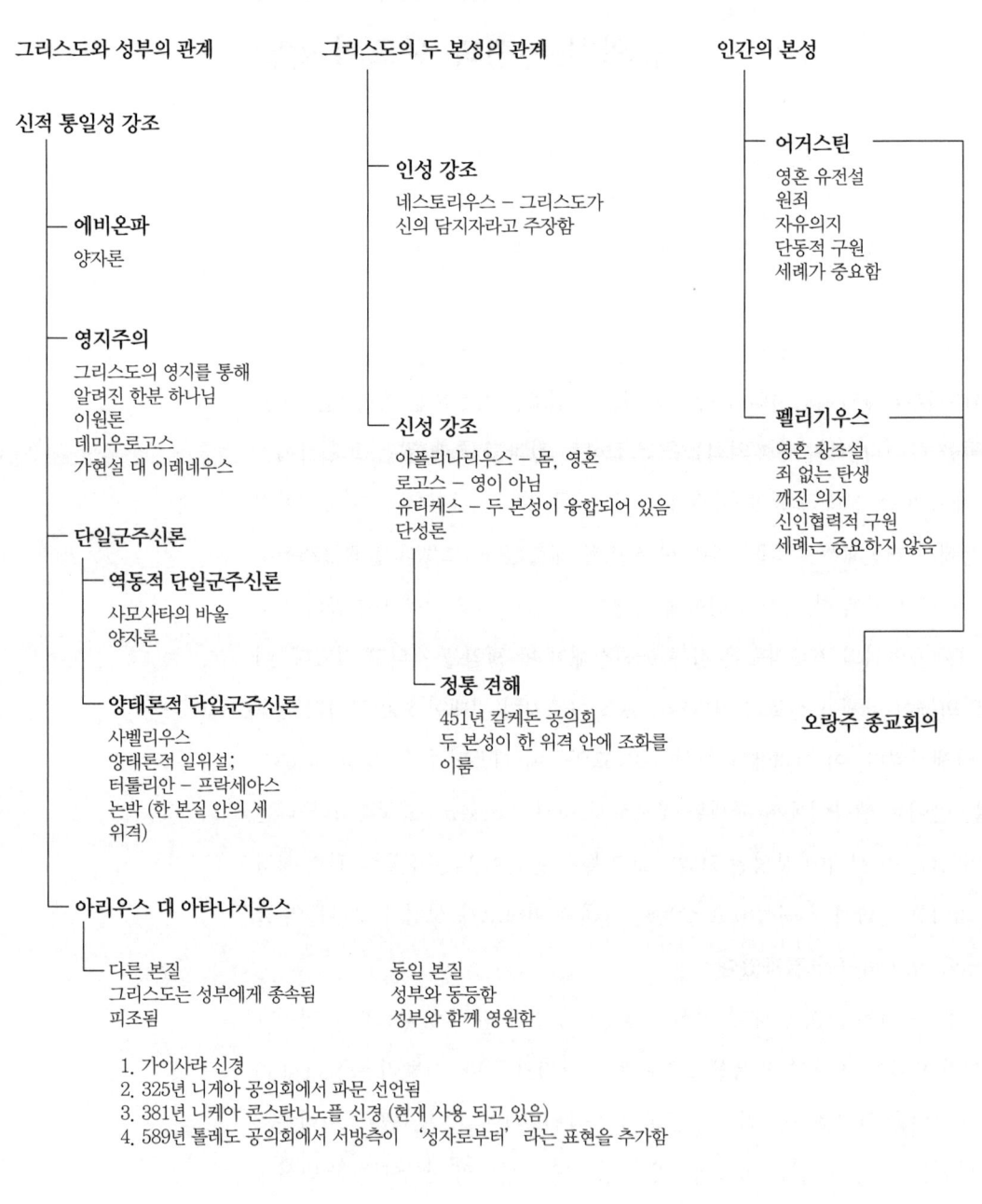

신학적 문제에 관한 주요 논쟁이 고대교회사에서 늦게 등장한 이유를 궁금하게 생각하는 사람들도 있을 것이다. 박해 시대에는 그리스도와 성경에 대한 충성이 특정 교리의 의미보다 우선했다. 국가의 위협 때문에 교회는 연합전선을 구축하기 위해 내면적으로 연합했다. 또 그 당시 콘스탄티누스 대제는 고전 문명을 구하기 위해 제국을 통일하려 했고, 교회가 정치 집단을 통합시키는 결속제가 되기 위해서는 통일된 교리 체계가 있어야 했다.

성경의 가르침에 관한 다양한 견해 차이를 해결하기 위해 교회가 택한 방법은 보편 공의회 또는 세계 공의회였는데, 그 회의는 주로 황제가 주재했다. 전체 기독교회를 대표하는 일곱 차례의 공의회가 있었다.[1] 주로 제국의 동쪽 지방 출신인 위대한 교회 지도자들은 자신의 출신지를 대표했으며, 이 시대 기독교인들의 사상을 지배한 신학적 문제들에 대한 해결책을 작성하는 일을 도왔다.

박해가 끝난 직후에 교회 안에서 성부 하나님과 그의 아들 예수 그리스도의 관계에 대한 문제가 대두되었다. 서유럽의 터툴리안은 삼위일체에 대한 정확한 해석으로서 삼위 안에 본질의 통일성이 있다고 주장했다. 이런 까닭

1. 신학: 삼위의 관계

1) 성부와 성자의 관계

---

[1] 니케아 공의회(325): 아리우스주의 분쟁을 해결하기 위해.
  콘스탄티노플 공의회(381): 성령의 위격과 그리스도의 인성을 확인하기 위함.
  에베소공의회(431): 그리스도의 인격의 통일성 강조.
  칼케돈 공의회(451): 그리스도의 두 본성의 관계.
  콘스탄티노플 공의회(553): 단성론 논쟁 해결을 위해.
  콘스탄티노플 공의회(680): 단일신론 정죄.
  니케아 공의회(787): 성상숭배 논쟁 문제 해결을 위해..
  Edward G. Landon, *Manual of Councils of the Holy Catholic Church* (Edinburgh: Grant, 2 vols, 1909)를 보라.

에 논란은 제국의 동쪽 지역을 중심으로 일어났다. 교회가 항상 그리스도에 대한 일위신론(一位神論) 관념들과 싸워야 했던 점을 기억해야 한다. 현대의 일위신론(Unitarianism)의 선구자는 아리우스주의와 16세기에 있었던 소치누스주의(Socinianism)이다.

318년 또는 319년에 알렉산드리아의 감독 알렉산더는 장로들에게 "통일된 삼위일체의 위대한 신비에 관하여" 설교했다. 장로들 중 하나인 아리우스는 금욕적인 학자요 대중 설교가였다. 그는 그 설교가 신격 안에 있는 삼위의 차이를 확인하지 못했다고 공격했다. 아리우스는 하나님에 대한 다신론적 관념을 피하고자 그리스도의 신성을 부당하게 다루는 주장을 폈다. 그는 "그분이 존재하시지 않은 때가 없었다"라고 말했다.

문제는 본질상 구세론적인 것이었다. 만일 그리스도가 유세비우스와 아리우스가 주장한 것처럼 참 하나님보다 못하며 아버지의 본질과 비슷하거나 상이한 본질을 지닌 반인반신(伴人半神)이라면, 그가 인류를 구원하실 수 있었을까? 만일 그렇다면 그리스도와 아버지 하나님의 관계는 어떤 것인가? 그 논쟁은 매우 치열했으며, 결국 알렉산더는 공의회를 소집하여 아리우스를 정죄했다. 아리우스는 니코메디아의 감독 유세비우스의 궁궐로 도피했다. 유세비우스는 아리우스와 동창이었다. 이 논쟁은 소아시아를 중심으로 발생했기 때문에 교회의 일치뿐만 아니라 제국의 일치까지 위협했다. 콘스탄티누스 대제는 알렉산드리아의 감독과 아리우스에게 편지를 보내어 분쟁을 해결하려 했지만, 황제의 편지로는 분쟁을 해결할 수 없었다. 그리하여 콘스탄티누스 대제는 교회의 감독들로 구성된 공의회에 분쟁을 해결하게 했다. 이 공의회는 325년 초여름에 니케아에서 개최되었다. 200~300명의 감독들이 참석했는데, 제국의 서쪽 지방 출신은 10명도 되지 않았다. 황제는 제1차 회의를 주재하고서 그 대가를 치렀다. 교회는 처음으로 자신이 국가 수장의 정치적 지배를 받고 있음을 발견했다. 교회와 국가의 관계라는 영구적인 문제가 이곳에서 분명히 등장했지만, 감독들은 신학적 이단을 다루는 일에 몰두하여 그 문제에 대해서는 생각하지 못했다.

공의회에서 세 가지 견해가 제시되었다. 니코메디아의 유세비우스(카이사레아의 유세비우스와는 다른 사람이다)의 지지를 받는 아리우스를 비롯한 소수의 참석자들은 그리스도가 영원 전부터 존재한 것이 아니라 하나님의 창조 행위에 의해 존재하게 되었다고 주장했다. 아리우스는 그리스도가 성부와 다른 본질을 가지고 있다고 믿었다. 그리스도는 고결한 생활을 했고 하나님 아버지의 뜻에 순종했기 때문에 거룩하다고 간주되어야 한다는 것이었다. 아리우스는 그리스도가 무에서 창조된 존재로서 성부와 다른 본질을 가졌으며 성부에게 종속된다고 믿었다. 아리우스에 의하면 그리스도는 성부와 동등한 존재가 아니고 동등하게 영원한 존재가 아니고 동일 본질을 지닌 존재가 아니었다. 즉 그리스도는 거룩한 분이지만 신은 아니었다.[2]

아타나시우스(295?-373)는 후일 정통 견해가 된 사상의 주된 옹호자가 되었다. 그는 부유한 부모 덕택에 알렉산드리아의 유명한 교리문답 학교에서 신학교

그리스 정교회의 창시자로 간주되는 아타나시우스. 그는 이집트의 알렉산드리아에서 추방되었을 때 서방에 수도원운동을 소개했다.

---

2) Beresford, J. Kidd, *Documents Illustrative of the History of the Church* (London: SPCK,, 3 vols. 1920-1941), 2:6-10; Joseph Ayer, Jr., *A Source Book for Ancient Church History* (New York: Scribner, 1913), pp. 297-356. Socrates, *Eccelsiastical History*, 1.5-9; Eusebis, *Life of Constantine*도 보라.

육을 받았다. 그의 저서 『성육신론』(De Incarnatione)에는 기독론에 관한 그의 사상이 드러나 있다. 30세가 조금 넘은 이 젊은 신학자는 니케아 공의회에서 그리스도가 영원 전부터 성부와 함께 존재하셨으며, 하나의 분명한 인격이시지만 성부와 동일 본질(homoousios)을 가지셨다고 주장했다. 그는 그리스도가 자신이 주장한 내용이 미치지 못하는 분이라면 인간의 구주가 되실 수 없다고 믿었다. 아타나시우스의 견해에 의하면 인간의 영원한 구원이라는 문제는 성부와 성자의 관계 안에 포함되어 있었다. 그는 그리스도가 성부와 동등하며, 동등하게 영원하며, 동일한 본질을 가지고 있다고 주장했고, 이 주장 때문에 다섯 번 추방되었다.

공의회에 참석한 대부분의 사람들은 학자요 교회사가인 카이사레아의 유세비우스를 따랐다. 그는 논쟁을 싫어했기 때문에 쌍방이 받아들일 수 있는 절충안을 제시했다. 그는 아리우스의 사상과 아타나시우스의 사상 중에서 최선의 것들을 결합한 온건한 견해를 제안했다. 처음에는 참석자들 중 200명 이상이 그의 견해를 따랐다. 그는 그리스도가 아리우스의 주장처럼 무에서 창조된 것이 아니라 영원 전에 성부에게서 잉태되었다고 가르쳤다. 그리스도는 성부와 같은(homoi) 본질을 소유하신다. 그의 신조는 마침내 니케아에서 작성된 신조의 기초가 되었지만, 니케아 신조는 성부와 성자의 본질의 통일성을 주장하는 점에서 그의 견해와 다른 것이었다.[3]

그리스도의 영원성, 그리고 성부와 동일한 본질을 소유하셨다는 점을 다짐함으로써 정통적 주장이 니케아에서 일시적인 승리를 거두었다. 그러나 이 회의에서 작성된 신조를 오늘날 교회가 사용하고 있는 니케아 신조와 혼동하지 말아야 한다. 물론 오늘날 우리가 사용하는 니케아 신조는 니케아에

---

3) Kidd, *History of the Church* 2.21-25. 유세비우스가 보낸 이 편지에 그의 신조와 니케아에서 작성된 신조가 포함되어 있다.

서 작성된 것과 유사하다. 325년에 작성된 신조는 "그리고 성령 안에서"라는 구절에서 끝나고, 그다음에 아리우스의 견해를 정죄하는 부분이 이어진다.[4]

325년부터 361년 사이에 콘스탄티누스 대제와 그의 아들들의 치하에서 정통적 주장에 대한 반발이 일어나 정통파의 주장이 패배하고 아리우스주의가 일시적으로 승리했지만 결국 381년에 정통파의 주장이 승리했다. 381년에 테오도시우스는 니케아에서 작성된 견해가 참 기독교의 신앙이라고 정의했다. 어쨌든 325년부터 381년까지는 다툼과 원한의 시기였다.

수사학 교사인 닛사의 그레고리(330-394)는 371년경에 닛사의 감독이 되었다. 그는 381년에 콘스탄티노플에서 아리우스주의를 대적하여 정통 신학을 옹호했다. 그는 삼위일체에 대해 논하면서 본질과 위격을 처음으로 구분한 사람이다. 나지안주스의 그레고리(Gregory of Nazianzus, 330-390)도 신학적 연설로, 그리고 381년에 구두로 아리우스주의를 반박했다.

381년 콘스탄티노플 공의회의 결정 사항 중 제1조는 니케아에 참석한 318명의 교부들의 신앙이 "버림받아서는 안 될 것이며 계속 주도적인 것으로 존속해야 할 것이다"라고 기술했다. 451년 칼케돈 공의회에서 인정되었고 현재 사용되고 있는 니케아 신조는 키릴의 저서에 수록된 예루살렘 신조와 같은 시리아-팔레스타인 신조에 기초를 두었을 가능성이 많다. 이 신조와 사도신경, 그리고 아타나시우스의 신조는 교회의 위대한 보편 신조이다.[5] 모더니즘과 유니테리언주의와 관련이 있는 아리우스주의는 비정통 교리로 간

---

4) Henry Bettenson, *Documents of the Christian Church* (New York: Oxford University Press, 2d ed., 1963), pp. 35-36.

5) Bettenson, *Documents*, pp. 25-26; Canon 1 of the Council of Constantinople in given in Ayer, *Source Book*, p. 353; Philip Schaff, *Creeds of Christendom*, 6th ed., 3 vols. (New York: Scribner, 1890), 124-34; 2:57-61.

주되어 배격되었고, 그리스도의 참된 신성이 기독교 신앙의 신조에 포함되었다. 아리우스주의는 고트족, 반달족, 롬바르드족 사이에 전파되었다. 니케아에서의 결정은 동방교회와 서방교회의 최종 분열을 초래한 하나의 요인이 되었지만, 그렇다고 해서 그 결정이 지닌 가치를 간과해서는 안 된다. 니케아 공의회로 말미암아 교회는 독립성을 상실했다. 즉 그 후 교회는 제국교회가 되어 점차 황제의 지배를 더 많이 받게 되었다. 서방 교회는 이러한 지배에서 벗어나 일어설 수 있었지만, 동방교회는 국가의 정치 세력의 지배에서 벗어나지 못했다.

2) 성부와 성령의 관계

341년부터 361년까지 콘스탄티노플의 감독이었던 마케도니우스(Macedonius)는 성령이 천사들과 동일한 차원에 있는 "봉사자요 종"이며, 성부와 성자에게 종속하는 피조물이라고 가르친 듯하다. 이것은 성령의 신성을 부인하는 것이었다. 아리우스의 견해가 그리스도에 대한 개념에 해로운 것이었듯이, 이것은 성령에 대한 개념에 해로운 것이었다. 381년 콘스탄티노플 공의회는 이 견해들을 정죄했다. 581년 톨레도 종교회의에서 오늘날 니케아 신조라고 칭하는 콘스탄티노플 신조를 낭독할 때 "성부로부터 발현한다"라는 문장에 "성자로부터"(filioque)라는 표현이 추가되었다. 이 문장은 성령과 성부와 성자의 관계와 관련된 것이었다. 그 후 서방교회에서는 성부와 성자가 동등하고 동일하게 영원하며 동일한 본질을 가진 성령의 위격과 참된 신성을 주장해왔다.[6]

2. 기독론: 그리스도의 두 본성의 관계에 관한 논쟁

니케아 공의회에서 성부와 성자의 영원한 관계에 관한 신학적 문제가 해결됨으로써 그리스도의 인성과 신성의 관계에 대한 새로운 문제들이 제기되었

---

6) Bettenson, *Documents*, 25, n. 6.

다. 두 본성의 관계에 대한 정통 교리가 최종적으로 형성되기까지 많은 수난과 폭력이 벌어졌다. 전반적으로 알렉산드리아와 연결된 신학자들은 그리스도의 신성을 강조했고, 안디옥과 관련된 신학자들은 그리스도의 신성을 무시하고 인성을 강조했다.

라오디게아의 수사학 교사요 감독이었던 아폴로나리우스(Apolonarius, 310-390)는 그리스도의 두 본성에 관한 견해를 개진하면서 그리스도가 참된 인간이심을 인정하지 않았다. 그는 약 60세 때에 그리스도의 두 본성에 관해 특이한 견해를 개진했다. 그 이전까지 그는 아타나시우스의 좋은 친구였고 정통주의의 수호자였다. 그는 그리스도의 인성과 신성을 부당하게 분리하는 것을 피하려는 의도에서 그리스도가 참된 몸과 혼을 가지고 계셨지만 그리스도 안에서는 인간 안에 있는 영이 로고스로 대치되었다고 가르쳤다. 그리스도 안에서 신적 요소인 로고스가 소극적인 요소인 몸과 혼을 적극적으로 지배했다. 그는 그리스도의 신성을 강조하면서 그분이 참 인간이심을 경시했다. 그의 견해는 381년 콘스탄티노플 공의회에서 공식적으로 정죄되었다.[7]

네스토리우스(Nestorius, 381?-452?)는 428년에 콘스탄티노플의 대주교가 된 학구적인 수도사로서 아폴로나리우스의 견해와 대조적인 견해를 주장했다. 네스토리우스는 예수의 모친 마리아에게 신모(神母, theodokos)라는 용어를 사용하는 것에 반대했다. 왜냐하면 그것이 마리아를 부당하게 찬양하는 것처럼 보였기 때문이다. 그는 그 대안으로 그리스도의 모친(christokos)이라는 용어를 제시하면서 마리아가 그리스도의 인간적인 면의 모친에 불과하다고 주장했다. 그렇게 함으로써 그리스도가 인간으로서 그 안에서 인성과 신성이 유기적으로 결합된 것이 아니라 몸이 붙은 쌍둥이처럼 기계적으로 결합된

---

7) Ibid., pp. 44-45; Kidd, *History of the Church*, 2:84-86, 103, 108, 114, 147.

격이 되었다. 결국 그리스도는 정신적으로 신성과 연결되어 있는 완전한 인간에 불과하다는 것이었다. 그리스도는 신인(God-man)이라기보다 신의 담지자(God-bearer)였다. 교회의 지도자들이 431년에 에베소에 모였고, 알렉산드리아의 키릴이 주도하여 이 교리를 정죄했다. 그러나 네스토리우스의 추종자들은 제국의 동쪽 지방에서 사역을 계속했고, 페르시아와 인도에까지 가서 자기들이 이해하는 방식으로 복음을 전파했다. 635년에는 알로펜(Alopen)에 의해 중국에까지 전파되었지만[8] 9세기 말 중국에서 소멸되었다. 1625년에 중국에서 발견된 돌기둥에 새겨진 글은 700년에 그곳에 강력한 교회가 존재했음을 증명해준다. 그 교회는 9세기 말에 파괴되었다.

네스토리우스 같은 사람들의 견해에 대한 반작용으로 다시 그리스도의 신성을 강조하고 인성을 무시하게 되었다. 콘스탄티노플에 소재한 수도원 원장이었던 유티케스(Eutyches, 378-464)는 그리스도가 성육하신 후에 두 본성, 즉 인성과 신성이 융합하여 하나의 본성, 즉 신성이 되었다고 주장했다. 이 견해는 그리스도의 인성을 부인하는 결과를 낳았다. 440년부터 461년까지 로마의 감독이었던 레오 1세는 『교리서』(Tome)[9]라고 알려진 장문의 편지에서 이 견해를 정죄했고, 451년에 개최된 칼케돈 공의회도 이 견해를 정죄했다. 칼케돈 공의회는 성경과 일치하는 기독론을 발표했다. 이 공의회는 그리스도가 "완전한 신이요 완전한 인간, 참된 신이요 참된 인간"으로서 "혼동됨이 없고 변화됨이 없고 구분됨이 없고 분리될 수 없는 두 본성"을 소유하신다고 주장했다. 이 두 본성은 성육신에 의해 하나의 본질을 지닌 인간 안에서 조화롭게 결합된다. 이 규정은 그 공의회에서 결정된 후로 정통 견해로 여겨져

---

8) Bettenson, *Documents*, pp. 46-48; Ayer, *Source Book*, pp. 504-22.

9) Bettenson, *Documents*, pp. 49-51.

왔다.[10]

　유티케스의 견해는 6세기 중반까지 비잔틴 제국의 평화를 어지럽힌 단성론(Monophysitism) 논쟁 때 되살아났다. 지금도 이집트, 에티오피아, 레바논, 터키, 러시아 등지의 콥트 교회 안에 1천500만 명 이상의 단성론자들이 있다.

　그리스도의 인성과 신성의 관계에 관한 문제가 해결된 후 그리스도의 두 의지의 관계에 대한 논의가 제기되었다. 그리스도가 신적 의지와 인간적 의지를 가지고 계셨는가? 만일 그렇다면, 그것들은 동등한 것이었는가, 아니면 한 가지 의지가 나머지 의지에 종속되었는가? 이 논쟁은 콘스탄티노플 공의회(680-681)에서 그리스도 안에 두 가지 의지가 조화롭게 통일 상태로 존재하고 있으며 그 상태에서 인간적 의지가 신적 의지에 종속된다고 확인함으로써 일단락되었다.

　동방교회에서 발생한 여러 가지 문제들이 해결된 것은 동방교회가 기독교의 주류를 이루는 데 크게 기여했다. 8세기의 다마스쿠스의 요한의 발언을 제외하면, 동방교회의 신학은 현대에 이르기까지 정체 상태에 머물러 있다.

　지금까지 다룬 이단과 논쟁은 주로 동방교회의 문제였다. 터툴리안 같은 지도자들이 그리스도와 성부의 관계, 그리스도의 두 본성의 관계 등에 관한 정통적 견해를 갖도록 교회를 지도해온 서방교회에서는 신학과 기독론에 관한 문제가 제기되지 않았다. 서방교회는 동방교회의 합리주의적인 헬라 사상가들처럼 사변적이고 형이상학적인 신학에 관심을 두지 않았다. 서방교회의 사상가들은 실질적인 문제에 관심을 가졌다. 고대사를 연구해보면 이러한 특성을 분명히 알게 된다. 그리스 정신은 사상 분야에 기여했고, 보다 실

3. 인간론: 인간 구원의 방법

---

10) Ibid., pp. 51-52; Ayer, *Source Book*, pp. 511-29.

질적인 로마의 정신은 교회 내의 관습과 관련된 문제에 관심을 가졌다. 예를 들면 어거스틴과 펠라기우스는 인간의 본성, 인간이 구원받는 방법이라는 문제에 관심을 가졌다. 인간은 신적 능력에 의해서만 구원받는가, 아니면 구원의 과정에 인간의 의지가 작용하는 곳이 있는가?

제롬이 "스코트족의 감옥에서 괴로움을 당했다"라고 묘사한 펠라기우스(Pelagius, 360?-420?)는 영국의 수도사요 신학자로서 400년경에 로마로 갔다. 그곳에서 켈레스티우스(Celestius)의 도움으로 인간 구원 방법에 대한 자신의 사상을 공식화했다. 곧 그는 어거스틴이 자기의 사상에 동조하지 않으리라는 것을 알게 되었다. 그는 409년에 로마를 떠났다. 냉정하고 침착한 펠라기우스는 어거스틴이 구원받기 전까지 경험한 것과 같은 영적 갈등을 알지 못했다. 이런 까닭에 펠라기우스는 구원 과정에 인간의 의지가 작용한다고 주장했다. 그러나 어거스틴은 악한 본성 때문에 빠진 죄의 늪에서 자신을 해방하는 데 있어서 자신의 의지가 도움이 되지 못함을 발견했었다.

펠라기우스는 각 사람이 아담처럼 자유로운 존재로 피조되었으며 선이나 악을 선택할 자유를 소유한다고 믿었다. 각 사람의 영혼은 하나님의 독립된 피조물이며, 따라서 아담의 죄에 물들지 않았다. 세상에 죄가 퍼져 있는 것은 원죄로 말미암은 인간 의지의 타락 때문이 아니라 인간 육신의 연약함 때문이라고 설명된다. 과거 세대 사람들의 죄가 현세대의 육신을 약하게 했기 때문에 구원 과정에서 개인의 의지가 하나님과 협력하지 않으면 죄를 범하게 되지만, 인간이 첫 조상에게서 죄를 물려받는 것은 아니다. 인간의 의지는 거룩함을 획득함에 있어서 자유로이 하나님과 협력하며 성경, 이성, 그리고 그리스도가 남기신 본보기 등을 이용함으로써 은혜에 이르는 데 도움을 받을 수 있다. 원죄가 없으므로 유아세례는 구원의 본질적 요소가 되지 못한

다.[11]

　힙포의 감독 어거스틴은 중생이 성령의 사역이라고 주장함으로써 펠라기우스의 주장이 하나님의 은혜를 부인하는 것이라고 주장했다. 인간은 본래 하나님의 형상으로 지음을 받았으며 선이나 악을 선택할 자유를 지니고 있다. 그러나 아담의 죄가 모든 사람을 속박했다. 왜냐하면 아담이 인류의 시조이기 때문이다. 아담의 타락으로 말미암아 인간의 의지가 타락했으므로 인간이 전적으로 타락했고, 구원 문제에 관한 한 자유의지를 발휘할 수 없다고 간주되어야 한다. 어거스틴은 인류가 아담에게서 죄를 물려받았으므로 누구도 원죄를 피할 수 없다고 믿었다. 인간의 의지가 죄에 묶여 있기 때문에 인간은 자신의 구원을 위해 아무것도 할 수 없다. 구원은 그리스도 안에서 하나님의 은혜를 통하여 택함 받은 자들에게만 임할 수 있다. 하나님이 인간의 의지에 활력을 주입하여 자신이 제공하신 은혜를 받아들이게 하셔야 한다. 하나님의 은혜는 구원받도록 택하신 자들만을 위한 것이다.[12]

　펠라기우스의 견해는 431년 에베소 공의회에서 정죄되었다. 그러나 동방교회나 서방교회가 어거스틴의 견해를 완전히 받아들인 것은 아니다. 수도사인 요한 카시아누스(John Cassian, 360?-435?)는 구원에 있어서 인간의 의지와 신의 의지가 협력할 수 있는 절충안을 찾아내려 했다. 그는 모든 인간이 아담의 타락으로 말미암아 악하며 의지가 연약해졌지만 완전히 타락한 것은 아니라고 가르쳤다. 구원 과정에서 인간의 자유의지는 부분적으로 하나님의 은혜와 협력할 수 있다. 그는 어거스틴이 가르친 예정론과 불가항력적인 은혜라는 교리가 윤리적인 무책임으로 이어질 것을 염려했다. 529년에 개최된 오랑주 종교회의(Synod of Orange)는 온건한 어거스틴의 견해를 지지하고 요한

---

11) Bettenson, *Documents*, pp. 51-54; Kidd, *History of the Church*, 2:235-36, 256-47.

12) Bettenson, *Documents*, pp. 76-83.

카시아누스의 견해를 정죄했다.[13]

그러나 펠라기우스와 어거스틴에 의해 제기된 문제는 교회 내에서 계속 문제가 되어왔다. 20세기의 자유주의 사상은 인간이 신적 의지와 협력하여 자신의 노력으로 구원받을 수 있다는 펠라기우스 사상의 부활에 불과하다. 문제는 기독교가 종교인가, 도덕인가; 인간의 자유의지인가, 하나님의 은혜인가; 문화에 의한 발달인가, 발달을 가능하게 하는 회심에 의한 발달인가; 인간의 이성적 능력의 문제인가, 하나님의 계시 문제인가 등과 관련된 것이다. 교회는 펠라기우스나 카시아누스의 견해보다 어거스틴의 견해를 선호해왔다. 그러나 이 점에 관한 중세교회의 견해는 카시아누스를 추종하는 반(半)펠라기우스주의자들의 견해와 유사한 것이었다.

451년에 대부분 주요 논쟁이 종식되었으나, 그것들은 교회에 분명한 영향을 미쳤다. 교회의 일치가 보존되었지만, 초대교회의 특징이었던 정신적 자유가 상실되었다. 이제 기독교인들은 주요 교리 문제에 관하여 성경을 해석하는 기준이 되는 의미와 관련된 권위 있는 진술들을 소유하게 되었다. 그러나 고려해야 할 불이익도 있었다. 신학적인 면을 강조함으로 말미암아 사람들이 신앙적으로는 정통이지만 그 신앙에 포함된 윤리적 기준에 맞추어 살지 못할 수 있다는 위험이 생겨났다. 신조와 행위는 병행해야 한다. 또 많은 기독교인은 교회가 순수한 신앙을 보존하기 위해서 폭력과 박해라도 의지해야 한다고 생각했다고 한다. 공의회에서 제기되는 다른 관점들을 중재하는 자로 활동한 황제는 종교적인 문제에 국가적 권력을 발휘하며 종교와 국가의 분리 상태를 종식할 수 있었다. 그러나 우리는 교회가 성경에 충실한 교리를 받아들이게 하려고 자신의 직위뿐만 아니라 목숨도 아끼지 않았던 사람들에게 감사해야 한다. 그리고 이 모든 일 안에서 보여주신 하나님의 섭리

---

13) Ibid., pp. 61-62; Kidd, *History of the Church*, 2:334-37.

적 인도하심을 찬양해야 한다.

참고문헌

Arpee, Leon. *A History of Armenian Christianity*. New York: Armenian Missionary Association of America, 1946.

Atiya Aziz S. *A History of Eastern Christianity*. London: Methuen, 1968.

Baker, George P. *Constantine the Great and the Christian Revolution*. London: Nash & Grayson, 1931.

Evans, Robert F. *Pelagius*. New York: Seabury, 1968.

Ferguson, John. *Pelagius*. Cambridge: Heffer, 1956.

Frend, W. H. C. *The Rise of the Monophysite Movement*. Cambridge: Cambridge University Press, 1972.

Jedin, Hubert. *Ecumenical Councils of the Catholic Church*. Translated by Ernest Graf. New York: Herder and Herder, 1960.

Kelly, J. N. D. *Early Christian Doctrine*. 2d ed. New York: Harper, 1960.

Landon, Edward H. *A Manual of Church History*, 2 vols. Rev. ed. Chicago: Amercan Baptist Publication Society, 1931-33.

Schaff, Philip. *Creeds of Christendom*. 3 vols. 6th ed. New York: Scribner, 1890.

Sellers, R. V. *The Council of Chalcedon*. London: SPCK,, 1953.

Wand, John W. C. *The Four Great Heresies*. London: Mowbray, 1955.

제13장
교부들의 황금시대

니케아 공의회 이전에 활동한 교부들은 사도 교부들이거나 변증가들이거나 논쟁가이거나 상관없이 모두 니케아 이전의 교부들이라고 알려져 있다. 니케아 공의회(325) 때부터 칼케돈 공의회(451)가 개최되기 전까지 몇 명의 교부들이 위대한 일을 했다. 그들은 자신이 주장하는 신학적 의미를 전개하기 위해 더욱 더 과학적으로 성경을 연구하려 했다. 어거스틴의 저서의 비중 및 그 시대의 교회에 미친 영향력을 고려해볼 때 이 교부 중에서 가장 위대한 인물은 어거스틴이다.

1. 니케아 공의회 이후의 동방교부들

동방교회 교부들은 알렉산드리아 학파와 안디옥 학파에 속해 있었다. 크리소스톰(Chrysostom)과 몹수에스티아의 테오도르(Theodore)는 안디옥 학파 또는 시리아 학파에 속해 있었으며, 성경을 기록한 사람들이 의도했던 의미를 찾기 위해서 성경을 문법적이고 역사적으로 연구하는 것을 강조했다. 그들은 알렉산드리아 학파 사람들이 따른 풍유적 경향을 피했다. 알렉산드리아 학파는 오리겐의 모범을 따랐다.

1) 크리소스톰 (Chrysostom, 347?-407): 성경 해석자, 웅변가

"황금의 입"이고 불릴 만큼 유창하게 연설했기 때문에 죽은 후에 크리소스톰이라고 불린 요한은 347년경에 안디옥의 부유한 귀족 가문에서 태어났다.

그의 어머니 안투사(Anthusa)는 어거스틴의 모친 모니카를 연상하게 한다. 그녀는 20세 때 과부가 되었는데, 아들의 교육에 전념하기 위해 재혼을 거부했다. 크리소스톰은 줄리안 황제의 친구인 소피스트 리바니우스(Libanius)의 제자였다. 리바니우스는 요한에게 그리스 고전과 수사학을 가르쳤는데, 이것이 그의 탁월한 연설 능력의 기초가 되었다. 요한은 얼마 동안 법률가로 일했지만, 368년에 세례를 받은 후 수도사가 되었다. 374년에 어머니가 사망한 후 그는 380년까지 엄격한 금욕생활을 했다. 이 기간에 그는 안디옥 근처의 산속 동굴에서 살았다. 그러나 건강이 좋지 않았기 때문에 엄격한 금욕생활을 포기했다. 그는 386년에 감독으로 임명되어 398년까지 안디옥에서 일련의 훌륭한 설교를 했다. 398년에 그는 콘스탄티노플 총대주교가 되었다. 그는 그 직위를 유지하다가 황후 유독시아(Eudoxia)가 화려한 옷을 입는 것과 소피아 성당 근처에 은으로 만든 동상을 세워놓은 것을 비난했기 때문에 404년에 추방되었고, 407년에 유배지에서 사망했다.

크리소스톰의 순결하고 검소한 생활은 콘스탄티노플의 부유한 고위직 교구민들에게는 질책이 되었다. 엄격하게 단순한 생활을 주장했고 신비주의적 경향을 띠었던 그가 항상 요령 있게 행동한 것은 아니다. 그러나 그는 예의 바르고 다정하고 친절한 성품을 지니고 있었다. 그는 영적으로나 도덕적으로는 거인이었지만, 그의 체구는 왜소했다. 그는 여위었지만 쾌활한 얼굴, 주름진 이마, 벗어진 머리, 꿰뚫어 보는 듯한 맑은 눈은 그의 설교를 듣는 사람들에게 영속적인 감명을 주었다.

타르수스(Tarsus)의 디오도루스(Diodorus) 문하에서 몇 년 동안 공부한 것이 성경해석자로서의 그의 능력과 어느 정도 관련이 있는 듯하다. 640년경에 행한 그의 설교들이 지금까지 남아 있는데, 인쇄된 그의 설교문을 읽어보면 그의 웅변 능력을 어느 정도 감지할 수 있다. 그의 설교는 대부분 바울서신에 대한 주석이다. 그는 히브리어를 알지 못했기 때문에 구약성경을 비평적으로 조사하지 못했지만, 문맥의 중요성을 염두에 두고 있었고 성경 기자가 의도한 문자적 의미를 찾아 그 시대 사람들의 문제에 적용하려 했다. 그는 대단한 도덕적 열심을 가지고 복음서를 실질적으로 적용했다. 그는 도덕과 종교는 서로 떨어질 수 없으며 십자가와 윤리학이 병행해야 한다고 가르쳤다. 그가 동방교회 최고의 웅변적 설교자였으며 지금도 그렇게 칭송되고 있음은 당연한 일이다.[1]

또 다른 유명한 교부는 몹수에스티아의 테오도르이다. 그도 타르수스의 디오도루스 문하에서 약 10년 동안 성경을 공부했다. 이렇게 훌륭한 교육을 받을 수 있었던 것은 그가 부유한 가정에서 태어났기 때문이었다. 그는 383년에 안디옥에서 장로로 임명되었고, 392년에는 길리기아 지방의 몹수에스티아의 감독이 되었다.

테오도르는 "고대 성경 해석자들의 왕자"라고 불린다. 그는 풍유적 성경해석에 반대했고, 성경 기자가 의도한 의미를 발견하기 위해서는 본문의 문법과 역사적 배경을 철저히 이해해야 한다고 주장했다. 또 그는 본문을 그 전후의 문맥이나 다소 멀리 떨어져 있는 문맥 안에서 세심하게 고찰했다. 이런 식의 연구 방법 때문에 그는 유능한 성경 주석자요 신학자가 될 수 있었다. 그는 골로새서와 데살로니가 전·후서에 관한 주석을 저술했다. 테오도르와 크리소스톰은 그 시대의 성경해석에 건전한 영향을 주었다. 그들의 저서는 풍유적 해석 방법을 사용한 데서 생겨난 부자연스러운 해석과 대조를 이루었다.

2) 테오도르(Theodore, 350?-428): **성경 해석자**

---

[1] Beresford J. Kidd, *Documents Illustrative of the History of the Church*, 3 vols. (London: SPCK,, 1920-1941), 2:102ff., and in vols. 10 to 14 of Philip Schaff, *A Select Library of the Nicene and Post-Nicene Fathers of the Christian Church*, 1st series (New York: Christian Literature, 1889..

3) 유세비우스(Eusebius, 265?-339?): 교회사가

널리 연구되고 있는 교부 중 한 사람은 카이사레아의 유세비우스이다. 헤로도투스가 "역사의 아버지"라고 불릴 자격이 있듯이, 유세비우스는 "교회사의 아버지"라고 불릴 자격이 있다. 그는 카이사레아에서 팜필루스(Pamphilus)에게 교육을 받은 후 팜필루스가 그 도시에 도서관을 세우는 일을 도왔다. 유세비우스는 근면한 학생이었고, 자신의 연구에 도움이 된다고 생각되는 책은 모두 읽었다. 그는 세속 문헌과 종교 문헌을 광범위하게 인용했다. 그가 인용하지 않았다면 남아 있지 않았을 그 시대의 많은 문헌이 그의 저술 덕분에 보존되어 있다.

유세비우스의 인품은 학문 탐구에 적합했다. 그는 온유하고 상냥했으며, 아리우스주의 때문에 발생한 언쟁을 좋아하지 않았다. 그는 니케아 공의회에서 콘스탄티누스 대제의 오른쪽에 앉는 영광을 누렸고, 콘스탄티누스 대제처럼 아타나시우스파와 아리우스파가 타협하기를 바랐다. 니케아 공의회는 유세비우스가 제안한 카이사레아 신조를 수정하여 받아들였다.

그의 가장 위대한 저서는 『교회사』(Ecclesiastical History)인데, 이것은 사도 시대부터 324년까지의 역사를 개관한 것이다. 그의 목적은 오랜 갈등의 시대가 끝나고 번영의 시대가 시작되는 시점에서 교회가 과거에 겪은 시련에 대한 기록을 작성하는 데 있었다. 유세비우스가 카이사레아에 소장된 훌륭한 장서와 제국의 공문서를 접할 수 있었기 때문에 오늘날 이 저서는 특별히 귀중하다. 그는 자신이 이용할 수 있는 주요 자료 중에서 가장 훌륭하고 신빙성이 있는 것들을 정직하고 객관적으로 사용하려고 노력했다.[2] 그는 그 문서들을 비평적으로 사용했는데, 현대 역사가들이 그의 지식에 관한 참고문헌을 평가하는 데 있어서 행하는 과학적인 연구를 앞질러 행했다. 유세비우스의 저서가 1~3세기 교회사에 관한 지식을 얻을 수 있는 가장 훌륭한 문헌임

---

2) Eusebius, *Ecclesiastical History*, 1:1.

이 분명하다. 그러나 학자들은 그가 참고문헌에 각주를 마련하지 않은 것을 유감으로 여긴다. 때때로 그의 저서는 원인과 결과에 따른 질서정연한 견해가 없는 사실들과 인용문들의 집록에 불과하다. 이러한 단점들 및 단조롭고 산만하며 일관성이 없다는 점에도 불구하고, 교회의 입장에서 볼 때 그의 저서는 역사적으로 말할 수 없이 큰 가치를 지닌다.

유세비우스는 『연대기』(Chronicle)를 저술했는데, 그것은 아브라함 시대에서부터 323년까지의 역사서이다. 『연대기』의 일부를 이루고 있는 "연대기적 규범들"은 중세사를 위한 전통적인 연대기의 틀을 제공했다. 역시 그의 저서인 『콘스탄티누스의 생애』(Life of Constantine)는 『교회사』의 부록으로 저술된 것으로서 콘스탄티누스 대제를 찬양하는 경향이 있지만, 교회와 관련된 콘스탄틴의 행위에 관한 정보를 얻을 수 있는 훌륭한 전거이다. 그는 콘스탄티누스 대제를 찬양하는 전기도 저술했다.

유세비우스의 역사적 작업을 두 명의 후계자가 계속했지만, 그들은 유세비우스가 정한 표준에 이르지 못했다. 그러나 평신도인 이 두 사람, 즉 소크라테스(Socrates)와 소조멘(Sozomen)은 법학을 공부한 사람들로서 자기를 대적하는 사람을 대하는 데도 편협함이 없었다. 소크라테스는 유세비우스가 시작한 과업을 완수하려는 시도로 저술한 저서에 305년부터 439년까지의 기독교에 대한 이야기를 수록했다. 소조멘은 소크라테스보다 더 쉽게 사람들을 믿었고, 종종 소크라테스의 글을 표절하기도 했다. 그도 금욕주의를 옹호하려다가 종종 곁길로 벗어나기도 했다. 그의 저서는 323년부터 425년까지를 다룬다. 유세비우스와 이 두 사람은 고대교회의 역사를 위한 가장 훌륭한 인물들이다.

2. 니케아 공의회 이후의 서방교부들

이 시대의 서방교회 교부들은 동방교회 교부들과는 다른 분야에서 탁월했다. 성경과 이교 철학자들의 저술을 번역한 것, 그리고 신학 논문들을 저술한 것이 그들의 주요 업적이다. 그리스인들의 사변적인 관심과는 대조적으로 라틴 사람들의 실질적인 관심이 제롬, 암브로스, 어거스틴 등의 업적에 나타난다.

1) 제롬(Jerome, 347?-420): 주석가요 번역가

베네치아 태생인 제롬은 360년에 세례를 받았고, 여러 해 동안 로마 및 골 지방의 여러 도시에서 공부했다. 그다음 10년 동안 안디옥을 방문했고, 히브리어를 공부하면서 수도생활을 했다. 그는 382년에 로마의 감독 다마수스(Damasus)의 비서가 되었다. 다마수스는 제롬에게 성경을 새로 번역하면 유익할 것이라고 제안했다.[3] 386년에 제롬은 팔레스타인으로 갔다. 그는 파울라(Paula)라는 부유한 로마 여인에게 히브리어를 가르친 적이 있었는데, 그 여인의 후원을 받아 베들레헴의 수도적 은거지에서 살았다. 그는 거의 35년 동안 은거 생활을 했다.

제롬의 가장 큰 업적은 불가타(Vulgate)라고 알려진 라틴어 성경이다. 391년 이전에 그는 라틴어 신약성경의 개정판을 완성했고, 이어 구약성경을 히브리어에서 라틴어로 번역하는 작업에 착수하여 404년이나 405년경에 마쳤다. 제롬이 번역한 성경은 서방교회에서 널리 사용되었으며, 트리엔트 공의회 이후 최근에 이르기까지 가톨릭교회의 유일한 공식 성경이었다.

또 제롬은 유능한 성경 주석가로서 그의 주석은 오늘날에도 유익을 주고 있다. 고전 학문에 대한 그의 사랑과 지식이 성경을 해석하는 데 도움이 되었다. 그러나 그는 말년에 고전 학문을 거부했다. 그는 고대 전기 작가들을 모방하여 『명인전』(De Viris Illustribus)을 저술했다. 이 책은 사도 시대부터 제롬의 시대까지의 주요 기독교 저술가들과 그들의 저술에 대해 전기적이고 서지학(書誌學)적으로 간략하게 묘사한다. 금욕생활을 향한 사랑이 그로 하여

---

3) Kidd, *History of the Church*, 2:176-77.

서재의 제롬. 제롬은 불가타 성경을 번역했다.
사진은 이탈리아 피렌체에 있는 오니산티 예배당 벽화이다.

금 글로써 금욕생활을 옹호하게 했다. 중세 시대에 서방에서 금욕생활이 유행하게 된 데에는 이 주제에 관한 제롬의 저술 영향이 크다.

암브로스는 교회 행정, 설교, 신학 등의 분야에서 능력을 발휘했다. 그의 부친은 골 지방의 행정장관이었다. 로마의 상류사회에 속했던 그의 부모는 그를 정치가로 만들기 위해 법학을 공부하게 했다. 그는 곧 밀라노 근처에 있는 속주의 총독이 되었다. 374년에 밀라노의 감독이 사망하자 사람들은 만장일치로 암브로스가 감독이 되어 주기를 원했다. 이것을 하나님의 소명이라고 여긴 그는 관직을 포기하고 가진 돈을 가난한 사람들에게 나누어주고 감독이 되었고, 성경과 신학을 공부하기 시작했다.

2) 암브로스(Ambros, 340?-397): 관리자요 설교자

암브로스는 교회 일을 두려움 없이 유능하게 처리하는 관리임을 증명했다. 그는 아리우스파를 비난했는데, 심지어 테오도시우스 황제도 주저함 없이 대적했다. 390년에 테오도시우스 황제는 총독을 살해한 데살로니카 주민들을 학살할 것을 명령했다. 황제가 성찬을 받으려고 교회에 왔을 때 암브로스는 황제에게 그 일을 공개적으로 회개하지 않으면 성찬을 주지 않겠다고 말했다.[4] 암브로스는 국가와 통치자들이 교회를 존중하여 영적 영역에서 교회의 권리를 침해하지 못하게 하려 했다.

밀라노의 감독 암브로스.
그는 신학자요 능력있는 설교자요 유능한 행정가였고, 회중 찬송을 도입했다.

암브로스의 성경 해석은 풍유적 방법을 사용했기 때문에 결점이 있지만, 그는 유능한 설교자였다. 밀라노의 성당에서 행한 그의 설교는 어거스틴으로 하여금 기독교를 알게 하여 그를 구원하는 계기가 되었다. 그는 회중의 찬송과 교송 성가집을 서방교회에 도입했다. 또 감독에 임명되기 전에는 신학을 공부한 적이 없었지만 유능한 신학자가 되었다.

3) 어거스틴(Augustine, 354?-430): 철학자요 신학자

제롬과 암브로스가 중세 교회로부터 박사라는 칭호를 받았지만, 어거스틴의 명성에 비교해보면 그들의 명성은 보잘것없는 것이었다. 개신교와 가톨

---

4) Ibid., 2:146-47.

릭교회는 어거스틴이 기독교의 큰 뜻에 기여한 공적을 찬양한다. 그는 유능한 논쟁가요 훌륭한 설교자요 행정가요 탁월한 신학자요 오늘날도 본질에서 유효한 역사신학의 창시자이다. 어거스틴은 고전 문명이 야만족에 의해 몰락할 운명에 처한 듯이 보이던 시대, 다시 말해서 고전 세계와 중세 시대 사이에 있었다. 그는 옛 고전 문명이 사라지고 있으므로 사람들은 영적인 문명, 즉 "하나님의 도성"을 기대해야 한다고 말했다.

　어거스틴은 354년에 북아프리카의 타가스테에서 로마 관리의 가정에서 태어났다. 그의 모친 모니카는 그를 기독교로 개종시키기 위해 기도했다. 그는 그 지방 학교에서 초등교육을 받았는데, 매를 맞으면서 라틴어를 배웠고, 헬라어를 몹시 싫어했기 때문에 결국 그 언어를 능숙하게 사용할 수 있을 정도로 배우지 못했다. 그는 근처의 마다우라에 있는 학교에 다니다가 수사학을 배우기 위해 그곳을 떠나 카르타고로 갔다.

　가정의 속박에서 벗어난 어거스틴은 그 시대의 많은 학생처럼 행동했으며, 결국 방탕한 생활에 빠져 내연의 처와 불법적으로 결합하게 되었다. 372년에 이 불륜 관계에서 아들 아데오다투스(Adeodatus)가 태어났다. 373년에 어거스틴은 진리를 찾으려고 마니교의 가르침을 받아들였지만 그것으로는 부족하다는 것을 깨달았다. 그는 키케로의 『호르텐시우스』(Hortensius) 및 신플라톤주의의 가르침을 읽고 철학을 의지하게 되었다. 384년에 밀라노로 가기 전까지 그는 고향 카르타고와 로마에서 수사학을 가르쳤다.

　386년에 회심의 순간이 임했다. 어느 날 정원에서 자신의 영적 욕구에 대해 묵상하던 중 옆집에서 들려오는 "들고 읽으라"라는 소리를 들었다. 성경을 펴니 로마서 13장 13~14절이었다. 그 구절을 읽는 순간 이제까지 마니교와 신플라톤주의에서 발견하지 못했던 빛이 그의 영혼을 비추어주었다. 그는 내연의 처와 헤어지고 수사학 교수직도 포기했다. 오랫동안 그의 회심을 위해 기도해온 그의 모친은 그가 세례받은 직후에 세상을 떠났다. 그는 카르타고로 돌아와 391년에 사제로 임명되었고, 396년에 힙포의 감독에 임명되었다. 그때부터 430년에 사망할 때까지 그는 감독직을 수행하면서 연구와 저술에 전념했다. 그는 가장 위대한 교부로 칭송되고 있다.[5] 그는 500권 이상의 저서와 200통의 서신을 남겼다.

어거스틴의 저서 중에서 가장 잘 알려진 것은 『고백록』(Confessions)일 것이다. 이것은 역사적으로 가장 위대한 자서전적 저술로서 401년에 완성되었다. 어거스틴의 주요 저서들이 그렇듯이 이 책도 어거스틴 또는 교회가 위기에 직면했을 때 저술되었다. 그는 이 저서에서 자기 영혼의 상태를 적나라하게 표현했다. 제1권부터 제7권에서는 회심하기 전의 삶을 묘사한다. 제8권에서는 그의 회심을 둘러싼 사건들을 묘사한다. 제9권과 제10권에서는 어머니의 죽음, 그가 북아프리카로 돌아간 일 등 회심 이후의 사건을 기술한다. 제11권부터 제13권까지는 창세기 첫 부분에 대한 주석인데, 여기서 어거스틴은 종종 풍유를 사용했다.

어거스틴이 죄인인 자기에게 주신 하나님의 은혜를 찬양하기 위해 저술한 이 책을 읽으면서 모든 세대의 기독교인들이 영적인 복을 발견해왔다. 이 책의 첫 부분에는 "주님께서는 주님 자신을 위하여 우리를 지으셨습니다. 우리 마음은 주님 안에서 쉬지 않는 한 불안합니다"라는 자주 인용되는 구절이 있다. 그의 정욕적이고 부도덕한 삶이 드러낸 악의 세력과 죄의식이 그에게 "나에게 정숙함과 절제를 주십시오"라고 외치게 했다. 이 욕구는 그가 하나님의 은혜를 경험함으로써 충족되었다.[6]

어거스틴은 임종 직전에 또 하나의 자서전적인 저서 『철회』(Retractationes)

---

5) 어거스틴의 『고백록』 제1권-제10권. 이 부분은 그의 회심 직후의 삶에 대한 기록이다. 회심에 관해서는 제8권 제12장 29항에 수록되어 있다.

6) Ibid., 8.7.17.

를 저술했다. 그는 여기에서 자신의 저서들을 연대순으로 논하면서 세월이 흐르는 동안 자신의 정신이 어떻게 변했는지 지적했다. 특히 자신이 초기에 이교 철학에 관여했던 일을 후회했다. 왜냐하면, 그것은 기독교처럼 인간을 진리로 인도할 수 없기 때문이었다.[7] 이것은 그의 지적 자서전이다.

어거스틴은 대화 형식의 철학적인 글을 저술했다. 『아카데미아파 논박』 (Contra Acedemicos)은 이러한 저술 중에서 가장 흥미로운 책이다. 그는 이 책에서 인간이 철학적 연구를 통해서 개연성 있는 진리를 얻을 수 있지만 확실한 진리는 성경의 계시에 의해서만 얻을 수 있음을 증명하려 했다.

『기독교 교리』(De Doctrina Christiana)는 그의 성경해석 책 중에서 가장 중요한 것이다. 그것은 성경해석학에 관한 견해를 다룬 소책자이다. 그는 이 책에서 신앙의 유비라는 원리를 개진했다. 그것은 성경의 어느 구절에서도 성경의 일반적 방침에 어긋나는 가르침을 개진해서는 안 된다는 의미이다. 이것을 망각한 많은 사람이 오류나 이단에 빠졌다. 그는 이 원리를 염구에 두고 구약성경과 신약성경에 관한 많은 주석을 저술했다.

어거스틴은 신학적 논문들도 저술했는데, 그중에서 『삼위일체론』(De Trinitate)이 가장 중요하다. 이 책의 제1권부터 제7권까지는 삼위일체론에 대한 성경적 해석이다.

『편람』(Enchiridon ad Laurentium)은 그의 신학적 견해가 담긴 소책자이다. 이 책과 『철회』는 독자들에게 어거스틴의 신학적 견해를 좁은 범위에서 보여줄 것이다. 그는 또 마니교, 도나투스파, 그리고 특히 펠라기우스파의 거짓 가르침으로부터 신앙을 옹호하기 위해 많은 논쟁적인 글을 썼다. 『이단』(De

---

[7] Meredith F. Eller, "The Retractationes of Saint Augustine," *Church History*, 32:172ff. (September 1949).

Haeresibus)은 이단들에 관한 역사서이다.

그는 몇 가지 실질적인 목회서와 많은 편지를 썼는데, 그중 200편 이상이 오늘날 남아 있다. 이 저서들과 서신들에서는 교회의 관리자나 목회자가 사역하면서 직면하는 많은 실질적인 문제를 다룬다.

그의 가장 위대한 변증서로서 그로 하여금 불후의 명성을 얻게 한 저서는 『하나님의 도성』(*De Civitate Dei*)이다. 어거스틴 자신도 이 책을 대작이라고 생각했다.[8] 410년 알라리크(Alaric)의 공격에 충격을 받은 로마인들은 이 재앙의 원인이 옛 로마의 종교를 버리고 기독교를 받아들인 데 있다고 비난

힙포의 감독 어거스틴. 자신의 영적 욕구를 묵상하던 중 "들고 일어라"라는 음성을 듣고 로마서 13장 13~14절을 펴서 읽고 삶이 변화되었다.

했다. 어거스틴은 친구 마르첼리누스(Marcellinus)의 요청을 받아 이 비난에 답변했다. 이 책의 제1권부터 제10권까지는 호교론적인 내용이다. 제1권부터 제5권까지 그는 로마의 번영이 옛 다신론 예배에 의존하는 것이 아님을 증명하려 했다. 왜냐하면, 로마인들은 기독교가 도입되기 전에도 여러 차례 재

---

8) Augustine, *Retracttaiones*, 2:43.

난을 당했기 때문이다. 그는 그들이 번영했던 것은 그들이 알지 못하고 있던 하나님의 섭리에 의한 것임을 증명하려 했다. 제6권부터 제10권에서 영원한 복을 받기 위해서 로마의 신들을 숭배할 필요가 없음을 증명했다. 세속 영역에서나 영적 영역에서나 그들이 누려온 세속적인 복을 주셨으며 앞으로도 주실 수 있는 분은 로마의 신들이나 그것들을 믿는 신자들이 아닌 기독교의 하나님이었다.

어거스틴의 역사철학, 초기의 진정한 역사철학이 이 책 11~22권에서 발견된다. 11~14권에서 두 도시의 기원에 대해 논한다. 이 책의 중심 사상이 제14권 제28장에서 개진된다. 최초의 도시인 하나님의 도시는 하나님을 향한 사랑 안에서 결합하여 하나님의 영광만 추구하는 인간들과 천상의 존재들로 구성된다. 세상의 도시는 자신만 사랑하여 자신의 영광과 행복만 추구하는 사람들로 구성된다. 이 두 도시를 구분하는 원리가 사랑이다. 어거스틴이 로마제국이나 로마교회를 염두에 두고 이 두 도시에 대해 저술한 것이 아니다. 그의 전망은 그보다 훨씬 더 우주적이며, 역사가 순환한다는 견해에 반대가 된다. 15~18권에서는 성경적이고 세속적인 역사를 통해서 두 도시의 성장과 발전을 추적했다. 나머지 부분에서는 두 도시의 운명을 다루었다. 심판 후에 하나님의 도시의 주민들은 영원한 복을 누리고, 세상 도시의 주민들은 영원한 벌을 받는다. 어거스틴은 유대인의 장래의 지위에 대해서는 고려하지 않았고, 교회의 현세대가 천년왕국이라고 믿었다. 그는 두 도시라는 이원론은 일시적이고 복제가 가능한 것이며 하나님의 행위로 종식될 것이라고 주장했다. 그 저서는 재미없고 지루하지만 면밀하게 연구하면서 읽으면 하나님의 계획과 목적을 잘 파악할 수 있다.

기독교적 역사 해석이 발달한 것은 이 위대한 기독교 학자의 공헌이라고 간주해야 한다. 그리스나 로마의 역사가들은 인류의 역사를 그처럼 우주적으로 파악하지 못했다. 어거스틴은 유한한 역사의 창조자이신 하나님의 주권을 강조함으로써 영적인 것을 세속적인 것보다 높였다. 하나님은 역사를 지배하시는 주이시며, 후일 철학자 헤겔이 가르친 것처럼 역사 안에 묶이시지 않는다. 역사는 순환하는 원이 아닌 선이다. 존재하는 모든 것이 하나님의 뜻과 행위의 결과이다. 하나님은 세상을 창조하시기 전에도 창조의 계획을 세우고 계셨다. 이 계획은 현세에서 두 도시의 싸움에서 부분적으로 실현될 것이며, 궁극적으로는 하나님의 초자연적 능력에 의해서 역사를 초월하여 실현될 것이다. 어거스틴의 역사관은 그 이전의 어떤 사람의 것보다 더 폭이 넓었다. 그는 모든 인간은 역사 안에 포함된다는 점에서 우주적이고 단일하다고 보았다. 헤로도투스는 페르시아 전쟁에 대해 저술하면서 그리스와 페르시아의 싸움에 관해서만 기술했다. 반면에 어거스틴은 인류의 결속을 강조했다. 더욱이 그는 발전이 주로 도덕적인 면과 영적인 면에서 이루어지며 악과의 싸움에 따른 결과인데, 그 싸움에서 인간은 하나님의 은혜를 자기 것으로 소유한다고 주장했다. 이 싸움의 절정에서 죄 때문에 싸우게 된 두 도시라는 일시적 이원론이 해소되고 마침내 하나님의 도시가 승리한다. 어거스틴은 이런 방식으로 세속 역사 안에서 인간의 문제에 대한 해결책을 발견함으로써 일시적이고 상대적인 역사의 장을 영원한 것으로 만들려 한 마르크스 등 여러 사람이 범한 오류를 피했다. 어거스틴이 볼 때, 역사의 목표는 역사를 초월하는 것으로서 영원하신 하나님의 수중에 있다. 이 고무적인 철학이 1천 년 이전 암흑의 500년 동안 교회를 지탱해주었다.

어거스틴이 원죄와 자죄(自罪)로부터의 구원이 택하신 백성을 불가항력적으로 구원하시는 하나님의 주관적인 은혜의 결과임을 강조했기 때문에, 개신교인들은 어거스틴을 종교개혁 사상의 선구자로 간주한다. 그러나 어거스틴이 인간이 구원받는 방법에 관한 논의에서 교회를 참된 신조와 성례와 사역을 갖춘 가시적인 기관이라고 강조했기 때문에 가톨릭교회는 그를 가톨릭교회의 교회중심주의의 시조로 간주한다. 어거스틴이 이것들을 강조한 것은 한편으로는 펠라기우스의 주장을, 다른 한편으로는 도나투스파의 주장을 물리치기 위한 것임을 기억해야 한다. 성경 일부분을 해석할 때 성경 전체의 취지를 고려해야 한다고 강조한 것은 교회 안에서 영속적인 원리가 되었다.

어거스틴은 이처럼 불후의 귀중한 업적을 남겼지만, 기독교 사상의 흐름에 몇 가지 오류를 들여왔다. 그는 연옥설 및 그에 동반되는 해악이 도입되는 데 도움을 주었다. 그가 두 가지 성례의 가치를 지나치게 강조한 데서 비롯된 논리적 결과로서 세례에 의한 중생과 성령의 은혜에 관한 교리가 생겨났다. 그는 성육신에서부터 그리스도가 세상을 정복하신 재림 사이의 시대를 천년왕국이라고 해석했는데, 여기에서 로마교회가 모든 사람을 그 울타리 안에 품을 보편교회라는 주장과 후천년설이 생겨났다.

어거스틴이 이처럼 잘못된 주장을 했다고 해서 기독교에 기여한 그의 중요성을 간과할 수 없다. 종교개혁자들은 죄의 속박을 받는 인간에게는 오직 믿음으로 말미암아 하나님의 은혜에 의해 받는 구원이 필요하다는 주장을 뒷받침하는 중요한 협력자가 어거스틴이라고 생각한다. 바울에서부터 루터에 이르는 시대에 어거스틴은 도덕적으로나 영적으로 가장 위대한 인물이었다.

참고문헌

Bathenhouse, W. ed., *A Companion to the Study of Saint Augustine*. Grand Rapids: Baker, 1979.

Bourke, Vernon J. *Augustine's Quest of Wisdom*. Milwaukee: Bruce, 1945.

Brown, Peter. *Augustine of Hippo*. Berkeley and Los Angeles: University of California Press, 1967.

Dudden, F. Homes. *The Life and Times of Saint Ambrose*. 2 vols. Oxford: Clarendon University Press, 1935.

Farrar, Frederick W. *Lives of the Fathers*. 2 vols. New York: Macmillan, 1889.

Kelly, J. N. D. *Jerome*. New York: Harper and Row, 1975.

Leigh-Bennett, Ernest. *Handbook of the Early Christian Fathers*. London: Williams & Norgate, 1920.

Oates, Whitney J., ed. *Basic Writings of St. Augustine*. 2 vols. New York: Random, 1948.

Paredi, Angelo. *Saint Ambrose*. Notre Dame, Ind.: University of Notre Dame Press, 1964.

Van der Meer, Frederick. *Augustine the Bishop*. Translated by Brian Battershaw and G. R. Lamb. London: Sheed and Ward, 1961.

Wallace-Hadrill, David S. *Eusebius of Caesarea*. London: Mowbray, 1960.

제14장
수도원의 기독교

역사적으로 세속적이고 제도적인 시대의 사람들은 사회를 부인했으며, 방탕하고 멸망했다고 생각되는 사회를 떠나 관상과 금욕으로 개인적 거룩함을 획득하기 위해 홀로 은둔생활을 했다. 로마제국이 내부적으로 쇠퇴해가는 시기에 수도원운동은 많은 사람에게 강력하게 감명을 주었다. 그리하여 그들은 사회를 버리고 수도원을 택했다. 이 운동이 4세기에 시작된 이후 많은 평신도가 세상을 버리고 수도원으로 들어갔다. 6세기 말에는 수도원운동이 동방교회뿐만 아니라 서방교회에도 뿌리를 내렸다. 수도원운동에서 제2의 위대한 시기는 10~11세기의 수도원 개혁운동과 더불어 시작되었다. 탁발수도사들이 활발하게 활동한 13세기는 제3의 시대이다. 그리고 16세기에 반종교개혁으로 예수회가 등장한 것은 수도원운동이 교회에 깊이 영향을 미친 마지막 시대이다. 이 반문화적 운동은 지금도 가톨릭교회의 삶에서 중요한 위치를 차지한다.

1. 수도원운동 발생의 원인

고대교회 안에 수도원운동이 발생하는 데 영향을 미친 몇 가지 요인이 있다. 영과 육을 구분하여 육은 악하고 영은 선하다고 생각하는 이원론적인 견해(특히 동방교회의 특징적 견해이다)가 영지주의와 신플라톤주의를 통해서 기독교에 영향을 미쳤다. 세상을 떠나 은둔생활을 하는 것이 묵상과 금욕적 행동으로 육을 죽이고 영성생활을 발달시키는 데 도움이 된다고 생각되었다.

성경에 세상으로부터의 이탈이라는 사상을 뒷받침하는 것 같은 구절들이 있음을 기억해야 한다. 고린도전서 7장에서 바울이 독신생활을 옹호한 것이 그 예이다. 오리겐, 키프리안, 터툴리안, 제롬 등 고대교회 교부들은 그러한 구절의 올바른 해석으로서 독신생활을 강조했다.

특정 심리적 경향들이 수도생활을 향한 갈망을 강화했다. 위기의 시대에는 거센 현실을 떠나 은둔하려는 경향이 있다. 2세기 말과 3세기에 사회적 무질서 상태가 시작되었는데, 이 상태는 제국의 후대 역사에서 널리 퍼져 있었다. 많은 사람은 거친 현실과 도덕적인 오염을 피하고자 수도원에 들어갔다. 국가와 교회의 결합 때문에 순교의 가능성이 감소되었지만, 자신의 신앙의 보증으로 순교를 원하는 사람들은 금욕적인 수도원 관습 속에서 심리적 대체물을 발견했다. 수도원운동은 하나님과 구원에 대해 공식적인 공동예배보다 개인주의적인 접근 방식을 제공했다.

많은 사람이 수도생활을 받아들이기로 하는 데에는 역사도 작용했다. 교회 안에 밀려들어 온 야만인들 때문에 교회 안에 이교의 관습이 많이 도입되었는데, 청교도적인 사람들은 그것에 반발했다. 특히 로마 사회 상류층의 도덕적 타락을 목격한 사람들은 사회개혁에 대한 희망을 잃었다. 수도원운동은 점차 퇴폐해지는 시대에 반발하는 사람들의 도피처가 되었다. 그것은 그 시대 사회에 대한 생생한 비판이었다.

지리학도 수도원운동이 발생하는 데 작용한 요인이다. 수도원운동의 발상지인 이집트보다 더 기후가 좋지 않은 곳에서는 수도생활이 어려웠을 것이다. 나일 강 변 언덕에 있는 많은 동굴, 그리고 따뜻하고 건조한 기후는 수도사들을 사회로부터 분리하게 하는 매체가 되었다. 나일 강에 의해 제공되는 식량 자원 및 작은 동산들은 수도사들의 식량 확보를 쉽게 해주었다. 황폐하고 거친 사막 근처에 있는 것이 묵상생활에 자극이 되었다.

2. 수도원운동의 발달

수도원운동은 주로 네 단계를 거쳐서 서양 문명에 등장했다. 처음에는 많은 사람이 은수사 생활을 하기 위해 사회를 떠났다. 이 은수사들의 거룩함이 사람들의 마음을 끌었고, 그리하여 그들도 근처의 동굴에 자리를 잡고서 소위 산거(散居) 수도원(lavra)이라는 곳에서 그들의 지도를 기대했다. 아마 공동생활을 위한 회당이 건축되었을 것이다. 마지막 단계로 수도원 내에 조직적인 공동체가 등장했다. 이 과정의 출발점은 4세기 동방교회이며, 그곳에서 서방교회로 전파되었다.

1) 동방교회의 수도원운동

일반적으로 안토니(Anthony, 251?-356?)가 수도원운동의 창시자로 간주한다. 그는 20세 때에 재산을 팔아 가난한 사람들에게 나누어주고 외딴 동굴에서 묵상생활을 했다. 그의 거룩한 생활에 대한 소문이 퍼지면서 많은 사람이 그가 거주하는 곳에서 그리 멀지 않는 곳에 있는 동굴에서 생활했다. 그러나 그는 이 추종자들을 하나의 공동체로 조직하지 않았다. 그들은 각기 자기의 동굴에서 은수사로서 금욕생활을 실천했다.[1] 아타나시우스가 그의 전기를 저술했다.

은둔 수도사들 모두가 안토니와 그의 추종자들처럼 건전했던 것은 아니다. 주상 성자 시므온(Simeon Stylite, 390?-459)이라고 알려진 사람은 몇 달 동안 목만 내놓은 채 땅에 묻혀 지낸 후 높은 기둥에서 생활하여 거룩함을 성취하기로 했다. 그는 35년 이상을 안디옥 근처에서 높이가 180cm가 넘는 기둥 위에서 살았다. 또 어떤 사람은 들에서 짐승처럼 풀을 뜯어 먹고 살았다. 암모운(Ammoun)이라는 사람은 은수사가 된 후로 전혀 옷을 벗거나 목욕을 하지 않았기 때문에 거룩하다는 명성을 얻었다. 어떤 사람은 50년 동안 시내

---

1) Athanasius, *Life of Anthony in A Select Library of Nicene and Post-Nicene Fathers of the Christian Church* (New York: Christian Literature, 1892, 2d series), 4:195-221.

수도사 마카리우스가 모기 한 마리를 죽인 것을 회개하려고 6개월 동안 습지에서 벌레에 물리면서 생활한 모습을 묘사한 목판화

수도사들은 여인을 죄와 유혹의 근원으로 여겼다. 그림에서 수도사가 유혹을 물리치기 위해 오른 손 엄지 손가락과 남은 손가락을 불에 태우고 있다.

산 주변을 벌거벗고 돌아다녔다. 그러나 이들은 수도원운동의 광신적인 과격파에 불과하며, 서방보다는 주로 동방에서 발견된다.

공동체 형태 또는 사회적 형태의 수도원운동은 공주(公住) 수도원운동이라고 불리는데, 이집트에서 처음 출현했다. 파코미우스(Pachomius, 290?-346)는 은퇴한 군인으로서 12년 동안 은수사 생활을 한 후 320년경에 나일 강 동안(東岸)의 타벤니시(Tabennisi)에 최초의 수도원을 세웠다. 곧 이집트와 시리아에서 그의 직접적인 지도를 받는 수도사들이 수천 명에 이르게 되었다. 단순한 삶과 헌신과 순종이 그의 조직의 요지였다.[2]

카이사레아의 바실(Basil, 330?-379)은 공동체 형태의 수도원 조직을 보급하

---

2) Joseph Ayer, Jr., *A Source Book of Ancient Church History* (New York: Scribner, 1913), pp. 402-5; Sozomen, *Ecclesiastical History*, 3.14.

는 데 기여했다. 그는 아테네와 콘스탄티노플에서 교육을 받았고, 27세 때 세속 사회에서의 승진을 포기하고 금욕생활을 택했다. 그는 370년에 카파도키아(Cappadocia)의 감독이 되어 죽을 때까지 그 지위를 유지했다. 그는 자신의 지도를 받는 수도사들에게 일하고 기도하고 성경을 읽고 선을 행해야 한다고 주장함으로써 수도 정신을 공리적이고 사회적으로 표현했다. 그는 극단적인 금욕주의에 찬성하지 않았다. 오늘날 동유럽교회의 수도원운동은 그가 수도사들을 지도하기 위해 계발한 규칙의 혜택을 많이 입고 있다.[3] 점차 많은 사람이 수도원운동에 합류했으며, 유스티니아누스가 비잔틴제국의 황제로 등극했을 때에는 약 100개의 수도원이 있었다.

2) 서방교회의 수도원운동

서방교회의 수도원운동은 동방교회의 운동과 매우 다르다. 동방보다 추운 기후 때문에 겨울철에 대비하여 따뜻한 건물과 음식을 마련해야 했으므로 공동체조직이 더 절실하게 필요했다. 수도원운동도 더 실질적으로 표현되었다. 그리하여 나태함을 거부하고 순수한 금욕행위를 유감스럽게 여겼으며, 경건생활과 노동을 동시에 강조했다.

전통적으로 아타나시우스가 잠시 알렉산드리아에서 추방되었던 기간에 서방교회에 수도원운동을 도입했다고 간주한다. 팔레스타인을 여행하는 순례자들은 그곳이나 시리아에서 수도원운동을 접했고, 또 그 운동에 매료되었다. 투르의 마르틴, 제롬, 어거스틴, 암브로스 등이 수도원운동에 대한 호의적인 글을 썼고, 로마제국 내에 그것을 보급하는 데 도움을 주었다. 금욕주의에 대한 제롬의 글은 수도사들의 장서에서 성경과 베네딕트의 『규칙』(Rule) 다음으로 귀중하게 여겨졌다.

서방 수도원운동의 가장 위대한 지도자는 누르시아의 베네딕트(Benedict,

---

3) Ayer, *Source Book*, pp. 405-406.

480?~542?)이다. 로마의 악함에 충격을 받은 그는 500년경에 로마 동쪽 산악 지방의 동굴에서 은둔생활을 시작했다. 그는 529년경에 카시노 산(Monte Cassino)에 수도원을 세웠다. 이 수도원은 제2차 세계대전 때 폭격으로 파괴되었다. 곧 몇몇 수도원이 그의 통제 속에서 조직과 노동과 예배에 관한 그의 규율을 따르게

654년에 성 필리베르가 설립한 베네딕트 수도원 폐허(프랑스 쥐미에주)

되었다. 각각의 수도원은 자급자족하는 그리스도의 군사 수비대로 간주되었다. 일과를 정하여 독서, 예배, 노동 등에 전념하게 했다. 그가 작성한 규율은 수도사들이 육류 먹는 것을 금했으며 생선, 기름, 버터, 빵, 채소, 과일 등을 넉넉히 먹게 했다. 가난, 순결, 순종 등을 강조하는 이 규율은 중세 시대의 가장 중요한 규율 중 하나였다.[4] 이 규율은 7세기경에 영국, 독일, 그리고 프랑스에까지 전해졌고, 샤를마뉴 시대에는 거의 세계적인 것이 되었다. 1000년에는 그것이 서방교회의 표준 규율이 되었다.

---

4) Henry Bettenson, *Documents of the Christian Church* (New York: Oxford University Press, 2d ed., 1963), pp. 116-128.

교회사를 대충 공부하는 학생들은 수도사들의 업적을 염두에 두지 않거나 적대감을 품고서 수도사가 그 시대에 끼친 공헌, 지금까지도 현대 문명에 영향을 주고 있는 공헌을 참작하지 않곤 한다.

3. 수도원운동 평가

중세 시대의 지방 수도원은 훌륭한 영농 방법을 실증하는 현대의 실험농장의 역할을 했다. 수도사들은 삼림을 개간하고 늪지대를 간척하고 도로를 만들고 씨앗과 가축의 품종을 개량했다. 그리하여 인근의 농부들은 수도사들이 사용하는 훌륭한 농사기법을 사용했다.

수도원은 500년부터 1000년까지의 암흑시대에 학구 정신을 보존하는 데 도움을 주었다. 그 당시 야만족이 로마제국을 점령함에 따라 도시생활이 와해되어 있었다. 수도원학교에서는 배움을 원하는 인근 주민들에게 초등교육을 제공했다. 수도사들은 귀중한 사본들을 필사했고, 그리하여 그것들이 후대를 위해 보존되었다. 6세기 중반에 동고트족 정부의 고위 관리인 카시오도루스(Cassiodorus, 478-573)가 관직에서 물러나 교부들의 문헌과 고전 문헌을 수집하고 번역하고 필사하는 일에 전념했다. 그는 이 일을 할 때 자신이 세운 수도원 수도사들의 도움을 받았다. 라틴어로 기록된 복음서 사본인 『켈즈복음서』(The Book of Kells)는 7세기경 아일랜드의 수도사들이 작성한 것으로서 수도사들의 업적을 보여주는 본보기이다. 비드(Bede), 아인하르트(Einhard), 매튜 패리스(Matthew Paris) 등의 수도사들이 역사적 기록을 저술했는데, 그것들은 그 시대 역사에 관한 정보를 제공하는 중요한 자료이다.

중세 시대에는 특히 잉글랜드 출신의 수도사들이 선교사로 활동했다. 그들은 새 수도원들을 세우기 위해 담대한 십자가의 군사로서 전진했고, 그 수도원들을 중심으로 모든 종족을 기독교로 개종시켰다. 아일랜드 출신의 콜룸바는 스코트족에게 전도했고, 그의 추종자인 아이단(Aidan)은 잉글랜드 북부의 사람들을 개종시켰다. 안타깝게도 그들의 선교 사역은 대규모 회심이라는 방법을 사용했다는 흠이 있다. 만일 통치자가 기독교를 받아들이면, 그 백성들은 기독교가 자기들의 삶에 어떤 의미를 지니는지 제대로 이해하지 못해도 세례를 받아들였다.

수도원은 사회에서 버림받고 도움이 필요한 사람들에게 피난처를 제공했다. 환대가 필요한 사람들은 수도원 안에서 사랑의 돌봄을 발견했다. 피곤하고 지친 나그네는 수도원의 접대소에서 먹고 잘 수 있었다. 세속 사회에서 지친 사람은 수도원 안에서 삶의 염려를 피할 수 있는 피난처를 발견했다. 그레고리 8세처럼 중세 시대 교회의 위대한 지도자 중 일부는 수도원 출신이었다.

중세 시대 초기의 수도원운동을 평가할 때 고려해야 할 단점도 있다. 제국의 훌륭한 남녀들이 많이 수도원에 들어갔는데, 이것은 훌륭한 지도자가 절실히 필요한 세상으로서는 안타까운 일이었다. 더욱이 독신주의로 말미암아 이 유능한 사람들은 결혼하지 않고 자녀를 낳아 양육하지도 못했다. 수도사들을 위한 도덕적 표준이 일반인을 위한 도덕적 표준으로 이어졌다.

흔히 수도원운동이 영적 교만을 방조하여 수도사들이 자기 영혼을 위해 수행한 금욕 행위를 자랑하기도 했다. 수도원이 부유해지면서 게으름과 탐욕과 탐식이 수도원에 스며들었다.

수도원운동은 교회 안에서 성직정치적이고 중앙집권적인 조직이 급속하게 발달하는 데 도움이 되었다. 이는 수도사들은 수도원장에게 순종해야 하고, 수도원장은 교황에게 충성해야 했기 때문이다. 수도사들이 중세 시대의 삶에 끼친 공적을 찬양하면서도 이러한 경향에 대해서는 개탄하지 않을 수 없다.

참고문헌

Hannah, Ian. *Christian Monasticism*. New York: Macmillan, 1925.

La Carriere, Jacques. *Men Possessed of God*. Translated by Roy Monkcom, Garden City. N.Y: Doubleday, 1964.

Zarnecki, George. *The Monastic Achievement*. New York: Mcgraw, 1972.

제15장
성직 정치와 전례의 발달

313년부터 590년까지 모든 주교가 동등한 지위를 누린 옛 공교회는 사라지고, 로마의 주교가 다른 주교들보다 우위를 차지하는 로마가톨릭교회가 등장했다. 교회의 의식도 훨씬 더 정교해졌다. 로마가톨릭교회는 그 조직과 교회법에서 로마제국을 연상하게 한다.

1. 로마 주교의 지배

초대교회 시대에 로마의 주교는 지위와 권세와 기능에 있어서 동등한 많은 주교들 중 하나로 간주되었다. 313년부터 450년까지 로마의 주교는 동등한 여러 주교들 중 으뜸으로 인정되었다. 그러나 440년에 레오 1세가 주교직에 오르면서 로마의 주교는 자신이 다른 주교들보다 우월하다고 주장하기 시작했다. 능률과 조종을 위한 필요성 때문에 자연히 권력이 집중화되었다. 로마의 주교는 정통 교리의 보증인으로도 간주하였다. 게다가 이 시대에 활동한 로마 주교 중 몇은 자기의 권력을 증대하기 위해서 기회를 놓치지 않는 강력한 사람들이었다.[1]

이 시대에 발생한 역사적 사건들이 로마 주교의 권세를 강화하는 데 기여했다. 로마는 500년 동안 로마 세계의 전통적 권위의 중심지였고 서방에서

---

1) 로마 주교의 지위가 높아진 이유에 대해 자세히 알려면 제10장을 보라.

가장 큰 도시였다. 330년에 콘스탄티누스 대제가 제국의 수도를 콘스탄티노플로 옮긴 후 정치의 중심이 콘스탄티노플로 옮겨졌다. 그로 말미암아 여러 중요한 시기에 로마의 주교는 로마에서 유일하게 가장 강력한 인물이 되었고, 로마 시민들은 위기에 직면할 때마다 로마의 주교를 영적 지도자로서, 그리고 세속 지도자로서 의지하게 되었다. 410년에 알라리크(Alaric)가 이끄는 서고트족이 로마를 포위했을 때 로마 사람들은 로마의 주교를 의지했으며, 그의 현명한 외교 정책 덕분에 로마가 불바다가 되는 것을 막을 수 있었다. 황제는 콘스탄티노플에 머물렀기 때문에 로마 및 로마의 문제로부터 멀리 있었지만, 로마의 주교는 로마 가까이에 있었기 때문에 영적 위기뿐만 아니라 정치적인 위기에 직면했을 때 효과적으로 권위를 행사할 수 있었다. 476년 이후 제국의 왕좌가 야만족의 수중에 들어갔고, 이탈리아의 여러 도시가 세속 권력의 중심지가 되었을 때 이탈리아 백성들은 로마의 주교를 영적, 정치적 지도자로 의지했다. 바울과 베드로 같은 유력한 사도들의 죽음은 로마와 연결되어 있다.

마태복음 16장 16~18절, 누가복음 22장 31~32절, 요한복음 21장 15~17절 등에 기초를 둔 베드로 계승이론(Petrine Theory)이 590년에 전반적으로 받아들여졌다. 이 이론에 의하면 베드로에게 동료 사도들보다 우월한 "교회의 장자권"이 주어졌으며, 그의 탁월한 지위는 그에게서 그의 후계자인 로마의 주교들에게 계승되었다. 250년에 스테픈이 이 성경 구절들을 사용했었다.

키프리안, 터툴리안, 어거스틴 등 위대한 신학자들은 로마 주교의 지도 아래 있는 서방교회의 명사들이었다. 로마 주교의 지배권은 동방교회를 분열시킨 이단 논쟁—예를 들면 아리우스 논쟁—을 겪지 않았다. 로마의 주교는 종교회의를 소집하여 후일 정통 주장으로 결정된 이론을 분명하게 전개할 수 있었다.

590년쯤에 다섯 명의 중요한 주교들—예루살렘 주교, 안디옥 주교, 알렉산드리아 주교, 콘스탄티노플 주교, 그리고 로마 주교—중에서 콘스탄티노플과 로마의 주교만이 세계적으로 중요한 지위를 차지했다. 예루살렘의 주교는 2세기에 유대인들이 로마에 대항하여 반란을 일으킨 후 세력을 잃었다. 알렉산드리아와 안디옥은 7세기에 무슬림에게 유린된 후 급속히 중요성을 상실했다. 590년에는 로마의 감독과 콘스탄티노플의 감독이 가장 탁월한 종교 지도자로 남았다.

381년에 개최된 콘스탄티노플 공의회는 로마 교황청의 지상권을 인정했다. 콘스탄티노플 공의회의 세 번째 규정에 따라 콘스탄티노플 대주교에게 "로마의 주교 다음의 지상권"이 주어졌다.[2] 이것은 실질적으로 교회의 주도적 성직자 집단에 의해 로마 주교의 지상권이 인정된 사건이다. 발렌티니아누스 3세는 A.D. 445년의 칙령에서 영적인 영역에서 로마 주교의 지상권을 인정했다. 로마의 주교가 제정하는 법이 "만민을 위한 법"이 될 수 있었다.[3] 그리하여 4~5세기의 종교 당국과 세속 당국은 로마 주교가 교회 안에서 지상권을 소유한다는 주장을 인정했다.

로마에 충성하는 수도사들의 효과적인 선교 사역도 로마 주교의 권위를 강화해주었다. 프랑크족의 지도자 클로비스(Clovis)는 로마 주교의 권위를 지지했다. 그레고리 1세는 어거스틴(힙포의 어거스틴과 다른 인물)을 영국에 보냈는데, 이 수도사 및 그의 후임자들의 수고 덕분에 브리튼이 로마의 통제를 받게 되었다. 선교 수도사들은 어디에 가든지 개종자들에게 로마 주교에게 충성해야 한다고 주장했다.

특히 이 시기에 로마교회에는 유능한 주교들이 많았는데, 이들은 자기

---

2) Henry Bettenson, *Documents of the Christian Church* (New York: Oxford University Press, 2d ed., 1963), pp. 82-83.

3) Ibid., pp. 32-33.

의 권력을 강화하기 위해서 기회를 놓치지 않았다. 다마수스 1세(Damasus I, 366-384)는 자기의 교구를 "사도좌"라고 부른 최초의 로마 주교이다. 제롬이 다마수스의 요청을 받아 번역한 라틴어 성경 불가타(Vulgate)도 로마 주교들의 명성에 도움을 주었다. 다마수스의 권위에 대한 제롬의 생각은 그가 다마수스에게 보낸 편지에서 찾아볼 수 있다. 이 편지에서 제롬은 베드로의 자리가 교회가 세워진 기초가 되는 반석이라고 진술했다.[4]

440년부터 461년까지 로마의 주교였던 레오 1세(Leo I)는 590년에 그레고리 1세가 감독이 되기 전까지 가장 유능한 감독이었다. 그의 능력 때문에 그는 "대 레오"(Leo the Great)라고 불렸다. 그는 papas라는 칭호를 많이 사용했는데, 이 단어에서 pope라는 단어가 파생되었다. 452년에 그는 훈족의 지도자 아틸라를 설득하여 혼자 로마를 지도하게 되었다. 455년에 가이세리크(Gaiseric)가 이끄는 반달족이 북아프리카에서 와서 로마를 공격했을 때 레오가 그들을 설득하여 로마 시가 약탈당하고 파괴되는 것을 막을 수 있었다. 그러나 그는 반달족이 두 주일 동안 로마를 약탈하는 데 동의해야 했다. 가이세리크는 약속을 지켰고, 로마인들은 로마가 완전히 파괴되는 것을 막은 레오를 존경했다. 455년에 발렌티니아누스 3세가 칙령을 발포하여 서방 제국에서의 레오의 지상권을 인정함에 따라 그의 지위는 더욱 강화되었다. 레오는 교회의 주교들이 해결하지 못한 문제를 자신의 법정에 상소해야 하며 자신의 결정이 최종적인 것이라고 주장했다. 그는 『교리서』(Tome)에 정설(正說)을 정의했고, 도나투스파와 마니교 등의 이단을 반박하는 글을 썼다.[5] 우리는 레오를 최초의 교황으로 생각하지 않지만, 그는 후일 로마 주교좌를 차

---

4) Ibid., pp. 113-114.

5) Beresford, K. Kidd, *Documents Illustrative of the History of the Church*, 3 vols. (London: SPCK,, 1920-41), 2:311-19.

지한 여러 사람과 같은 권리를 주장하고 권력을 행사했다. 492년부터 496년까지 교황으로 재임한 겔라시우스 1세(Gelasius I)는 494년에 하나님이 교황과 국왕에게 각기 거룩한 능력과 왕의 권력을 주셨다고 저술했다. 그러나 교황은 심판 때에 하나님 앞에서 국왕에 대해 해명해야 하므로 교황의 거룩한 권세가 왕의 권세보다 더 중요하다. 이런 까닭에 통치자들은 교황에게 복종해야 한다. 초대 시대에 야만족을 다루는 데에서는 그러한 권세가 유익했겠지만, 후일 그것은 로마교회 내부의 타락으로 이어졌다.

2. 전례의 발달

콘스탄티누스 대제와 그의 후계자들의 치하에서 국가와 종교가 실질적으로 연합함으로써 교회가 세속화되었다. 콘스탄티노플 대주교는 황제의 통제 아래 놓였고, 동방교회는 정부의 기관처럼 되었다. 이교도들이 대규모로 개종하여 교회에 들어왔고, 교회가 야만족 개종자들이 교회 안에서 편안함을 느끼게 하려고 노력하는 과정에서 예배가 이교화되었다. 이교도들의 유입―그들 중 많은 사람은 명목상의 교인에 불과했다―은 교회가 종교적인 죄를 처벌하기 위해서, 그리고 국가의 세속 권력을 사용하여 종교를 강화하기 위해 국가의 도움을 요청하게 했다. 529년에 비잔틴제국의 유스티니아누스(Justinian) 황제가 아테네의 아카데미를 폐쇄하라고 명령했다. 그때까지 그곳에서는 이교의 그리스 철학을 가르쳤었다. 이교로부터 부분적으로만 개종한 야만족들을 다루는 데 치중했기 때문에 교회의 종규가 해이해졌다.

야만족들의 유입과 주교의 권력 증대도 예배에 변화를 초래했다. 많은 교회 지도자들은 신상(神像)을 예배하는 데 익숙해져 있는 야만족이 교회 안에서 진정한 도움을 발견하려면, 그들이 더 쉽게 하나님께 접근할 수 있는 것처럼 보이도록 전례를 유형화해야 할 필요가 있다고 생각했다. 천사, 성인, 성유물, 성화, 성상 등을 숭배한 것은 이러한 태도에서 비롯된 논리적 결과였다. 군주국가와의 연결도 단순하고 민족적인 예배를 버리고 성직자와 평신도를 구분하는 귀족적이고 화려한 형태의 전례로 전환하게 된 원인이다.

콘스탄티누스 대제가 일요일을 종교적 예배의 날인 동시에 시민의 날로 결정한 후로 일요일이 교회력에서 중요한 날이 되었다. 4세기 중반에 서방에서는 성탄절을 지키게 되었는데, 이교도들의 관습을 따라 12월에 성탄절을 지켰다. 서방에서 동방박사들이 그리스도를 찾아온 것을 기리는 주현절도 교회력에 포함되었다. 유대교의 교회력에서 유래된 것들, 복음의 역사, 성인들과 순교자들의 삶 등이 교회력 안에 거룩한 날의 수효를 꾸준히 증가시켰다.

성례전으로 간주할 수 있는 의식들이 증가했다. 어거스틴은 결혼식을 성례로 간주해야 한다고 생각했다. 키프리안은 기독교인의 삶에서 회개가 절대적인 것이라고 주장했다. 성직자와 평신도의 틈이 벌어짐에 따라 성직 임명을 성례로 간주해야 할 필요성이 제기되었다. 400년경에는 견신례와 종부성사도 성례로 간주했다. 일찍부터 신학적으로 발달한 원죄의 교리 때문에 유아세례가 중시되었다. 3세기 초에 터툴리안과 키프리안은 유아세례를 기정사실로 여겼다. 특히 어거스틴은 세례의 중요성을 강조했다. 예배자들의 생각과 전례의 서열에서 성찬이 중심적 위치를 차지했다. 성찬은 성례인 동시에 희생제사가 되는 과정 안에 있었다. 키프리안은 성찬식 때에 사제는 그리스도를 대신하여 행동하며 "성부 하나님께 참되고 완전한 희생제사를 드리는 것"이라고 생각했다.[6] 그레고리 1세가 약간 수정한 『미사 전문』(Canon of the Mass)은 성찬식이 지니는 희생제사적 본질을 강조했다.[7] 6세기 말에는 로마가톨릭교회가 인정한 일곱 가지 성례가 예배에서 중요한 위치를 차지했다. 아울러 성직주의(sacerdotalism: 사제가 집전한 의식만 유효하다는 신앙)가 기반을

---

6) Cyprian, *Epistles*, 63:14.

7) Frederick J. Foakes-Jackson, *An Introduction to the History of Christianity*, A.D. 590-1314 (New York: Macmillan, 1928), pp. 25-27.

잡았다. 이로 말미암아 계속 성직자와 평신도의 구분이 강조되었다.

590년쯤에 예수의 모친 마리아 존숭이 발달했고, 1854년에 마리아 무염시태의 교리가 채택되었고, 1950년에는 마리아가 기적적으로 승천했다는 교리가 채택되었다. 위경 복음서에 수록된바 마리아와 관련된 많은 기적과 거짓된 성경해석 때문에 마리아를 존숭하게 된 것이다. 4세기에 발생한 여러 차례의 기독론 논쟁과 네스토리우스 논쟁이 결국 마리아를 "신의 모친"으로 인정하게 했고, 전례에서 마리아에게 특별한 경의를 표하게 했다.

클레멘트, 제롬, 터툴리안 등은 마리아가 평생 처녀였다고 주장했다. 어거스틴은 마리아가 죄가 없으신 그리스도의 모친이므로 자죄를 범하지 않았다고 믿었다. 순결을 강조하는 수도원운동이 마리아 존숭의 사상을 강화했다. 이러한 여러 가지 상황 때문에 가톨릭교회는 마리아를 특별히 존경했다. 처음에는 단지 그리스도의 모친으로서 마리아의 존귀한 지위를 인정하는 데 불과했으나 점차 그녀의 중보 능력에 대한 신앙으로 변했다. 이는 아들이신 그리스도가 어머니의 요청을 받아주실 것으로 생각했기 때문이었다.

400년 이전의 사람인 에프라임 시루스(Ephraim Syrus)의 기도는 공식적으로 마리아에게 드린 기도의 초기의 예이다. 5세기 중엽에 이르러서 마리아는 성인 중 으뜸의 위치를 차지했다. 5세기에 마리아와 관련된 축일들이 생겨났다. 천사가 마리아에게 아들을 낳을 것을 알려준 것을 기념하는 수태고지일(3월 25일), 그리스도가 탄생한 후 마리아의 정화를 기념하는 성촉절(2월 2일), 마리아가 승천했다고 가정하여 기념하는 성모몽소승천축일(8월 15일) 등이 주요 축일이었다. 6세기의 유스티니아누스 황제는 로마제국을 위해 마리아의 중보를 구했다. 590년에 이르러 로마교회의 예배에서 마리아가 특별한 위치를 차지했다.

성인 숭배는 교회가 국가로부터 심한 박해를 받던 시대에 순교한 사람들을 존경하려는 본성적인 욕구에서 생겨났다. 더욱이 영웅 숭배에 익숙해 있던 이교도들은 교회에 들어오면서 자기들이 섬기던 영웅들 대신에 성인들에게 거의 신적인 영예를 부여했다. 300년에 이르기까지 무덤에서 행하는 의식에는 성인의 영혼이 안식하기를 기원하는 기도만 포함되어 있었다. 그러나 590년에 이르러 그 기도들은 성인들을 통해서 하나님께 드리는 기도가 되었다. 이것이 제2차 니케아 공의회에서 인정되었고, 성인들의 무덤 위에 교회당이 세워지고, 성인들의 죽음과 관련된 축일들이 교회력에 자리 잡았고, 성인들과 관련된 전설과 기적들이 급속히 발달했다. 성인들의 시신, 치아, 머리털, 뼈 등 성유물 매매가 문제가 되었기 때문에 381년에 그것을 금지하는 명령을 내렸다.

많은 야만인이 기독교로 개종함에 따라 예배 때에 성상과 성화를 사용하는 것이 급속히 증대되었다. 성상과 성화는 이교도 개종자들을 위해 보이지 않는 신을 유형화한 것이었다. 그것들은 교회를 치장하는 기능도 지니고 있었다. 교회의 교부들은 성상을 존숭하는 것(이것은 전례의 일부였다)과 하나님 예배를 구분했다. 그러나 이러한 구분이 일반 예배자들로 하여금 교부들이 하나님께만 드려야 한다고 규정한 예배를 성상에게 드리지 못하게 할 수 있었는지 의심스럽다.

313년 이후 감사의 행진이나 참회의 행진이 예배 일부가 되었다. 순례—처음에는 팔레스타인을 순례했지만, 나중에는 유명한 성인들의 무덤을 순례했다—도 관습이 되었다. 콘스탄티누스 대제의 모친 헬레나는 늙어서 팔레스타인을 순례하면서 그리스도가 지셨던 십자가를 발견했다고 한다.

콘스탄티누스 대제 시대에 국가가 예배의 자유를 부여함에 따라 교회 건물들이 세워졌다. 기독교인들은 로마인들이 업무용이나 오락용 공공건물로 사용하기 위해 발달시킨 바실리카 건축 양식을 사용했다. 바실리카는 장방형의 십자가 건물로서 건물 안에 두 개의 통로가 있고, 세례받지 않은 사람들이 사용하는 서쪽 끝의 주랑(柱廊) 현관, 세례자들을 위한 본당 회중석, 동쪽 끝에는 성가대와 성직자들의 자리가 있는 성상 안치소가 있었다. 대성당에서는 주교가 예배를 집전했다. 성상 안치소는 철로 만들어진 칸막이로 본당 회중석과 분리되었다.

교회에서 최초의 찬양은 선창자가 찬양하면 교인들이 찬양으로 응답하는 것이었다. 두 개의 성가대가 교대로 찬양하는 교송성가는 안디옥에서 발달했다. 암브로스가 밀라노에서 교송성가의 관습을 도입했고, 그곳을 기점으로 서방교회 전체에 그 관습이 퍼졌다.

이 시대는 위대한 설교가들의 시대이기도 했다. 서방에서는 암브로스, 동방에서는 크리소스톰이 주요 설교가였다. 그때까지만 해도 이 설교가들은 특별한 복장을 착용하지 않았다. 사람들이 로마 양식의 옷을 입지 않으려 하면서 사제들을 위한 특별한 의복이 등장했다. 그러나 성직자들은 교회의 의식을 행할 때 로마 양식의 의복을 입었다.

이 시대에 로마 주교를 수장으로 하는 특별한 성직정치, 성례의 종류를 증가시키고 그것들을 은혜의 통로로 간주하는 경향, 그리고 전례를 세심하게 가다듬는 운동 등이 생겨났다. 이것들이 중세 시대 로마가톨릭교회의 토대를 놓는 데 기여했다.

참고문헌

Freemantle, Anne. *The Papal Encyclicals*. New York: Mentor, 1956.

Gontard, Friedrich. *The Chair of Peter*. Translated by A. J. and E. F. Peeler. New York: Holt, Rinehart, and Winson, 1964.

Hardman, Oscar. *History of Christian Worship*. London: Hodder & Stoughton. 1937.

Jalland, Trevor. *The Life and Times of Saint Leo the Great*. New York: Macmillan, 1941.

Miegge, Giovanni. *The Virgin Mary*. Philadelphia: Westminster, 1955.

제2부

중세교회사

590~1517

제국의 발흥과 라틴-튜턴 기독교(590~800)

교회와 국가의 관계 변화(800~1054)

교황권의 지상권(1054~1305)

중세 시대의 소멸과 현대의 시작(1305~1517)

제국의 발흥과 라틴-튜턴 기독교(590~800)

제16장
중세 시대 최초의 교황

그레고리 1세가 로마의 주교로 임명된 것이 고대교회사와 중세교회사를 구분하는 분수령이 된다. 그러나 교회사를 시대별로 구분하는 것은 하나님이 인도하신 역사의 순서를 우리가 다루기 좋게 세분하는 인위적인 방법임을 기억해야 한다. 어떤 사람들은 중세 시대가 종교의 자유가 허락된 313년부터 시작된다고 본다. 또 어떤 사람들은 니케아 공의회가 시작된 325년부터 시작된다고 본다. 또 다른 사람들은 아드리아노플 전쟁으로 고트족이 로마제국에 이주해 들어온 378년을 중세 시대의 출발점으로 본다. 그러나 어떤 사람들은 476년에 마지막 로마 황제의 몰락과 함께 고대교회사가 종식된다고 생각한다. 이 책에서는 590년을 중세 시대의 출발점으로 보는데, 이는 그레고리 1세가 590년에 서방교회에서 새로운 권력의 시대를 출발시켰기 때문이다.

1. 시대의 분수령

교회사에서 중세 시대가 끝나는 시기도 논란이 된다. 십자군 시대가 시작되는 1095년, 콘스탄티노플이 함락된 1453년, 베스트팔렌 조약(Peace of Westphalia)이 조인된 1648년 등 다양한 연대가 제시된다. 이 책에서는 1517년을 중세 시대의 끝으로 언급하는데, 이는 그해에 루터로 말미암아 완전히 다른 시대, 즉 제도적 교회를 강조하는 것이 아니라 그리스도의 구속사역에 대한 개인적인 신앙에 의한 신자들로 구성된 몸으로서의 교회를 강조하는 시대가 시작되었기 때문이다.

중세 시대에 로마제국은 북아프리카의 무슬림 국가, 아시아의 비잔틴 제국, 그리고 교황 주도 하의 유럽으로 분열되어 있었다. 국가와 교회의 관계가 매우 중요하게 되었다. 기독교와 고전 문명을 토대로 한 분명한 서구 문명이 등장했다.

중세 시대(Middle Ages)라는 명사는 원래 크리스토퍼 켈너(Christopher Kellner, 1634-1680)가 1669년경에 출판한 편람에서 처음으로 사용되었다. 그는 서방의 역사를 세 시대로 구분했다. 그의 구분에 의하면, 고대사는 325년에 끝나고, 현대사는 콘스탄티노플의 함락으로 그리스 학자들과 사본들이 서로마제국에 유입된 1453년에 시작된다. 그는 이 두 시대 사이의 기간을 중세 시대라고 명명했다. 왜냐하면, 그 시대에는 고전 문화의 영향이 약하거나 부재했기 때문이다. 그 후 역사가들은 그 시대를 지칭하기 위해 중세 시대라는 용어를 사용해왔다. 특히 500년경부터 1000년까지의 500년 동안을 암흑시대(Dark Ages)라고 칭할 수 있을 것이다. 그러나 그 기간에 서유럽에서는 수도원들이 지적으로 공헌했기 때문에 문화가 완전히 결여되어 있었다고 볼 수는 없다. 르네상스 시대의 사람들은 이 시대가 찬란한 고전시대와 현대적인 인문주의 시대 사이에 놓인 시대라고 생각했다. 그들이 볼 때 이 시대는 암흑시대일 수밖에 없었다. 그러나 그 시대를 연구한 현대 역사가들은 중세 시대는 서방교회가 고대의 도시국가와 현대의 국민국가 사이의 틈을 이어주는 문화적 기능과 종교적 기능을 서서히 성취한 시대였음을 보여주었다.

르네상스 시대 사람들은 500년부터 1000년까지를 암흑시대라고 생각했지만, 가톨릭교회는 그 시대를 인류사의 황금시대라고 생각했다. 가톨릭 사상가들의 견해에 의하면 그 시대 이전에는 고전적 이교가 있었고, 이후에는 교회의 일치를 파괴하는 세력인 개신교가 있어서 현대의 종교적 혼돈상태를 만들어냈다. 개신교 역사가들은 중세 시대를 순수했던 고대교회가 타락한 어둠의 골짜기라고 생각한다. 루터와 더불어 시작되는 현대는 교회가 신약 성경의 이상을 되찾은 개혁의 시대였다.

이 견해들은 중세 시대가 정체된 시대가 아닌 역동적 시대였다는 사실에 따라 조정되어야 한다. 중세 시대에도 하나님의 인도하심 아래 발달이 계속되었다.

중세 교회의 역사는 고대 교회의 역사보다 더 넓은 원형경기장에서 발생했다. 튜턴족이 기독교를 받아들인 후 발트 해 분지가 지중해의 분지만큼 중요한 지역이 되었다

현대는 중세 시대의 덕을 크게 보고 있다. 중세 시대의 사람들은 기독교 문명을 세웠는데, 그 문명 안에서 과거와 현재가 의미있게 통합되었다. 교회는 튜턴족에게 기독교에 의해 변형된 고전 문화를 제공했다. 지금까지의 현대 시대에는 그러한 삶을 위한 종합이 결여되어 있으며, 따라서 현대인은 물질적인 혼란에 대한 예상뿐만 아니라 지적, 도덕적, 영적 혼란에 대한 예상에 맞서 분투하고 있다.

이 점을 염두에 두면 그레고리 1세의 중요성이 분명히 드러난다. 어거스틴이 그랬듯이 그레고리 1세도 고전 세계와 중세 기독교 세계 사이의 분기점에 서 있었으며, 로마 주교가 지배하는 교회에서 문화가 제도화된 새로운 중세 시대의 상징이 되었다.

2. 대 그레고리

대 그레고리(Gregory the Great, 540-604)라고 불리는 그레고리 1세는 유스티니아누스 황제 치하의 비잔틴 제국이 튜턴족에게 빼앗겼던 서로마제국을 되찾으려 노력하던 혼란스러운 시대에 태어났다. 그 시대에도 강도, 질병, 기근 등이 빈번하게 발생했다.

그레고리는 로마의 부유한 귀족 가문에서 태어났다. 그는 정부 관리가 되기 위해 법률 공부를 했다. 그는 라틴 문학을 폭넓게 공부했지만, 히브리어

나 그리스어는 알지 못했다. 그는 암브로스, 제롬, 어거스틴 등의 저서를 잘 알고 있었지만. 그리스의 고전 문학이나 철학은 거의 알지 못했다. 570년경 그는 로마의 장관이 되었다. 그 직위는 매우 중요하고 명예로운 직책이었다. 그로부터 얼마 후 그는 아버지에게서 물려받은 재산을 처분하여(그의 모친 실비아는 남편이 죽은 후 수녀원에 들어갔다) 그 수익금으로 이탈리아에 7개의 수도원을 세웠다. 그중 가장 중요한 것은 그가 아버지의 저택 안에 세운 수도원이다. 그는 이곳의 수도사가 되었다. 578년부터 586년까지 로마 주교를 대변하는 대사로서 콘스탄티노플에서 일했다. 로마로 돌아온 후 성 앤드류 수도원의 원장이 되었는데, 이 수도원도 그가 아버지의 사후에 세운 수도원이었다. 어거스틴은 지적인 목적으로 수도사가 되었지만, 그레고리는 금욕주의가 하나님을 영화롭게 하는 방법이라고 생각했기 때문에 수도사가 되었다. 590년에 교황 펠라기우스(Pelagius)가 전염병으로 사망한 후 그레고리가 교황으로 선출되었다.

그는 로마교회의 가장 고귀한 지도자 중 하나였는데, 그의 묘비명은 "하나님의 집정관"(God's Consul)이다. 그가 막대한 재산을 포기한 것은 그 시대 사람들에게 큰 감동을 주었다. 그는 겸손한 사람으로서 자신을 "하나님의 종들을 섬기는 종"이라고 생각했다. 그는 잉글랜드 사람들을 개종시키기 위해 일한 선교사요 도구였다. 그가 받은 법률 교육, 재치, 상식 때문에 그는 중세시대에 로마교회가 배출한 가장 유능한 관리자 중 하나가 되었다. 그러나 그 시대의 많은 사람처럼 그도 미신적이었고 사람들에게 쉽게 속곤 했다. 그가 593년에 저술한 『대화』(Dialogue)에는 중세인들의 생각으로도 놀랍게 여겨지는 그의 경신성(輕信性)이 드러나 있다.[1] 게다가 그는 종교학 학문 교육을 어

---

1) Jonathan F. Scott, Albert Hyma H. Noyes, *Readings in Medieval History* (New York: Appleton-Century-Crofts, 1933), pp. 84-92.

대 그레고리. 이 교황은 서방교회에서 교사로 존경받았으므로 항상 하나님의 진리를 전하는 성령을 나타내는 비둘기와 함께 묘사된다.

느 정도 받았음에도 불구하고 그에게는 성경을 기록한 원어에 대한 지식이 부족했다. 그는 7년 동안 교황의 대사로 콘스탄티노플에서 일하는 동안에도 그리스어를 배우지 않았다.

그레고리의 가장 큰 일은 로마 주교의 권력을 확대하는 것이었다. 그는 교황이라는 칭호를 거부했지만, 후대의 교황들이 지녔던 권세와 특권을 행사했다. 그것은 로마 주교의 영적 지상권을 역설하기 위한 행동이었다. 그는 골, 스페인, 브리튼, 아프리카, 이탈리아 등지의 교회에 주교로서의 배려를 발휘했다. 그리고 주교들을 임명했으며, 자신이 임명하거나 비준한 주교들에게 영대(領帶)를 하사했다.

콘스탄티노플의 대주교인 단식자 요한(John the Faster)은 자신이 보편적 주교 또는 전체 교회의 주교라고 주장했다. 그레고리는 즉시 이에 도전했다. 그는 대주교들의 협동적 지위를 인정했는데, 이에 따라 그들은 각기 두 지역 교회의 수장으로서 동등한 위치에 놓였다. 그러나 그는 다른 사람이 보편적 주교라는 칭호를 취하는 것을 인정하지 않으려 했다. 그러나 콘스탄티노플의 대주교나 비잔틴 제국의 황제가 이에 굴복하지 않으려 했으므로, 그레고리는 때를 기다려야 했다. 602년에 혁명이 일어나 새 황제 포카스(Phocas)가 콘스탄티노플에서 황제로 등극했다. 벼락출세한 이 천한 황제가 전임 황제의 아내와 가족들을 살해한 인물임에도 불구하고 그레고리는 그와 화친하려 했다. 포카스는 그에 대한 보상으로 콘스탄티노플의 대주교에게 등을 돌리고 그레고리의 편을 들었고, 로마의 주교가 "모든 교회의 수장"임을 인정했다. 그러나 알렉산드리아의 대주교가 그레고리에게 "보편적 교황"의 칭호를 수여하려 했지만, 그레고리는 이를 받아들이려 하지 않고 "하나님의 종들을 섬기는 종"이라는 칭호를 선호했다. 그는 교회의 수장이라는 칭호를 거부했으면서도 다른 사람들이 그 칭호를 사용하는 것을 허락하지 않았고, 실질적으로 교황의 권력을 행사했다. 서방교회의 모든 주교와 대주교들은 그의 뜻을 거역하지 못했다. 그는 당시 전 세계 전역에서 누구든 교회를 지배하는 지상권을 주장하도록 버려두지 않았다.

 선교 사역에 대한 그레고리의 관심은 비드(Bede)가 교회사에 수록한 이야기에서 드러난다. 그 이야기에 의하면, 그레고리는 로마에서 종으로 팔려갈 푸른 눈의 금발 소년들이 앵글족(Angles)이라는 말을 듣고서 그들이 앵글족이 아니라 천사들(Angels)이라고 말했다고 한다. 또 그들이 데이리(Deiri, 요크셔) 출신이라는 말을 들었을 때 그는 선교 사역으로 그들을 데 이라(De ira, 하나님의 진노)에서 구해 주겠다고 결심했다.[2] 그리하여 그는 어거스틴(힙포의 어거스틴이 아닌 다른 사람)이라는 수도사에게 영국으로 가서 영국인들에게 복음의 메시지를 전하는 사명을 맡겼다. 어거스틴은 597년에 영국에 상륙했고, 곧 켄트의 왕을 기독교로 개종시켰다. 그러나 로마의 선교사들은 켈트족 교회와 경쟁하게 되었다. 켈트족 교회는 서서히 남부 지방을 복음화하고 있었다. 663년에 로마의 신앙이 승리를 거두었다. 따라서 그레고리는 영국인들을 로마교

---

2) The Venerable Bede, *History of the Church of England*, 2 vols. (New York: Putnam, 1930), 2.2.

회의 지배하에 둔 인물로 간주할 수 있을 것이다. 그는 영국 교회의 발달을 위해 세심한 계획을 세웠다.[3] 서고트족의 왕 레카레드(Recared)가 589년에 아리우스주의를 버림으로써 스페인도 그의 영향권에 들어왔다.

그레고리는 행정가로서 탁월한 업적에 의해 로마 주교구를 그 시대의 교회 중에서 가장 부유한 교구로 만들었다. 이탈리아와 주변 지역에 있는 교황청의 재산이 그레고리의 세심한 행정 정책 아래서만큼 큰 수확을 얻은 적이 없었다. 그는 이 돈으로 서방교회에서 평화의 수호자 역할을 할 수 있었다. 그레고리가 교황으로 있는 동안 아리우스파인 롬바르드족의 왕이 로마를 위협했는데, 그레고리는 군사를 일으켜 롬바르드족의 왕으로 하여금 화친하게 했고, 아리우스주의를 버리게 했다.

그는 그레고리 찬가를 만들었는데, 이 찬가는 가톨릭교회에서 암브로스의 찬가보다 더 중요한 위치를 차지하게 되었다. 이 찬가는 장중하고 엄숙한 단조음(單調音)을 사용한다.

그레고리는 위기의 시대에 적절한 메시지를 선포한 훌륭한 설교가였다. 그의 설교는 실질적이었고 겸손과 경건 생활을 강조했다. 그러나 그 시대의 설교가 지닌 일반적인 결점인 알레고리를 지나치게 사용했다는 단점이 있었다.[4]

그의 몇 권의 문학적 저서는 그의 설교들보다 더 탁월하다. 그는 욥기 주석인 『대 도덕론』(Magna Moralia)에서 도덕적 해석을 강조했고, 자신의 윤리적 신조를 끌어내기 위해 풍유를 사용했다. 그는 욥을 그리스도의 전형으로,

---

3) Henry Bettenson, *Documents of the Christian,* 2d ed. Church (New York: Oxford University Press, 1963), pp. 151-53.

4) James H. Robinson, *Readings in Modern European History,* 2 vols. (Boston: Ginn, 1904), 1:78-80.

욥의 아내를 육적 본성의 전형으로, 일곱 명의 아들을 성직자들의 전형으로, 세 딸을 신실한 평신도의 전형으로 묘사했다. 그는 그밖에도 여러 권의 주석을 저술했는데, 그것들은 욥기 주석만큼 방대하지 않다. 또 그는 목회 신학에 관한 『목회서』(Book of Pastoral Care)를 저술했다. 그는 주교직에 필요한 조건, 주교가 갖추어야 할 덕, 내성(內省)의 필요성 등을 강조했다. 이 저서는 금욕적 특성 때문에 그 시대의 수도사들에게서 큰 호응을 얻었다.5) 현재 800통이 넘는 그의 서신이 남아 있다.

그레고리는 탁월한 신학자였다. 그는 서방교회의 위대한 네 명의 박사 중 하나로서 제롬, 암브로스, 어거스틴 등과 동등한 위치를 차지한다. 그는 토마스 아퀴나스가 『신학대전』(Summa)을 저술하기 전까지 중세 시대의 로마교회가 고수한 신학의 기초를 놓았다. 그는 인간이 아담에게서 죄만 물려받을 뿐 죄과는 물려받지 않는다고 주장함으로써 어거스틴의 견해를 다소 완화했다. 그는 인간의 의지는 자유롭지만, 그 선함이 상실되었다고 주장했다. 그는 예정을 믿었지만, 그것이 택함을 받은 사람에게만 적용된다고 주장했다. 그는 은혜가 하나님의 예지, 그리고 부분적이지만 인간의 공로에 기초를 두기 때문에 불가항력적인 것이라고 믿었다. 그는 영혼이 천국에 가기 전에 정화되어야 하는 장소로서 연옥이라는 개념을 주장했다. 그는 성경의 축자영감설을 신봉했지만, 이상하게 전승에도 성경과 동등한 지위를 부여했다. 그레고리가 일부 수정한 『미사 정전』(Canon of the Mass)은 그 시대에 널리 사용되었는데, 그것은 성찬식을 그리스도의 몸과 피를 제물로 드리는 제사로 간주하는 경향이 증가하는 것을 보여준다.6) 그레고리는 선행, 그리고 성인들에

---

5) Ibid., pp. 80-82. Frederic A. Ogg, *A Source of Medieval History* (New York: American, 1907), pp. 91-96도 보라.,

6) Frederick J. Foakes-Jackson, *An Introduction to the History of Christianity*, A.D.

게 도움을 구하는 기도를 강조했다. 중세 시대의 신학에 그레고리의 사상이 스며들어 있다고 말해도 좋을 것이다.

그레고리의 교황직은 고대교회사에서 중세교회사로 넘어가는 이정표이다. 그레고리 이후의 후계자들은 그레고리가 놓은 기초 위에 중세 시대 교회를 제도화한 성직정치 체계를 건설했다. 그는 교리를 체계화했고, 교회를 하나의 정치세력으로 만들었다.

참고문헌

Anderson, Charles S. *The Augsburg Historical Atlas of Christianity in the Middle Ages and Reformation*. Minneapolis: Augsburg, 1967.

Cannon, William R. *History of the Christianity in the Middle Ages*. New York: Abingdon, 1960.

Deanesley, Margaret. *History of the Medieval Church*, 590-1500. 7th ed. Longon: Metheun, 1951.

Downs, Morton. *Basic Documents in Medieval History*. Princeton, N.J.: Van Nostrand, 1959.

Dudden, Frederick H. *Gregory the Great*. 2 vols. New York: Russel & Russel, 1905.

Edman, V. Raymond. *The Light in the Dark Ages*. Wheaton, Ill.: Van Kampen, 1950.

Foakes-Jackson, Frederick J. *An Introduction to the History of Christianity*, A.D. 590-1314. New York: Macmillan, 1928.

Kidd, Beresford J. *Documents Illustrative of the History of the Church*. 3 vols. London: SPCK,, 1920-1941.

Latourette, Kenneth S. *The Thousand Years of Uncertainty: A History of the Expansion of Christianity*. Vol 3. New York: Harper, 1938.

590-1314 (New York: Macmillan, 1928), pp. 25-27.

Matthew, Donald. *Atlas of Medieval Europe*. New York: Facts on File, 1983.

Ogg, Frederic A. *A Source Book of Medieval History*. New York: American, 1907.

Paetow, Louis J. *A Guide in the Study of Medieval History*. New York: Crofts, 1931.

Scott, Jonathan F. Albert Huma, and Arthur H. Noyes. *Readings in Medieval History*. New York: Appleron-Century-Crofts, 1933.

Southern, R. W. *Western Society and the Church in the Middle Ages*. Harmondsworth, Middlesex: Penguin, 1970.

Thatcher, Oliver H., and Edgar H. Mcneal. *A Source Book for Medieval History. New York: Scribner, 1905.*

Ulman, Walter. *A Short History of the Papacy in the Middle Ages*. London: Methuen, 1972.

Walker G. S. M. *The Growing Storm*. Grand Rapids: Eerdmans, 1961.

제17장
기독교의 손실과 확장

　흔히 중세 시대는 사회가 정체되고 사람들의 이동이 거의 없었던 시대라고 생각한다. 중세 시대 사람들의 이동에 대해 연구해보면, 로마제국의 붕괴 이후만큼 대규모의 이민이 발생한 시대가 없음을 알 수 있을 것이다. 375년 이후 몽골계인 훈족과 게르만계인 고트족과 튜턴족의 이동이 로마제국의 동북쪽에서 시작되었다. 590년 이후 기독교는 더욱 동적인 사람들의 이동에 직면했다. 7세기 이후 몇 세기 동안 동방교회는 이슬람의 위협에 직면했다. 서방교회도 372년에 투르에서 이슬람교도들을 다시 축출하기 전에는 이슬람교도들이 근심거리였다. 8세기 이후 바이킹족이 스칸디나비아 반도에서부터 움직이기 시작한 것도 서방교회를 멸망의 위협에 몰아넣었다. 그 후 슬라브족, 마자르족, 몽골족 등이 동방교회를 위협했다.

　서방교회는 이처럼 밀려들어 오는 여러 민족의 도전에 대처해야 하는 것 외에도 옛 제국의 국경 안에 있는 튜턴족을 복음화해야 할 책임을 지고 있었다. 아리우스파 기독교를 받아들여 스페인, 북아프리카, 이탈리아 등지에 정착한 사람들도 기독교에 도전이 되었다. 이교도들과 이단인 아리우스파를 회심시키는 것 및 이슬람의 도전에 맞서야 하는 일 때문에 교회의 성장이 제한되었다. 500년부터 800년까지 서방교회는 북유럽과 서유럽에서 큰 성과를 거두었다. 그러나 정체 상태에 있던 동방교회는 이따금 콘스탄티노플을

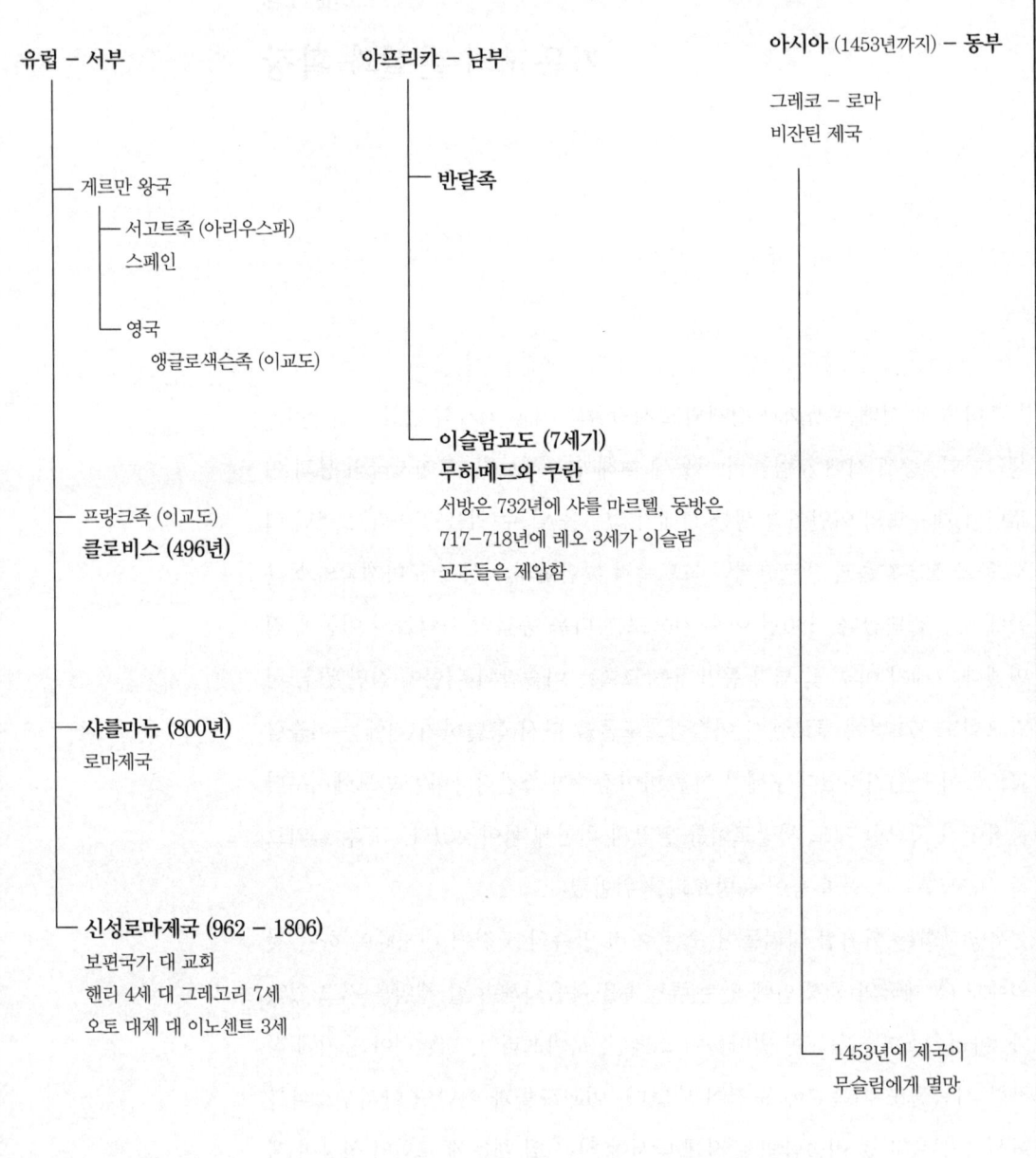

공격한 무슬림에 맞서 현상을 유지하는 데 그쳤다.

이 시기에 선교 사역이 전문화되었다. 수도사들의 무리가 교회의 최고 권위자인 교황의 명을 받아 여러 집단에 복음을 전하러 갔다.

1. 이슬람교의 발흥과 그 영향

새로 형성된 신앙, 종교의 이름으로 약탈할 수 있다는 희망, 그리고 불신자들을 자기들의 신앙으로 개종시키려는 열심 등에 의해 활력을 얻은 회교도들은 아라비아로부터 북아프리카, 아시아, 심지어 스페인을 거쳐 유럽에까지 급속히 그 세력을 확장해갔다. 이슬람교는 세계의 3대 유일신 종교 중 가장 늦게 등장한 것이다. 이슬람교 역시 모든 민족을 위한 세계적 종교라고 주장했다. 회교도들은 마침내 북아프리카에서 기독교를 몰아냈고, 아프리카의 다른 지역의 교회들을 약화했다. 그들은 1453년에 비잔틴 제국을 멸망시켰고 동방교회를 이슬람교의 정치적 통제 아래 두었다.

이슬람교의 기원지는 아라비아 반도이다. 이곳은 서북쪽을 제외한 삼 면이 바다나 사막으로 에워싸인 비교적 고립된 지역이었다. 이 지역은 황량한 곳이며, 사람들은 바위와 모래와 뜨거운 태양 아래서 생존을 위해 싸워야 했다. 인간은 자연의 위력에 직면했을 때 자기보다 위대한 존재를 인정하는 경향이 있다.

이슬람교가 생겨나던 시기에 셈족인 베두인들은 낙타와 가축을 몰고 오아시스를 찾아다니면서 메카와 메디나 사람들과 교역했다. 매년 각 부족이 메카의 카바(Kabba) 신전에 있는 검은 돌을 예배하는 기간을 제외하고는 부족들 간의 전쟁이 종종 발생했다.

이 부족 사람 무함마드(Muhammad, 570?-632)는 낙타를 몰고 다니면서 생계를 유지하던 사람이다. 그는 언젠가 사촌과 함께 시리아와 팔레스타인을 여행하던 중 유대교와 기독교에 접하게 되었다. 그 후 그는 카디자(Khadijah)라는 부자 과부와 결혼했고 재산을 모았다. 그리하여 그는 자유로이 종교적 묵

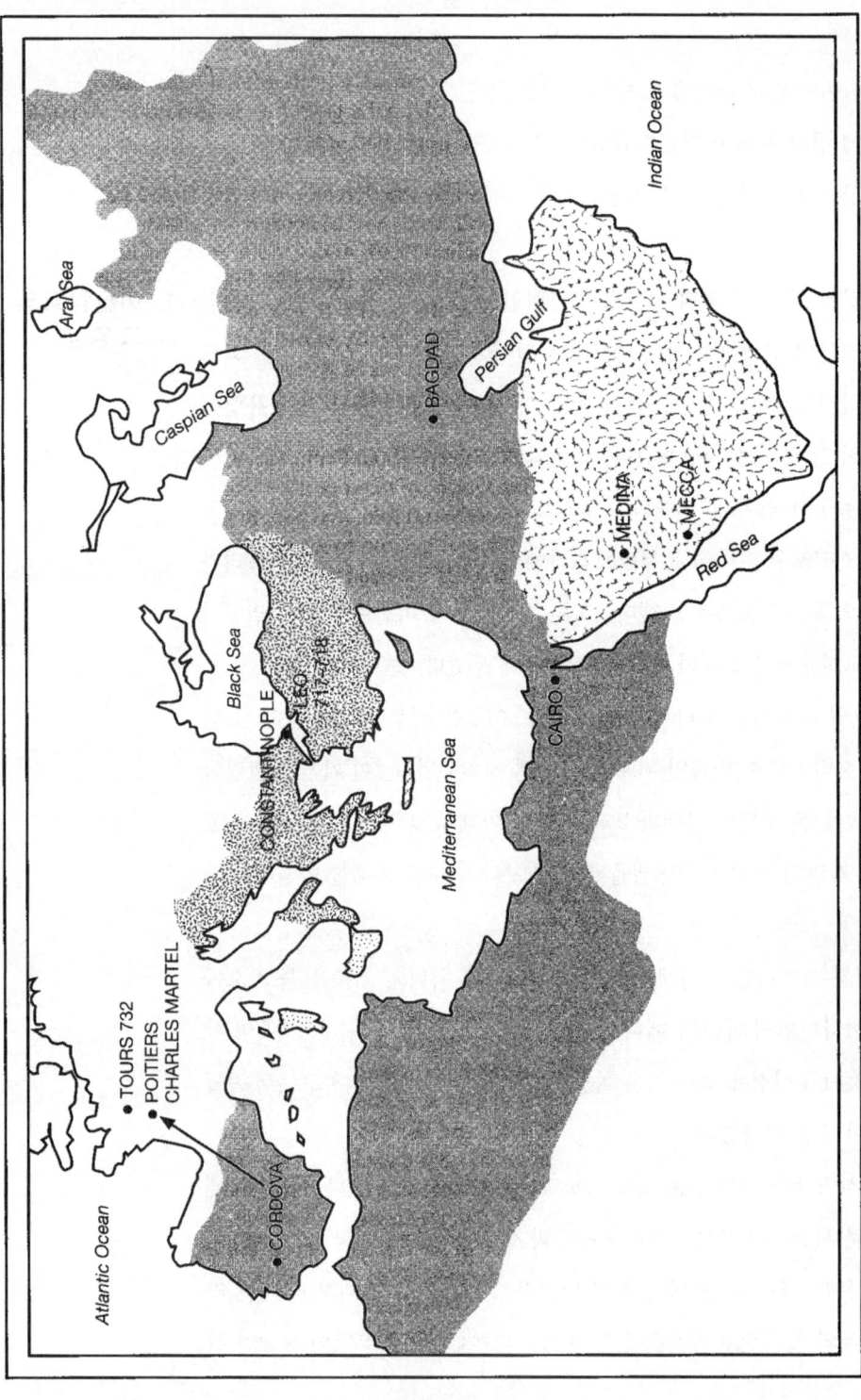

이슬람의 확장 (622~900)

상에 전념할 수 있게 되었다. 610년에 그는 유일신론을 선포하라는 신적 소명을 느꼈다. 그는 3년 동안 12명을 개종시켰는데, 이들은 대부분 그의 친척이었다. 그러나 그가 우상숭배를 반대하는 내용을 선교했기 때문에 반발이 생겼고, 622년에 그는 메카를 떠나 메디나로 도망쳤다. 이 해를 헤지라(Hegira)라고 하며, 이슬람 종교력의 기원이 되는 해이다. 630년에 이 운동이 크게 성장했기 때문에 무함마드는 메카를 정복할 수 있었다. 2년 후 그가 사망할 때 그의 추종자들이 아라비아 반도 외부에까지 퍼져 있었다.

이 새로운 역동적 신앙의 가장 큰 소득은 632년부터 732년 사이에 발생했다. 640년에 시리아와 팔레스타인을 장악했고, 곧 예루살렘에 오마르의 모스크가 세워졌다. 650년대에 이집트를 장악했고, 650년에 페르시아가 이슬람의 수중에 들어왔다. 서방과 동방으로의 확장은 이사우리아조(朝)의 레오(Leo the Isaurian) 때인 717년과 718년에 비잔틴 제국의 용감한 방어 때문에 정지되었다. 서방에서 이슬람의 확장은 732년에 투르에서 무슬림들이 카를 마르텔(Charles Martel)의 군대에 패함으로써 정지되었다. 그러나 피정복민들이 죽음과 조공과 이슬람교 중 하나를 선택해야 하는 운명에 처하게 됨에 따라 교회는 이미 큰 손실을 겪은 바 있었다. 그러나 이슬람교도들이 항상 종교적으로 무자비했던 것은 아니며, 종종 조공을 바치는 지역의 백성들에게는 그들 나름의 신앙을 소유하도록 허용했다.

750년에 정복시대가 끝났고, 그리스 문화의 영향을 받은 이슬람교도들은 바그다드에 중심을 두고 찬란한 아랍 문명을 건설하기 시작했다. 그 문화의 절정은 무슬림 지역의 동쪽 지방 통치자인 하룬 알라시드(Haroun-Al-Rashid, 786-809) 시대였다.

이슬람교의 경전은 쿠란(Quran)이다. 신약성경의 3분의 2 정도의 분량인 이 책은 114개의 장으로 배열되어 있다. 가장 긴 장이 첫머리에 등장하며, 각 장의 길이가 점점 짧아져서 마지막 장은 불과 3개의 절로 이루어져 있다. 그 책은 조직적이지 못하여 내용이 거듭 되풀이된다.

알라(Allah)라는 유일신에 대한 신앙이 이슬람교의 중심이다. 알라는 25명의 선지자를 통해서 자기의 뜻을 알렸는데, 그중에 아브라함, 모세, 그리스도 등 성경의 인물들이 포함되어 있다. 무함마드가 이 선지자 중에서 가장 위대한 선지자요 마지막 선지자였다. 이슬람교도들은 그리스도의 신성과 십자가상에서의 죽음을 부인한다. 이슬람교는 알라의 뜻에 피동적으로 순종

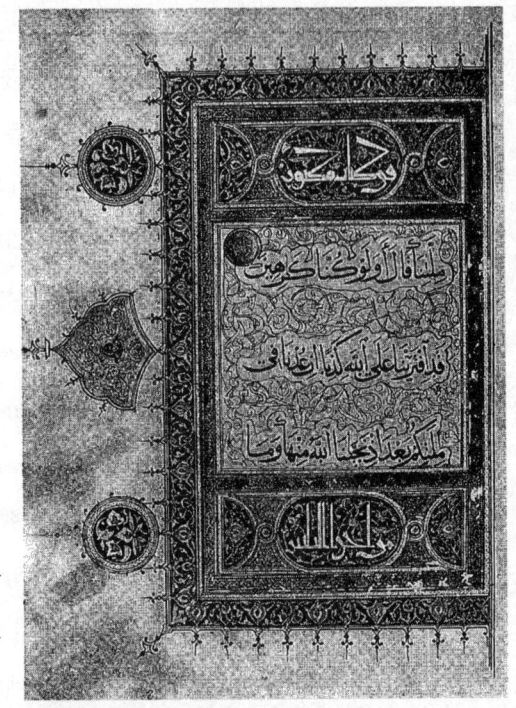

이슬람 경전 쿠란의 한 면

한다는 사상을 지닌 운명론적 종교이다. 심판 후에 사람들은 다소 물질적인 낙원을 누리거나 지옥의 두려움에 직면할 것이다. 신실한 이슬람교도는 매일 메카를 향해 다섯 차례 기도하며, 신조를 암송한다. 금식과 구제도 중요한 일이다. 이슬람교도는 평생에 최소 한 번은 메카를 순례해야 한다.

서유럽에서 이슬람교는 현저한 문화적, 종교적 중요성을 지녀왔다. 이슬람교는 아리스토텔레스의 그리스 철학을 흡수하여, 그것을 아랍계인 스페인을 통해 서유럽에 전해주었다. 중세 스콜라주의자들은 아리스토텔레스의 연역적 방법에 의해 그리스의 과학적 사상과 기독교 신학을 융합하려 했다. 그들은 스페인에서 아베로에스(Averroes)가 번역한 아리스토텔레스의 저서들을 통해서 그러한 방법을 알게 되었다. 12세기 유럽에서는 이것의 영향이

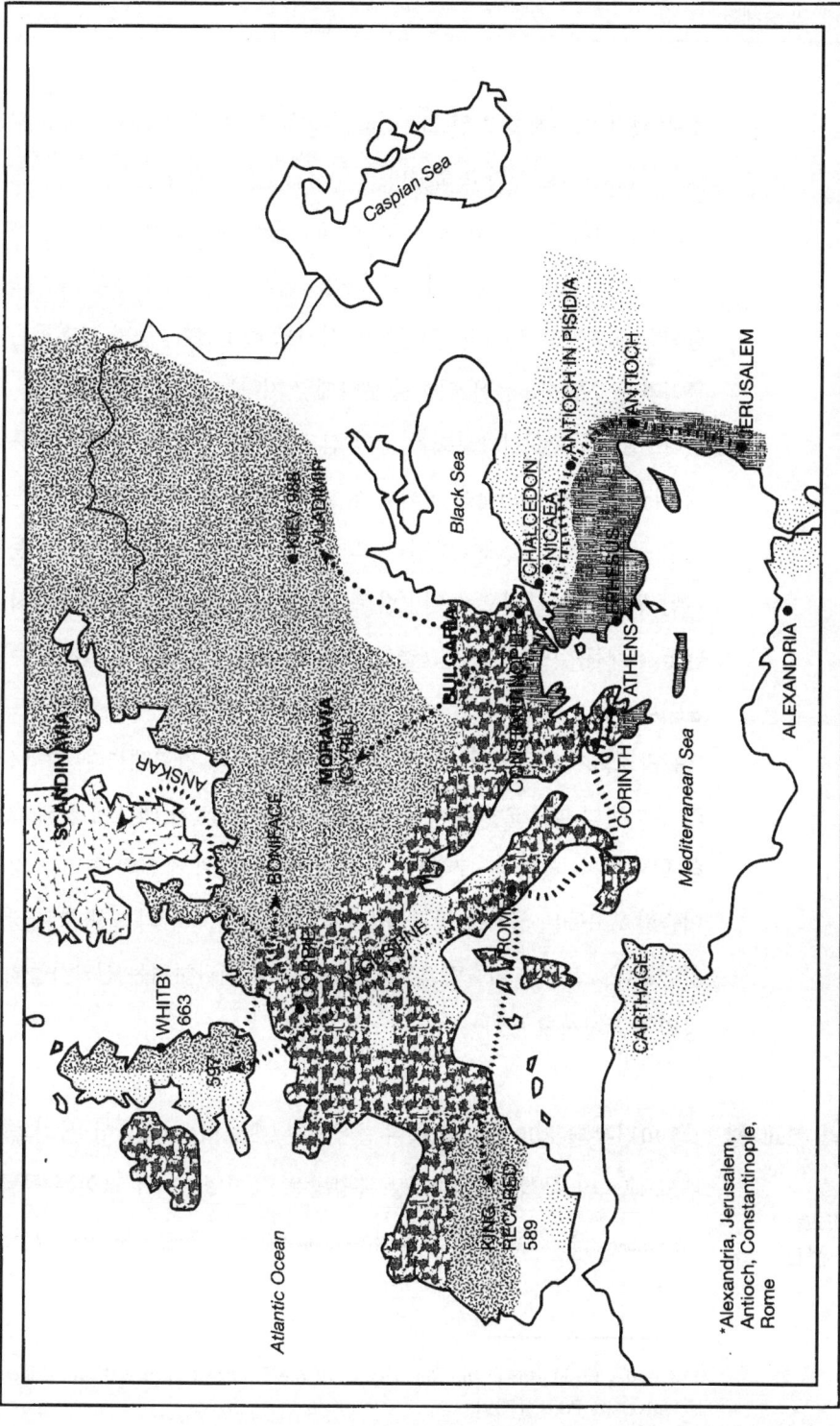

매우 컸기 때문에 하스킨스(Haskins)는 이 시대를 "12세기 문예부흥"(Twelfth Century Renaissance)이라고 불렀다.[1]

동방교회와 서방교회 모두 이슬람교도들에게 영토와 교인들을 빼앗기면서 약화하였지만, 서방교회보다 동방교회의 손실이 더 컸다. 북아프리카의 강력한 교회가 사라졌고, 이집트와 성지도 빼앗겼다. 동방 교회들은 이슬람 무리가 콘스탄티노플을 휩쓸지 못하게 저지하는 것 외에 할 수 있는 일이 없었다. 결국, 주로 서방교회가 행한 선교 활동은 유럽의 서북부에 중심을 두게 되었다. 동방교회들은 성화와 성상을 교회 안에서 사용할 수 있는지와 관련된 문제들을 해결해야 했다. 성화상 순배 논쟁이라고 알려진 이 문제가 제기된 원인은 부분적으로 이슬람교도들이 기독교인들을 우상숭배자라고 비난했기 때문이며, 일부는 그들이 교회 안에 성화와 성상을 비치해 두었기 때문이다.

동방교회가 약화하면서 로마 주교의 지위는 더 강력해졌다. 알렉산드리아와 안디옥의 대주교들은 이슬람의 지배 아래 있었기 때문에 전체 교회를 위해 발언할 수 없었다. 교황은 이 기회를 이용하여 자신의 지위를 강화했다. 이슬람교도들은 성지를 탈환하려는 십자군들과 교황의 노력에 완강하게 저항했는데, 그 후로 이슬람교도들은 기독교를 전파하려는 선교사들의 시도에 강력히 저항하고 있다.

2. 서방교회의 선교 활동

1) 브리튼 제도(諸島)에서의 선교

590년부터 800년까지 북유럽에서는 패트릭(Patrick)이 심어놓은 아일랜드 교회가 문화적으로 가장 촉망받는 곳이었다. 이 교회는 콜룸바누스(Columbanus)를 스위스로, 콜룸바(Columba)를 스코틀랜드로 파송했다. 대륙에

---

1) Charles H. Haskins, *The Renaissance of the Twelfth Century* (Cambridge: Harvard University Press, 1939).

서 학문이 쇠하고 있을 때 아일랜드의 수도사들은 사본들을 보존하고 필사하고 장식하는 일에 종사했다. 8세기 초에 아일랜드 교회는 로마의 지배를 받아들였다. 8~9세기에 계속된 바이킹족의 침입이 아일랜드 교회를 약화했고, 결국 10세기에 아일랜드 교회는 몰락했지만, 그 이전까지 그 교회는 학문과 유럽 복음화를 주도했었다.

아일랜드 교회는 북유럽의 복음화에 대해서도 간접적으로 책임을 지고 있었다. 왜냐하면 아이단(Aidan)이 복음을 영국 서북 해안의 노섬브리아인들에게 전파하게 된 것은 콜룸바가 이오나 섬에 세운 수도원의 영향이었기 때문이다. 앵글로색슨족의 통치자인 오스왈드(Oswald)는 유배생활을 하는 동안 아일랜드와 스코틀랜드의 기독교인들과 함께 지낸 적이 있고, 켈트족 신자들의 매력적인 삶에 접한 적이 있다. 5세기에 로마 군대가 철수한 후 켈트족과 그들이 믿는 기독교를 잉글랜드에서 몰아낸 앵글로색슨족의 영적 암흑 때문에 괴로워하던 그는 스코틀랜드 교회에 선교사를 보내 달라고 요청했다.

아이단은 635년에 노섬브리아로 갔고, 거룩한 섬이라고 알려진 린디스판(Lindisfarne) 섬에 본부를 두었다. 그는 그곳에 수도원을 세웠고, 이 수도원이 복음화의 중심지가 되었다. 그는 오스왈드와 협력하여 사역했다. 그가 도보로 오스왈드가 다스리는 백성들의 사회를 여행할 때 오스왈드가 통역해주었다. 아이단은 노섬브리아의 교회가 유능한 지도자를 소유하게 하려고 교육에 관심을 기울였다. 651년에 그가 사망할 당시 켈트족의 기독교가 잉글랜드 북부에 굳게 뿌리를 내리고 있었다.

켈트족 선교사들이 잉글랜드 북부에서 활동을 시작하기 몇 년 전에 로마 교회는 잉글랜드 남부의 앵글로색슨족 사회에서 선교 활동을 시작했다. 그레고리는 로마에 있는 성 앤드류 수도원의 원장이었던 어거스틴을 그 수도원 출신 수도사들의 지도자로 임명했다. 그들은 잉글랜드 남부에 가서 앵글로색슨족에게 기독교 신앙을 전하라는 명령을 받았다. 어거스틴과 그가 이끄는 수도사들은 597년 봄에 켄트 주의 해안에서 떨어져 있는 타넷(Thanet)섬에 상륙했다. 골 출신으로서 켄트의 왕 에텔베르트의 아내인 베르타(Bertha)는 에텔베르트와 결혼하기 전에 이미 기독교로 개종했었다. 그녀는 남편에게 영향력을 발휘하여 선교사들에게 호감을 느끼게 했다. 왕은 어거스틴이 지닌 마술의 힘이 영향을 미치지 못할 것으로 생각하여 옥외에서 개최한 어거스틴과의 첫 번째 회견을 마친 후 어거스틴이 복음을 전하는 것을 허락했다.[2] 곧 에텔베르트가 세례를 받았고, 그의 뒤를 따라 많은 백성이 기독교를 받아들였다.

켈트족 신자들에 의해서 잉글랜드 북부에 뿌리를 내린 기독교는 잉글랜드 남쪽에서 시작하여 북쪽으로 세력을 확대하던 로마가톨릭 기독교와 만나게 되었다. 이 두 형태의 기독교는 여러 면에서 달랐다. 켈트족 신자들은 교황의 권위를 인정하지 않았다. 그들은 로마교회에서처럼 매년 같은 요일에 부활절을 지키지 않았다. 켈트 수도사들에게는 결혼이 허락되었지만, 로마의 수도사들에게는 결혼이 허락되지 않았다. 켈트족 수도사들은 머리 모양을 여러 가지로 할 수 있었다. 이러한 차이점들 때문에 두 형태의 기독교 사이에 경쟁과 혼란이 야기되었으므로, 이미 앵글로색슨족의 잉글랜드 대부분을 통일한 오스위(Oswy)는 백성들이 추종할 기독교의 형태를 결정하기 위해서 683년에 휘트비(Whitby)에 회의를 소집했다. 비드(Bede)에 의하면, 오스위가 천국의 열쇠를 가지고 있다고 주장하는 종교를 선호했기 때문에, 그날 회의에서 로마의 기독교가 승리했다.[3] 668년에 로마의 군기 아래 영국 신자들

---

2) Frederic A. Ogg, *A Source Book of Medieval History* (New York: American, 1907), pp. 72-77.

3) Beresford J. Kidd, *Documents Illustrative of the History of the Church*, 3 vols.

을 조직하고 주교 관구와 대주교구를 세우기 위해 테오도르(Theodore)가 파견되었다. 이 교구들은 지금도 영국 국교회 안에 존속하고 있다.

테오도르가 학교들을 시작했기 때문에 영국의 기독교는 곧 학구성으로 유명해졌다. 자로(Jarrow)와 요크(York)에 있는 학교가 유명했다. 781년 이후 자기의 영토 안에 교육 체계를 계발하는 일을 도와줄 사람을 원한 샤를마뉴는 요크에 있는 학교 출신인 알쿠인(Alcuin)의 도움을 받았다. 비드는 탁월한 학자로서 생의 대부분을 자로(Jarrow)에서 지냈다. 교회의 관점에서 기록한 그의 영국사(英國史)는 731년 이전의 영국의 생활과 역사에 대한 정보를 제공하는 훌륭한 문헌 중 하나이다.

잉글랜드 교회는 같은 튜턴족을 로마의 기독교로 개종시키기 위해 유럽 대륙에 선교사들을 파송했다. 로마 교황청에 대한 영국인들의 충성이 종교개혁 때까지 지속하였으므로, 프랑크족이 유럽에서 교황제도를 지지하는 받침대 역할을 했던 것과 같은 역할을 영국교회가 하게 되었다.

2) 독일 선교

빈프리트(Winfrid)라고 알려진 보니페이스(Boniface, 680-754)는 오늘날의 독일 지방 대부분을 점령한 튜턴족 사람들로 하여금 복음을 받아들이게 했다. 동시에 그는 그들을 교황에게 충성하는 신민(臣民)으로 만들었다. 사업 능력을 갖춘 유식하고 헌신적인 사제였던 그는 선교에 헌신하기로 했다. 718년에 로마에 가서 교회로부터 독일에 복음을 전할 수 있는 권위를 받았다. 그는 가이스마르(Geismar)에서 토르(Thor: 천둥, 번개, 전쟁, 농업의 신)에게 바쳐진 거룩한 떡갈나무를 베어낸 후 그것으로 교회당을 지었다. 곧 그는 헤세(Hesse) 주를 로마 기독교로 개종시켰다. 다음에 그는 튀링겐(Thuringia) 주에 관심을 두고 그곳에 복음을 전했다. 732년에 교황 그레고리 3세는 그를 대주교에 임

(London: SPCK, , 1920-41), 3:54-58.

두 차례의 브리티시 제도의 복음화

제 1차

- 로마인에 의한 켈트족 전도 (1세기 경)

- 패트릭의 아일랜드 복음화 (432 - 60)

- 콜롬바의 스코틀랜드 전도 (593)
  중심지: 이오나

- 현대의 켈트 지역
  스코틀랜드 - 게일어
  아일랜드 - 어스어
  웨일스와 콘월 - 웨일즈어

제 2차

- 로마인에 의한 켈트족 전도 (1세기 경)

- 패트릭의 아일랜드 복음화 (432 ~ 60)

- 앵글로색슨족의 잉글랜드 침입 (410)
  초기 켈트 기독교를 파괴함

- 캔터베리 대주교 어거스틴이 켄트 남부에 로마 기독교 재도입함 (597)
  노섬브리아 북부에 아이단이 켈트 기독교를 도입함 (635)

- 휘트비에서 로마가톨릭교회가 승리함 (663)

- 테오도르가 교회를 조직함

독일에 복음을 전한 베네딕트회 수도사 성 보니페이스.
그는 35년 동안 독일에 몇 개의 수도원 주교구를 세운 후 프랑스 교회를 개혁하기 위해 프랑스로 갔다.

명했다.

그는 최초로 여인들을 선교사로 등용했다. 748년에 그의 사촌 리오바(Lioba, 710?-99)가 그를 도와 수녀원을 맡았다. 그녀를 비롯한 수녀들이 많은 독일인을 개종시키는 일을 도왔다. 그녀는 성경, 교부들, 그리고 교회법에 해박했다.

얼마 후 샤를마뉴는 무력으로 자신의 제국 동쪽 국경 지방에 있는 색슨족을 기독교로 개종시켰다.

이처럼 때로 전체 부족들과 국가들의 대규모 개종과 세례를 동반하는 포괄적인 정복으로 인해 실질적인 믿음의 체험이 없이 세례를 받는다는 문제가 제기되었다. 이것은 유력한 지도자의 개종으로 말미암아 국민 전체가 기독교를 받아들이게 되면서 개종자들이 참된 구원의 체험을 소유할 만한 도움을 받지 못하는 곳에서 선교사들이 직면하곤 하는 영속적인 문제였다.

3) 저지대 국가(Low Countries) 선교

영국의 주교 윌프리드(Wilfrid, 634-709)는 678년에 프리슬란트(네덜란드 북부의 주)에 도착하여 그 지방 주민들에게 복음을 전했다. 후일 빌리브로르트(Willibrord, 658-739)가 그의 뒤를 이어 더 건전한 토대 위에 기독교를 세웠고, 690년에는 프리슬란트가 교황에게 충성하게 되었다.

4) 이탈리아 선교

568년부터 675년 사이에 아리우스파 기독교로 개종했던 롬바르드족이 이탈리아 남부를 장악했고, 자기 영토 내에서 교황권에 반대했다. 그레고리 1세는 재위 기간에 바바리아의 공주 튜델린다(Theudelinda: 그녀는 연속적으로 왕위에 오른 두 명의 롬바르드 왕의 아내였다)의 영향력 덕분에 말썽을 피할 수 있었다. 610년경에 아일랜드의 수도사 콜룸바누스가 이탈리아를 방문함으로써 많은 롬바르드족 사람들이 아리우스주의 신앙을 버렸다. 675년에는 롬바르드족의 통치자들과 대부분 백성이 로마의 정통 신앙을 받아들였다.

5) 스페인 선교

아리우스파였던 스페인의 서고트족은 로마교회에 또 다른 도전을 제기했다. 589년에 개최된 제3차 톨레도 종교회의에서 레카레드 2세(Recared II)는 아리우스주의를 버리고 정통 기독교 신앙에 귀의한다고 발표했다. 많은 귀족과 아리우스파 감독들도 그의 뒤를 따랐다. 그러나 그 정복은 완전한 것이 아니었으며, 그 지역에서 벌어진 정통 신앙과 아리우스주의의 불화로 말미암아 8세기에 이슬람교도들이 스페인을 쉽게 짓밟을 수 있었다.

800년에 이르러 교황권의 권위는 브리튼 제도 및 현대의 독일에 해당하는 대부분 지역에 뿌리를 내렸다. 이탈리아와 스페인에서 제기되었던 아리우스파의 위협도 사라졌다.

동방교회에서는 9세기 중엽에 선교사 키릴(Cyril, 826-869)과 그의 동생 메토디우스(Methodius)가 모라비아의 슬라브족을 개종시켰다. 키릴은 슬라브어 알파벳과 문자를 계발한 후에 성경을 슬라브어로 번역했다. 후일 모라비아인들은 교황의 관할에 놓였다. 동방교회는 이슬람교도들이 콘스탄티노플을 정복하는 일을 막는 데 힘을 쏟았다.

참고문헌

Addison, J. T. *The Medieval Missionary.* New York: International Missionary Council, 1931.

Bodley, Ronald U. C. *The Messenger.* Garden City, N. Y.: Doubleday, 1946.

Crawford, Samuel J. *Anglo-Saxon Influence in Western Christendom,* 600-800. Oxford: Oxford University Press, 1933.

Deanesley, Margaret. *Augustine of Canterbury.* London: Nelson, 1964.

Emerton, Ephraim, trans. *The Letters of Saint Boniface.* New York: Columbia University Press, 1962.

Hilgarth, J. N. *The Conversion of Western Europe,* 350-750. Englewood Cliffs, N.J.: Prentice-Hall, 1969.

Robinson, Charles. *The Conversion of Europe.* London: Longmans, 1917.

Talbot, C. H., ed. and trans. *The Anglo-Saxon Missionaries in Germany.* London: Sheed and Ward, 1954.

제18장
서방교회 안에서의 제국주의의 부활

590년 이후 교황들은 자기들이 강력하게 요구해온 권력 요구를 위협하는 압력을 받고 있음을 발견했다. 교회가 국가의 통치자에게 종속되어야 한다고 생각한 콘스탄티노플의 황제들은 로마 주교가 자신의 특권이요 소유라고 여겨온 것을 꾸준히 공격했다. 아리우스주의 신앙을 지지하는 롬바르드족은 이 기간에 한 번 이상 로마를 공격했다. 이러한 어려움 때문에 교황은 이탈리아에 있는 재산과 자신의 영적 권세에 대한 권리 주장을 지원해줄 강력한 동맹을 찾아야 했다. 프랑크족의 통치자들이 가장 믿음직한 동맹자인 듯했고, 교황들은 그들과 동맹을 맺었다. 이 동맹은 중세 시대에 종교 문제뿐만 아니라 정치 문제에도 영향을 미쳤다. 서방에 새로 등장한 정치적 제국(800년에 교황이 이 국가를 승인했다)은 로마제국이 지녔던 제국주의 사상을 부활시켰다. 그러나 이 신흥 제국의 통치자들은 로마인이 아닌 튜턴족이 될 것이었다. 로마제국을 부활시키는 영광은 카롤링거 왕조의 통치자들에게 돌아갔다.

1. 메로빙거 왕조
(Merovingian Dynasty)

기원전 1세기에 카이사르(Caesar)가 골(갈리아)을 정복하고 개화시킨 것이 중요한 일이었음이 이제 분명해졌다. 왜냐하면, 교황은 이 지역에서 프랑크족에게 도움을 청해야 했기 때문이다. 프랑크족은 라인 강 동쪽 지역을 따라

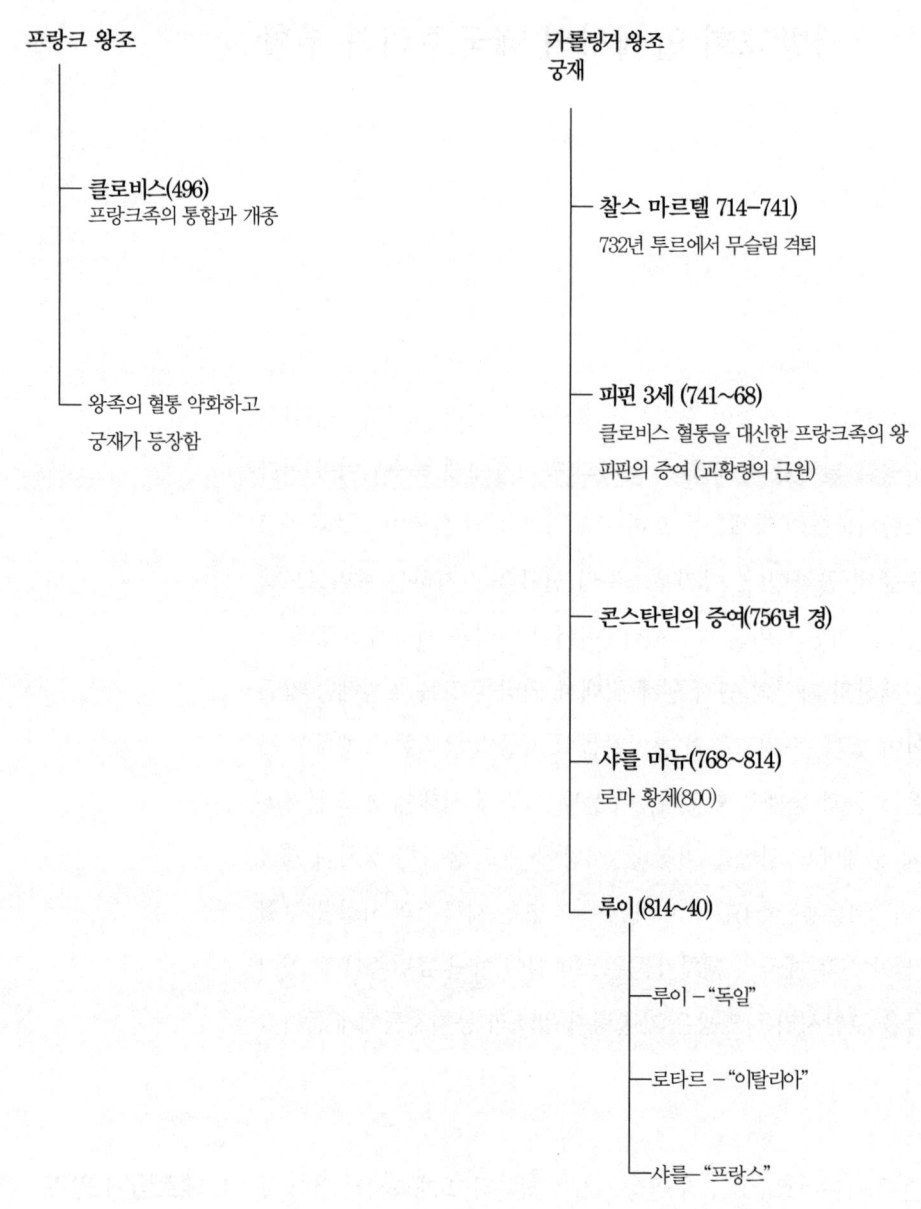

프랑스까지 진격하여 골을 정복했었다. 그러나 그들은 자기들이 정복한 민족의 문화인 로마 문화를 받아들였다.

클로비스(Clovis, 466?-511)는 프랑크족을 통합하고 오늘날의 프랑스의 주요 부분이 될 지역들을 완전히 정복한 최초의 지도자이다. 그는 부르고뉴의 공주 클로틸다(Clotilda, 474-545)와 결혼했는데, 이 결혼으로 획득한 부르고뉴의 영토와 전쟁에서 획득한 영토를 합병했다. 그의 지도로 프랑크족이 완전히 통합된 것은 그 지역의 안정에 크게 기여했다.

클로비스가 기독교를 받아들이게 된 것은 부분적으로 아내의 영향이며, 또 부분적으로는 전쟁에서 하나님의 섭리적 도움이 그에게 주어졌기 때문이다. 그가 기독교를 받아들인 것 때문에 496년이 서유럽의 역사에서 의미가 있게 되었다. 이는 그가 통합한 프랑크족과 그 통치자들이 후일 세속적 적들로부터 교황권을 보호해주었으며, 100년 이상 소유하고 있던 지역을 교황에게 양도했기 때문이다.

클로비스의 아들들은 아버지와 같은 능력을 지니지 못했고, 국사(國事)의 통제권은 궁재(宮宰)들에게 넘어갔다. 클로비스의 연약한 후계자들이 궁에서 삶을 즐기고 있는 동안 궁재들이 정부를 장악했다. 이 궁재들이 카롤링거 왕조(Caroligian dynasty)를 이루었고, 이 왕조는 샤를마뉴 시대에 그 세력이 절정에 달했다.

2. 카롤링거 왕조의 통치자들

헤리스탈(Heristal)의 피핀(Pepin)은 분열된 클로비스의 영토를 재통합한 최초의 궁재이다. 그는 687년부터 714년까지 클로비스의 타락한 후손들을 대신하여 프랑크족을 다스렸다. 그는 궁재직을 세습직으로 만들어 자기 후손들이 물려받을 수 있게 했다.

피핀의 사생아인 카를 마르텔(Charles Martel, 688-741)은 741년에 궁재직을 물려받았다(마르텔은 망치라는 뜻이다). 이미 스페인을 유린한 이슬람교도들이

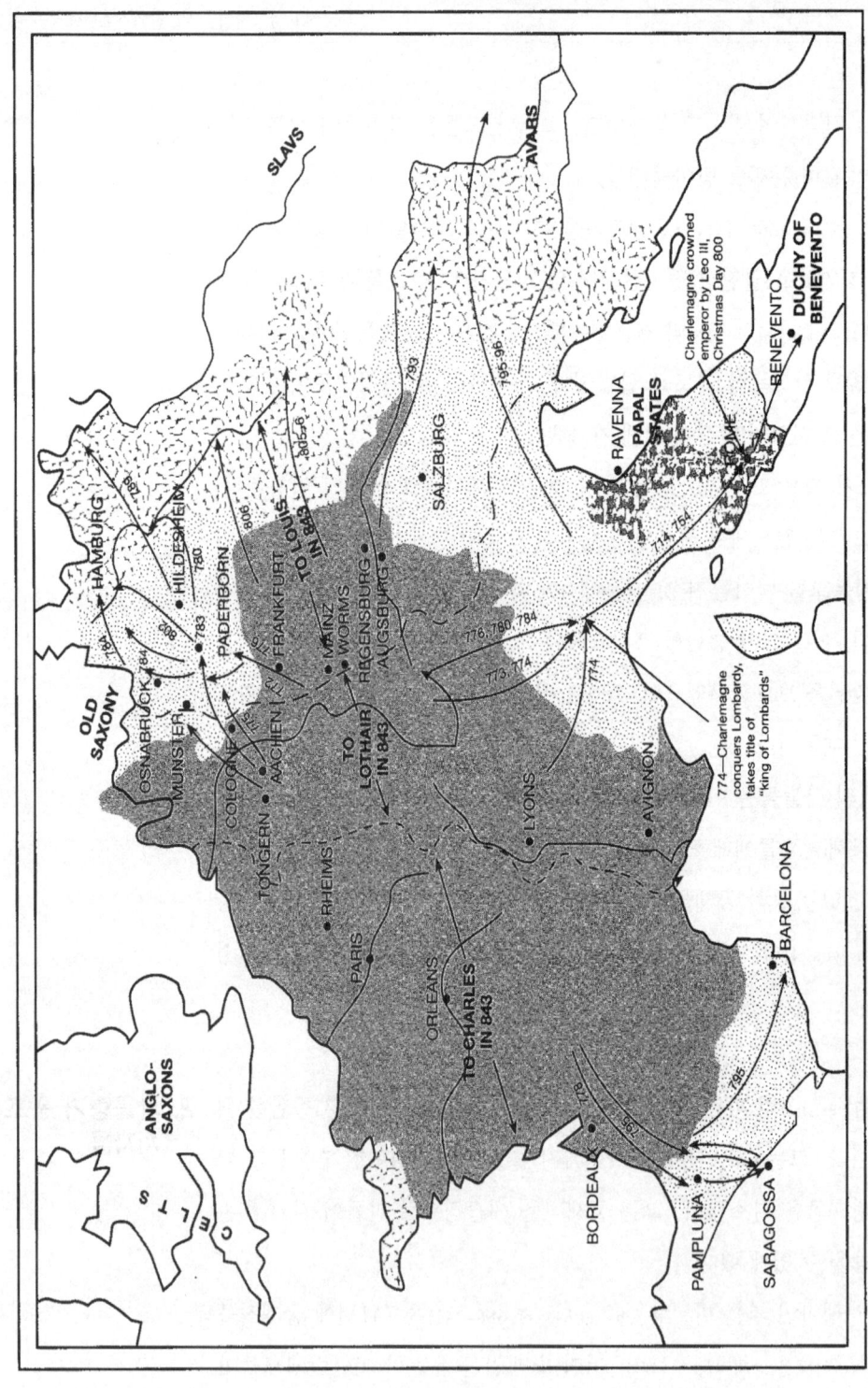

서유럽 전체를 장악하려고 위협하고 있었기 때문에 카를의 용사로서의 능력이 필요했다. 카를은 732년 푸와티에(Poitier) 근처의 투르 전투에서 그들을 물리쳤다. 그가 서유럽을 구한 것은 정통 기독교에 유리한 일이었기 때문에 로마교회는 그를 고맙게 여겼다. 그는 라인 강 너머에 있는 부족들이 기독교로 개종한다면 라인 강 서안의 부족들로 인한 어려움이 제거될 것으로 생각했기 때문에 보니페이스가 그들에게 복음 전하는 일을 지원했다.

카를의 궁재직을 이어받은 사람은 그의 아들 피핀(Pepin 714?-768)이다. 그는 단신의 피핀(Pepin the Short), 또는 대 피핀(Pepin the Great)이라고 알려져 있다. 그는 741년부터 동생과 함께 다스렸는데, 747년에 동생이 수도원에 들어갔다. 피핀은 궁재의 권위를 행사할 뿐만 아니라 왕의 칭호를 사용했으므로(751년) 카롤링거 왕조 최초의 실질적인 왕이었다. 이탈리아 내에서 교황의 권위를 위협하는 아리우스파인 롬바르드족의 공격을 맞아 교황 자카리아스(Zacharias)가 도움을 요청한 것이 계기가 되어 그는 자신의 권위를 확장하게 되었다. 보니페이스는 피핀을 프랑크족의 왕으로 임명하면서 기름을 부어 주었다. 그리하여 메로빙거 왕조의 마지막 왕 킬데리크 3세(Childeric III)는 강제로 퇴위하여 수도원에서 여생을 보냈다. 피핀은 754년과 756년에 롬바르드족을 원정 공격함으로써 교황을 돕겠다는 약속을 이행했다. 그는 754년에 로마에서 라벤나에 이르는 중앙 이탈리아 지역의 땅을 빼앗아 교황 스테픈 2세에게 돌려주었다. 피핀의 기진이라고 알려진 이 일은 로마 사람들에게는 특별히 의미 있는 일이었다. 이는 로마 시가 기원전 754년에 세워졌기 때문이다. 이 일은 756년부터 1870년 이탈리아가 통일될 때까지 교황이 간섭받지 않고 유지해온 가톨릭 교황령 국가들을 위한 기초가 되었다. 교황 스테픈 2세가 754년에 "프랑크족의 왕이요 로마인들의 수호자"인 피핀에게 두 번째로 면류관을 수여한 것은 그리 이상한 일이 아니다. 스테픈은 755년에 약속된 것을 기증받았다.

수백 년 동안 콘스탄티누스 대제가 로마의 주교에 의해 기적적으로 병이 낫고 개종했다는 것과 관련된 이야기가 전개되어왔다. 이 일을 고맙게 여긴 콘스탄티누스 대제는 로마의 주교에게 많은 권리와 영토를 하사했다고 한다. 이러한 이야기들이 『콘스탄틴의 증여』(Donation of Constantine)라는 문서에 수록되었으며, 중세 시대에 널리 유포되었다. 교황들은 세속 재산, 그리고 세속 영역과 영적 영역에서의 권력에 대한 권리 주장을 뒷받침하기 위해 이 문서를 사용했다.[1] 그 문서는 8세기 중엽에 작성되었으므로, 피핀이 이탈리아의 땅을 교황에게 하사할 당시에 그것이 이미 유포되어 있었다.

그 문서에서 콘스탄티누스 대제는 먼저 실베스터와 교회의 주교들에게 문안한 후에 실베스터가 자기의 문둥병을 치료해주었고 자신이 그에게서 세례받았음을 이야기한다. 그는 그에 대한 보답으로 로마교회가 다른 교회들보다 우선하며 로마교회의 주교가 교회 내의 최고 감독이라고 선언했다. 그는 제국 전역의 여러 지역, 라테란 궁, 그리고 제국의 지위를 나타내는 의복과 훈장을 실베스터에게 주었다. 그 후 콘스탄티누스 대제는 교황의 권리에 개입하지 않으려고 콘스탄티노플로 물러갔다.

그 문서에 이러한 사실들이 기록되어 있지만, 그것들이 역사적으로 정확한 것은 아니다. 그러한 사실들을 기록한 다른 문서가 현재 남아 있지 않다. 게다가 1440년 로렌조 발라(Lorenzo Valla)는 최초의 진정한 역사 비판서인 저서에서 『증여』가 사건들이 발생하고 나서 수백 년이 지난 후에 작성된 문서라고 주장했다. 위조문서로서 이 문서만큼 역사에 강력한 영향을 미친 것은 거의 없다.

프랑크 왕국의 다음 통치자인 샤를마뉴(Charlesmagne)는 단신의 피핀

---

1) Henry Bettenson, *Documents of the Christian Church* (New York: Oxford University Press, 2d ed., 1963), pp. 98-100.

(Pepin the Short)의 아들이다. 샤를마뉴(742-814)는 768년에 즉위했고, 800년에 교황이 그에게 로마인의 황제(Imperator Romanorum)의 제관을 수여함으로써 서로마제국의 황제가 되었다. 서유럽 전역에서 그의 영향력을 느낄 수 있었다.

샤를마뉴에 대한 정보는 그의 전기를 간략하게 저술한 아인하르트(Einhard)에게서 얻은 것이다.[2] 샤를마뉴는 키가 190cm가 넘는 큰 체구였다. 밝은 안색과 길고 흰 머리털이 그의 키와 함께 위엄 있는 분위기를 만들었다. 그는 사냥, 승마, 수영 등을 좋아했지만, 문화적인 면에 관심이 있었다. 이러한 관심 때문에 그는 식탁에서 음악을 듣거나 다른 사람에게 책을 낭독시켰다. 그는 종교에도 헌신적이었다. 그러나 그는 본부인 외에 몇 명의 첩을 두었으므로 그의 종교가 가정생활에 연결되지 않았다.

샤를마뉴는 호전적이었다. 그는 통치하는 동안 왕국의 무정부 상태를 종식하기 위해서, 그리고 국경을 확장하기 위해서 이탈리아와 독일로 50회 이상 군사원정을 했다. 그는 이탈리아에서 롬바르드족을 궤멸시켰고, 독일에서는 색슨족을 정복했다. 그는 무력으로 색슨족에게 기독교를 전했다. 그는 유능한 사람이었으므로 아버지가 소유했던 영토를 두 배로 확장했고, 마침내 남쪽으로는 로마에 이르는 이탈리아 전역, 오늘날의 독일에 해당하는 지역의 대부분, 그리고 오늘날의 프랑스에 해당하되는 지역 전체를 장악했다. 로마제국 시대 이후 서유럽에서 한 사람이 그렇게 많은 지역을 통치한 적이 없었다. 이 왕국은 샤를마뉴의 천재적 능력에 의해 통일을 유지했으므로, 814년에 그가 사망한 후 그리 오래 지속하지 못했다.

샤를마뉴는 거대한 제국을 관리하기 위해 관료정치와 제국주의적 통치체

---

2) Jonathan F. Scott, Albert Hyma, and Arthur H. Noyes, *Readings in Medieval History* (New York: Appleton-Century-Crofts, 1933), pp. 149-66.

계를 발달시켰다. 제국은 여러 지역으로 나뉘었는데, 각 지역은 여러 주로 이루어졌고 한 명의 공작의 통치 아래 있었다. 황제는 불시에 이 공작들의 궁전에 순찰사(missi dominici)를 보내어 회계 감사를 하고, 새로운 법령집을 발표하며, 그들이 질서를 유지하는지 점검했다.

샤를마뉴의 대관식. 샤를마뉴는 프랑스, 오늘날의 독일, 그리고 이탈리아의 로마까지 왕국에 포함시켰다. 그는 교황 레오 3세를 복위시킨 후 800년에 로마 황제로 등극했다.

샤를마뉴는 교회에 우호적이었다. 그는 교회는 영혼이요 국가는 몸으로 비유할 수 있다고 생각했다. 교회와 국가는 각기 책임 영역이 있었다. 774년에 롬바르드족 정벌을 끝내기 위해 로마를 방문했을 때, 그는 피핀이 교황에게 땅을 하사했던 일을 재확인했다. 그러나 그는 교회의 통치자는 국가의 통치자가 내린 결정에 대해 논할 수 없으며 주교들은 국가의 수장에 종속되어야 한다고 여겼다.

로마에서 반대파의 공격을 받아 간신히 죽음을 면한 교황 레오 3세(Leo III)는 로마를 떠나 샤를마뉴의 궁전으로 피했다. 샤를마뉴는 레오와 함께 로마로 돌아갔고, 교황은 공의회에서 누명을 벗었다. 800년 성탄절 미사 때에 교황은 대관식을 거행하여 샤를마뉴를 로마인의 황제로 선언했다. 그리하여 서방에서 로마제국이 부활했다. 튜턴족 사람이 영도하는 새로운 로마가 옛 로마제국을 대신했다. 세계적인 교회와 세계적인 제국이 공존했다. 이 기독교 제국 안에서는 고전적 유산과 기독교적 유산이 연결되지 않았다.

사람들을 통합하려는 인간의 꿈이 다시 실현될 듯이 보였다. 왜냐하면, 샤를마뉴는 로마제국이 몰락한 후 가장 방대한 영토를 자신의 통치 아래 두었기 때문이다. 이제 인간의 영혼을 다스리는 교황의 세계적인 영적 제국과 샤를마뉴가 인간의 몸을 지배한 신흥 로마제국이 짝이 되었다.

하나님의 나라는 두 부분을 가지고 있다고 생각되었다. 한 부분은 교황이 주재하는 영적인 부분으로서 인간의 영혼을 책임지는 곳이며, 또 한 부분은 인간의 육체적 복지를 책임져야 하는 세속적인 부분이다. 교황과 황제는 서로 도와야 했다. 이러한 견해는 교회의 통치자들과 튜턴족이 이끄는 새로운 로마제국 통치자들 사이의 갈등을 초래했다. 황제에게는 인간을 다스리는 권세가 하나님으로부터 주어졌으며, 교황은 황제로부터 위임받아 인간의 영혼을 다스리는 권세를 행사하는가? 아니면 하나님께서 교회에 지고한 권위를 주셨으며, 교황이 인간의 육신을 다스리는 권세를 황제에게 위임하는 것인가? 또는 황제와 교황이 동등한 지위를 차지하며, 하나님께서 이들 각자에게 자기의 영역 내에서의 지상권을 주셨는가? 이 문제에 대한 해답을 제시하는 일에 중세 시대의 교황들과 황제가 정력을 기울였으며, 마침내 교황들은 황제를 자기들의 통제 아래 두는 데 성공했다.

샤를마뉴의 사후 그의 제국은 무능한 아들과 싸움을 일삼는 손자들의 통치 아래 점차 쇠퇴했다. 손자들은 오랫동안 서로 싸우다가 843년에 베르뎅 조약(Treaty of Verdun)을 체결하고 제국을 나누어 통치했다. 962년에 게르만족 제후인 오토(Otto)에 의해 제국주의 사상이 부활했다. 볼테르는 신성로마제국이 신성하지 않고 로마인의 나라가 아니고 제국도 아니라고 조롱했지만, 962년부터 1806년까지 유럽에는 신성로마제국이 존속했다.

샤를마뉴는 문화 발달에 관심을 가졌다. 800부터 814년까지의 그의 통치 기간은 "카롤링거 왕조의 문예부흥"이라고 알려진 문화 발달 시대였다. 6세기에 이탈리아를 다스린 동고트족의 통치자 테오도릭(Theodoric) 시대의 보에티우스(Boethius)와 카시오도루스(Cassiodorus)의 사역 이후 문화가 그만큼 발달한 적이 없었다. 샤를마뉴는 자신의 문예부흥을 완수하기 위해 영국 교회의 학자들을 의지했으며, 요크의 위대한 학자 알쿠인(Alcuin, 735?-804)에게 아헨(Aachen)의 궁전 학교의 지도자가 되어 달라고 설득했다. 이 학교에서 왕가의 자녀들과 귀족들의 자녀들이 교육을 받게 될 것이었다. 알쿠인은 부제인 폴, 아인하르트 등 여러 유능한 학자들의 도움을 받아 이 일을 수행했다.

샤를마뉴의 궁전학교는 교육과정의 기본 윤곽인 삼학(三學: 문법, 논리, 수사학), 그리고 5세기에 마르티아누스 카펠라(Martianus Capella)가 시작한 로마의 고등교육에 기원을 둔 사과(四科: 산수, 기하, 천문, 음악)를 중세 시대의 대학에 전해주는 연결고리이다. 샤를마뉴의 문화적 활동은 게르만족이 고전 학문과 기독교 학문에 융합되는 과정의 중요 단계이다. 샤를마뉴는 과거의 책을 낭독하게 하고 듣는 것을 즐겼다. 그의 전기 작가인 아인하르트에 의하면 그는 특히 어거스틴의 『하나님의 도성』(City of God)을 좋아했다고 한다. 그는 성경 해석자들이 성경을 이해하고 바르게 해석할 수 있으려면 수도원장들이 수도원학교를 세워야 한다고 주장했다.[3]

중세 역사에서는 샤를마뉴의 중요성이 강조되어야 한다. 그의 즉위로 말미암아 옛 로마제국 주민들과 그 제국을 정복한 튜턴족 정복자의 화해 및 결합이 이루어졌다. 그의 즉위로 말미암아 5세기에 서로마제국이 야만족에게 빼앗겼던 제국의 동쪽 지역을 되찾으려는 비잔틴제국 황제의 꿈이 무산되었다. 교황이 샤를마뉴에게 제관을 씌웠으므로 교황의 지위가 강화되었고, 교황이 어려움을 당할 때 황제가 도와주어야 했다. 샤를마뉴의 즉위는 클로비

---

3) Oliver J. Thacher and Edgar H. McNeal, *A Source Book for Medieval History* (New York: Scribner, 1905), pp. 51-52; 55-56.

스가 기독교인이 되기로 하면서 시작된 프랑크족 집권의 절정기였다.

3. 교회와 동로마제국

샤를마뉴는 동로마제국과 교회에도 관심을 두었으며, 심지어 동로마제국과 서로마제국을 통일하여 옛 로마제국이 차지했던 영의 대부분을 포함할 제국 건설을 시도하기도 했다. 비잔틴제국의 황제들이 무슬림을 저지하여 유럽 전역을 휩쓸지 못하게 했기 때문에, 서로마제국이 제국의 몰락과 야만족의 유입으로 야기된 혼란과 혼동 상태를 회복할 수 있었음을 잊어서는 안 된다.

동로마제국은 726년부터 843년까지 성상 숭배 논쟁으로 어지러웠다. 레오 3세는 726년과 730년에 교령을 발표하여 성상 사용을 금지하고 그것들을 파괴할 것을 명했다. 이레네(Irene)가 비잔틴제국의 황후가 된 시기에 샤를마뉴는 성상 숭배를 반대하는 성명을 발표했다. 심지어 그는 옛 로마제국에 속했던 지역들을 서로마제국에 수도를 둔 하나의 제국으로 통합하기 위해서 이레네에게 결혼을 제안했다. 그러나 이레네가 그의 제안을 거절했으므로, 330년에 콘스탄티누스 대제가 수도를 콘스탄티노플로 옮기면서 시작된 제국의 분열 상태가 그대로 지속하였었다. 787년 제2차 니케아 공의회는 성상 숭배가 아닌 성상 존숭을 허락했다.

다마스쿠스의 요한의 업적을 제외하고는, 신학적 논쟁의 시대인 4세기부터 시작하여 6세기 동안 동방교회는 신학 발달이 정체되어 있었다. 요한(John, 675-749?)은 신학 사상을 공식화하여 토마스 아퀴나스의 『신학대전』에 비길 만한 작품을 만들었다. 3권으로 된 『지혜의 샘』(Fountain of Wisdom)은 4세기부터 요한의 시대에 이르기까지 교부들과 공의회들에 의해 발달해온 신학의 요약이다. 그 책은 비잔틴제국에서 정통교리의 표준적 표현이 되었다. 콘스탄티노플의 교회가 황제의 권위에 종속되어 있었다는 사실이 8세기 중엽 이후 동방교회의 정체 상태를 설명해주는 이유가 될 수 있을 것이다. 비잔틴제국의 교회는 국가에 속한 하나의 부서에 불과했지만, 서로마제국에서는 교황이 세속 권력의 통제로부터 자유를 되찾았고, 후대에는 오히려 세속 권력을 통제하기에 이르렀다.

590년부터 800년에 이르는 시대가 끝날 무렵 서로마제국의 몰락과 함께 야기된 혼란이 완전히 제거되었다. 제국의 동쪽 아시아 지역은 계속 콘스탄티노플의 지배 아래 있었다. 클로비스가 세운 프랑크 왕국은 샤를마뉴 시대에 기독교 제국으로 성장하여 서로마제국에 사는 옛 로마제국 주민들과 기독교를 받아들인 튜턴족을 통합했다. 로마와 콘스탄티노플은 과거 로마제국의 영토였던 지중해 남쪽 해안을 무슬림에게 빼앗겼다. 그러나 732년에 동방과 서방에서 무슬림의 진출이 중단되었다. 로마제국의 옛 영토는 셋으로 나뉘었다. 800년부터 1054년까지의 교회사는 주로 교황과 프랑크제국 통치자 사이의 싸움과 관련된다.

참고문헌

Duckett, Eleanor S. Alcuin. *Friend of Charlemagne* (New York: Macmillan, 1951).

교회와 국가의 관계 변동(800~1054)

제19장

신성로마제국의 출현

이 시대의 교회사에는 비잔틴제국과 서로마제국과 교회의 복잡한 관계에 대한 논의가 포함된다. 이 시기에 최초로 교회의 대분열이 발생했다. 즉 서방교회와 동방교회가 분열하여 서방교회는 로마가톨릭교회로, 동방교회는 그리스정교회로서 각기 제 길을 가게 되었다. 아울러 샤를마뉴 시대에 시작된 학문의 부흥으로 말미암아 암흑시대의 어둠이 서서히 사라지고 있었다.

1. 카롤링거 왕조의 몰락

800년 성탄절에 레오 3세가 샤를마뉴에게 제관을 수여함으로써 다져진 찬란한 제국은 그 창시자의 사후 오래 존속하지 못했다. 이 제국은 샤를마뉴의 천재적 능력에 의존해왔기 때문에, 그의 죽음은 그 제국의 와해가 시작되었음을 알리는 신호였다. 그의 아들과 손자들은 샤를마뉴와 같은 능력과 에너지를 소유하지 못했으므로, 프랑크 왕국은 급속히 파괴되었다.

1) 샤를마뉴의 후계자들

프랑크 왕국의 몰락에 작용한 중요한 요인은 아버지 소유의 땅을 자식들이 나누어 갖도록 규정한 튜턴족의 상속 원리를 제국의 구조에 도입하여 영토를 나눈 것이었다. 이 원리는 샤를마뉴의 후계자인 경건왕 루이(Louis the Pious, 778-840)가 살아있을 때 시행되었다. 제국이 분할될 수 없다는 로마의 개념은 튜턴족에게 생소한 것이었다. 혹시 루이가 그러한 개념을 가지고 있었다 해

2) 튜턴족의 상속 원리

도 그는 아버지 샤를마뉴처럼 천재적 능력을 갖추고 있지 못했기 때문에 자기 생각대로 추진할 수 없었을 것이다. 그는 강력한 귀족 사회를 통제하지 못했으며, 그의 관대한 성품으로는 난폭한 가족들을 통제할 수 없었다.

루이는 황제가 된 직후 제국을 아들들에게 나누어주겠다는 계획을 발표했다. 그런데 둘째 부인(Judith)이 대머리 왕 카를(Charles the Bald)을 낳았으므로, 그는 카를을 상속자에 포함시키기 위해 계획을 수정해야 했다.

814년부터 어렵게 나라를 다스리던 루이가 840년에 사망한 후 아들들의 다툼 때문에 카롤링거 제국의 몰락이 불가피하게 되었다. 그의 아들 루이에게는 동쪽 지역을, 대머리 카를에게는 서쪽 지역을, 그리고 북해에서부터 아드리아 해에 이르는 중부 지역과 황제의 칭호는 로타르(Lothair)에게 분배되었다. 로타르는 아버지가 통치하던 제국 전역의 통치권을 원했지만, 대머리 카를과 게르만인 루이가 힘을 합하여 그를 대적했다. 이 두 사람은 842년에 스트라스부르에서 만나 로타르를 패배시킬 때까지 서로에게 충성할 것을 자기가 다스리는 민족의 언어로 맹세했다. 이 만남은 현대 프랑스와 독일 역사에서 중요하다. 왜냐하면, 현대의 독일 지역을 포함하는 영지를 소유한 루이, 그리고 현재의 프랑스 지역을 영지로 소유한 카를은 각기 자기가 다스리는 백성의 언어로 맹세함으로써 백성들의 공용어를 인정했기 때문이다.[1]

이들의 동맹이 매우 강력했기 때문에 로타르는 견딜 수 없었고, 결국 843년에 삼 형제는 베르뎅 조약(Treaty of Verdun)에 합의했다.[2] 오늘날의 프랑스에 해당하는 지역은 대머리 카를에게, 오늘날의 독일에 해당되는 지역은 루이에게 주어졌다. 로타르는 제위(帝位)와 두 왕국 사이에 있는 길이가 1천 마일

---

1) Frederic A Ogg, *A Source Book of Medieval History* (New York: American, 1907), pp. 152-54.

2) Ibid., pp. 154-56.

이요 폭이 100마일 이상 되는 지역을 차지했다. 이것은 현대 프랑스와 독일의 탄생을 결정한 사건이다. 이 두 왕국 사이의 지역을 차지하기 위해 두 나라가 벌인 경쟁이 현대에 이르기까지 계속되면서 서유럽에서 말썽의 근원이 되어왔다. 870년에 체결된 메르센 조약(Treaty of Mersen)에 의해 동프랑크 왕국과 서프랑크 왕국이 두 왕국 사이의 지역을 나누어 차지하고, 로타르의 후손들은 이탈리아만 차지했다.

3) 봉건제도의 등장

샤를마뉴가 건설한 대제국의 분할은 봉건제도의 등장으로 말미암아 촉진되었다. 중앙집권적 정부가 약해져서 효과적으로 권위를 행사하지 못하게 되면, 어떤 형태로든 봉건제도가 등장하곤 한다. 로마제국의 몰락 이후에 도시생활과 교역이 쇠퇴함으로 말미암아 백성들은 생계를 위해 어쩔 수 없이 농업으로 복귀했다. 봉건주의의 선례는 로마와 게르만족의 관습에서 찾아볼 수 있었다. 이러한 상황 및 9세기의 무질서한 상태가 서유럽에 봉건적 생활방식이 등장하는 것을 촉진했다. 봉건제도는 공권력을 개인에게 부여했다.

중세 시대 사회는 수직적으로 나뉘지 않고 수평적으로 나뉘었으므로 사회적 이동이 거의 없었다. 사람들은 자기 부친이 누리던 사회적 지위를 그대로 누렸다. 봉건제도가 등장한 후 사회는 봉사의 대가로 땅을 소유하는 특권을 지닌 봉건적 기사들의 집단; 봉건제도가 경제적 토대가 된 생산자들, 즉 장원(莊園)에서 일하는 농노들의 집단; 그리고 기도하는 사람들의 집단, 즉 가톨릭교회의 사제 계층으로 나뉘었다. 개인은 집단의 이해관계에 종속되었으며, 이러한 계급정치 사회에서 모든 사람에게는 주인이 있었다.

봉건제도란 땅의 소유에 기초를 둔 정치적 조직체계라고 정의할 수 있을 것이다. 지방 영주들은 자신이 땅을 소유하고 있는 지역에서 선정을 베풀었다. 중세 말기에 영국, 프랑스, 스페인 등지에서 민족국가들이 등장하기 이전, 즉 로마제국의 쇠퇴, 메로빙거 왕조의 몰락, 샤를마뉴 제국의 붕괴 이후 중앙집권적 정부가 약화한 시기에 정의와 질서를 유지할 수 있는 유일한 방법이 이것이었다.

장원제도 역시 로마제국의 몰락으로 초래된 국제적 교역의 붕괴 이후 사회 모든 계층의 생계를 마련해준 경제체계였다. 영주와 농노들 모두 땅으로 말미암아 생계를 유지했으며, 각 장원은 소금, 맷돌, 대장장이가 연장을 만드는 데 사용하는 쇠붙이 등 몇 개의 품목을 제외한 모든 것을 자급자족했다. 무장 기사를 부양할 수 있는 지역인 장원은 봉건체계 내의 토지 단위였다. 일부 봉건 영주들은 몇 개의 장원을 소유했다. 그러므로 장원은 봉건체계가 유지될 수 있게 해준 기본적인 경제 단위였다.

토지보유권은 장원제도와 봉건제도를 연결해주는 고리였다. 봉건체계의 조직에서 가장 하위의 연결고리인 기사들의 생계는 농노들에 의존했다. 농노들은 기사들을 위해 땅을 경작했고, 기사들은 그 보답으로 그들을 보호해 주었다.

봉건제도에는 봉신(封臣)들과 영주들 사이의 개인적인 충성 관계, 예를 들면 매년 40일 동안의 군 복무, 식량 공급, 그리고 봉신이 성직자일 경우 영주를 위해 기도해주는 것 등이 포함되었다. 사회는 피라미드식으로 구성되어 각 봉신 위에 영주가 있었고, 최고 영주인 국왕은 하나님의 봉신이었다. 영국에서는 11세기 정복왕 윌리엄(William the Conqueror) 시대에 피라미드식 봉건제도가 실현되었다. 오늘날의 프랑스와 독일에 해당하는 지역에서는 봉신과 통치자의 관계가 그리 강하지 못했다.

9세기와 10세기에 바이킹족, 그리고 슬라브족과 마자르족이 서유럽과 잉글랜드를 침략한 것, 그리고 샤를마뉴 제국의 붕괴에 이어 초래된 혼란과 지방분권의 시대에 법과 질서를 부여해준 정치적이고 경제적인 체계로서의 봉건제도의 중요성 때문에 지금까지 봉건제도에 대해 길게 논의했다.

이 시대에 봉건제도가 교회에 미친 영향은 한층 더 중요하다. 중세 시대에

서유럽에서는 교회가 많은 토지를 소유했다. 로마교회는 회개한 사람이나 경건한 사람이 악한 삶에 대해 속죄하기 위해서 바친 땅을 여러 세대 동안 보유해 왔으므로, 거대한 지주인 교회는 봉건체계의 영향을 받지 않을 수 없었다. 이 땅들을 수도원장과 주교들이 보유하고 있었다. 성직자는 하나님의 종이기 때문에 봉건 영주를 위해 군 복무를 할 수 없었다. 따라서 그들은 자기 소유의 땅 일부를 봉신으로 있는 기사들에게 주어 그들이 대신 군 복무를 하게 하거나 다른 방식으로 봉사해야 했다. 이처럼 교회 소유의 땅이 봉토화됨으로써 교회는 세속화되고 영적인 일에 전념하지 못하고 현세의 이해관계에 관심을 쏟는 경향을 띠었다. 교회 봉신은 누구에게 충성해야 하는가 하는 문제에 직면했다. 봉건체계 아래서 마땅히 섬겨야 하는 세속 영주에게 충성해야 하는가, 아니면 자신이 소유한 영적 권위의 근원인 교황에게 충성해야 하는가? 이렇게 충성의 대상이 나뉘었기 때문에 교회의 성공에 필요한 건전한 영성생활의 발달이 저해되었다.

귀족의 아들들은 교회에 봉사함으로써 땅과 특권을 얻을 수 있었기 때문에, 종종 귀족들은 수도원이나 주교구를 자기의 친지들에게 배정하기 위해 성직자 선출에 관여했다. 이들은 대체로 세속적이었으며 성직자의 영적 문제에는 거의 관심이 없었다.

봉건 영주나 교황이 성직자 봉신에게 자기 권위의 상징을 하사할 수 있는지에 관한 성직수임논쟁이 11~12세기에 교회와 국가의 관계를 악화시켰다. 반지, 지팡이, 영대 등은 영적 권위의 상징이었고, 칼과 홀은 봉건 영주의 권위를 상징했다. 이따금 봉건 영주와 교황 모두 이 상징들을 하사할 수 있는 권위를 주장했다. 이러한 논쟁 때문에 교회의 지도자들이 영성을 상실하고 영적 의무를 소홀히 했으며, 교회 일에 관심을 기울이기보다 자기 소유의 땅이나 지역적이고 봉건적인 다툼에 관심을 기울이게 되면서 그들의 이해관계가 세속화했다. 동방교회가 제국의 지배에 맞서 싸웠지만 성공하지 못하고 있는 동안 서방교회는 봉건제도와 싸워야 했다.

교회가 봉건체계에 개입되었기 때문에 야기된 교회의 세속화와 함께 봉건적 싸움의 폐해를 완화하려는 교회의 노력이 있어야 했다. 11세기 초에 교회는 봉건 영주들이 하나님의 평화(Peace of God)와 하나님의 휴전(Truce of God)을 받아들이게 할 수 있었다. 하나님의 평화란 사사로운 말다툼을 금지하며 무장하지 않은 사람을 공격하지 않으며 강도질이나 폭력을 허락하지 않으며 거룩한 곳을 약탈하지 않겠다는 협정이었다. 1031년에 체결한 하나님의 휴전은 봉건계층이 매주 수요일 해가 진 후부터 월요일 아침 해가 뜰 때까지, 그리고 교회의 축일에는 싸우지 않도록 규정했다. 그러나 일 년 중 100일 이상은 봉건적 싸움이 가능했다. 또 교회와 공동묘지와 수도원과 수녀원 등은 어려움을 당한 사람이 도피할 수 있는 성소로 규정되었다. 이 협정으로 중세시대 봉건적 싸움의 잔인성이 크게 감소했다.[3]

4) 바이킹족, 슬라브족, 마자르족 등의 침입

봉건제도가 카롤링거 제국 쇠퇴의 원인이요 결과인 데 반해, 바이킹족과 슬라브족과 마자르족의 침입은 그 제국의 급속한 와해를 초래한 결정적 요인이었다. 오늘날의 스페인과 덴마크와 노르웨이 지방 출신인 바이킹족은 8세기부터 10세기에 이르기까지 서유럽의 문젯거리였다. 해안이나 배가 항해할 수 있는 강변에 위치한 마을이나 수도원은 이 해적들의 공격을 받을 위험이 있었다. 바이킹족의 다수는 영국에 정착하여, 먼저 영국에 정착한 앵글로색슨족과 여러 차례 싸운 후에 앵글로색슨족과 합병했다. 그 과정에서 암흑시대에 아일랜드와 잉글랜드에 건설된 기독교 문화가 파괴되거나 원상태로 복귀되었다. 바이킹족의 일부는 노르망디에 정착했고, 1066년에는 정복왕

---

3) Oliver J. Thatcher and Edgar H. McNeal, *A Source Book for Medieval History* (New York: Scribner, 1905), pp. 412-18.

유럽에서의 침략(9~14세기)

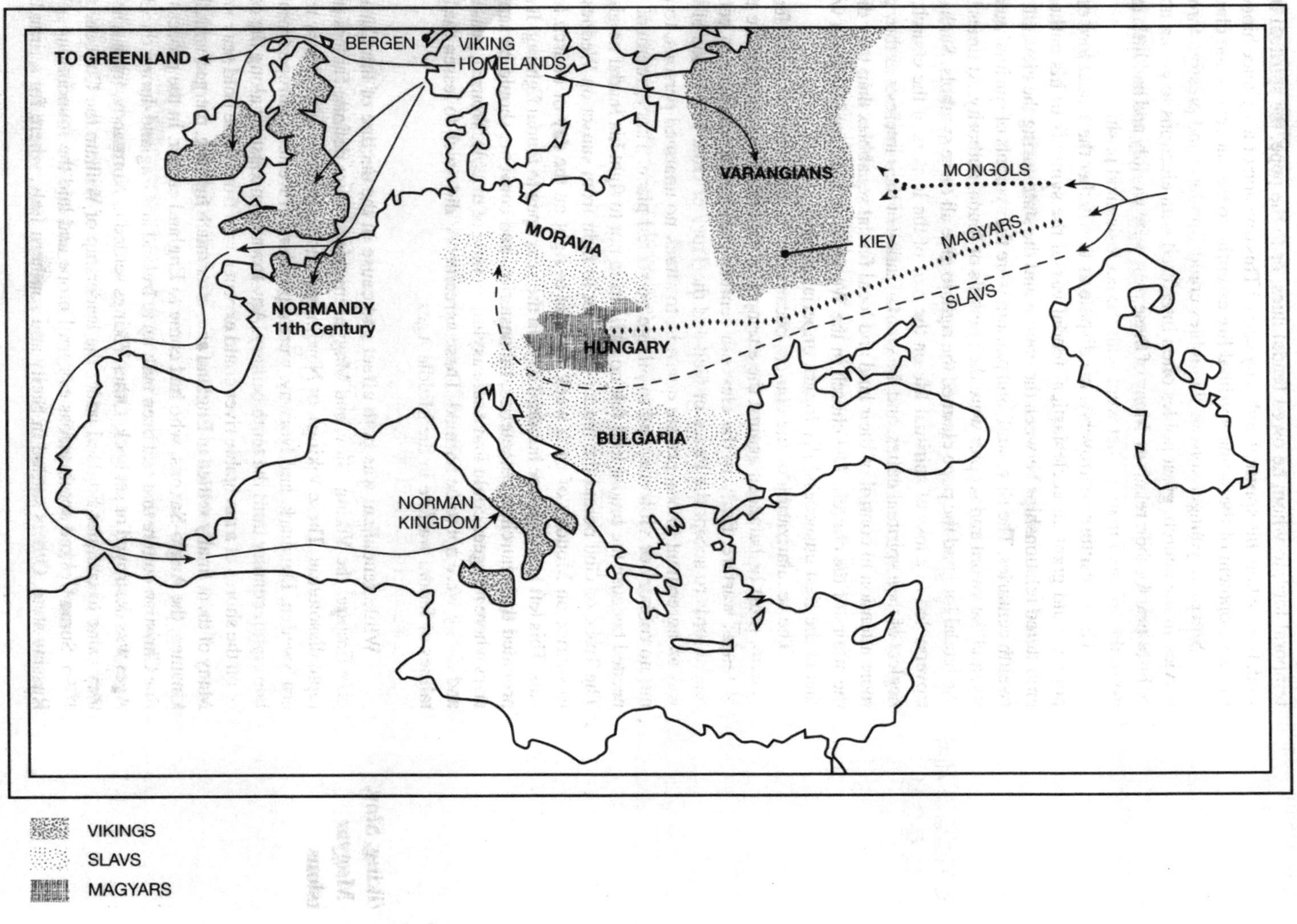

VIKINGS
SLAVS
MAGYARS

윌리엄의 주도로 잉글랜드 정복을 꾀했다. 또 일부는 동유럽을 가로질러 남진하여 러시아 국가의 기초를 놓았다. 또 일부는 시칠리아와 이탈리아 남부에 정착하여 한동안 교황의 세속 권력을 위협했다. 슬라브족과 마자르족은 유럽의 중부와 남부에 정착했다.

2. 카롤링거 제국의 중요성

카롤링거 제국이 쇠퇴한 이유에 몰두하여, 그 제국이 서유럽 역사에서 지니는 중요성을 보지 못해서는 안 된다. 그 제국의 폐허에서 프랑스와 독일이 출현했다. 독일은 10세기에 프랑크왕국의 계승자가 되었다. 그러나 독일은 로마제국과 카롤링거 제국의 합법적 계승자로서 후일 보편 제국(universal empire)이라고 주장했지만, 19세기에 민족주의가 게르만인들을 하나의 민족국가로 결속하기 전에는 중앙집권적 민족국가를 만들어내지 못했다. 독일은 프랑크왕국의 황제들처럼 교황을 돕지 않았고, 오히려 지상권을 두고 교황과 다투다가 결국 이노센트 3세에게 패배했다.

샤를마뉴의 제국이 몰락한 후에도 로마제국을 회복하려는 이상은 사라지지 않았다. 10세기의 게르만족 황제들은 서프랑크 왕국으로부터 제국의 전통을 이어받았고, 오토 1세(Otto I)가 세운 제국은 신성로마제국(Holy Roman Empire)이라고 알려졌다.

카롤링거 제국은 교회와 국가 중 어느 편이 세상에서 하나님의 대리인인가 하는 문제를 만들어냈다. 하나님이 교황과 황제 중 누구에게 주권을 위임하셨는가 하는 문제 역시 샤를마뉴의 제국이 남겨준 것이었다. 그 문제가 중세시대에 몇 세기 동안 교회와 국가의 관계를 악화시켰다.

교황이 세속 통치자의 권리를 주장하기 시작한 것은 샤를마뉴의 선조인 피핀이 756년에 교황에게 이탈리아 내의 토지를 하사한 데 기인한다. 중세 시대에 교황은 영적 통치자요 세속적 통치자로서 국가의 지도자들에게도 권리를 주장했다.

샤를마뉴가 문화에 끼친 자극은 그의 제국의 위대한 특징 중 하나로 간주하여야 한다. 암흑시대 동안 서유럽 전역의 문화적 어둠과는 달리 그의 통치는 찬란하게 빛을 발했다. 샤를마뉴와 그의 제국은 그 후의 교회와 국가의 역사에서 매우 중요한 역할을 한다.

3. 10세기 로마제국의 부흥

샤를마뉴가 세운 제국은 사라졌지만, 서유럽이 로마로부터 물려받은바 보편적인 정치적 제국의 이상은 남아 있었다. 그것은 프랑크족에 의해 다시 실현될 것이 아니라 샤를마뉴 제국의 동편, 즉 843년에 게르만의 루이가 차지한 동프랑크 왕국에 의해 실현되어야 했다. 새로 서방에서 로마제국의 권력을 요구한 인물의 등장과 성장과 중요성도 고려해 보아야 한다.

독일의 통일은 항상 프랑스의 통일보다 더 어려웠다. 프랑스는 지리적으로 지중해, 대서양, 피레네 산맥, 그리고 알프스를 국경으로 삼는다. 그러나 한 번도 라인 강을 국경으로 삼지 못했다. 반면에 독일의 지형은 통일에 불리하게 작용한다. 왜냐하면, 독일의 강들은 북쪽으로 북해나 발트 해로 흘러 들어가며, 남부의 강들은 동쪽으로 흐르기 때문이다. 독일 북부는 대부분 평야이고 남부는 산악지대이다. 이 때문에 국민의 이해관계가 달라진다. 게다가 전통적인 종족별 분할과 후대의 봉건 국가들로 말미암아 지방 분권화되었다. 독일이 신성로마제국 시대에 명목상 하나의 국가가 된 후에도 알프스 너머에 있는 교회 문제에 대한 황제의 관심에 백성들은 무관심했다. 이러한 문제에도 불구하고 샤를마뉴가 통치하던 옛 제국의 동쪽 지방은 과거 프랑크족이 서방에서 발휘한 제국 권력의 중심지가 되었다.

노스맨(고대 스칸디나비아 사람)과 슬라브족과 마자르족을 맞아 싸우기 위해 단결해야 했던 독일의 제후들은 919년에 작센 대공인 하인리히(Henry the Fowler)를 지도자로 선출했다. 그는 스칸디나비아인들을 몰아내고 슬라브족 침입자들을 정복했다.

936년에 하인리히의 아들 오토(912-973)가 아버지의 뒤를 이어 왕위에 올랐다. 오토는 공작들을 자기의 봉신으로 삼았고, 자신이 선출한 감독들과 수도원장들에게 독일 내의 교회 문제를 돌보게 함으로써 교회를 감독했다. 만일 그가 독일에만 노력을 기울였다면 후일 영국과 프랑스와 스페인의 국왕들이 만들어낸 것과 같은 강력한 중앙집권적 전제국가를 건설했을 것이다. 그러나 그는 알프스 너머 지역의 문제에 관심을 가졌으며, 결국 수백 년 동안 이탈리아 내부에서 발생한 교회와 국가의 문제에 게르만족의 자원을 낭비하게 되었다. 그는 이탈리아에서 발흥하여 교황의 권력을 위협한 강력한 통치자를 대적하여 교황을 돕기 위해 이탈리아로 갔고, 962년에 교황 요한 12세는 그에게 신성로마제국 황제의 관을 씌워주었다. 과거 샤를마뉴와 로마의 황제들처럼 유럽 백성들 위에 군림하는 사법권을 주장하는 황제가 존재하게 된 것이다. 북해에서부터 아드리아 해에 이르는 유럽 중부 전역이 게르만족이 영도하는 로마제국에 연합되었다. 그것은 이 제국이 1806년에 나폴레옹에 의해 몰락할 때까지 존속했다.

그 후 2세기 동안 로마 교황청의 세력은 약화하였고, 게르만 황제들은 종종 알프스를 넘어와서 이탈리아의 혼돈 상태를 바로잡고 자기들의 이익을 증대했다. 예를 들면 996년에 오토 3세는 로마에 진군하여 로마 귀족들의 파벌 싸움을 진압한 후에 자기의 사촌인 브루노(Bruno)를 교황 그레고리 5세로 선출하도록 강요했다. 이처럼 게르만 통치자들이 이탈리아에서 교황의 업무에 끊임없이 개입함으로 말미암아 황제와 교황의 싸움이 벌어졌다. 결국 이노센트 3세가 황제를 이기고 그에게 치욕을 줌으로써 게르만 황제가 이탈리아 내부의 일에 개입하는 일이 종식되었다.

오토 대제(962-973)와 후계자들의 제국

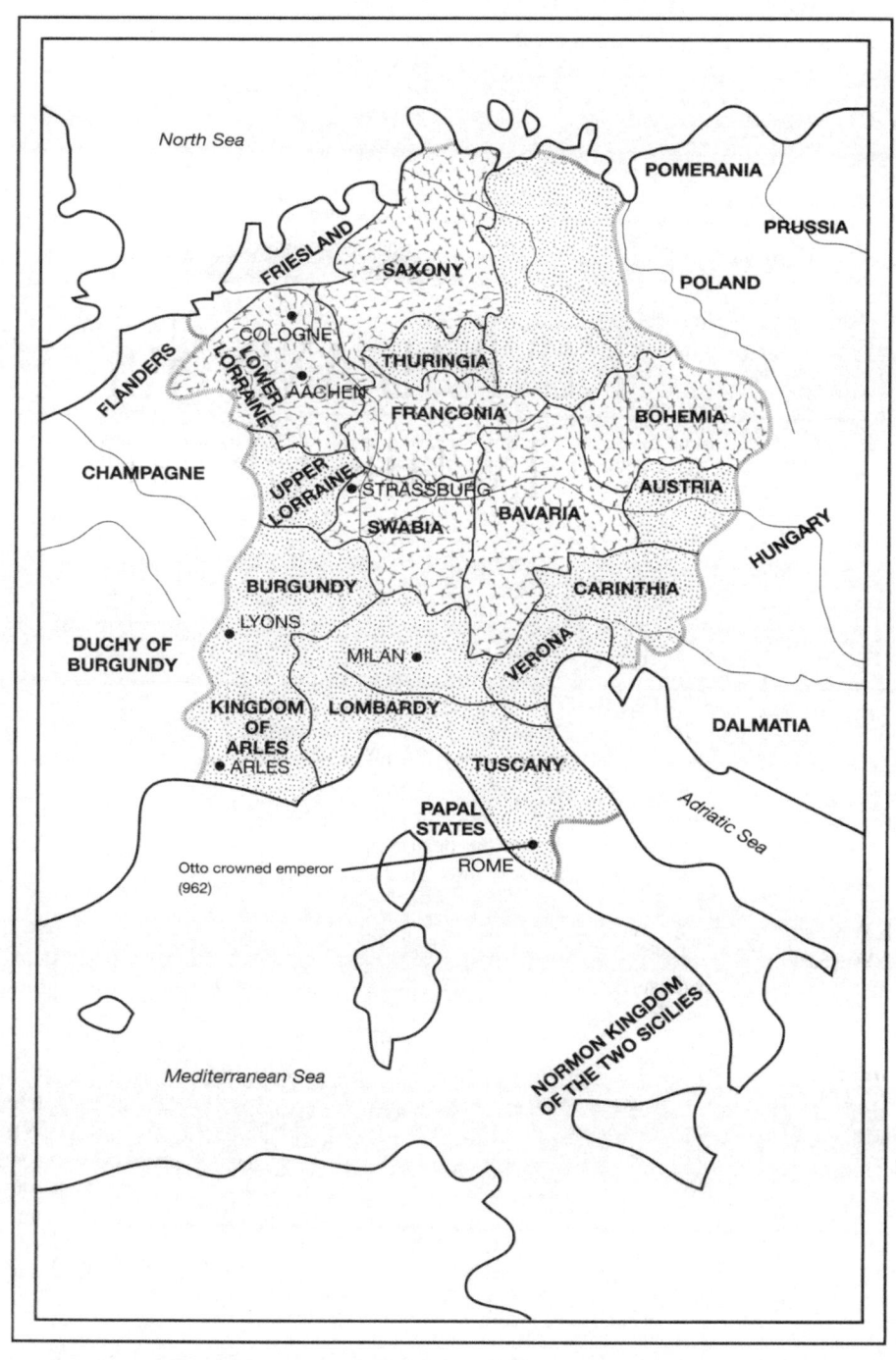

제20장
교회의 부흥과 분열

800년부터 1054년까지의 기간 중 마지막 얼마 동안 서방교회는 신성로마제국의 그늘에 있었지만, 교회가 내적으로 부흥했기 때문에 제국의 개입에 대처할 수 있었다. 이 시대에 동방교회는 자신과 서방교회의 차이점을 의식했다. 결국, 이 시대는 동로마제국에 그리스정교회가 세워지는 결과를 낳은 분열로 종식되었다.

서방교회의 부흥이 항상 영적인 부흥은 아니었으며 힘의 부흥도 있었는데, 그것은 신성로마제국이 대표하는 국가와의 싸움에서 교회에 도움이 되었다. 몇 가지 사건이 교황의 권력을 강화해 주었다.

『콘스탄틴의 증여』(Donation of Constantine)라는 문서는 교황의 토지 소유를 정당화하는 법적 근거가 되었다. 가장 큰 규모의 토지 하사가 756년에 피핀에 의해 이루어졌으며, 그것을 정당화하기 위해 이 문서가 사용되었다. 858년부터 867년까지 교황으로 재위한 니콜라스 1세(Nicholas I)는 여러 명의 로마 교황의 칙령 모음집을 처음으로 사용했다. 이 모음집은 가짜 교령집(False Decretals) 또는 가짜 이시도르 교령집(Pseudo-Isidorian Decretals)이라고 알려져 있다. 이 문서에는 『콘스탄틴의 증여』, 로마의 클레멘트 시대부터 로마 교황

1. 서방교회의 부흥

1) 교황권을 지지 해준 문서들

들이 발표한 칙령들과 몇 개의 가짜 칙령들, 그리고 몇몇 공의회의 법규들이 포함되어 있다. 그 모음집은 7세기 초 스페인 교회의 지도자였던 세비야의 이시도르(Isidore of Seville, 560?-636)의 이름과 연결되어 있다. 그 교령집의 저자에 대해 독단적으로 생각할 수 없지만, 9세기 중엽 이후에 그 교령집이 로마 주교가 교회의 지상권을 주장하는 데 중요한 역할을 했음이 확실하다.

8세기에 처음으로 『콘스탄틴의 증여』가 교황의 이탈리아 내의 토지 소유권 주장을 뒷받침하기 위해 사용되었다. 반면에 교령집은 교회 안에서의 교황의 권력을 뒷받침하기 위해 사용되었다. 교령집은 교회의 모든 지도자 위에 군림하는 교황의 지상권을 다짐해주었고, 모든 주교에게 자신의 상급자인 대주교를 건너뛰어 직접 교황에게 상소할 수 있는 권리를 부여했다. 교회가 세속의 지배를 받지 않을 권리도 주장되었다. 어느 교황이 그 가짜 문서를 만들어냈을 가능성은 거의 없지만, 많은 교황이 교회 안에서의 권력에 대한 자신의 주장을 뒷받침하기 위해서 그 모음집을 사용했다. 그레고리 7세의 『교의』(Dictatus)는 후일 이러한 주장들을 강화했다.

2) 스칸디나비아의 복음화

이 시대에 스칸디나비아 사람들이 복음을 받아들임으로써 로마 주교의 권력이 강화되었다. 이러한 소득을 얻게 된 데에는 플랑드르(현재의 벨기에 서부, 네덜란드 남서부, 프랑스 북부를 포함한 북해에 면한 중세 시대의 국가) 태생의 수도사 안스카르(Anskar, 801-865)의 공이 크다. 안스카르는 826년에 덴마크의 왕 해롤드(Harold)가 선교사를 보내 달라고 요청했을 때 그 요청에 응답해야 한다고 느꼈고 자신의 남은 생애를 북유럽에서 선교하는 데 바쳤다. 덴마크는 11세기 카누트(Canute) 시대에 완전히 기독교를 받아들였다. 1000년경에 노르웨이에 기독교가 영구적으로 기반을 잡았고, 거의 같은 시기에 스웨덴과 아이슬란드의 국교가 되었다. 안스카르[1]에 의해 시작된 사역이 1000년경에 열매를 맺어 북유럽에서 로마의 세력이 강화되었다.

3) 미사 교리

성찬 안에 그리스도가 현존하는지와 관련된 논쟁이 9세기 초에 서방교회를 어지럽혔다. 주님의 만찬을 사제가 드리는 희생제사로 간주하는 사상을 받아들인 것은 교황권의 소득이었다. 왜냐하면 성직자 집단의 우두머리인 교황만이 이 기적적인 미사를 집전할 수 있었기 때문이다. 831년경 아미엥(Amiens) 근처의 코르비(Corbi) 수도원 원장 파스카시우스 라드베르투스(Paschasius Radbertus, 785?-860)는 거룩한 기적에 의해서 떡과 포도주가 실제로 그리스도의 몸과 피로 변한다고 가르치기 시작했다. 그가 이 변화를 화체(化體)라고 부르지는 않았지만, 그의 가르침은 그것과 같은 것이었다. 831년에 그는 『주님의 몸과 피에 관해서』(Of the Body and Blood of the Lord)라는 책에 이러한 견해를 발표했다.[2] 1215년까지 교황은 화체설을 공식적으로 인정하지 않았고, 트리엔트 공의회(1545) 이전에는 그것을 완전하게 정의하지도 않았지만, 이러한 견해는 사제와 그의 상급자의 권력을 강화해주었다.

4) 수도원 개혁

10~11세기에 클뤼니 수도원을 중심으로 일어난 수도원 개혁운동은 교황의 지상권에 크게 공헌했다. 10세기에 이르러 수도원들이 부유해지고 타락하여 개혁이 절대적으로 필요한 상태에 이르렀다. 초기의 봉사 정신 대신에 부유한 수도원에서의 안일한 삶과 결부된 개인 구원의 이상이 등장했다. 니콜라스 1세부터 레오 3세 시대까지는 교황권이 심각하게 부패한 시대였다.

---

1) C. Robinson, *The Conversion of Europe* (London: Longmans, 1917), pp. 437-84.

2) Beresford J. Kidd, *Documents Illustrative of the History of the Church* (London: SPCK,, 3 vols., 1920-41), 3:82-84.

클뤼니에서 시작된 개혁운동은 가톨릭교회의 수도원 안에서 발생한 최초의 것으로서 그 파급 효과가 컸다.

클뤼니 수도원은 다음과 같은 경로로 시작되었다. 909년에 아키텐 (Aquitaine)의 윌리엄 공작이 자기 영혼의 유익을 위해 베르노(Berno)[3]에게 수도원 설립 헌장을 주었다. 베르노는 이미 다른 수도원의 원장으로서 프랑스 동부 클뤼니에 새로운 수도원을 세우기 위한 기록을 작성했었다.[4] 그 강령에서 그 수도원은 세속 권력이나 주교의 권력 지배를 받지 않으며 교황의 보호 아래 자치(自治)를 시행한다고 규정했다. 910년부터 926년까지 수도원장이었던 베르노와 927년부터 944년까지 수도원장이었던 오도(Odo)는 유능하고 평판이 좋은 사람들이었다. 그들은 훌륭하게 일했기 때문에 카시노 산의 수도원을 포함하여 베네딕트회의 많은 수도원이 클뤼니 수도원과 같은 방침에 따라 재조직되었다.

그전까지의 수도원 체계에서는 각 수도원이 자체의 원장을 두며, 동일 교단 내의 다른 수도원들로부터 독립해 있었다. 그러나 클뤼니의 수도원장은 자신이나 다른 사람들이 세운 소 수도원의 원장을 임명하여 자기 밑에 두었다. 이러한 혁신으로 클뤼니의 수도원장 밑에 중앙집권적인 질서가 이루어졌다. 한편 클뤼니의 수도원장은 교황권과 조화를 이루면서 일했다. 12세기에는 클뤼니 수도원장이 담당한 수도원이 1,100개가 넘었다.

클뤼니의 지도자들은 성직자의 생활 개혁을 부르짖었고, 성직 매매와 친족 등용(nepotism)을 비난했다. 독신제도는 그들이 강조한 세 번째 항목이었

---

3) Noreen Hunt, *Cluny under Saint Hugh* (Notre Dame: Notre Dame University Press, 1968), P. 18. n. 1.

4) Frederic A. Ogg, *A Source Book of Medieval History* (New York: American, 1907), pp. 247-49.

다. 성직자들이 교회 일에 전념하려면 결혼하거나 첩을 두지 말아야 했다. 이 수도사들은 교회가 국왕이나 황제나 공작 등 세속 권력의 통제를 받지 않아야 한다고 주장했다. 이 강령은 클뤼니 수도원들의 도움을 받은 개혁파 교황들에 의해 효력을 발휘했다. 그들은 금욕생활도 강조했다.

클뤼니의 개혁운동 열기는 다른 지역에서도 감지되었다. 클뤼니 사람들은 수도원 학교들을 세웠는데, 이 학교들은 라틴어가 새 시대의 보편적 언어가 되는 데 기여했다. 무슬림이 성지를 점령한 데 대한 반발로 시작된 십자군 원정도 클뤼니 수도원 출신 수도사들의 혜택을 크게 입었다. 문명의 미개척 지역에 위치한 클뤼니 수도원들은 선교의 중심지가 되었다. 이 수도회는 1790년에 합법적으로 문을 닫았다.

5) 유능한 지도자들

800년부터 1054년 사이에 활동한 교황 중 다수가 타락하고 무능했지만, 교황권의 힘을 강화하는 데 기여한 유능한 지도자들이 몇 명 있었다. 858년부터 867년까지 교황으로 재위한 니콜라스 1세가 이 유능한 지도자 중 하나이다. 그는 교황은 신자들의 영적인 행복을 책임지는 인물로서 교회 안에서 지상권을 소유해야 하며, 도덕이나 종교에 관한 문제에서는 세속 통치자들 위에 군림하는 지상권을 소유해야 한다고 글이나 행동으로 주장했다. 그는 이 주장을 정당화하기 위해서 가짜 이시도르 교령집을 종종 언급했다.[5]

니콜라스 1세는 주교들과 로렌(Lorraine)의 로타르 2세에게 권력을 발휘하는 데 성공했다. 로타르는 정치적인 이유로 튜트베르가(Teutberga)와 결혼했지만 왈드라다(Waldrada)에게 반하여 본처인 튜트베르가를 멀리했다. 로타르는 종교회의를 소집했고, 그 회의에서 주교들은 그와 튜트베르가의 이혼을 허락했다. 양측은 니콜라스에게 상소했다. 그동안 로타르는 왈드라다와 결혼

---

5) Kidd, *Documents*, 3:92.

했다. 성급하게 행동한 주교들을 다스리고 로타르의 부도덕함을 징계하기로 한 니콜라스는 로타르가 왈드라다를 버리고 튜트베르가를 법적 아내로 복귀시키게 했다.

니콜라스는 주교가 교황에게 직접 상소하는 권리를 지지했다. 랭스(Reims)의 주교 힌크마르(Hincmar)가 수아송(Soissons)의 주교 로타드(Rothad)를 해임하자 니콜라스는 힌크마르의 결정을 번복하고 로타드를 주교좌에 복위시켰다.

심지어 니콜라스는 콘스탄티노플 대주교와 비잔틴제국의 황제 미카엘 3세에게도 자신의 권위가 적용된다고 주장하려 했다. 삼촌 바르다스(Bardas)에게 매수된 미카엘은 바르다스에게 성찬 베풀기를 거부한 대주교 이그나티누스를 해임했었다. 그러나 포티우스(Photius)가 주도한 동방 종교회의에서 성령이 성부뿐만 아니라 성자에게서도 발현한다는 내용을 신조에 추가했다는 이유로 서방교회를 이단으로 규정했다.[6] 그리하여 동방교회와 서방교회의 불화가 증대되었다. 니콜라스는 서방에서는 세속 통치자들과 종교지도자들 위에 군림하는 지상권을 주장하는 데 성공했지만, 동방에서는 성공하지 못했다.

니콜라스 1세부터 레오 9세에 이르는 교황 중에는 훌륭한 지도자가 거의 없었다. 이는 교황들이 부족했기 때문이 아니다. 왜냐하면, 이 기간에 40명 이상의 교황이 로마의 감독직을 차지했었기 때문이다. 11세기 중엽에 특히 좋지 않은 추문이 퍼졌다. 그리하여 비열한 교황 베네딕트 9세가 로마에서 축출되고 실베스터 3세가 교황이 되었다. 1045년에 로마로 돌아온 베네딕트는 막대한 돈을 받고 교황직을 팔았는데, 교황직을 산 사람이 그레고리 6세이다. 그러나 사건이 진행되는 동안 베네딕트가 교황직 포기를 거부했으므로, 결국 세 명의 교황이 존재하여 각기 합법적인 교황이라고 주장했다.

---

6) Ibid., 3:86-91.

1046년에 신성로마제국의 황제 하인리히 3세(1017?-1056)가 수트리(Sutri)에 회의를 소집했다. 그리하여 베네딕트와 실베스터가 해임되고 그레고리는 사임했고, 클레멘트 2세가 교황이 되었다. 얼마 후에 클레멘트가 사망했고, 하인리히가 임명한 후임 교황도 단명했다. 후일 하인리히는 자기의 사촌인 부르노를 교황에 임명했는데, 그가 레오 9세이다.

레오 9세가 교황이 되면서 니콜라스 시대부터 레오 9세까지의 무능한 교황들의 시대가 종식되었다. 레오와 그의 후계자들은 클뤼니 강령에 따른 개혁에 관심을 가졌다. 그리하여 수트리 종교회의는 중세기에 교황권의 세력이 바닥에 떨어진 시기였다. 니콜라스 2세 때인 1059년에 훔베르트(Humbert)와 힐데브란트(Hildebrand: 후일 그레고리 7세가 된 인물)의 도움을 받아 교황 선출권이 로마의 오합지중의 수중에서 추기경단에 넘어갔다. 그 후로 이노센트 3세 때에 교황권이 절정에 이를 때까지 교황권은 유럽의 여러 지역에서 꾸준히 영향력을 키워갔다.

황제의 지배로 말미암아 약화하여온 동방교회는 무슬림이 비잔틴 제국을 짓밟지 못하도록 억제하는 싸움에 시달렸고, 다마스쿠스의 요한이 이룬 위대한 업적 이후의 신학적 정체 상태로 말미암아 좌절하고 있었다. 따라서 동방교회는 로마 주교가 영적 세력과 세속적 세력을 증대시키는 데 반대할 입장이 되지 못했다. 이 두 교회의 적대감이 증대되었고, 결국 1054년에 두 교회는 분열했다. 이 분열에 따라 기독교의 두 분파가 등장하게 되었는데, 이들은 그 후 거의 공식적인 접촉을 하지 않았다.

2. 그리스정교회의 기원

동방교회는 서방교회만큼 국가로부터 독립하지 못했다. 이는 동방교회는 황제의 감시를 받고 있었으며, 서방교회가 암흑시대의 문화적 혼란 상태를 헤쳐 나가는 동안 동방교회는 동방에서 보존되어온 그리스-로마 문화의 전통에 대처해야 했기 때문이다. 로마제국이 몰락한 후 서방은 정치적으로 교황과 경쟁할 황제가 없었고, 로마제국의 몰락을 둘러싼 문화적 혼란 상태와 관련된 문제들에 직면하면서 서방교회는 더욱 튼튼해졌다.

1) 동방교회와 서방교회의 차이점 및 분열의 원인

콘스탄티누스 대제가 330년에 수도를 콘스탄티노플로 옮긴 것은 정치적으로, 그리고 종교적으로 교회가 동방과 서방으로 분열하는 계기가 되었다. 395년에 테오도시우스는 제국의 동쪽 지방과 서쪽 지방의 관리를 별도의 수장에게 맡겼다. 5세기 말 서로마제국의 멸망과 함께 이 구분은 현실화되었다. 동방교회는 황제의 사법권 아래 있었지만, 로마 교황은 지리적으로 매우 멀리 떨어져 있었기 때문에 황제가 통제할 수 없었다. 위기의 시대에 황제가 서방 지역을 효과적으로 통제할 수 없게 된 틈을 타서 교황이 영적 지도자인 동시에 세속 지도자가 되었다. 비잔틴 제국에서는 황제들이 거의 교황 역할을 한 데 반해 서방에서는 교황들이 거의 황제 역할을 했다. 이로 인해 두 교회는 세속 권력에 관해 다른 사고방식을 갖게 되었다.

서방교회의 지적인 사고방식은 동방교회의 사고방식과 달랐다. 라틴계인 서방교회는 정체(政體)에 관한 실질적인 일에 관심을 기울이는 경향이 있었고, 정통 교의를 작성하는 일에서 그리 어려움을 겪지 않았다. 반면에 그리스적 정신을 지닌 동방교회는 철학 분야 및 신학적 문제 해결에 관심을 기울였다. 325년부터 451년 사이에 벌어진 대부분의 신학적 논쟁이 동방에서 발생했으며, 서방에서는 같은 문제 때문에 그러한 어려움이 야기되지 않았다.

두 교회의 또 다른 점은 독신제도와 관련된 것이었다. 동방교회는 주교보다 하위의 모든 교구 성직자들의 결혼을 허락했지만, 서방교회는 성직자들의 결혼을 허락하지 않았다. 심지어 수염을 기르는 것에 관한 문제로 논쟁이 벌어졌다. 서방교회의 사제에게는 면도하는 것이 허락되었지만, 동방교회의 성직자들은 수염을 길러야 했다. 또 서방교회는 라틴어 사용을 강조했고, 동방교회는 그리스어를 사용했다. 이따금 이 때문에 오해가 생기기도 했다.

성모와 아기 예수(16세기의 이콘)

보스니아에 소장되어 있는 삼위일체의 이콘

오늘날에는 이런 문제나 이와 유사한 문제가 하찮게 여겨지지만, 당시 이 두 교회에는 이것들이 매우 중요한 문제였다.

  이 두 교회가 신학적인 문제들 때문에 충돌했다. 867년에 동방교회의 대주교 포티우스(Photius)는 니콜라스 1세와 서방교회를 이단이라고 비난했다. 이는 서방교회가 니케아 신조에 "성자로부터"(filioque)라는 구절을 삽입하여 사용했기 때문이다. 서방교회는 성령이 성자로부터 발현한다는 것을 받아들였지만, 동방교회는 그것을 거부했다.

이러한 일련의 논쟁으로 말미암아 동방교회와 서방교회의 관계가 악화하였다.

2세기 중엽 부활절 날짜와 관련된 문제 때문에 두 교회의 관계가 훼손되었다. 이 문제에 관한 견해 차이 때문에 두 교회는 우호적인 관계를 유지할 수 없게 되었다.

8~9세기에 동방교회에서 제기된 성화상 숭배 논쟁도 적개심을 일으켰다. 726년에 비잔틴제국의 황제 레오 3세는 성화나 성상 앞에서 무릎을 꿇는 것을 금지했고, 730년에는 교회에서 십자가를 제외한 모든 성상과 성화를 없애라고 명령했다. 이것은 수도사들의 권력을 제한하고 우상을 숭배한다는 무슬림의 비난에 반박하려는 조처였다. 동방교회 내에서 평신도의 신앙부흥을 겨냥한 이 시도는 교구 성직자들과 수도원 성직자들의 반대를 일으켰다. 서방교회의 교황과 샤를마뉴 황제는 거룩한 실재를 표현하는 가시적 상징을 사용하는 데 찬성했다. 이 문제로 서방교회가 동방교회에 개입했기 때문에, 양측의 적대감이 커졌다. 서방교회는 계속 예배 때에 성화와 성상을 사용했다. 동방교회는 성상을 제거했지만, 성화, 특히 그리스도의 모습을 담은 성화는 그대로 두었다. 그러나 성화는 예배의 대상이 아닌 존숭의 대상이었고, 예배는 하나님께만 드려야 하는 것이었다.

9세기 중엽에 교황 니콜라스 1세가 동방교회의 대주교를 임명하는 일에 개입하려 했을 때, 그 일이 도덕적 근거에서 정당화될 수 있는 일이었음에도 비잔틴제국의 백성들은 분노했다. 니콜라스는 그 일에 성공하지 못했고, 비잔틴 백성들이 비잔틴제국의 일이라고 생각하는 일에 그가 개입했기 때문에 두 교회의 좋지 않은 감정이 더욱 커졌다.

2) 1054년의 대분열

1054년에 사소한 문제로 궁극적인 논쟁이 발생했다. 1043년부터 1059년까지 콘스탄티노플의 대주교였던 미카엘 케루라리우스(Michael Cerularius)는

1054년의 대분열

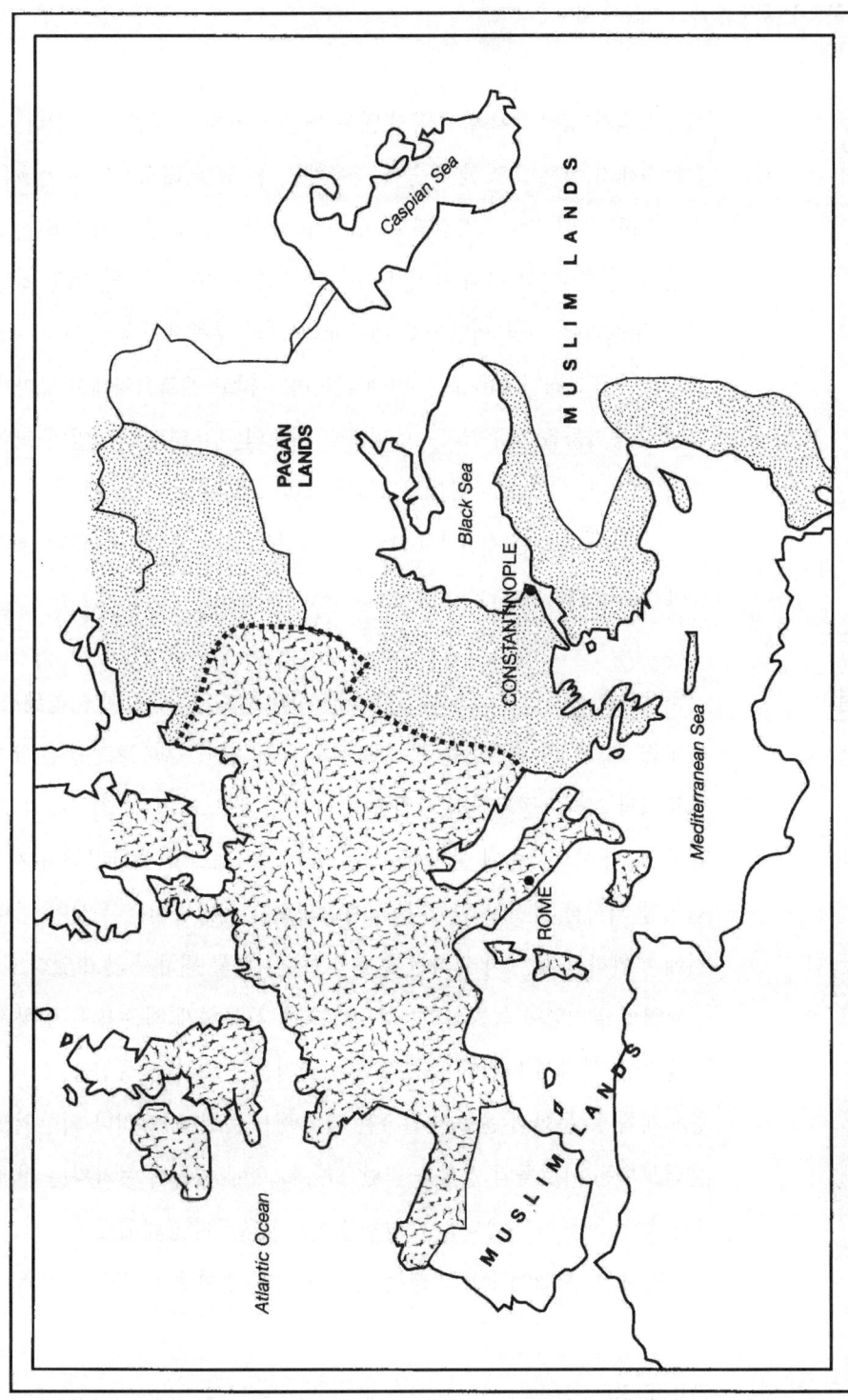

서방교회가 성찬식에 발효되지 않은 떡을 사용하는 것을 비난했다. 서방교회는 9세기 이후 그러한 관습을 사용해왔다. 교황 레오 9세는 논쟁을 종식하기 위해 훔베르트 추기경과 두 명의 교황 특사를 동방에 파견했다. 그러나 토론이 진행되면서 견해 차이가 더욱 벌어졌다. 1054년 7월 16일 교황의 특사들은 소피아 성당 제단에서 대주교와 그의 추종자들을 파문하는 교령을 발표했다.[7] 그러나 대주교는 이에 굴복하지 않고 종교회의에서 로마 교황과 그의 추종자들을 저주했다. 이 기독교 최초의 대분열로 말미암아 교회의 일치가 깨졌다. 이후 로마가톨릭교회와 그리스정교회는 각기 제 길을 갔다. 양측이 서로를 파문한 것은 1965년 12월 7일에 교황 바오로 6세와 아테네고라스에 의해 제거되었다.

3) 분열의 결과

동방교회와 서방교회가 분열한 사건 이후 교회일치운동이 어려워졌다. 기독교권 교회들의 재결합을 목적으로 하는 현대의 교회일치운동은 로마가톨릭교회와 그리스정교회의 지원을 거의 받지 못하고 있다. 최근까지 그 운동은 주로 개신교운동에 불과했다. 동방교회는 재결합과 관련하여 개신교와 협의할 의사를 가지고 있었지만, 동방교회나 서방교회는 자신이 내세운 조건에 부합하지 않는 한 교파를 초월한 보편교회를 원하지 않고 있다.

분열로 말미암아 동방교회는 서방교회를 튼튼하게 해준 많은 영향력의 혜택을 받지 못하게 되었다. 동방교회는 국가들과 도시들, 중산층, 르네상스와 종교개혁 등 문화적 운동의 발흥을 경험하지 못했다. 그러나 서방의 로마가톨릭교회는 이것들의 영향을 받았으며, 교회에 해롭게 여겨지는 것에 대해서는 반작용을 하고 유익한 특성들을 흡수함으로써 강력해졌다.

그러나 이 시대에 동방교회는 선교 사역에 주력했다. 불가리아의 통치자

---

7) Ibid., 3:115-17.

제20장 교회의 부흥과 분열

535~37년에 콘스탄티노플에 건축된 소피아 성당은 비잔틴 예술의 박물관이라고 할 수 있다.

소피아 성당 내부

보리스(Boris, 852-889년 통치)는 864년에 기독교를 받아들였다. 키릴과 메토디우스(Methodius)가 모라비아인들을 기독교로 개종시켰지만, 모라비아인들은 결국 콘스탄티노플이 아닌 로마의 사법권 아래 있게 되었다. 대주교는 러시아 선교에 큰 성공을 거두었다. 올가(Olga) 공주가 955년에 기독교를 받아들였고, 그녀의 영향을 받은 손자 블라디미르(Bladimir, 956-1015)도 988년경에 기독교를 받아들였다. 이 사건은 러시아에서 동방교회가 승리하는 출발점이 된다. 러시아는 동유럽과 중부 유럽과 함께 콘스탄티노플 대주교를 따랐다. 마자르족도 개종했다.

7세기에 있었던 이슬람의 공격, 영토와 백성들을 이슬람교에 빼앗긴 것, 그리고 성상 사용과 관련하여 2세기 동안 계속된 소요 등으로 말미암아 동방교회는 정체 상태에 빠졌다. 오늘날까지 동방교회 안에는 의식이나 정체나 신학의 변화가 거의 없었다. 결과적으로 고대교회사에서는 동방교회가 신학의 규정을 주도했지만, 중세 시대 이후에는 서방교회만큼 세상에 영향을 미치지 못해왔다.

참고문헌

Adeney, Walter F. *The Greek and Eastern Churches*. New York: Scribner, 1908.

Atiya, Aziz S. *History of Eastern Christianity*. South Bend, Ind.: Notre Dame, 1968.

Benz, Ernest. *The Eastern Orthodox Church: Its Thought and Life*. Chicago: Aldine, 1963.

Meyendorff, John. *The Orthodox Church*. New York: Pantheon, 1962.

Runciman, Steven. *The Eastern Schism*. Oxford: Clarendon University Press, 1955.

___, *The Great Church in Captivity*. Cambridge: Cambridge University Press, 1968.

Spinka, Matthew. *Christianity in the Balkans*. New York: Archon, 1968.

제21장

교황권의 절정

1054년부터 1305년까지 교황들은 막대한 세속적 권력을 행사했다. 힐데브란트는 신성로마제국 황제에게 굴욕을 주었고, 이노센트 3세는 신흥 민족 국가의 통치자들을 자기의 뜻에 복종하게 했고, 초기 십자군 원정을 고취했다. 대학들과 스콜라주의의 발흥이 교황권의 지적 토대를 튼튼하게 했다. 수도원 개혁으로 말미암아 열심 있는 많은 수도사가 교황의 뜻에 복종하게 되면서 교황의 권력이 강화되었다. 중세 유럽에서 이 시기에 교황들은 삶 전반에 절대적인 권력을 행사했다. 그러나 곧 프랑스와 영국에서 일어난 민족주의와 공의회 수위설(首位說)은 교황이 다루기 어려운 것이었다.

그레고리 7세와 이노센트 3세는 쉽게 중세 가톨릭교회 역사를 지배했다. 두 사람 모두 하나님이 교황과 세속 통치자에게 사람들의 몸과 영혼을 지배하는 동등한 주권을 주셨다는 사상을 받아들이려 하지 않았다. 하나님에게서 주권을 부여받은 세속 통치자에게서 인간 영혼을 다스리는 권한을 교황이 부여받았다는 사상도 받아들이려 하지 않았다. 한편 세속 통치자는 인간의 몸을 다스리는 자신의 주권이 교황의 하사품이라는 사상에 동의하려 하지 않았다. 이 두 교황 이후 이들만큼 성공적으로 이 마지막 주장을 시행한 사람이 없었다. 힐데브란트(1021?-1085)는 후일 이노센트가 지상권을 주장할

1. 교황 지상권을 주장한 그레고리 7세

1) 교황 배후의 세력

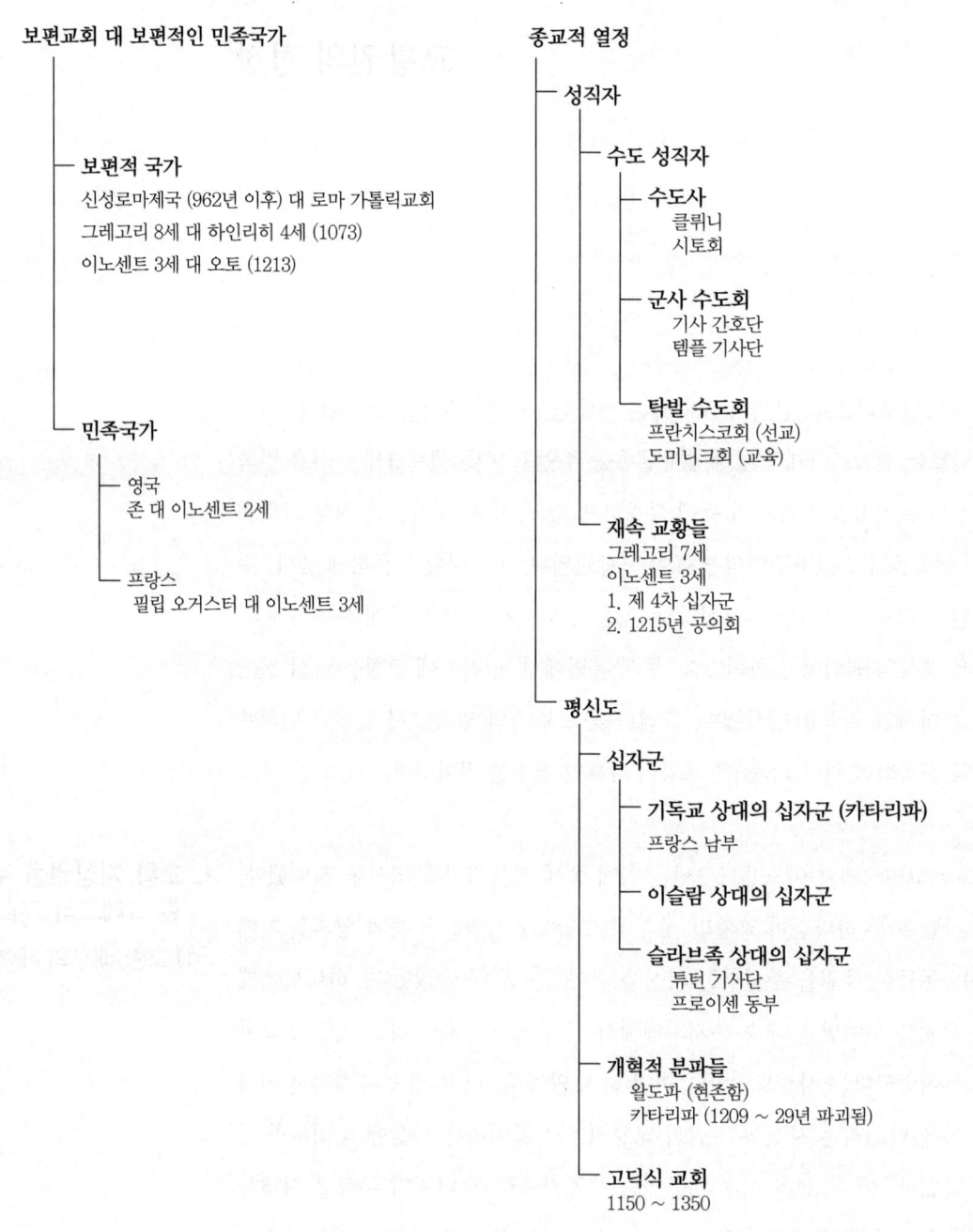

수 있는 기초를 놓은 인물이다.

 힐데브란트의 일생은 크게 두 시기로 나뉜다. 그는 1073년에 교황이 되기 전까지 20년 이상 교황의 배후에서 권세를 행사했으며, 1073년부터 1085년에 사망할 때까지 교황들을 지원하면서 획득한 교황의 권력을 행사했다. 그는 교황이 되기 전에 다섯 명의 교황들 밑에서 교황의 정책을 수립하는 데 영향력을 발휘했다.

 이 키 작고 볼품없는 외모에 목소리도 작았던 사람은 클뤼니 개혁자들이 지녔던 열정을 소유하고 있었다. 그는 클뤼니 개혁자들의 강령에 공감하고 있었다. 그는 성직매매, 사제들의 결혼, 그리고 세속 군주의 성직서임권 등에 반대했다.

 레오 9세는 힐데브란트와 로마가 아닌 지역 출신 사람들을 교황청의 요직에 임명함으로써 힐데브란트가 교황 배후의 실력자가 될 기회를 제공했다. 4세기 초에 로마와 그 주변에 있는 몇 개의 교회가 세례를 베풀 수 있는 교회로 지정되었고, 이 교회의 목회자들은 추기경 사제라고 알려졌다. 그보다 먼저 자선사업을 위해서 로마 시를 몇 개의 지구로 구분하고, 이 지역의 사제들을 추기경 부제라고 불렀다. 로마 인근의 주교들은 추기경 주교라고 불렸다. 이들이 장차 추기경단이 될 핵심이었다. 힐데브란트는 로마 주교구의 재정을 맡았고, 추기경이 되었다.

 힐데브란트는 니콜라스 2세의 재임 기간에(1058-1061) 한층 더 큰 권력을 행사했다. 당시 그는 교황 선출권을 로마 주교구 주민들의 수중에서 빼앗는 법을 통과시키는 일을 도왔다. 일찍부터 로마의 주교들은 대중의 투표로 선출되었다. 물론 신성로마제국의 황제들이 종종 교황 선출에 개입했으며, 힐데브란트의 시대에는 로마의 귀족들이 교황 선출에 개입하여 타락상을 보였다. 1059년 라테란 공의회에서 니콜라스는 훔베르트와 힐데브란트의 조언을 받아 로마의 귀족들이나 독일 황제의 영향력을 제거할 수 있도록 교황 선출 방법을 바꾸었다. 즉 교황이 사망하면 추기경 주교들이 후임자를 결정하기 위해 모이고, 그들이 추기경 사제들과 추기경 부제들의 의견을 물은 후 추기경들이 지명한 사람을 두고 로마 주교구의 주민들이 투표하는 방식이었다. 이로 말미암아 교황 선출이 추기경단의 통제 아래 놓였다. 로마가톨릭 교회 안에 있는 성직자는 어느 지역 출신이든지 교황으로 선출될 수 있었고, 만일의 경우 교황 선출을 로마 외부에서 행할 수도 있게 되었다. 새 교황은 선출된 즉시 업무를 개시해야 했다. 이렇게 선출 방식을 바꾸었으므로 교황 선출권이 성직자들의 권한 안에 놓였고 세속 군주의 통제를 배제하게 되었다.[1] 이 규정이 교황의 권력 증대에 얼마나 중요한 것이었는지를 간과할 수 없다.

2) 교황 그레고리 7세

1073년 힐데브란트는 "힐데브란트를 주교로"라고 외친 백성들 덕분에 만장일치로 교황 그레고리 7세로 선출되었다. 이제 그는 하나님의 부섭정(副攝政)인 교황이 세속 권력과 영적 권력을 행사할 수 있는 신정정치의 이상을 위해 직접 일할 수 있는 위치에 섰다. 그는 세속 권력이 로마교회를 지배하는 것을 원하지 않았고, 오히려 교회가 세속 권력을 통제하기를 원했다. 이런 이유로 그는 성직서임권, 즉 성직자들이 평신도인 봉건 영주에게서 사제직의 상징물을 받는 관습을 폐지하는 일에 몰두했다. 또 그는 로마교회를 개혁하는 가장 좋은 방법으로서 성직매매와 성직자 독신제도 폐지에 관심을 두었다.

로마교회와 세속 군주들 위에 군림하는 교황지상권이라는 이상은 힐데브란트 사후에 그의 서신에서 발견된 『교황의 교의』(Dictatus Papae)에 분명하게

---

1) Henry Bettenson, *Documents of the Christian Church* (New York: Oxford University Press, 2d ed., 1963), pp. 101-2.

개진되어 있다. 종종 그 문서를 데우스데디트(Deusdedit) 추기경이 기록했다고 간주하지만, 그 문서에는 교황제도에 대한 그레고리의 이상이 분명하게 표현되어 있다. 그 문서는 지금까지 살펴본 것 중에서 가장 강력하게 교황의 지상권을 주장한다. 그 문서는 로마교회의 기초가 오직 하나님에게 있으며 교황만이 보편적 주교로서 모든 주교 위에 완전한 권력으로 군림하며, 군주들은 교황의 발에 입 맞추어야 하며, 교황은 황제들을 해임할 수 있고, 백성들은 악한 세속 통치자에게 충성하지 않아도 된다고 확언했다. 교황 지상권 주장의 절정은 『교황의 교의』 제22조에 기록되어 있는데, 그것은 로마교회 안에는 오류가 없으며 성경에 따르면 로마교회는 결코 잘못을 범하지 않을 것이라는 진술이다.[2] 그레고리는 영적 지상권과 세속적 지상권 주장을 실행할 수 있는 길을 마련했다. 그는 잉글랜드, 헝가리, 러시아, 스페인 등의 국가들이 베드로와 그 후계자들의 통제 아래 있다고 주장했다.

그레고리는 성직자들의 결혼과 성직매매에 반대하는 싸움에서 승리했지만, 『교황의 교의』에 기록된 내용을 보면, 그가 직면한 가장 큰 문제는 세속 군주를 그의 통제 아래 두는 일이었다. 그가 반대한 성직서임권 문제에 관한 투쟁은 선임자인 알렉산더 2세에게서 물려받은 것이었다. 중요한 대주교인 밀라노의 주교직이 공석이 되었을 때 신성로마제국의 황제 하인리히 4세는 고드프리(Godfrey)를 그 자리에 임명하려 했지만, 대주교 선거단은 아토(Atto)를 대주교로 선출했다. 알렉산더 2세는 아토를 대주교로 인정했고, 죽기 직전에 고드프리를 파문했다. 그의 후임자인 힐데브란트는 하인리히와의 싸움을 이어받았다. 1075년에 로마에서 개최된 종교회의는 고위 성직자가 세속 군주에게서 성직 서임 받는 것을 금지했다.

---

2) Beresford J. Kidd, *Documents Illustrative of the History of the Church*, 3 vols (London: SPCK,, 1920-41), 3:129-31.

하인리히 4세는 교황 그레고리 7세와 서임권 논쟁을 벌이면서 교황을 폐위했다가 파문되었고, 카노사에서 굴욕을 당했다.

하인리히도 교황의 영적 권력과 맞서 싸울 각오가 되어 있었지만, 그에게는 자제력이 없었다. 이 때문에 그는 교황과의 싸움에서 지혜롭지 못하게 행동했고, 곧 독일에 중앙집권적 국가를 세우려는 그의 시도에 분개한 작센의 영주들이 반란을 일으켰다. 하인리히는 작센의 귀족들과 임시 평화조약을 맺었다. 1075년에 그레고리는 하인리히의 고문관 다섯 명을 성직 매매죄로 파문했다. 하인리히는 1076년 1월에 보름스에 공의회를 소집했는데, 그 공의회는 교황의 권위를 부인했다.³⁾ 그레고리는 자신의 권위를 거부한 데 대한 조처로 하인리히를 파문하고 백성들을 그에 대한 충성의무에서 해방했다.⁴⁾ 이것은 이제까지 어느 교황도 하지 못한 담대한 조처였으며, 국내에서 하인리히의 기반이 약하다는 것이 그레고리에게 희망이 되었다.

1075년 가을에 하인리히의 적들은 만일 하인리히가 그레고리의 파문 선언에서 풀려나지 못한다면 하인리히를 해임하겠다고 선언했다. 그들은 그레고리를 그해 가을 아우크스부르크에서 개최될 종교회의에 초청했다. 만일 그레고리가 아우크스부르크에 온다면, 황제의 지위를 잃고 자신의 영토에서

---

3) Bettenson, *Documents*, pp. 102-4; Frederic A. Ogg, *Source Book of Medieval History* (New York: American, 1907), pp. 270-72.

4) Bettenson, *Documents*, p. 104.

치욕을 당할 위기에 직면한 하인리히는 그레고리에게 항복했다. 1077년 겨울에 하인리히는 카노사에서 그레고리를 만나기 위해 아내와 아들을 데리고 알프스를 넘었다. 그것은 험한 여행이었다. 하인리히가 카노사에 도착했을 때, 그레고리는 그를 사흘 동안 궁궐 문밖에 맨발로 서 있게 한 후에 만나주었다. 그 후 그레고리는 하인리히의 파문을 사면해주었다.

기독교권에서 가장 위대한 지도자인 하인리히는 교황으로부터 이처럼 치욕을 당했지만, 이 일로 말미암아 큰 소득을 얻었다. 왜냐하면, 그는 그레고리가 아우크스부르크 회의에 참석하는 것을 막았고, 게르만족 적들을 패배시켰기 때문이다. 싸움은 그레고리가 교황으로 재위하는 동안 계속되었다. 후일 그레고리가 다시 하인리히를 해임하고 파문했다. 그러나 독일의 지지를 받은 하인리히는 이탈리아를 공격하고 비벨트(Wibert)를 교황으로 선출했다. 하인리히는 비벨트에게서 제관을 받은 후 이탈리아를 떠났다. 그레고리는 이탈리아 남부의 노르망디인들에게 도움을 청했다. 그들은 그레고리를 도와주었지만, 로마 인근 지역을 약탈했다. 그레고리는 살레르노(Salerno)로 도피했다. 이 위대한 교황은 자신의 말을 따르자면 정의를 사랑하고 불의를 미워했기 때문에 이곳에 유배 상태에서 숨을 거두었다.

성직서임권을 둘러싼 싸움은 계속되었고, 마침내 1122년에 하인리히 5세와 칼릭스투스 2세 사이에 보름스협약(Concordat of Worms)이 체결되었다. 그리하여 국왕이 참석한 가운데 성직자들이 자유로이 고위 성직자를 선출하게 되었다. 영적 권력의 상징인 반지와 지팡이는 교황이나 그의 대리인이 하사하도록 했고, 고위 성직자들은 자신의 봉건 영주인 세속 통치자에게 충성을 맹세해야 했다. 타협했음에도 불구하고 가톨릭교회가 왕을 이긴 셈이 되었다.[5] 왜냐하면, 교회는 최소한 국가와 동등성을 다짐했고, 이탈리아 내에서

---

5) Ibid., pp. 154-55.

제국의 통제를 벗어났기 때문이다. 게다가 그레고리는 1074년에 성직자들의 결혼을 금지한 후 성직자들의 독신제도를 강행함으로써 성직자들이 세습적 계급으로 타락하는 것을 방지했고, 영적 상급자인 교황에게 충성하는 계급을 만들어냈다. 이 협정으로 성직서임권 문제가 해결되었다. 비록 그레고리는 유배지에서 사망했지만, 자신의 과업을 완수했으며, 후대의 교황들은 그가 쌓은 기초 위에서 일했다.

2. 이노센트 3세 시대의 교황 지상권

1198년에 교황으로 선출된 이노센트 3세(1161-1216)는 중세기의 교황권을 권력의 절정에 올려놓았다. 그는 로마 귀족 가문의 아들로서 파리에서 신학을, 볼로냐에서 법학을 공부했다. 그는 개인적으로 겸손하고 경건했으며, 교황으로서 활력과 상식과 강한 도덕적 설득력을 가지고 있었다.

이노센트는 자신을 세상에서 최고의 권위를 지닌 "그리스도의 대리인"이라고 여겼다. 그는 국왕들과 제후들의 권위가 자기에게서 파생되므로, 자신이 그들을 파문하거나 해임하거나 성사 수여 금지를 명할 수 있다고 여겼다. 또 그는 하나님이 베드로의 후계자에게 교회뿐만 아니라 전 세계를 다스리는 과업을 주셨다고 여겼다. 교황은 하나님 아래, 그리고 인간보다 위에 있었다. 국가와 교회의 관계는 달과 해의 관계와 같아야 했다. 달이 햇빛을 받아 반사함으로써 빛을 발하듯이, 국가는 교황제의 영광 안에서 빛을 발하며 교황에게서 권력을 끌어내야 했다.[6] 이노센트는 자신의 권위에 대해 이러한 생각을 하고 있었고 교황권의 모든 권력과 특권을 자기 뜻대로 발휘할 수 있었으므로 신흥국가인 영국과 프랑스를 자기의 통제 아래 둘 수 있었고, 신성로마제국의 황제를 굴복시킬 수 있었다.

1140년경에 볼로냐의 수도사 그라티안(Gratian)이 로마교회 교령집을 출판

---

6) Ibid., pp. 155-56.

교황 이노센트 3세. 그는 자신이 하나님의 대리인으로서 세상에서 최고 권위를 소유한다고 여겼다.

함으로써 교황제의 지위가 더욱 튼튼해졌다. 『교령집』(Decretum)이라고 알려진 이 책은 로마교회의 법정에서 사용할 수 있는 완전한 교회 법전이었다. 교회 법전의 기초가 된 로마법에서 권위가 개인에게 집중된다는 사상을 뒷받침해주었음을 기억해야 한다. 교황은 자신의 권위를 방어하고 합법적으로 교육받은 관리자들을 찾아내기 위해 이 체계를 사용했다.

이노센트 3세는 교황으로 즉위한 직후 신흥국가인 프랑스와 영국의 통치자들 및 신성로마제국의 도전을 차단했다. 그는 국왕이라도 결혼에 관한 하나님의 도덕률을 조롱할 수 없음을 증명하기 위해서 프랑스의 존엄왕 필리프(Philip Augustus)를 벌하기 위해 처음으로 권력을 사용했다. 필리프는 1193년에 첫째 부인이 사망한 후 덴마크의 잉게보르크(Ingeborg)와 결혼했다. 그러나 신부가 프랑스에 도착했는데, 필리프는 그녀를 싫어했고 자신이 마법에 홀렸었다고 주장했다. 그는 프랑스의 주교들에게 그 결혼을 무효로 하라고 강요했고, 아그네스(Agnes)와 결혼했다. 잉게보르크는 교황에게 이 일을 시정

1) 세속 통치자와 영적 통치자

해 달라고 항소했다. 이노센트는 필리프에게 아그네스를 버리고 잉게보르크를 합법적인 아내로 취하라고 명령했다. 필리프가 이 명령을 거부했기 때문에 이노센트는 1200년에 프랑스에 성사금지령(聖事禁止令)을 발했다. 프랑스의 모든 국민에게 적용된 그 금지령으로 말미암아 유아세례와 종부성사 때 외에는 모든 교회가 문을 닫아야 했으며, 병자와 임종하는 사람을 위한 경외 외에는 미사드리는 것이 금지되고, 성별한 땅에 매장하는 것도 금지되었다. 사제들은 옥외에서만 설교하는 것이 허락되었다.[7] 이 금지령 때문에 프랑스 전역에서 소동이 일어났기 때문에 필리프는 어쩔 수 없이 교황에게 굴복했고, 아그네스를 버리고 잉게보르크를 아내로 맞았다. 그러나 잉게보르크의 삶은 여전히 행복하지 못했다. 어쨌든 이노센트는 영적 무기를 사용하여 신흥 민족국가의 통치자를 도덕법에 복종하게 했다.

1205년부터 1213년까지 이노센트는 비어 있는 캔터베리 대주교를 선출하는 문제로 벌어진 경쟁에서 영국 왕 존을 이길 수 있었다. 대주교 임명을 비준하는 문제가 제기되었을 때 이노센트는 그 대주교구의 성직자들이 선출한 대주교와 존이 강요한 지명자를 거부하고 스테픈 랭튼(Stephen Langton)을 임명했다. 그러나 존이 랭튼을 받아들이려 하지 않았으므로, 이노센트는 1208년에 영국에 성사금지령을 내렸고, 1209년에 존을 파문했다. 영국 국민이 존에게 반발했기 때문에 존은 어쩔 수 없이 교황에게 굴복했다. 또 교황의 초청을 받은 프랑스의 국왕 필리프는 영국을 공격할 구실을 얻고 기뻐했다. 1212년에 존은 자기 나라가 교황의 봉신이라고 인정하고 매년 교황에게 1천 마르크를 지급하기로 합의했다.[8] 이것은 영국의 종교개혁 때까지 실행되었다.

---

7) Ogg, *Source Book*, pp. 382-83.

8) Bettenson, *Documents*, pp. 161-64.

중요한 두 신흥국가의 통치자들을 굴복시킨 이노센트는 이제 신성로마제국의 통치자 문제를 해결해야 할 때라고 생각했다. 1202년에 그는 제국의 게르만 선거후(選擧侯)들에 의해 선출된 황제를 인정하는 권리가 교황에게 있다고 주장했다.[9] 보름스에서의 타협으로 황제와 교황 사이에 불안한 휴전이 이루어졌고, 이탈리아 백성들은 교황과 협력하여 황제가 이탈리아에 개입하는 것을 종식하려 했다. 1190년부터 1197년까지 황제로 통치한 하인리히 6세는 노르망디의 공주 콘스탄스와 결혼했다. 그는 그녀와 결혼함으로써 시칠리아를 자기의 영토로 주장하게 되었다. 이로 인해 그는 교황권 국가들의 남부와 북부에 이르는 지역을 장악했다. 그의 아들 프레데릭은 시칠리아의 왕이 되었고, 콘스탄스가 사망한 후 이노센트가 그의 후견인이 되었다. 오토 4세가 신성로마제국의 황제로 즉위할 때 이노센트에게 한 약속을 이행하지 않았기 때문에 이노센트는 프레데릭이 황제라는 주장을 지지했고, 1212년에 프레데릭 2세로 선출되도록 보장해주었다. 1214년에 이노센트는 프랑스의 필리프 2세의 군대를 불러들여 오토 4세를 부빈(Bouvines)에서 패배시켰다.

이처럼 이노센트는 교활한 정치적 책략으로 황제의 승계를 조종해왔다. 그가 교황으로 재위한 기간은 중세 교황권의 절정기를 기록하지만, 이 위대한 교황은 후임자들에게 문젯거리를 남겼다. 이노센트는 영국 왕 존과 신성로마제국의 오토 문제로 두 차례나 프랑스 왕에게 도움을 청했었다. 그는 그렇게 함으로써 신성로마제국의 권세를 파괴했지만, 후임 교황들은 강력한 프랑스를 대적할 힘을 물려받지 못했다. 그전까지 교황은 프랑스 왕과 신성로마제국 황제가 서로 공격하게 함으로써 자신의 입지를 강화해왔었다. 후일 보니페이스 8세가 강력한 민족국가인 영국과 프랑스의 통치자에게 굴욕을 당한 것은 당연한 결과이다. 민족국가들이 출현하기 전 일반적으로 교황

---

9) Ibid., pp. 112-13.

들은 통치자들에게 굴욕을 줄 수 있었다.

2) 십자군 전사로 활약한 이노센트

후대의 활동 기지로서 이집트를 정복함으로써 이슬람교도들로부터 팔레스타인을 탈환하려 한 제4차 십자군 원정은 이노센트와 몇 명의 프랑스 사제들이 주창하고 교황이 주도한 프랑스 십자군이었다. 십자군 전사들을 수송할 배가 필요했는데, 베네치아의 총독(Doge)은 그들에게 수송수단과 보급품을 공급하고 그 보상으로 막대한 돈을 받기로 합의했다. 십자군은 베네치아에 왔지만 돈을 충분히 가져오지 않았다. 이에 베네치아 사람들은 과거 그들의 영토였던 자라(Zara)를 헝가리 왕에게서 탈환하는 일을 도와달라고 요청했다. 십자군은 자라를 약탈한 후에 알렉산드리아가 아닌 콘스탄티노플로 항해하여 포위한 끝에 1204년에 함락시켰다. 그리하여 1261년까지 존속하게 될 라틴왕국이 콘스탄티노플에 세워졌다. 이노센트는 공식적으로는 십자군이 자라와 콘스탄티노플의 기독교인들을 공격하는 것을 승인하지 않았지만, 그에 다른 결과는 받아들였다. 왜냐하면 그로 인해 비잔틴제국이 그의 지배 아래 놓였고, 콘스탄티노플이 그가 계획하고 있는 제5차 십자군 원정의 기지가 될 수 있었기 때문이다. 서방의 통치자들과 비잔틴제국이 이노센트의 지배 아래 놓였다.[10] 그는 중세 시대 유럽의 주도적 인물로 우뚝 섰다.

이노센트는 1208년에 시몽 드 몽포르(Simon de Monfort)가 프랑스 남부의 알비파(Albigenses)를 공격하기 위해 이끈 십자군을 지원했다. 알비파는 카타리파(Cathari)라는 이단에 속해 있었다. 그들이 자기들의 신앙이 성경에 기초를 두고 있다고 주장했기 때문에 후일 로마교회는 신자들이 성경을 소유하는 것을 금했다. 1209년에 이들을 정복하기 위한 십자군 원정이 이루어져 혈전 끝에 프랑스 남부에서 카타리파를 거의 근절했다. 이 십자군 원정은 도미니

---

10) Cf. Kidd, *History of the Church*, 3:150-54.

크 수도회와 프란치스코 수도회의 지원을 받았는데, 세속 지도자들과 이단들은 로마교회의 수장에게 굴복해야 했다.

3) 제4차 라테란 공의회(1215년)

이노센트는 무력으로 이단을 물리친 후 진리에 대한 적극적인 진술을 작성하려 했다. 이 일을 위해서 로마에 공의회를 소집했다. 제4차 라테란 공의회라고 알려진 이 공의회는 평신도들이 매년 사제에게 고해하는 것을 의무화했고, 최소한 부활절에는 미사에 참석해야 한다고 선포했다. 화체설의 선포는 더욱 중요한 일인데, 그 후 로마교회 교인들은 이것을 권위 있는 교리로 받아들여야 했다. 그것은 사제가 봉헌한 후에 떡과 포도주의 본질이 실제로 그리스도의 몸과 피가 된다는 가르침이었다. 인간의 감각으로 볼 때 성찬의 떡과 포도주가 여전히 떡과 포도주이지만 본질에서 형이상학적 변화가 발생하여 그리스도의 몸과 피가 된다는 것이다. 따라서 사제는 미사를 집전할 때마다 희생제사를 행하는 셈이 된다. 사제들이 생명을 주는 성례를 베풀 수도 있고 거부할 수도 있는 권세를 가지고 있었으므로, 중세 시대 사람들이 성직자들을 두려워한 것은 당연한 일이다.

3. 교황권의 쇠퇴: 보니페이스 8세 시대

이노센트 3세 때에 교황의 권력이 절정에 달했다. 1216년에 이노센트가 사망한 후부터 약 100년 동안 친척들을 성직에 임명하는 것, 성직 매매, 술 취함, 사제가 교구민들을 소홀히 하는 것 등에 관한 추잡한 이야기들이 많은 사람을 분개하게 했다. 영국과 프랑스 등 신흥 민족국가들은 자기들을 지원해줄 부유한 중산층과 군대를 소유하고 있었기 때문에 교황권과의 논쟁을 더 많이 벌였다. 신성로마제국이 이노센트에게 굴욕을 당한 일 때문에, 교황은 프랑스를 대적할 때 제국의 지원을 거의 받지 못했다.

이노센트 3세 시대가 중세 시대에 교황 권력의 절정기였다면, 보니페이스가 교황으로 활동한 1294년부터 1303년까지는 교황의 권력이 가장 저하된

시가였다. 보니페이스는 한 차례 이상 세속 군주로부터 굴욕을 당했다. 가장 큰 싸움은 보니페이스와 프랑스의 공정왕 필리프(Philip the Fair)의 싸움이었다. 프랑스의 필리프와 영국의 에드워드 1세는 국가의 전쟁 비용을 부담하기 위해 성직자들에게 과세했다. 그러나 1296년에 보니페이스는 교서 『클레리키스 라이코스』(Clericis laicos)[11]를 발표하여 성직자들이 교황의 동의 없이 군주에게 세금을 내는 것을 금했다. 에드워드는 성직자들을 법의 보호에서 배제하고, 의회가 영국 내에 세속 권력을 소유하려는 교황의 주장을 인정하지 못하게 하는 법을 통과시키게 했다. 필리프는 프랑스에서 이탈리아로 돈이 흘러나가지 못하게 함으로써 프랑스 내의 교황청 수입원을 박탈했다.

1301년에 필리프와 보니페이스의 싸움이 재발했고, 필리프는 교황의 특사를 국왕에 대한 반역죄로 체포했다. 교황은 필리프에게 특사를 석방할 것, 그리고 그의 행동에 대해 로마에 출두하여 설명할 것을 명령했다. 이에 대처하여 필리프는 삼부회를 소집했고, 삼부회는 필리프가 보니페이스의 요구를 거부하는 것을 지지했다. 이에 보니페이스는 교서 『우남 상크탐』(Unam Sanctam, 단 하나의 성스러움)을 발표했다. 그는 로마교회 밖에는 구원이 없고 죄사함도 없으며, 로마교회의 수장인 교황은 모든 사람을 다스릴 영적 권위와 세속적 권위를 소유하며, 구원을 받으려면 교황에게 복종해야 한다고 주장했다.[12] 이러한 사상은 1863년에 피우스 9세가 발표한 Quanto Conficiamur에 다시 나타

교황 보니페이스 8세(1294-1303).
보니페이스 8세 때 교황청의 힘이 쇠퇴하기 시작했다.

---

11) Bettenson, *Documents*, 113-115.

12) Ibid., pp. 115-16.

난다. 그러나 보니페이스에게는 자신의 주장을 지지해줄 군대가 없었다. 필리프는 보니페이스가 왕을 파문하지 못하게 하려고 보니페이스를 감옥에 가두었다.

보니페이스가 사망한 후 교황이 된 클레멘트 5세는 1309년에 교황청을 아비뇽으로 옮겼다. 이곳에서 교황과 교황청은 주위의 땅을 소유한 프랑스 국왕의 압력을 받았다. 카노사에서의 사태가 역전된 것이었다. 로마에서 교황청이 철수함으로써 소위 교황청의 바빌론 유수 시대가 시작되었다. 그리하여 1377년까지 교황권은 프랑스 군주들의 세력 아래 있었으며, 이노센트 3세 때에 유럽에서 지녔던 막대한 영적, 세속적 권력을 상실했다.

참고문헌

Clayton, Joseph. *Pope Innocent and His Times*. Milwaukee: Bruce, 1941.

Cowdrey, H. E. J. *The Cluniacs and the Gregorian Reform*. Oxford: Clarendon University Press, 1970.

Emerton, Ephraim, ed. *The Correspondence of Pope Gregory VII*. New York: Columbia University Press, 1932.

MacDonald, Allan J. *Hildebrand*. London: Methuen, 1932.

Stevens, R. W. *Hildebrand and His Times*. New York: Randolph, ca. 1888.

제22장

십자군과 개혁자들

　12~13세기 서유럽 기독교의 특징은 십자군 원정과 개혁을 향한 열심이다. 기독교인 기사(騎士)들이 개인적인 이익이나 정치적 목적이 아닌 종교적 목적을 위해 원정하여 싸웠다. 632년부터 750년까지 이슬람교도들이 제국의 서쪽을 공격하고 위협했지만, 1095년부터 1291년까지는 유럽과 아시아의 이슬람교도들 및 유럽의 이단자들을 겨냥한 십자군 원정이 로마교회의 지원 아래 이루어졌다. 중세 수도원운동에 활력을 주기 위한 개혁운동으로 시토 수도회, 도미니크 수도회, 프란치스코 수도회 등이 등장했다. 영적 열정을 지닌 평신도들은 알비파나 발도파에 합류했다. 유럽에서 거대한 고딕식 성당을 건축한 것이 이 시대의 영적 열정을 증명해준다.

1. 십자군과 이슬람
(1095-1291)

　성지 탈환을 위한 십자군 원정이 시작되기 전 얼마 동안 기독교인들은 스페인의 무어족과 시칠리아의 이슬람교도들을 상대로 원정을 벌였다. 서방 진영의 십자군운동은 이슬람교도들을 서유럽에서 몰아내는 것을 목적으로 했다. 역시 이슬람교도들을 상대로 벌인 동방 진영의 십자군운동은 팔레스타인을 셀주크투르크족에게서 탈환하는 것을 목적으로 했다. 전체적으로 십자군운동은 서방 기독교계의 영적인 힘으로 십자가의 원수들을 공격한 성전(聖戰)이라 할 수 있다. 1074년에 그레고리 7세는 비잔틴제국을 괴롭히고 순례자들을 박해하던 팔레스타인의 무슬림을 대적하기 위한 십자군을 요청한 적이 있었다.[1] 그러나 성직서임권을 두고 하인리히 4세와 벌인 싸움 때문에 그는 십자군운동을 최초로 시작한 인물이 되지 못했다.

1) 십자군 원정의원인   십자군 원정에는 경제적·정치적 이해관계가 있었겠지만, 그 주요 동기가 종교적인 것이었음을 잊어서는 안 된다. 아랍인들 대신 팔레스타인을 차지한 셀주크투르크족은 아랍인들보다 더 광신적이고 잔인했으며, 팔레스타인을 순례하는 유럽인들은 박해를 받았다. 게다가 비잔틴제국의 알렉시우스(Alexius) 황제는 제국의 안전을 위협하는 이슬람 침입자들을 대적하기 위해 서유럽 기독교인들에게 도움을 청했었다. 이러한 종교적 동기 때문에 십자군운동은 팔레스타인을 향한 대규모 순례의 성질을 띠게 되었다. 사람들의 이동은 규모에 있어서 로마제국 함락 직전에 있었던 야만족들의 이동에 비길 만했다. 제1차 십자군에는 거의 백만 명이 참여했다고 추정된다. 또 그 운동은 이제까지 항상 유럽의 관심사였던바 근동지방의 통치권과 관련된 문제를 해결하려는 시도이기도 했다.

많은 사람이 경제적인 면을 고려하여 십자군에 참여했다. 십자군 원정이 시작되기 전 세기에 서유럽에는 종종 기근이 들었다. 베네치아 사람들은 근동지방과의 소규모 교역을 활성화하는 데 관심이 있었다. 노르만족은 성지를 무슬림에게서 구하는 일에 참여함으로써 영지를 확보하거나 약탈하는 데 관심이 있었다.

로마교회의 재가를 받은 군사적 모험에 대한 애착 때문에 많은 봉건 귀족들과 기사들이 십자군에 참여했다. 어떤 사람들은 국내의 지루한 삶이나 범

---

1) Oliver J. Thatcher and Edgar H. McNeal, *A Source Book for Medieval History* (New York: Scribner, 1905), pp. 512-13.

죄에 대한 처벌을 피하려고 십자군에 참여했다.

2) 십자군 원정

제1차 십자군 원정의 직접적인 원인은 1096년 11월에 우르반 2세가 클레르몽(Clermont)에서 열린 종교회의에서 무슬림을 공격하기 위한 십자군의 필요성을 설교한 것이다. 그는 알렉시우스의 원조 요청에 대한 답변으로 십자군을 강조했다. 그러나 우르반의 마음에서는 비잔틴제국을 돕는 것보다 무슬림의 수중에 있는 성지를 탈환하는 일이 우위에 있었다.[2] 회의에 참석한 사람들은 대부분 프랑스인이었는데, 그들은 우르반의 제안에 대해 "하나님이 그것을 원하신다"(Deus vult)라고 대답했다. 우르반도 프랑스인이었다.

그 열기는 대단했다. 그리하여 은자 피터(Peter the Hermit)와 무일푼의 기사 월터(Walter)의 설교에 자극을 받은 많은 농부가 1096년에 독일, 헝가리, 발칸반도 등을 거쳐 팔레스타인으로 진군했다. 그들은 조직이 없고 규율도 없었기 때문에, 비잔틴의 황제는 목숨이 붙어 있는 사람들이 해협을 건너 소아시아에 도착하는 것에 만족했다. 그러나 소아시아에 도착한 사람들은 투르크족에게 학살되거나 포로가 되거나 노예로 팔려갔다.

프랑스 농민들로 구성된 오합지졸들은 프랑스, 벨기에, 이탈리아 출신의 귀족들이 이끄는 제1차 십자군의 조직적 시도를 알리는 전주곡에 불과했다. 군대 및 그들의 지도자들이 1097년 봄에 콘스탄티노플에 도착했다. 십자군은 얼마 동안 니케아를 포위했고, 가을에는 안디옥까지 진군했고, 1098년 봄에 안디옥을 함락시켰다. 1099년 6월에 그들은 마침내 예루살렘을 장악했다. 유럽의 봉건 영주들로 구성된 이 십자군은 정복한 지역에 봉토를 세웠는데, 근동지방의 많은 성은 이 시대의 것이다. 예루살렘과 그 주변 지역은 결국 부이용(Bouilion)의 고드프리가 다스리는 예루살렘 왕국으로 조직되었다.

---

[2] Ibid., pp. 513-21.

고드프리는 원래 십자군의 정신적 지도자였다. 그리하여 제1차 십자군의 목적이 성취되었다. 콘스탄티노플에 대한 무슬림의 압박이 해소되었고, 예루살렘은 다시 기독교 통치자의 수중에 들어갔다. 순례자들을 돕고 보호하며 무슬림과 싸우기 위해 템플 기사단(Knights Templars)과 구호 기사단(knights Hospitallers)이 조직되었다.

제2차 십자군 원정의 원인은 무슬림이 에데사의 봉토를 정복하고 예루살렘 왕국의 북동쪽을 위협한 데 있었다. 1146년에 클레르보의 베르나르(Bernard of Clairvaux)가 제2차 십자군의 필요성을 설파했다. 그리하여 프랑스 국왕과 신성로마제국 황제가 십자군을 이끌었지만, 실패로 끝났다. 제2차 십자군 원정이 실패한 후인 1187년에 무슬림 지도자 살라딘(Saladin)이 예루살렘을 장악했다.

국왕의 십자군이라고 알려진 제3차 십자군 원정(1189-1192)은 프랑스의 존엄왕 필리프, 영국의 리처드, 그리고 프레데릭 황제가 참가했다. 그러나 프레데릭은 팔레스타인으로 가는 도중에 익사했고, 존엄왕 필리프는 리처드와 언쟁을 벌인 후 고국으로 돌아갔다. 리처드는 계속 싸웠다. 그는 예루살렘을 탈환하는 데 성공하지 못했지만, 살라딘에게 순례자들이 예루살렘에 접근하는 것을 허락하게 했다. 리처드는 이에 만족하고 고국으로 돌아갔다.

이노센트 3세는 제3차 십자군 원정의 실패를 만회하려는 열정에서 팔레스타인 공격을 위한 거점으로 이집트를 정복하기 위해 제4차 십자군 원정의 필요성을 강조했다.[3] 이 십자군 원정의 중요한 결과로서 50년 동안 종교적 독립을 누려온 동방교회와 비잔틴제국이 1204년부터 1261년까지 교황에게 예속되었다. 이 원정으로 말미암아 비잔틴제국이 약화하였고, 라틴 교회 신자들과 동방교회 신자들 사이의 미움이 더욱 깊어졌다.

---

3) Ibid., pp. 537-44.

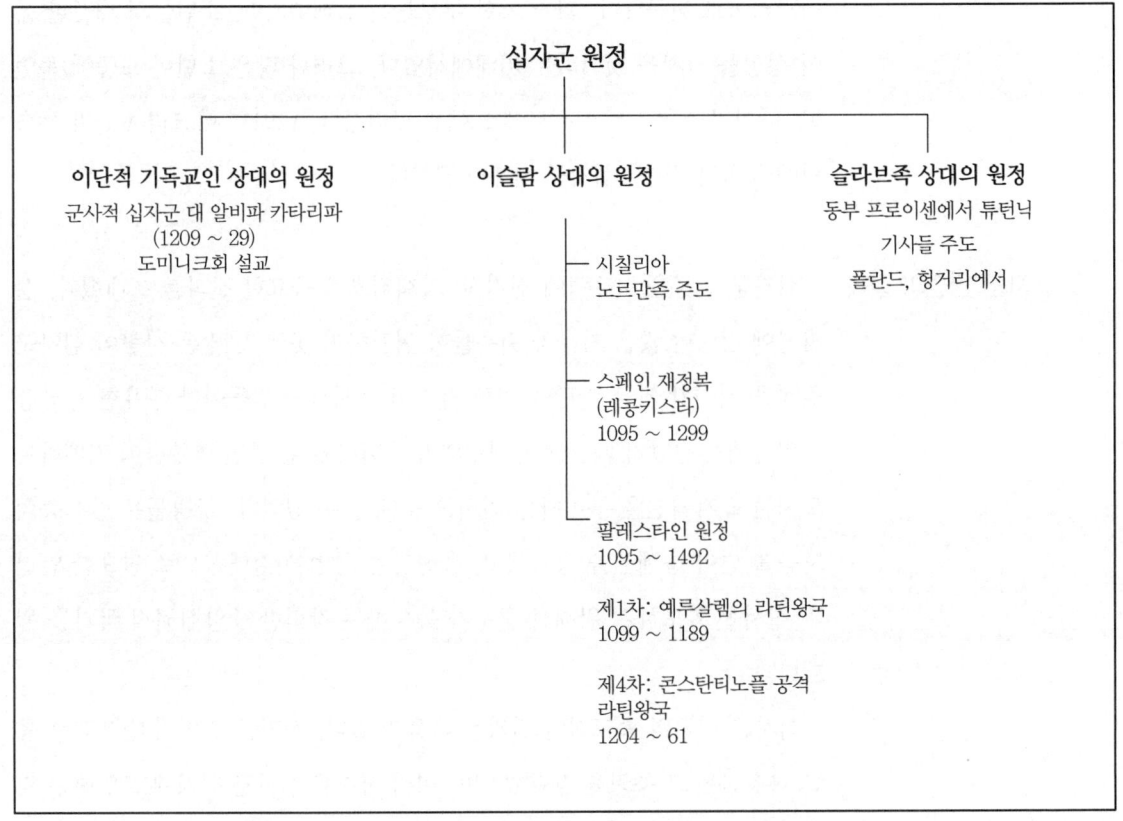

　제6차 십자군 원정을 이끈 프레데릭 2세는 협상에 성공하여 예루살렘, 베들레헴, 나사렛, 그리고 바다로 이어지는 지역을 기독교인들이 다스린다는 조약을 맺었다. 그러나 무슬림들은 오마르의 사원(Mosque of Omar)은 그대로 소유했다. 예루살렘을 다시 기독교인 왕이 통치하게 되었다. 그러나 그 후 몇 차례의 십자군 원정에도 불구하고 십자군이 장악했던 지역들은 한 번 이상 사라센인들의 수중에 들어갔다. 사라센인들이 셀주크투르크족의 뒤를 이어 팔레스타인을 지배했다.

　1212년의 어린이 십자군은 십자군 역사상 가장 슬픈 사건이다. 십 대 소년 스테펜과 니콜라스가 이끈 프랑스와 독일의 소년들이 유럽 남부를 가로질러 이탈리아로 진군했다. 과거 악한 부모들은 실패했지만, 소년들의 깨끗한 삶이 성공을 가져올 것이라는 기대에서였다. 그러나 많은 소년이 도중에 죽었고, 나머지 소년들은 이집트에 노예로 팔려갔다. 1291년 아크리(Acre)가 무슬림에게 함락되면서 십자군 시대가 끝났다.

3) 십자군 원정의 결과   십자군 원정은 서유럽에 정치적, 사회적으로 중요한 결과를 초래했다. 십자군에 참여한 많은 기사와 귀족들이 귀환하지 못했고, 많은 사람이 십자군 원정을 지원할 기금 마련을 위해 자기의 토지를 농민들이나 부유한 중산층 시민들에게 팔았기 때문에 봉건주의가 약화하였다. 봉건 영주들이 지배하는 도시들도 자치권을 부여하는 면허를 구매할 수 있었다. 국왕들은 중산층의 도움을 받아 통제권을 강화했고, 중산층은 상업에 절대적으로 필요한 안전과 질서를 확보하기 위해서 군주가 통치하는 강력한 중앙집권적 국가를 원했다.

    십자군 원정의 종교적인 결과는 다음과 같다. 십자군 원정이 진행되는 동안 교황권은 그 특권을 강화했지만, 여러 국가를 십자군 원정에 도입하는 과정에서 발생한 민족 감정은 결국 교황권의 세력을 약화하키는 결과를 초래했다. 콘스탄티노플에 라틴 왕국을 세운 것 때문에 동·서방 사이의 적대감이 깊어졌고, 비잔틴 왕국은 약화하여 1453년에 멸망했다. 군사수도회의 등장은 교황에게 충성하는 수도사들의 무리를 추가해주었다.

    이슬람교도들을 다루는 데 힘보다 설득을 사용하게 되었다. 미노르카(Menorca)의 귀족 가문 출신인 레이몬드 룰(Raymond Lull, 1235?-1315)은 이 목적을 위해서 사들인 종에게서 아랍어와 아랍 문화를 배웠다. 그는 장차 이슬람교도들에게 선교할 사람들이 아랍의 언어와 문화와 문학을 알게 하려고 1276년에 스페인 남동부의 미라미르에 대학을 세웠고, 이슬람교도들을 개종시키기 위해 변증적 논증서를 저술했다. 그는 북아프리카에서 순교했다.

십자군 원정

경제적인 결과도 중요하다. 베네치아를 비롯한 이탈리아의 도시들은 제1차 십자군 원정이 승리한 직후 근동지방과의 교역을 시작했다. 비단, 향신료, 향수 등 근동지방에서 생산한 사치품 교역이 르네상스 시대에 이탈리아에서 예술을 후원할 수 있는 토대가 되었다. 십자군 원정에 참여했다가 귀국한 사람들은 근동지방에서 보았던 사치품을 사려 했다.

비록 예루살렘을 이슬람의 지배에서 영구히 해방하는 데는 실패했지만, 십자군은 서유럽에 많은 유익을 가져왔고, 문화적 편협성을 타파하는 데 도움을 주었다. 아랍의 학문과 과학과 문학이 서유럽에 소개되었고, 스콜라 학자들은 그것을 연구했다. 그들은 이 학문을 기독교의 계시와 혼합하려 했다.

2. 수도원 개혁 십자군 원정 및 대성당 건축 붐으로 표현된 영적 열정은 12세기에 많은 수도원 조직의 등장으로 표현되었다. 12세기 클뤼니 운동이 지녔던 개혁의 열정은 그 수도회가 부유해지면서 사라졌다. 그러나 12세기에 시토 수도회와 같은 새로운 개혁 집단들이 등장하여 10세기에 클뤼니 수도원이 행한 것과 같은 일을 행했다. 도미니크 수도회와 프란치스코 수도회는 권면에 의해서, 교육을 통하여, 또는 선교의 노력으로서 이단자들과 이슬람교도들을 개종시키는 문제에 대처하기 위해 생겨났다. 십자군의 영적 열정은 평신도 군사수도회의 설립을 낳았다. 이 수도회들은 교황에게 복종했다. 그들은 수도회의 장상과 수도원장은 물론이요, 교황에 대한 순종을 서원했다. 이 운동은 금욕 생활을 향한 중세 시대의 갈망을 충족시켜 주었고, 학문에 관심을 가진 사람들에게는 학문 연구에 종사할 기회를 부여했다.

11세기에는 노동과 기도로 표현된 베네딕트 수도회의 금욕주의를 다시 강조함으로써 그 수도회를 개혁하려는 시도가 있었다. 과거에 지역 수도원장에게 자율성을 주었던 분권화 대신에 권위의 중앙집권화가 시행되었다. 1084년에 브루노(Bruno)가 세운 카르투지오 수도회가 이 방식을 따랐다. 어거스틴 수도회는 수사들, 즉 주교의 일을 돕는 부성당 소속의 재속 사제들을 정규 사제들과 같은 규칙 아래 두려는 시도로 시작되었다. 1119년에 성 어거스틴의 『규칙』이 채택되었고, 평범한 복장, 그리고 물품과 주거를 통용하는 공동체가 채택되었다.

시토수도회는 1098년에 로베르투스(Robertus)라는 베데딕트회 수도사가 설립했다. 로베르투스는 당시 규율이 모자란 수도원운동을 바로잡으려 했다. 시토회의 수도사들은 클뤼니의 수도사들과는 달리 금욕적인 자기부인, 소박한 건물 건축, 그리고 중앙집권적 조직 등을 강조했다. 각 수도원의 원장은 그 단체의 문제를 다루기 위해 시토의 모(母) 수도원에서 열리는 연례회의에 참석한다. 모 수도원의 원장은 수도회 소속 수도원들에 권위를 행사했지만, 클뤼니의 수도원장과 같은 권력을 행사한 것이 아니며 연례 수도원장 회의를 주재했다. 클뤼니 수도원을 귀족들이 배후에서 지원한 것과는 달리 시토회는 농민 계층의 지지를 받았다. 그리고 시토회 수도사들은 학문보다 농사에 관심을 가졌다. 그들의 개혁 강령이 매우 호소력이 있었으므로, 1200년에는 수도회 소속 수도원이 530개였으며, 그때부터 급속도로 성장했다. 이 수도회는 타락한 수도원운동에 신선한 열심을 가져왔다.

이 수도회가 유명해진 것은 클레르보 수도원 베르나르(Bernard, 1090-1153)의 노력의 결과이다. 베르나르는 귀족 출신으로서 경건한 어머니 알레타(Aletta)의 영향을 많이 받았다. 그는 25세 때인 1115년에 클레르보에 수도원을 세웠는데, 30명의 동료와 다섯 형제의 도움을 받아 그 수도원을 시토회의 중심적 수도원으로 만들었다.[4] 그는 겸손했고 신비생활에 기울었지만, 실

1) **시토수도회**(Cistercian Order)

---

4) Frederic A. Ogg, *A Source Book of Medieval History* (New York: American, 1907), pp. 251-60.

질적이고 용감한 인물이기도 했다. 그가 클레르보에서 활동하던 전성기에는 통치자들뿐만 아니라 교황도 그의 조언을 경청했다. 팔레스타인 순례자들이 당하는 고난과 성지의 남용을 강조한 그의 설교는 제2차 십자군 원정의 원동력이 되었다. 설교가로서의 그의 능력과 신비주의적 경향은 『아가서 설교』(Homilies on the Song of Solomon)에서 드러난다. 그의 신비적인 경향은 "참 기쁨 되신 예수"(Jesus, Thou Joy of the Loving Hearts)와 "예수를 생각만 해도"라는 찬송가를 작곡하게 했다. 베르나르는 신학적으로도 매우 탁월했다. 아벨라르(Abelard)의 개념론적 견해가 신학의 기초를 파괴하는 것처럼 보일 때, 베르나르는 정통적인 주장을 수호하는 용사로 나섰다. 그는 지적 능력, 신비적 능력, 웅변 능력, 그리고 실질적인 능력 때문에 중세 유럽의 교회와 국가의 일

유럽인들은 십자군 원정으로 팔레스타인에서 무슬림을 몰아내려 했다. 1212년에 이탈리아로 진군한 프랑스와 독일의 소년들 중 다수가 죽었고 나머지는 이집트에 노예로 팔려갔다.

1146년의 제2차 십자군

에 큰 영향을 미쳤고, 시토회의 제2의 창시자와 영적 지도자가 되었다.

2) 군사 수도회

십자군 원정은 전쟁 기술과 수도생활을 결합한 군사적 형태의 수도원운동을 일으켰다. 성 요한 기사단(Knights of Saint John) 또는 구호 기사단(Knights Hospitallers)은 12세기 초에 순례자들을 보호하고 병자들을 돌보기 위해서 설립되었다. 초기의 그 운동은 현대의 적십자 운동과 비슷했다. 수도사들은 세 가지 수도서원을 하는데, 거기에 무장하겠다는 서원이 추가되었다. 이 수도회는 후일 성지를 불신자들에게서 보호하는 완전한 군사 조직이 되었다. 템플 기사단(Knights Templars)은 1118년경에 교단으로 설립되었고, 그 명칭은 그들의 본부가 예루살렘 성지 근처에 있었기 때문에 붙여진 것이다. 이 교단은 1128년에 공식적으로 인정되었고, 1130년에는 수도생활을 위해 시토회의 다스림을 받았다. 이 교단의 수도사들은 성지를 무슬림의 공격에서 보호하기로 서약했다. 이 교단은 프랑스 정치에 깊이 개입했기 때문에 1312년에 해체되었다. 교황에게만 복종하며 교황권의 유익을 위한 일에 헌신한 이 두 교단은 수도사-기사로 이루어진 상비군이었다. 제3차 십자군 원정 이후에 설립된 튜턴 기사단(Teutonic Knights)은 프로이센을 슬라브족에게서 구하기 위해 프로이센으로 진군했다. 그들은 프로이센 귀족 가문의 조상이 되었다.

3) 탁발 수도회

12세기 수도원 개혁의 또 다른 유형은 탁발수도회의 설립이었다. 탁발수도사들도 일반 수도사들처럼 가난, 순결, 순명을 서원했다. 그러나 그들은 세속 세상에서 벗어나 기도하고 노동하기 위해 수도 공동체 안에서 생활한 것이 아니라 도시에서 사람들과 함께 살면서 그들을 도와주고 그들이 사용하는 언어로 설교했다. 일반 수도원들은 재산을 소유했고 노동으로 자급자족했지만, 탁발수도사들은 사람들이 주는 선물과 구제로 생계를 유지했다. 그들은 12세기 이전의 수도회들과는 달리 교황의 직접적인 지도 아래 있었다. 중요한 탁발수도회인 프란치스코 수도회와 도미니크 수도회와 카르멜 수도회(Carmelite Friars)와 어거스틴 수도회(Augustin Friars)가 이 시대에 조직되었다.

프란치스코 수도회는 아씨시의 부자 상인의 아들 프란치스코(Francis of Assisi, 1182-1226)가 세웠다. 그는 병중에 회심하고서 가난한 생활과 하나님께 대한 봉사에 전념하기 위해 아버지의 집을 떠났다. 그는 같은 관심을 가진 몇 명의 청년들을 규합하고 자기들의 삶을 다스릴 규율을 작성했다.[5] 이 규율에는 가난, 순결, 순명이 포함되어 있었고, 특히 교황에 대한 순종이 강조되었다.[6] 1209년에 이노센트 3세가 이 조직을 구두로 승인했다. 프란치스코 수도회는 유명해졌으며, 1212년에 교황은 18세의 클라라가 여인들을 위한 자매 수도회를 설립하는 것을 허락했다. 1221년에는 가족이나 사업 때문에 속세를 떠날 수 없지만, 그 수도회의 규율을 따라 살려는 사람들을 위한 제3회가 설립되었다.

탁발수도사를 의미하는 단어인 friar는 "형제"를 의미하는 라틴어 *frater*에서 파생된 것으로서 "영적인 발달" 뿐만 아니라 "로마교회에 대한 봉사"와 같은 의미를 지닌다. 프란치스코회 수도사들은 항상 로마교회의 선교 노력에 동참했다. 프란치스코는 생전에 스페인과 이집트에 가서 전도했다. 또 다른 사람들은 근동지방, 심지어 극동지방에까지 전도하러 갔었다. 몬테 코르비노의 요한(John de Monte Corvino, 1246-1328)은 1300년 이전에 북경에 도착했다.[7] 그는 북경에서만 6천 명에게 세례를 주었고, 1300년까지 3만 명을 개종

---

5) Cf. *Little Flowers of St. Francis* (New York: Dutton, 1910), pp. 307-97.

6) Henry Bettenson, *Documents of the Christian Church* (New York: Oxford University Press, 2d ed., 1963), pp. 128-32.

7) Beresford J. Kidd, *Documents Illustrative of the History of the Church*, 3 vols.

아씨시의 클라라. 그녀는 성 프란치스코의 제자로서 18세 때 수녀원 설립 허가를 받았다.

아씨시의 성 프란치스코.
그림에서 그는 아레조에게서 마귀를 쫓아내고 있다.

시켰다. 그러나 1368년에 명나라가 교회를 파괴했다. 스페인과 프랑스가 서반구의 땅을 개방했을 때, 신세계에서의 선교사역은 대부분 프란치스코회 수도사들에 의해 이루어졌다. 캘리포니아의 18세기 유적들은 그들의 활동을 증언해준다.

수도회가 성장하면서 교황이 임명한 총장을 중심으로 중앙집권화되었다. 이 수도회는 로저 베이컨(Roger Bacon), 보나벤투라(Bonaventura), 둔스스코투스(Duns Scotus), 오컴의 윌리엄(William of Ockham) 등 많은 학자를 배출했다. 베이컨은 과학적 실험의 선구자가 되었고, 실재의 본질에 관한 오컴의 사상은 루터의 영적 발달에 영향을 주고 르네상스 시대의 삶에 대한 경험적 접근방식을 강화했다.

(London: SP.CK, 1920-41), 3:160-63

카스파르 드 크라이에의 작품인 이 그림은 밀라노에서 사제들이 흑사병에 걸린 사람들을 위로하고 있는 모습을 묘사하고 있다. 13~14세기에 흑사병으로 유럽 인구의 ⅓이 사망했다.

도미니크 수도회 수도사들도 구제금으로 생계를 유지한 탁발수도사들이었다. 프란치스코회 수도사들은 위대한 선교사로서 자신의 본보기와 감정적 호소로 사람들을 회심시킨 데 반해 도미니크회 수도사들은 지적 설득으로 사람들을 이단에서 구하려 한 위대한 학자들이었다. 도미니크회 수도사들은 사람들의 두뇌에 호소했고, 프란치스코회 수도사들은 마음에 호소했다.

스페인의 귀족 태생인 도미니크(Dominic, 1170-1221)는 프랑스 남부를 여행하던 중 그 지역의 이단인 알비파 사람들을 보고 불쌍히 여기게 되었다. 그는 엄격한 생활, 단순함, 논증 등을 무기로 이단과 싸우려는 생각을 품었다. 이런 까닭에 도미니크회 수도사들은 설교를 강조했다. 도미니크 수도회는 1216년에 교황의 승인을 받았고 중앙집권적인 조직을 발달시켰다. 각 소집단은 원장이 지도하는데, 원장은 교구를 책임지고 있는 교구장에게 종속된다. 수도회 전체는 총교구장이 관할했고, 총교구장은 교황이 관할했다. 그들은 선교사요 교육자였다.

토마스 아퀴나스(Thomas Aquinas)와 그의 스승 알베르투스 마그누스(Albertus Magnus)는 이 수도회가 배출한 탁월한 학자들이다. 오늘날 로마가톨릭교회의 신학 체계는 아퀴나스가 개발한 것이다. 도미니크회 수도사들은 선교활동에도 종사했다. 1233년에 도미니크 수도회는 종교재판소 운영을 맡았다. 마이스터 에크하르트(Meister Eckhart)와 요한 타울러(John Tauler)와 같은 중요한 신비가들은 도미니크회 수도사였고, 피렌체의 개혁자 사보나롤라도 이 수도회 소속이었다.

　탁발수도사들은 이타적인 봉사로써 교구민들 사이에서 종교적 입지를 튼튼히 했다. 그들의 선행과 사역지의 언어로 하는 설교는 백성들이 쉽게 이해할 수 있는 교회의 실질적 견해 표명이었다. 탁발수도사들 덕분에 로마교회 내에서 설교가 본래의 위치를 되찾았다. 그들은 지역 주교들과 세속 통치자들을 지배하는 교황의 권력을 강화하려는 경향을 지녔다. 프란치스코 수도회와 도미니크 수도회는 세계 각처에 많은 선교사를 파송했다. 프란치스코회의 병원들은 사람들의 영적 욕구와 육체적 욕구 충족을 위해 봉사했다. 1348년과 1349년에 흑사병이 유럽을 휩쓸었을 때 거의 만 명의 탁발수도사들이 백성들을 위해 봉사하다가 사망했다. 그들은 학문, 특히 신학 분야에 크게 공헌했다. 신학 분야에서는 토마스 아퀴나스가 탁발수도회 최고의 학자로 간주한다.

　교황을 위해 종교재판소를 운영한 것은 도미니크 수도회의 어두운 면이다. 14세기 중엽에 이르러 최초의 탁발수도사들이 지녔던 영적 열정은 사라지고, 탁발수도회는 부를 장악하기 위한 기구로 전락했다.

3. 평신도 개혁운동

　중세 시대 사회의 기조(基調)는 통일이었다. 이 통일은 신성로마제국의 세계적인 기구들, 로마교회의 성직정치 및 그에 대한 충성, 그리고 성례와 신조의 표준화에 의해 이루어졌다. 그러나 통일의 근저에는 항상 불만이 놓여 있었다. 이러한 불만이 종교개혁 시대에 폭발하여 중세 시대 종교의 구조를 찢어놓게 된다. 내부 개혁을 추구한 수도사들이나 탁발수도사들과는 달리 카타리파(Cathari), 알비파(Albigenses), 발도파(Waldenses) 등의 분파들은 12세기 말의 종교를 정화하기 위한 표면적 반항으로 생겨났다. 가톨릭 성직자들의 생활과 관습, 그리고 세속활동의 타락상에 불만을 품은 사람들은 교구교회 안에서 종종 드러난 영적 능력의 부족에 반발했다. 이 중세 시대 분파들에 대한 정보는 그들에게 우호적이었던 사람들보다는 그들의 적들에 의해 보존 됐으므로 정확한 정보는 매우 드물다. 알비파와 발도파는 신약성경에서 발견되는 순수한 형태의 종교로 돌아가려 했다. 그들은 종교개혁의 선구자였다.

1) 철학적 경향의 알비파

카타리파, 또는 프랑스 남부의 알비(Albi) 주변에서 활동했기 때문에 알비파라고 불린 집단은 신약성경을 사상의 기초로 삼았다. 그러나 그들이 작성한 이단적 사상은 영지주의, 바울파, 보고밀파 등의 이원론적이고 금욕적인 사상과 흡사했다. 알비파는 인간의 영혼을 지으신 선하신 하나님과 인간을 천국에서 쫓아낸 후에 유형적인 몸을 준 악한 신 사이에 절대적인 이원론이 존재하며, 결국 물질은 악한 것이라고 믿었다. 따라서 카타리파(Cathari: 순수하다는 뜻)는 인류의 생식, 성례, 화체설을 강조하는 미사, 지옥과 연옥의 교리, 그리고 몸의 부활에 반대했다. 구원에는 회개; 성령 위안 안수식(consolamentum: 후보자의 머리에 요한복음을 올려놓고 안수하는 의식); 결혼, 맹세, 전쟁, 우유, 달걀, 고기, 치즈 등을 삼가는 금욕 생활 등이 포함된다. 그들은 예배에 물질적인 것을 사용하는 것을 정죄했다. 완전한 자(perfieci)라고 불리는 선택된 사람들은 죄 사함 및 하나님의 나라에 복귀한다는 보증을 소유한다. 육은 천국을 기업으로 받을 수 없으므로, 사람들은 죽기 전에 반드시 성령 위안 안수식을 받아야 한다. 알비파는 신약성경을 신앙의 권위 있는 표현으로 삼고, 그리스도로부터 교황들을 통해서 권위를 물려받는다고 주장하는 로마교회에 도전했다. 이러한 무례한 주장에 대한 중세 시대 로마교회의 대답이 1208년에 이노센트 3세가 지원하고 시몽 드 몽포르(Simon de Monfort)가 주도한 십자군과 박해였다.

2) 청교도적인 발도파

12세기 말에 등장한 발도파 운동(Waldensian Movement)은 다소 개신교적이고 청교도적인 운동이었다. 1176년경 리용의 부자 상인 피터 발도(Peter waldo)는 신약성경 번역본을 읽고 그리스도의 말씀에 감동하여 가족들의 생계를 유지할 만큼만 남기고 재산을 모두 처분했다. 그는 "리용의 가난한 자들"(Poor Men of Lyons)이라는 집단을 조직했다. 그들은 평신도로서 설교하기를 원했지만, 교황은 그것을 금지했다. 그들이 계속 설교했기 때문에 1184년에 교황은 그들을 파문했다. 흔히 그렇듯이 개혁을 원하는 열렬한 이 소수집단은 자기들이 지지하는 가치관을 상실한 다수에 의해 기성교회에서 쫓겨났다.

발도파는 사람들은 누구나 모국어 성경을 소유해야 하며, 그 성경이 믿음과 삶의 최종 권위가 되어야 한다고 여겼다. 그들은 그리스도를 본받아 둘씩 짝을 지어 간단한 옷을 입고 나가 가난한 사람들에게 모국어로 설교했다. 그들은 교회의 표준적 신앙고백, 성찬과 세례, 평신도가 설교하고 성례를 집례할 수 있다는 것 등을 인정했다. 그들의 사회도 주교, 사제, 부제 등 성직자들을 갖추었다. 발도는 그 집단의 수장으로 활동하다가 1217년에 사망했다. 프렌즈(Friends)라는 집단도 비밀리에 발도파와 연결되어 있었지만, 그들은 로마교회 안에 남아 있는 것이 허락되었다. 발도파는 여러 면에서 종교개혁을 이끈 프로테스탄트 사상을 앞지르고 있었다. 지금도 이탈리아 북부에 약 3만 5천 명의 발도파 신자들이 존재한다.

3) 종말론적 경향의 요하임파

요아힘(Joachim, 1132?-1202)은 시토회 수도사였다. 그는 베드로가 강조한 구약의 율법 시대에서는 성부가 중요하고 1260년까지의 신약시대에서는 성자가 중요하고 1260년 이후인 성령의 시대에는 짧은 적그리스도의 시대가 지나간 후에 요한의 글에서 보는 사랑의 새 시대가 올 것이라고 믿었다.

로마교회는 자신의 권위에 대한 이 무례한 도전들, 특히 카타리파의 도전에 다양하게 반응했다. 도미니크회 수도사들은 설교를 통해 카타리파를 돌아오게 하려 했다. 십자군 원정으로 프랑스 남부의 알비파를 근절한 것도 하나의 반응이었다. 또 하나의 반응은 1229년 툴루즈 교회 회의에서 제시되었다. 이 툴루즈 종교회의는 평신도가 모국어 성경을 사용하는 것을 금지했다. 그렇게 함으로써 신약성경의 교회와 로마가톨릭교회를 비교하는 불쾌한 일을 피할 수 있을 듯했다. 또 하나의 반응은 종교재판소, 즉 이단자들을 재판할 때 고발자의 이름을 밝히지 않으며 고문 등의 방법을 사용한 후에 국가에 넘겨주어 재산을 몰수하거나 화형에 처하게 한 비밀교회 법정이다. 처음에는 종교재판소를 감독이 관할했다. 그러나 이단자들이 증가함에 따라 교황이 종교재판소를 관리했다. 1233년에 그레고리 9세는 도미니크 수도회에 이단 처벌을 위임하여 카타리파를 근절했다.

이단에 대처한 이러한 과정들로 말미암아 성직자들이 잔인해졌고 평신도들도 이단자들의 처리에 관여하게 되었다. 로마교회가 규정한 것과 다른 사상을 가졌다는 이유로 처벌받는 데 대한 두려움 때문에 지적 정체 상태가 야기되었다. 그러나 박해 때문에 오히려 더 많은 사람이 이단적 교리를 받아들이는 결과가 초래되었다. 분파들이 간절히 원하던 영적 개혁의 욕구를 로마가톨릭교회가 충족시켜 주지 못했기 때문에 교회가 경화(硬化)되었고, 그로 인해 종교개혁이 불가피하게 되었다.

12~13세기에는 내적 개혁과 외적 개혁의 시대였다. 클레르보의 베르나르가 상징하는 시토회 운동과 탁발수도회 운동은 영적 열심을 회복시킴으로써 로마교회를 정화하려는 시도였다. 성경을 본래의 권위 있는 위치로 복귀시키려는 평신도들의 시도가 좌절되었으므로, 그들은 성경에서 발견한 기독교 신앙을 실천하기 위해 로마교회 밖에서 운동을 벌였다. 수도사, 탁발수도사, 십자군 등의 열심이 거룩하신 분이 아닌 제도와 결합하고 말았지만, 그 시대는 로마교회가 건설적으로 활용했어야 할 영적 열정의 시대였다.

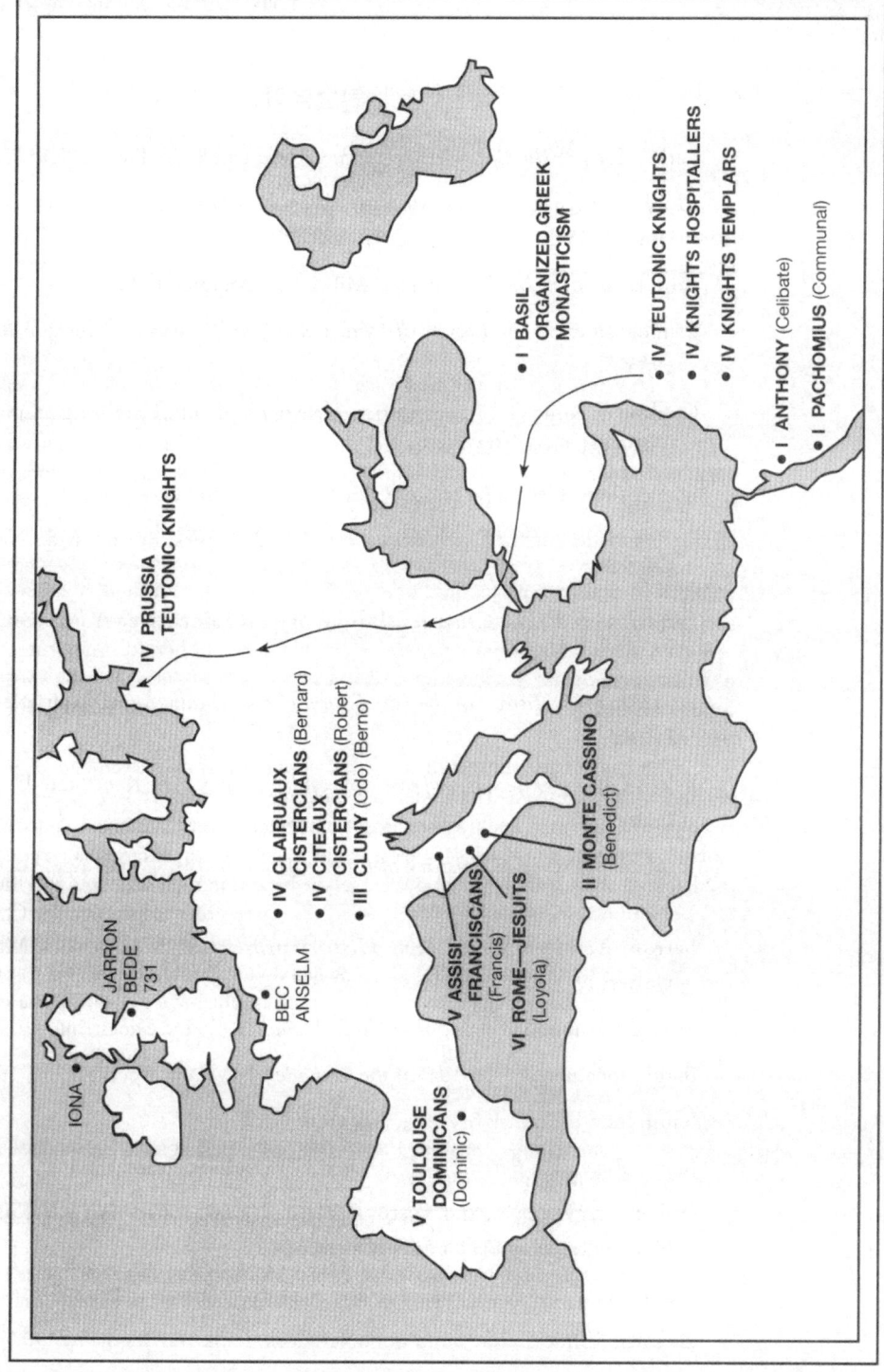

참고문헌

Barker, Erenst. *The Cursades*. London: Oxford University Press, 1923.

Brooks, Christopher. *The Monastic World, 1000-1300*. New York: Random House, 1974.

Brundage, James A. *The Crusades*. Milwaukee: Marquette, 1962.

Bruno, James S. *The Letters of Saint Bernard of Clairvaux*. Chicago: Regnery, 1953.

Coulton, George G. *Five Centuries of Religion*. 4 vols. Cambridge: Cambridge University Press, 1923-1950.

Daniel-Rops, Henri. *Bernard of Clairvaux*. New York: Hawthorne, 1964.

Jarrett, Bede. *Life of Saint Dominic 1170-1221*. Westminster, Md.: Newman, 1955.

Lamb, Harold. *The Crusades, Iron Men, and Saints*. New York: Doubleday, 1930.

Lea, Henry C. *History of the Inquisition of the Middle Ages*. 3 vols. New York: Harper, 1887.

Lekai, Louis J. *The Cistercians Idols and Realty*. Ohio: Kent State University Press, 1977.

Runciman, Steven. *A History of the Crusades*. 3 vols. Cambridge: Cambridge University Press, 1951-1954.

Setton, Kenneth M., ed. *The History of the Crusades*. 5 vols. Madison: University of Wisconsin Press, 1969-85.

Seward, Desmond. *The Monks of War. Hamden*. Conn.: Shoestring, 1972.

Smith, Jonathan R. *The Atlas of the Crusades*. New York: Facts on File, 1991.

Smith John H. *Fransis of Assisi*. New York: Scribner, 1972.

Storrs, Richard S. *Bernard of Clairvaux*. New York: Scribner, 1893.

Wakefield, Walter L., and Austin P. Evans. *Heresies of the High Middle Ages*. New York: Columbia University Press, 1969.

Warner, H. J. *The Albigensian Heresy*. New York: Russell and Russell, 1967.

Zwemer, Samuel L. *Raymond Lull*. New York: Funk and Wagnalls, 1902.

제23장
중세 시대의 학문과 예배

교회는 *diastasis*, 즉 문화로부터의 분리를 실천할 수 있고, 거꾸로 문화와의 종합을 실천할 수도 있다. 스콜라주의자들은 후자를 선택했다. 스콜라주의라는 지적 운동의 발달은 1050년부터 1350년 사이에 이루어졌고, 같은 시대에 탁발수도회 운동과 이단 운동의 발달이 병행했다. 스콜라주의는 처음에 성당이나 수도원학교를 중심으로 했지만, 13세기에 대학들이 생기면서 스콜라주의가 유럽 대학의 교육과정을 지배했다. 1050년 이후 교회의 교부들 대신 스콜라 철학자들이 진리의 수호자가 되었으며, 교회의 초기 역사에서 교부(father)가 영광스러운 호칭이었듯이, 이 시대에는 박사(doctor)가 영광스러운 호칭이 되었다.

1. 스콜라 철학
1) 스콜라 철학의 정의

스콜라 철학(Scholasticism)이라는 용어와 스콜라 철학자(Scholastic)라는 용어는 *scholē*라는 헬라어에서 파생된 라틴어를 어원으로 하는데, 이것은 학습이 발생하는 장소를 의미한다. "scholastic"이라는 단어는 샤를마뉴의 궁정이나 궁전학교의 교사들, 그리고 철학을 사용하여 종교를 연구한 중세 시대 학자들에게 적용되었다. 이 학자들은 새로운 진리를 추구하기보다 이성적 과정에 의해서 현존하는 진리를 증명하려 했다. 스콜라 철학이란 믿음을 이성에 의해 보강하기 위해서 신학을 합리화하려는 시도라고 정의할 수 있을 것이다. 신학은 성경적 관점보다는 철학적 관점에서 다루어져야 했고, 계시의 자료들은 아리스토텔레스의 연역적 논법을 사용함으로써 체계적으로 조직되며 새로 발견된 아리스토텔레스의 철학과 통합되어야 했다. 스콜라 철학자들은 19세기에 새로운 과학적 발견물들이 종교와 조화를 이루어야 했을 때 교회가 직면했던 것과 같은 문제에 직면했다. 그들은 이성적인 과정에 의해 얻은 아리스토텔레스의 일반적인 자연철학과 믿음으로 받아들여진 성경의 특별한 계시 신학의 조화를 이루어야 했다.

2) 스콜라 철학이 등장한 원인

스콜라 철학이 등장하게 된 주요 원인은 유럽에 아리스토텔레스의 철학이 출현한 데 있다. 5세기에 보에티우스(Boetius)가 이끄는 수도사들이 아리스토텔레스의 철학 일부를 번역한 것 외에는 그의 철학에 대해 거의 알려지지 않았다. 그러다가 12세기에 서유럽에서 뫼르베크의 윌리엄(William of Moerbeke, 1215-1286)이 아랍과 유대의 문헌을 라틴어로 번역했다. 1200년에 위대한 아랍 철학자 아베로에스(Averros, 1126-1198)가 번역한 아리스토텔레스의 저서가 스페인을 통해 서유럽에 소개되었다. 거의 같은 시기에 유대의 최고의 랍비요 철학자인 모세 마이모니데스(Moses Maimonides, 1135-1204)의 번역서들도 서유럽에 등장했다. 할레의 알렉산더(Alexander of Hales, 1186?-1245)와 같은 사람들이 이 철학을 환영했으며, 그것을 신학과 연결하려 했다.

스콜라 철학이 널리 전파된 또 하나의 원인은 새로 출현한 탁발수도회가 계시 연구에 철학을 사용한 데 있다. 위대한 스콜라 철학자인 토마스 아퀴나스와 그의 스승 알베르투스 마그누스는 도미니크회 수도사였고, 오컴의 윌리엄과 보나벤투라는 프란치스코회 수도사였다.

12세기에 시작된 대학 운동의 확장이 새로운 지적 운동의 기지를 마련해 주었으며, 대학의 교육과정은 논리학과 이성의 도움을 받아 행하는 신학 연구에 초점을 두었다. 아벨라르(Aberard) 시대에 파리 대학은 스콜라 철학을 이

끌어가는 중심지가 되었다.

교회사를 연구하는 사람은 스콜라 철학자들이 진리를 추구한 것이 아니라 믿음에 의해 계시에서 끌어낸 진리나 이성에 의해 철학에서 끌어낸 진리를 조화로운 완전체로 만들며 인정받는 진리의 본체를 조직하기 위해 노력했다는 것을 염두에 두어야 한다. 중세 시대의 지성인들은 정치적이고 종교적인 통일뿐만 아니라 지적인 통일도 추구했다. 12세기에 아리스토텔레스의 철학이 등장하여 이 과업을 맡았다. 스콜라 철학자들의 연구 내용이나 자료는 권위적이고 절대적이고 고정된 것이었다. 그들의 연구 내용은 성경, 종교회의의 신조와 교회법, 교부들의 저서 등이었고, 그들이 해결하려 한 문제에는 신앙이 합리적인 것인지가 포함되었다.

3) 스콜라 철학의 내용

스콜라 철학의 내용이 로마가톨릭교회의 권위 있는 신학에 종속되어 있었다면, 스콜라 철학의 방법론은 아리스토텔레스의 변증법이나 논증에 종속되어 있었다. 스콜라 철학의 내용과 방법 모두 고정된 것이었다. 현대 과학자는 귀납적 논증이라는 경험주의적 방법을 따르며, 자신이 오랫동안 관찰하고 실험해본 후에 사실들에 기초를 두고 일반적인 진리를 발표한다. 아리스토텔레스의 변증법이나 논증은 귀납적이 아니라 연역적이며, 연역적 논증의 도구로서 삼단논법을 강조한다. 연역적 사상가는 자신이 증명하지 못하지만 당연한 것으로 여기는 일반적인 진리나 법에서부터 시작한다. 그는 이 일반적인 법을 특정 사실과 관련지으며, 일반적인 법과 특정 사실의 관계에서 결론을 끌어내는데, 이 결론도 새로운 사실들과 관련된 일반적인 법이나 진리가 된다.

4) 스콜라 철학의 방법론

이 방법은 아리스토텔레스에게서 취한 것이다. 일반적인 철학적 진리들은 계시 신학에서 취해졌으며, 스콜라 철학자들은 조화로운 체계를 열기 위

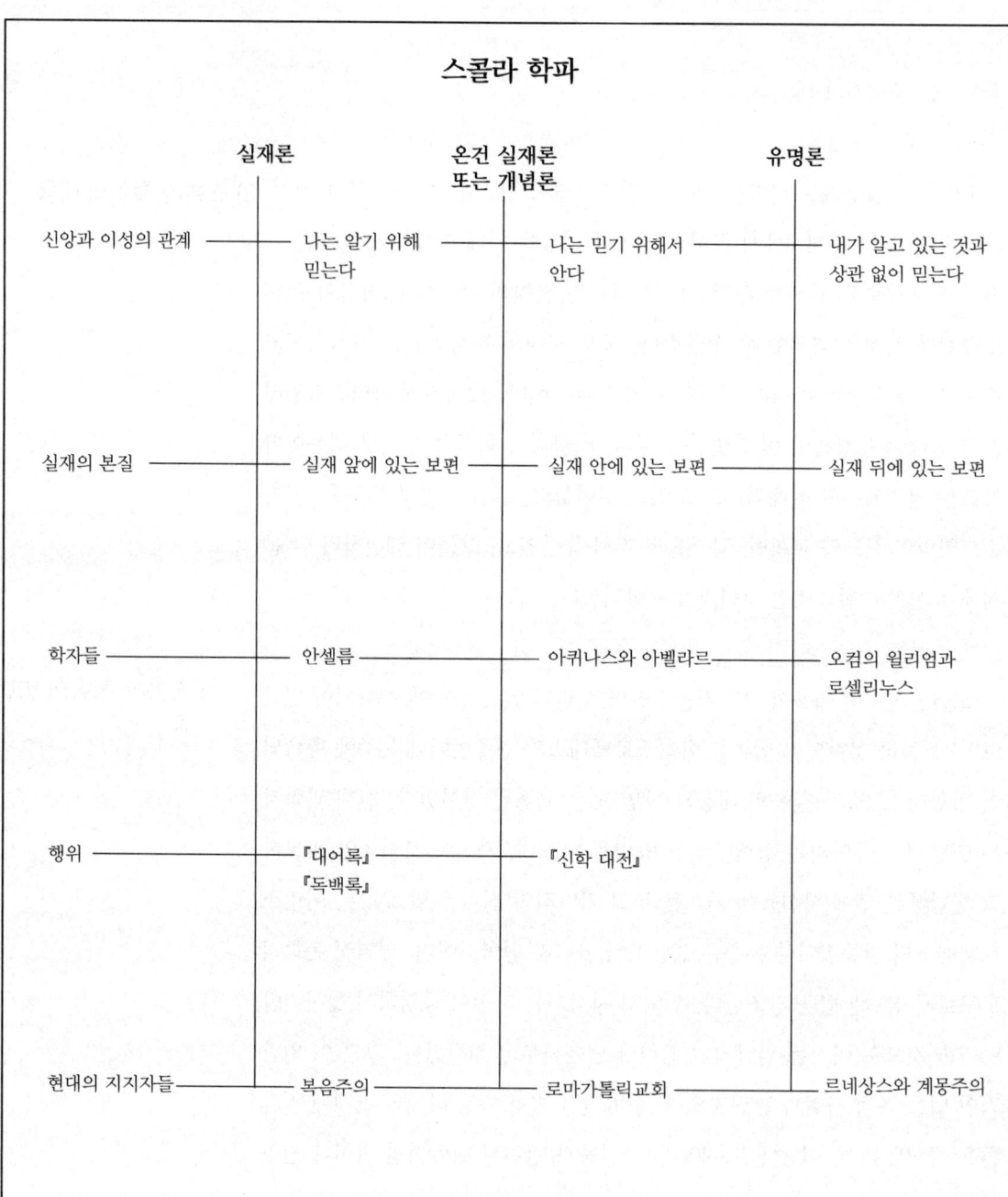

해서 아리스토텔레스의 방법론을 사용하여 합법적인 결론을 끌어내려 했다. 그들은 성경 구절, 교부들의 저서, 교회법과 공의회에서 결정된 신조들, 교황의 칙령 등을 논리적 순서로 연결했다.

5) 스콜라 학파

스콜라 철학자들은 내용이나 방법론에서 교회와 아리스토텔레스의 권위를 인정했다. 대부분의 스콜라 철학자들이 인정한 철학적인 틀은 그리스 철학에 기초를 두었으며, 스콜라 철학자가 일반 개념이나 궁극적 실재의 본질에 관한 문제, 또는 믿음과 이성의 관계에 대한 문제와 관련하여 플라톤이나 아리스토텔레스의 일반적 주장을 따르는지 아닌지에 의존했다.

(1) 실재론(Realism)

플라톤은 스승 소크라테스와 아리스토텔레스처럼 교회와 인간 등의 보편개념이 객관적 실존을 소유한다고 주장했다. 그런데 아리스토텔레스와는 달리 플라톤은 이러한 보편개념이나 이데아들이 특정 사물이나 개인과 상관없이 존재한다고 주장했다. 예를 들면 그는 개인의 참된 행동, 아름다운 행동, 선한 행동과 상관없이 진·선·미라는 보편개념이 있다고 믿었다. 이러한 견해는 universalia anterem(先在世界)이라는 라틴어로 요약된다. 즉 보편이 개별적 사물에 앞선다. 예를 들면 선한 행위는 그 행위와 상관없이 객관적으로 존재하는 선이라는 실재의 그림자나 반영에 불과하다. 이처럼 인간은 궁극적 실재를 위해서 이 세상을 초월하여 바라보아야 한다고 플라톤은 주장했다. 어거스틴과 안셀무스(Anselm)는 이 견해를 신학에 적용한 주도적 사상가였다. 이 견해는 실재론이라고 알려져 있는데, 다소 온건한 실재론자들은 이것을 범신론화하여 모든 것을 보편개념화한다.

① 이탈리아 북부에서 태어난 안셀무스(1033?-1109)는 베크 수도원(Abbey of Bec)에서 교육을 받았다. 그는 그 수도원의 원장으로 선출되어 그 직위를 유

지하다가 1093년에 캔터베리 대주교가 되었다. 그는 영국의 국왕들이 실시한 서임권 관습에 반대했다. 그의 불후의 명성은 그의 신학 활동과 관련되어 있다.

이성과 믿음의 관계에 대한 안셀무스의 사상은 "나는 알기 위해서 믿는다"(Credo ut intelligma)라는 말에 요약되어 있다. 믿음이 주된 것이요 지식의 토대가 되어야 한다. 이것은 몇 세기 전에 어거스틴이 주장한 것과 근본적으로 같은 주장이었다. 안셀무스는 두 권의 저서에서 믿음을 증명하기 위해 이성을 적용했다. 『모놀로기온』(Monologion)은 하나님의 존재를 증명하기 위해서 결과로부터 원인을 찾아간 귀납적 논증서이다. 이것은 일종의 우주론적 논증의 형태로서 다음과 같이 이야기할 수 있다. 인간은 살면서 많은 선을 누린다. 이 선들은 모든 존재의 근원인 지고선(至高善)의 반영이다. 무한한 복귀라는 것을 생각할 수 없으므로, 모든 것의 원인은 하나님이라고 부르는 분이 되어야 한다. 안셀무스의 『프로슬로기온』(Proslogion)은 신의 존재를 연역적으로 논증한 것이다. 존재론적 논쟁이라고 알려진 이 논증은 일치의 원리에 기초를 두고 있다. 사람들은 누구나 마음속에 완전한 지고의 존재라는 개념을 가지고 있다고 안셀무스는 기록했다. 이 개념은 객관적인 실존을 소유한 실체와 부합해야 한다. 왜냐하면 실존이 결여된 존재는 완전한 존재일 수 없고, 또 그보다 위대한 것을 생각할 수 없을 것이기 때문이다. 완전한 지고의 존재로서의 하나님이라는 개념보다 더 위대한 개념을 생각할 수 없으므로 하나님은 실제로 존재해야 한다.[1]

하나님의 존재에 대한 이러한 지적 논증으로 하나님의 존재를 결론적으로 증명할 수는 없지만, 이러한 논증들은 하나님의 존재를 거부하면 아무것도

---

1) Henry Bettenson, *Documents of the Christian Church*, 2d ed. (New York: Oxford University Press, 1963), pp. 137-38.

실제로 설명할 수 없음을 지적인 사람에게 보여주는 데 가치가 있다.

안셀무스는 『하나님은 왜 사람이 되셨는가?』(Cur deus Homo)라는 책에서 대속의 이론을 개진했다. 그는 인간은 하나님께 절대적으로 복종해야 한다고 주장한다. 그런데 아담의 범죄 이후 본성적인 인간은 이 순종을 보류해왔으며, 하나님은 인간에게 벌을 받음으로써 빚을 갚거나 보상하라고 요구하신다. 신인(神人)이신 그리스도가 십자가의 죽음으로써 인간이 갚을 수 없는 빚을 갚아주셨으므로 인간은 그 책무에서 해방되었다. 대속에 관한 안셀무스의 견해는 영리적이었지만 13세기 토마스 아퀴나스 시대에 이르기까지 정통적 사고를 지배했다. 그 견해는 사탄에게 지급된 속전(贖錢)으로서의 대속이라는 교부들의 견해를 종식한 것이었다.

② 그라티우스의 교회법에 관한 책 『교령집』(Decretum)은 중세 학자들의 삶에서 중요한 위치를 차지했다. 파리 대학의 신학 교수 피터 롬바르드(Peter Rombard, 1100-1160?)는 후일 중세 시대의 신학 교과서가 된 책을 저술했다. 이것은 흔히 『문장론』(Sentences)이라고 알려진 4권의 책으로서 삼위일체, 성육신, 성례, 종말론 등을 다룬다. 롬바르드는 1439년에 피렌체에서 권위 있다고 인정된 7 성례를 강조했다.

(2) 온건한 실재론

아리스토텔레스는 실재의 본질에 대해 다소 온건한 견해를 주장했다. 그는 보편개념들이 객관적 실존을 소유하지만, 개인들과 상관없이 존재하는 것이 아니라 그들의 내면과 정신 안에 존재한다고 주장했다. 중세 시대에 이 견해는 *universalia in re*(실재 안에 있는 보편)라는 용어로 요약되었다. 아리스토텔레스의 틀을 받아들인 중세 스콜라 철학자들은 온건한 실재론자라고 불렸다. 아벨라르와 토마스 아퀴나스 등이 온건한 실재론자나 개념론자로 분류될 수 있다.

① 브리타니 태생인 아벨라르(Abelrard, 1079-1142)는 일찍부터 지적 재능으로 유명해졌다. 파리대학에서 행한 그의 신학 강의는 매우 유명하여 그의 강의를 듣는 학생이 수천 명에 달했다. 그는 자신의 제자로서 풀베르(Fulbert)라는 참사회원의 조카인 엘로이즈와 사랑에 빠졌다. 그 두 사람의 연애 사건 및 뒤이은 결혼이 알려지자 풀베르는 무법자들을 시켜 아벨라르를 거세했다. 아벨라르는 엘로이즈에게 수녀원에 들어가라고 권했다. 클레르보의 베르나르는 아벨라르의 신학적 견해를 공격하는 데 성공했고, 패배한 아벨라르는 자신에게 우호적인 수도원에 들어가 죽기까지 그곳에 머물렀다.[2]

아벨라르의 신학적 주장은 온건한 실재론이었다. 그는 실재가 먼저 하나님의 정신 속에 존재했으며, 지금은 이 세상을 초월하여 존재하는 것이 아니라 개인들과 사물 안에 존재하고 있으며, 최종적으로 인간의 정신 속에 존재한다고 믿었다. 어거스틴이나 안셀무스와는 달리 아벨라르는 "믿기 위해서 안다"(intelligo ut credam)는 사상을 주장했다. 그는 진리의 발달에서 이성의 위치를 강조했고, 항상 권위에 따라 그것에 호소했다. 그는 의심이 탐구로 이어지고, 탐구가 진리로 이어질 것이라고 믿었다. 그는 그리스도의 죽음이 하나님을 만족하게 하기 위한 것이 아니라 하나님의 사랑으로 사람들을 감동하게 함으로써 그들이 도덕적으로 감화를 받아 하나님께 복종하게 하기 위한 것으로 생각했다. 이러한 구속관은 도덕적 감화설(moral influence theory)이라고 알려졌다.

아벨라르의 탁월한 저서는 『긍정과 부정』(Sic et Non)이다. 이 책은 특정 사

---

[2] 아벨라르의 생애에 관한 전기적 자료로 Jonathan F. Scott, Albert Hyma, and Arthur H. Noyes, *Readings in Medieval History* (New York: Appleton-Century-Crofts, 1933), pp. 334-48을 보라. 아벨라르와 엘로이즈가 주고받은 편지를 보려면 *The Love Letters of Abelard and Heloise* (1908, reprint ed., New York: Cooper Square, 1974), by Pierre Abelard를 보라.

실들과 관련하여 찬성하거나 반대하는 교부들의 견해를 보여주기 위해 배열된 158개의 전제로 이루어져 있다. 아벨라르는 교부들 사이에 존재한 모순들을 지적하고, 자기의 방법으로 그것을 해결하려 했다.[3] 그는 로마가톨릭 교회의 규정된 신학을 거부하지 않았지만, 많은 사람은 그가 사용한 방법 때문에 그가 이성을 강조하고 있으므로 진리를 위협하는 위험요소라고 생각했다.

② 알베르투스 마그누스(Albertus Magnus, 1193?-1280)는 방대한 지식 때문에 "백과사전적 박사"(Universal Doctor)라고 불렸다. 그는 파리 대학에서 강의했지만, 그의 가장 큰 업적은 고향인 쾰른에서 이루어졌다. 그의 주요 저서로서 신학과 창조에 관한 입문서들은 과학과 종교를 조화시키려는 의도에서 신학과 자연과학을 다룬다. 과학과 종교의 화합을 이루려는 시도는 그의 제자인 토마스 아퀴나스 시대에 성취되었다.

③ 토마스 아퀴나스(Thomas Aquinas, 1225-1274)는 귀족 출신으로서 천사 같은 박사(Angelic Doctor)라고 불렸다. 그의 모친은 프레데릭 바바로사의 누이였다. 그는 몬테 카시노와 나폴리 대학에서 수학했고, 부모님의 뜻과는 달리 도미니크회 수도사가 되어 학문에 헌신했다. 그는 체구가 크고 말이 없고 약간 얼이 빠져 있었다. 쾰른에서 친구들이 그를 "벙어리 황소"라고 놀렸을 때 그의 스승 알베르투스는 언젠가 이 황소의 울음소리가 세상을 가득 채울 것이라고 말했다.

토마스의 방대한 지식은 그 당시 새로운 자연철학인 아리스토텔레스의 철학을 교회가 해석한 성경의 계시신학과 통합하는 문제에 적용되었다. 그는 이렇게 하는 과정에서 온건한 실재론의 관점을 취했으며, 그러한 주장을 지지하는 주도적 스콜라 철학자가 되었다. 그는 현대의 과학에 비교할 수 있는

---

3) Scott, Hyma, and Noyes, *Medieval History*, pp. 348-57.

자연철학 영역에서 사람이 이성과 아리스토텔레스의 논증을 사용함으로써 하나님의 존재, 섭리, 불멸 등의 진리를 얻을 수 있다고 믿었다. 삼위일체, 창조, 죄, 연옥 등의 사상과 관련된바 자연철학을 초월하는 영역에서 인간은 오직 교부들과 공의회가 해석한바 성경에 있는 하나님의 계시에 대한 믿음을 통해서만 진리를 얻을 수 있었다. 실재는 사물이나 인간의 정신 안에 존재하기 전에 하나님의 정신 안에 존재하고 있었다.

토마스는 『신학대전』(Summa Theologiae)[4]이라는 저서에서 믿음과 이성이라는 두 영을 합하여 총괄적인 진리에 이르려고 노력했다. 아퀴나스는 믿음과 이성은 모두 하나님에게서 비롯된 것이므로 둘 사이에 근본적인 모순이 있을 수 없다고 생각했다. 그의 『대 이교도대전』(Summa Contra Gentiles)은 무슬림에게 전도할 선교사들을 훈련하기 위해 자연 계시를 근거로 논증한 입문서이다.

『신학대전』은 600개 이상의 질문을 포함하는 3천 개의 조목이 세 개의 주요 항목으로 구분되어 있다. 그것은 신학 전반에 대한 조직적 주석서로서 저술된 것이며, 로마가톨릭교회가 주장해온 신학 체계를 모범적으로 주석한 것이라고 할 수 있다. 오늘날 신토미즘(Neo-Thomism) 학자들이 중세 시대 학자들처럼 관심을 가지고 『신학대전』을 연구하고 있다. 그 책 제1부에서는 하나님의 실존과 본성에 대해 논하는데, 특히 하나님의 존재를 강조한다. 삼위일체 및 창조에서의 삼위의 사역도 논의된다. 제2부에서는 하나님을 향한 인간의 접근에 대해 논한다. 토마스는 도덕과 가치의 본질에 유의하며, 인간의 의지가 완전히 악을 지향하지는 않지만, 죄로 말미암아 뒤틀려 있다고 지적했다. 이 점에서 그는 인간이 하나님을 향하여 움직이도록 돕는 데 있어서

---

[4] Anton C. Pegis, ed., Βασιχ Ωριτινγσ οφ Σαιντ Τηομασ Αθυινασ (New York: Random, 1945).

인간의 의지는 무력하다고 주장한 어거스틴과 결별한다. 제3부는 하나님에게 이르는 길이신 그리스도에 대해 다루는데, 그리스도의 성육, 삶, 죽음, 부활 등이 강조된다. 그리스도가 제정하신 은혜의 통로인 일곱 가지 성례에 대한 논의로 이 책은 끝을 맺는다. 토마스는 중세 시대 사람들이 그렇듯이 참되고 규모 있는 성직계급제도를 받아들였다. 그의 견해는 후일 단테의 『신곡』(Divine Comedy)에 시적으로 표현되었고, 1879년에 레오 13세에 의해 확인되었다.

아퀴나스는 그리스도와 성도의 특별 공적의 유익을 강조함으로써 고해성사에 명목상 필요한 보속으로부터 사람들을 해방하기 위해 만들어진 면죄

토마스 아퀴나스. 그는 가톨릭교회 신학 체계를 발달시킨 도미니크회 수도사이다.

사상을 합리화했다. 교회는 회개하는 사람을 위해 이러한 공적을 의지할 수 있다. 아퀴나스의 온건한 실재론 때문에 그는 개인의 자유를 희생하면서라도 하나님의 집단적 기구인 교회를 강조했다. 또 그가 지식을 두 영역—자연철학과 교회가 해석한 성경적 계시—으로 구분한 것은 이중 진리 및 지식이 두 영역으로 분리된다는 믿음으로 이어질 위험이 있다.

(3) 유명론(唯名論)

유명론자라고 알려진 중세 시대 스콜라 철학자들은 실재론이나 온건한 실재론에 반대했다. 로스켈리누스(Roscellinus)와 오컴의 윌리엄(William of

Ockham)은 유명론적 사유의 대표적인 인물들이다. 그들의 견해는 *universalia post rem*(보편은 개별적 사물보다 뒤에 있다)이라는 말로 표현된다. 정신을 벗어나서 객관적으로 존재하는 일반적 진리나 사상은 없다. 그런 것들은 특별한 사물을 관찰한 결과로서 정신이 발달시킨 공통적 특성을 보인 주관적 사상에 불과하다. 보편개념이란 인간이 만들어낸 명칭일 뿐이다. 정의란 인간이 정의로운 행동에 대해 고려한 데서 만들어진 복합적 사상일 뿐이다. 유명론자들은 개인에게 관심을 둔다. 반면에 실재론자들과 온건한 실재론자들은 집단과 제도에 더 관심을 둔다. 중세 시대의 유명론자들은 17~18세기의 경험주의자들이나 오늘날의 실용주의자들의 선구자라고 할 수 있다. 유명론자들은 계시를 부인하지 않으며, 이성과 상관없는 권위에 따라 계시를 믿어야 한다고 주장한다. 왜냐하면 교회가 권위가 있다고 주장한 것 중에 이성으로 증명될 수 없는 것들이 많기 때문이다.

① 곧 프란치스코회 수도사들이 경쟁 관계인 도미니크회 소속 아퀴나스의 업적을 비판하기 시작했다. 이 비판으로 말미암아 스콜라 철학의 쇠퇴기인 14세기를 주도한 유명론 주장이 발달했다. 존 둔스스코투스(John Duns Scotus, 1265?-1308)는 제도보다 개인을 강조했지만, 유명론자는 아니었다. 유명론을 발달시킨 사람은 오컴의 윌리엄(1280?-1349)이었다. 오컴은 신학적 교의는 이성적으로 증명될 수 없으므로 성경의 권위에 의해 받아들여야 한다고 주장했다. 이 견해는 신앙과 이성을 분리했으며, 아퀴나스가 제시했던바 이성의 영역과 계시의 영역의 종합이라는 개념을 부인했다. 또 오컴은 객관적 보편개념의 존재를 부인했으며, 보편개념이란 인간이 정신 속에서 발달시킨 개념들을 지칭하는 명사에 불과하다고 주장했다. 그의 주장으로는 개인이 제도보다 더 중요하고 참되다. 오컴이 합리적으로 파생된 제도인 교회의 권위를 잠식한 것이 루터의 관심을 불러일으켰다.

② 로저 베이컨(Roger Bacon, 1214?-1294)은 오컴과 같은 전통에 속해 있었지

만, 과학적 실험에 전념했다. 그는 그렇게 함으로써 경험적 과학의 기초를 놓았는데, 후일 17세기에 프랜시스 베이컨(Francis Bacon)이 그 방법을 발달시켰다. 이처럼 실험으로 자연 영역을 통해서 진리에 접근하는 방식은 유명론의 주장과 일치하는 것이었다.

이 지적이고 사변적인 운동은 영적이고 이성적인 지식이 조화를 이루어 믿음의 영역과 이성의 영역에서 인간에게 확신을 주기 위한 지적인 삶의 통일이라는 문제에 관심을 가졌다. 유명론과 실재론 사이의 갈등은 초기 스콜라 철학 시대인 1050년부터 1150년 사이에 스콜라 철학자들이 직면한 큰 문제였다. 이 시대에 안셀무스와 베르나르가 옹호한 실재론이 승리를 거두었다. 스콜라 철학의 전성기인 1150년부터 1300년 사이에는 아퀴나스가 옹호한 온건파 실재론이 유명론을 압도했다. 그러나 1300년 이후에는 유명론이 교회 신학 지도자들의 사상을 주도했다.

6) 스콜라 철학이 낳은 결과

실재론과 온건파 실재론은 개인을 실질적인 협동 집단이나 제도에 종속시키는 보편개념을 강조함으로써 로마교회의 성례적이고 성직정치적인 체계를 지원했다. 아퀴나스가 은혜의 통로로서 성례를 강조했기 때문에 개인 위에 군림하는 로마교회의 권위가 강화되었다. 성직자들이 베푸는 성례가 없이 구원이 있을 수 없다고 간주하였기 때문이다.

지식의 방편인 이성은 계시보다 선행하지만, 계시에 의해 완전해진다는 아퀴나스의 견해는 이 두 방법에 의해 알려진 진리를 두 영역-세속적인 것과 거룩한 것-으로 분리할 수 있다는 위험으로 이어졌다. 유명론자들의 사유에서 실질적인 분열이 명백해졌다. 그들은 과학적 진리와 신학적 진리가 창조자 하나님 안에서 통일된 보다 큰 완전체 일부라고 보지 않고, 과학적 진리의 영역과 신학적 진리의 영역이 있다고 여겼다.

유명론에 의하면 인간이 제도보다 더 참되므로, 유명론은 인간에게 새로운 관심을 두었다. 르네상스 시대에 인간을 자율적 존재로 생각하기 시작하면서 이러한 관심은 유물론을 지원했으며, 이 실험적 방법을 진리에 이르는 주요 통로로 간주하였다. 유명론적 견해를 따른 또 다른 사람들은 개인이 직접 하나님의 현존에 이를 수 있는 길로서 신비주의를 지향했다.

특히 스콜라 철학은 아퀴나스의 『신학대전』을 통해서 중세 시대와 현대의 로마가톨릭교회에 권위 있고 통일된 종교와 철학의 종합을 제공했다. 오늘날 신토미즘은 아퀴나스의 저서를 다시 연구함으로써 현대 가톨릭교회에 과학과 종교의 결합체를 제공하려 한다. 현대 과학자들을 사실들을 사용하면서 통일성이나 도덕의식이 없이 꾸준히 사실들을 수집하는 사람이라고 비난할 수 없듯이, 스콜라 철학자들을 사소한 곳에 집착하는 변증가라고 비난해서는 안 된다.

2. 대학의 출현

1200년경에 교육과 연구의 중심인 대학들이 등장했고, 1400년에는 유럽에 75개 이상의 대학이 있었다. 대학 교육 과정 대부분은 스콜라 학문이었다. 현대 유럽의 유명한 대학들 대부분이 이 시기에 세워졌다. 대학들이 발달하기 전에도 수도원학교와 성당 학교를 중심으로 수준 높은 강의가 이루어졌지만, 대학이 설립된 후에는 고등교육이 대부분 대학에서 이루어졌다.

1) 대학이 출현한 이유

1200년 이전에 대학들이 급속하게 생겨난 데에는 여러 가지 이유가 있다. 425년경에 마르티아누스 카펠라(Martianus Capella)는 사과(四科, quadrivium)와 삼학(三學, trivium)을 사용했다. 삼학은 문법과 수사학과 논리학으로 이루어졌고, 사과에는 산술, 음악, 기하, 천문학이 포함되었다. 삼학은 성직자들이 효과적으로 설교하기 위한 훈련으로 하는 대중연설에 유익했고, 사과는 교회 축일들의 날짜를 확립하는 데 유익했다. 이 학문은 샤를마뉴의 궁정학교에서도 활용되었고, 550년부터 1100년 사이에 학문을 위해 운영된 수도원학교를 모델로 했다. 주교나 대주교가 맡은 대성당과 관련하여 고등교육의 중심지들이 생겨났다. 파리 대학은 노트르담 성당과 관련된 성당 학교가 발달한 것이다.

대학들이 출현한 두 번째 이유는 한 학교에 위대한 교사가 존재한 데 있다. 11세기에 이르네리우스(Irnerius)는 로마법의 대가로서 유명했는데, 그의 강의를 듣기 위해 볼로냐에 학생들이 몰려들었고, 그 결과 볼로냐 대학이 생겨났다. 교사로서의 아벨라르의 명성은 파리 대학의 발달에 기여했다.

학생들의 반항과 이민 등의 결과로서 여러 대학이 생겨났다. 12세기 중엽에 영국의 국왕과 프랑스의 국왕이 다툼을 벌였으므로, 파리 대학에서 부당한 대우를 받고 있다고 생각한 영국인 학생들이 그곳의 조건에 반발하여 1167년이나 1168년에 영국의 옥스퍼드로 옮겨갔다. 이 발발에서 옥스퍼드 대학이 생겨났다. 케임브리지 대학은 1209년에 학생들이 케임브리지로 이동했기 때문에 생겨났다.

2) 대학의 조직

중세 시대 대학의 조직은 오늘날의 대학 조직과 매우 다르다. 대학(university)이라는 단어의 어원인 *universitas*는 작업을 추진하는 동안 공동으로 보호할 목적으로 구성된 학생들이나 교사들의 조합 또는 길드였다. 이 집단의 교육 기능을 묘사하기 위해서 *stadium generale*라는 표현이 사용되었다.

유럽 남부의 대학들은 볼로냐의 관습을 따랐는데, 볼로냐 대학은 학생들이 사는 마을의 폐해나 교사들의 실패로부터 서로를 보호하려는 목적으로 학생들의 조합이 조직되어 있었다. 대학들은 국왕이나 그 지역 영주들로부터 대학의 권리와 특권과 책임 등을 규정한 헌장을 받았다. 볼로냐 대학은 법학으로 유명했고, 살레르노(Salerno) 대학은 의학과 연구 분야가 유명했다. 북유럽의 대학들은 파리 대학을 본받아 조직되었다. 이곳에는 면허장을 받은 교수들의 길드가 구성되어 있었다.

대학은 네 개의 학부로 구성되었다. 문학은 모든 학생이 이수해야 할 교양 과정이었고, 신학, 법학, 의학은 그보다 고등학문이었다. 교양과정인 문학을 공부하는 학생은 삼학(三學)을 공부했으며, 이 과정을 마치면 학사 학위를 받았다. 사과(四科)를 마친 사람은 석사학위를 받는데, 교사가 되려면 이것이 필요했다. 계속하여 법학이나 신학이나 의학 등을 공부한 사람에게는 박사학위가 주어졌다.

중세 시대 대학의 학생들은 만 14세가 되면 학문을 시작했다. 그러나 일반적으로 14-16세에 대학에 입학했다. 그들은 성직자의 특권을 소유했다. 시험은 포괄적이고 공개적인 구두시험이었다. 시험 기간에 학생은 교수나 학생들을 상대로 하나의 논제를 옹호해야 했다. 강의는 라틴어로 이루어졌다. 교과서는 교수들만을 위한 것이었으므로, 학생들은 많은 내용을 암기해야 했다. 오늘날 대학에서 독서와 연구가 중요하듯이, 그 시대의 대학에서는 기억력과 논리학을 활용하는 것이 중요했다. 학습은 강의와 토론으로 진행되었다.

현대 대학생활의 자질구레한 절차들은 대부분 중세 시대에서 유래된 것이다. 많은 학위, 시험, 가운, 후드, 교육과정의 기본요소들을 지칭하는 전문용어들이 중세 시대에 만들어졌다. 여러 세대를 이어온 가르침과 연구에 의한 학문의 발달은 현대 대학이 중세 시대의 대학에서 물려받은 기능이다. 무엇보다도 중세 시대의 대학은 살아있었고, 신학을 발달시켰다. 스콜라 철학자들은 가장 위대한 대학교수들이었다. 중세 시대에 대학들은 현대의 대학들처럼 학문과 산업 분야에서 봉사할 수 있도록 교육하기보다 대학에서 봉사할 수 있도록 교육했다. 스콜라 철학과 대학들은 교회를 섬기는 일에서 서로 밀접하게 연결되었으며, 문학, 법학, 신학 등의 교육을 받은 성직자들을 꾸준히 공급했다.

건축에서 고딕 양식이 등장하기 전에는 성 소피아 성당과 성 마가 성당에 사용된 삼각 궁륭 위에 거대한 돔을 세우고 모자이크로 장식한 비잔틴 양식이 사용되었다. 그 후 1100년부터 1150년까지 활발했던 로마네스크 양식은 둥근 아치와 쐐기 형태를 취했다. 더럼(Durham) 성당은 이 후대의 건축 양식의 본보기이다.

스콜라 철학을 대표하는 중세 시대 대학의 탑들은 "돌 안에 있는 성경"이라고 묘사되는 고딕식 성당의 첨탑과 대조된다. 수직선을 강조하는 중세 시대 대성당을 건축하는 데 100년이 걸리기도 했다. 20세기의 고층 건물들이 물질주의 정신을 표현하듯이, 중세 시대의 성당들은 그 시대의 영적 본성을 표현했다. 이 시대의 많은 대성당은 1150년부터 1550년 사이에 북유럽과 서유럽에 세워졌다. 스콜라 철학과 마찬가지로 고딕 양식도 13세기에 절정에 이르렀는데, 그 선구자는 생드니(Saint-Denis) 수도원의 원장 쉬제르(Suger)이다.

이 현세적 르네상스 건축가는 중세 시대의 건축이 야만적이며 고딕식이라고 생각했지만, 후대에는 그의 관점이 지지를 받지 못했다. 고딕식 건축물에는 중세 시대 건축가들의 솜씨를 보여주는 몇 가지 특징이 있다. 고딕식 성당에 들어가면 교회의 중심적 상징을 표현한 십자 형태의 평면에 눈길을 두게 된다. 로마식의 둥근 아치가 아닌 뾰족한 아치를 사용했기 때문에 지상이 아닌 위쪽으로 시선을 두게 된다. 궁륭과 부연버팀대–기둥들을 분리하기 위해 지붕에 부착된 길고 둥근 서까래, 또는 성당 벽에 집어넣은 버팀대들은 지붕의 무게를 땅에 전달함으로써 윗벽을 얇게 쌓고 채광을 위한 창문을 낼 수 있게 했다. 북유럽의 겨울은 매우 음침하므로 창문이 절대적으로 필요했다. 일반적으로 교회의 서쪽 끝에 세 개의 문이 있다. 채색창이나 성상 등 장식물들은 건물 전체의 설계에 좌우되었다. 지상에서 보면 균형이 없고 기괴하게 보이지만 문 위의 벽감에 놓인 성상이 건물의 구도와 조화를 이룬다.

3. 중세 시대의 생활과 예배

노트르담 성당(중세 시대 최고의 고딕식 건축물)

장인들은 이야기를 되도록 분명하게 표현하기 위해서 창문에 색깔을 넣었다.

중세 고딕식 성당의 대표적인 건물들이 파리를 중심으로 160km 이내의 지역에 건축되었다. 노트르담 사원은 외관이 아름답기로 유명하다. 사르트르(Chartres) 사원과 노트르담 사원의 중앙 현관 위의 장미창은 중세 시대의 장인들이 채색 유리를 다룬 솜씨를 보여준다.

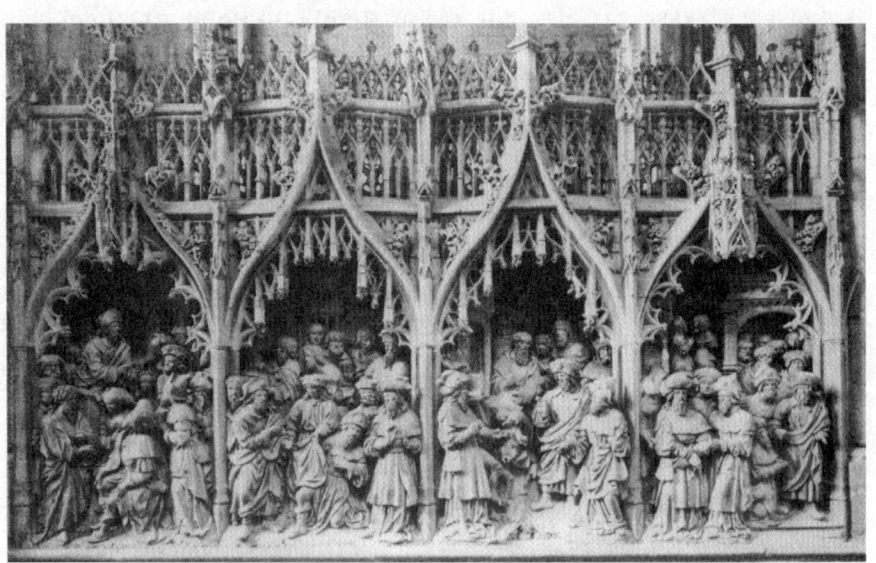

프랑스 아미앵 대성당의 성단소와 통로

고딕식 성당은 특징보다 그 의미가 더 중요하다. 고딕식 성당은 마을에서의 중심적인 위치, 그리고 성경적 진리의 상징적 표현으로 그 시대의 초자연적 정신을 표현했다. 중세인의 사회적 결속은 지위와 신분계층을 초월한 모든 사람이 참여하여 수십 년 동안 지속한 공동체의 사업으로서 대성당을 건축했다는 사실로 표현되었다. 쾰른 대성당은 1248년경에 건축을 시작하여 1880년에 완공되었다. 이 성당도 채색창과 성상을 통해 무식한 농부들이 성경의 진리를 깨달을 수 있다는 점에서 진정한 교육적 가치를 지녔다. 성당은 종종 마을의 사회적 활동 등 많은 활동의 중심지가 되었지만, 무엇보다 영혼이 예배 행위 속에서 하나님과 접촉할 수 있는 곳이었다.

개인의 종교생활에 중요한 모든 예식이 성당에서 거행되었으므로, 성당이 있는 마을에 사는 사람은 행운아로 여겨졌다. 사람들은 교회에서 세례와 견신례를 받고 결혼했으며 죽어서는 교회 내의 공동묘지에 매장되었다. 그러나 대성당이든지 작은 교회든지, 그곳에서 거행되는 예배의 중요한 부분은 미사였다. 제4차 라테란 공의회(1215년) 이후 사제가 성별한 후 떡과 포도주가 실제로 그리스도의 몸과 피로 변한다는 것이 가톨릭교회의 교리가 되었다. 그리스도가 신자들의 유익을 위해서 사제에 의해 새로이 희생제물이 되는 것이다. 12세기 이후 신자들에게 포도주를 주지 않은 것은 그리 중요하지 않다. 왜냐하면, 가톨릭교회의 교의에 의하면 성찬의 떡이나 포도주 안에 살과 피가 현존하기 때문이다. 13세기에 신자들이 미사 때에 그리스도를 예배하게 하려고 사제가 떡과 포도주를 거양하는 것이 관습화되었다.

많은 선율로 이루어지기 때문에 숙련된 성가대만이 제대로 부를 수 있는 대위법 음악의 발달로 말미암아 회중이 합창하는 관습이 사라졌다. 미사의 비적에 따른 결과로서 음악이 정교하고 다채로워졌다.

590년부터 1305년까지의 로마교회의 개인적인 관습이나 제도적 관습에서 실패의 증거를 많이 발견할 수 있지만, 그 시대의 교회가 끼친 적극적이고 참된 공헌을 간과해서는 안 된다. 그 시대의 로마교회는 로마제국을 정복한 게르만족에게 그리스-로마 문화와 기독교를 제공했다. 로마교회는 유일하게 참된 문화와 학문을 공급했고, 비드(Bede), 알쿠인(Alcuin), 아인하르트(Einhard) 등 학자들로 말미암아 학문이 활기를 띠었다. 노예제도 폐해의 완화, 여성의 지위 향상, 봉건 전쟁의 공포 완화 등으로 사회의 도덕적 분위기가 개선되었다. 로마교회는 중세 시대에 자선, 구제 사업을 지원했다. 또 스콜라 철학자들이 발달시킨 신학 체계 안에 지적 종합을 마련했고, 봉건주의의 지방분권화 경향에도 불구하고 교회 구성원들의 결속을 강화했다. 신약성경에 묘사된 참 교회와 비교할 때 로마교회가 여러 면에서 실패했음에도 불구하고, 하나님은 자신의 목적을 위해 로마교회를 사용하셨다.

참고문헌

Artz F. B. *The Mind of the Middle Ages*. New York: Knoff, 1953.

Clayton, Joseph. *Saint Anselm*. Milwaukee: Bruce, 1933.

De Wulf, Maurice M. C. J. *An Introduction to Scholastic Philosophy*. Translated by P. Coffey. New York: Diver, 1956.

Fairweather, Eugene R., ed. and trans. *A Scholastic Miscellany: Anselm to Ockham*. Philadelphia: Westminster, 1956.

Gardner, Helen. *Art Through the Ages*. Rev. ed. New York: Harcourt, Brace, 1936.

Jansen, H. W., with Dora J. Jansen. *A History of Art*. Englewood Cliffs, N.J.: Prentice-Hall and New York: Abrams, n. d.

___, Key Monuments of History of Art. Englewood Cliffs, N.J.: Prentice-Hall and New .ork: Abrams, 1962.

Kessel, Dimitri. *Splendors of Christendom*. Lausanne: Edita Lausanne, 1964.

Neve, Jurgen L., and Otto W. Heick. *A History of Christian Thought*. Philadelphia: Fortress, 1965.

Simson, Otto G. von. *The Gothic Cathedral*. New York: Pantheon, 1956.

Short, Ernest. *The House of God*. London: Eyre and Spottiswood, 1955.

Southern, Richard W. *Saint Anselm and His Biographer*. Cambridge: Cambridge University Press, 1963.

Throndyke, Lynn. *University Records and Life in the Middle Ages*. New York: Columbia University Press, 1944.

Weinberg, Julius R. *A Short History of Medieval Philosophy*. Princeton: Princeton University Press, 1964.

중세시대의 소멸과 현대의 시작(1305~1517)

제24장

교회 내부의 개혁 시도

성경으로 돌아가려는 운동은 마틴 루터나 칼빈 등 종교개혁 지도자들에게서 시작된 것이 아니다. 그보다 먼저 교황권의 명성과 세력의 쇠퇴를 멈추게 하려는 다양한 개혁 시도가 있었다. 1305년부터 1517년 사이에 로마교회의 권위에 도전하는 항의와 개혁 시도들이 있었다. 로마를 떠나 프랑스에 주재하고 있던 부패하고 사치한 교황청, 그리고 교황을 로마로 복귀시키려는 시도에서 비롯된 분열에 자극을 받아 14세기에 신비주의자들, 종교개혁자들(위클리프, 후스, 사보나롤라 등), 개혁 공의회들, 그리고 가톨릭교회 내에 신앙부흥을 일으킬 방법을 추구하는 성경적 인문주의자들이 생겨났다.

평신도들이 볼 때 1309년부터 1439년 사이에 로마가톨릭교회는 최악의 상태에 놓여 있었다. 독신제도와 교황에 대한 절대적 복종을 요구하는 성직 정치조직, 그리고 로마교회의 봉건주의화로 말미암아 성직자들의 윤리가 쇠퇴했다. 독신제도는 인간의 본성, 그리고 결혼을 지지하는 성경의 진술에 어긋나는 것이었으며, 많은 사제가 첩을 두거나 자기가 맡은 회중 내의 여인과 부정한 관계에 빠졌다. 일부 사제들은 성직자의 의무 수행보다 이러한 부적절한 결합에서 태어난 자녀들을 돌보는 일에 더 관심을 기울였다. 특히 문예부흥 시대에 일부 사제들은 사치한 생활을 했다. 교황과 봉건 영주에게 충성

1. 교황권의 쇠퇴
(1309-1439)

1) 성직자들의 몰락

해야 한다는 사실이 이해관계의 분할을 초래했기 때문에 봉건제도 역시 문젯거리였다. 종종 성직자들은 영적 책임보다 세속적 책임 이행에 더 관심을 두었다.

2) 교황청의 바빌론 유수와 대분열

교황권은 여러 지역에서 평신도들의 존경을 잃었다. 교황청의 바빌론 유수(1309-1377)와 대분열(1378-1417: 1054년의 분열과 혼동하지 말아야 한다)은 교황권이 신망을 잃은 원인이다. 교황권의 절정은 이노센트 3세 시대였지만, 민족주의의 지원을 받는 영국과 프랑스의 통치자들을 정복하는 데 성공하지 못한 후 교황권은 급속히 쇠퇴하기 시작했다.

1305년에 추기경단에 의해 선출된 교황 클레멘트 5세는 프랑스인으로서 도덕성이 의심스러운 연약한 사람이었다. 곧 프랑스 국왕의 세력 아래 들어간 그는 1305년에 로마를 떠나 프랑스로, 1309년에는 아비뇽으로 갔다. 아비뇽은 공식적으로는 프랑스의 영토가 아니었지만, 유럽인들이 볼 때 이 일은 교황이 프랑스의 통제 아래 놓인 일이었다. 1367년부터 1370년까지를 제외하고 1377년까지 교황은 아비뇽에 주재하면서 프랑스 국왕의 지배를 받았다. 경건한 신비가인 시에나의 카타리나(Catherine of Siena, 1347-1380)는 그레고리 11세에게 로마로 돌아가서 질서를 회복하고 국제적이고 독립된 권위 기관으로서의 교황청의 명성을 되찾으라고 권했다. 그는 1377년 초에 로마로 돌아갔고, 그리하여 교황청의 바빌론 유수가 끝났다.

이듬해에 그레고리 11세가 사망했다. 추기경단은 우르반 6세를 후임 교황으로 선출했다. 그러나 곧 우르반의 좋지 못한 성질과 오만한 태도가 추기경들의 적의를 야기했고, 1378년에 추기경들은 클레멘트 7세를 교황으로 선출했다. 클레멘트는 다시 교황청을 아비뇽으로 옮겼다. 같은 추기경단이 선출한 이 두 교황은 각기 자신이 합법적인 교황이요 베드로의 후계자라고 주장했다. 이로 말미암아 유럽인들은 어느 교황에게 충성해야 할 것인지 딜레마

대분열과 교황청의 바빌론 유수

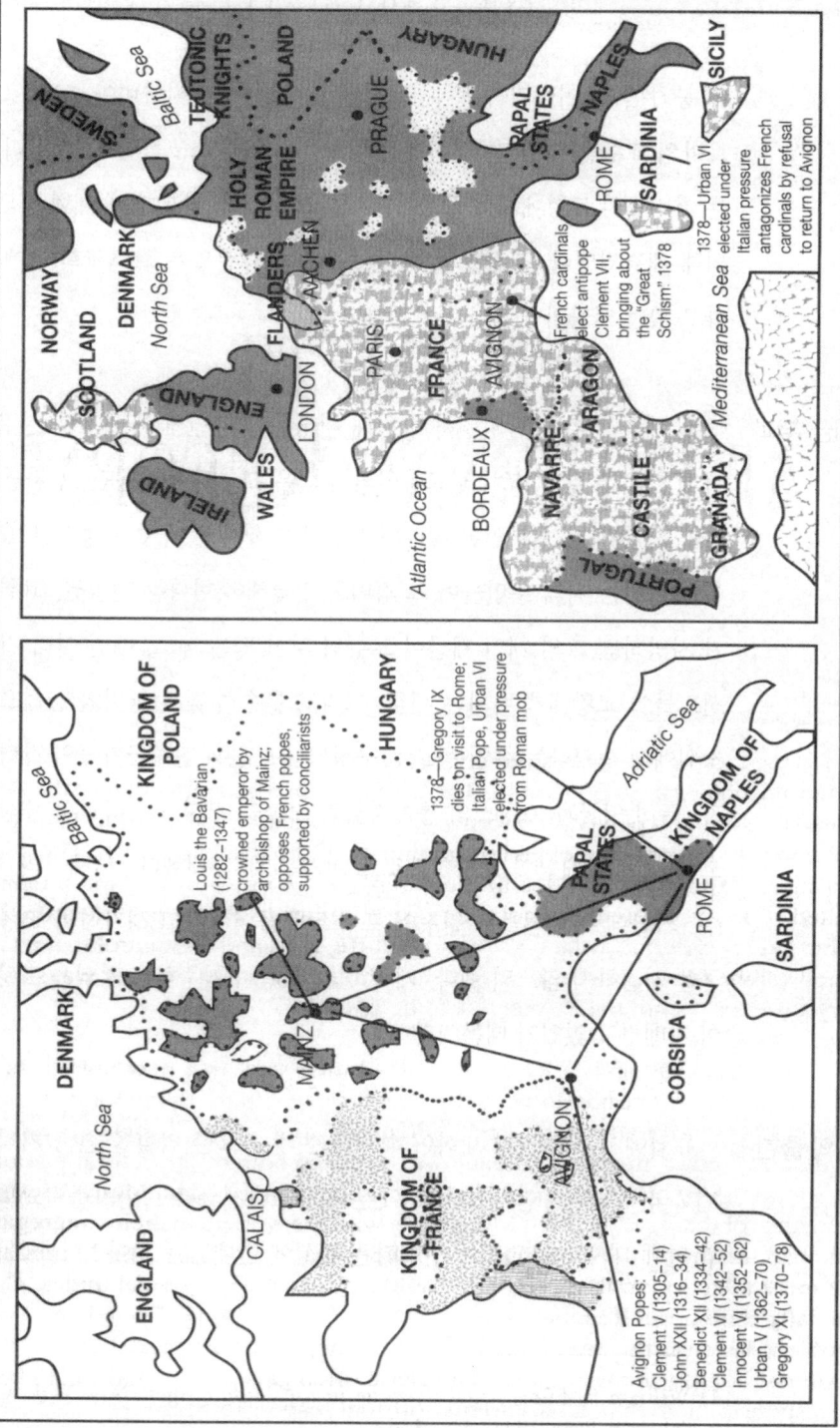

에 봉착했다. 이탈리아 북부, 독일의 대부분, 스칸디나비아, 그리고 영국은 로마의 교황을 따랐다. 반면에 프랑스, 스페인, 스코틀랜드, 이탈리아 남부는 아비뇽의 교황에게 충성했다. 이 분열은 다음 세기 초에 개혁 공의회들에 의해 해결되었다. 교황청의 바빌론 유수와 대분열은 로마교회 안에서 일어나고 있던 개혁의 외침을 부채질했다.

3) 교황청의 세금 부과

두 개의 교황청을 지원하기 위해 시행된 교황권의 세금 부과는 유럽인들에게 성가신 부담이었다. 교황권의 수입은 교황권의 부동산, 신자들이 내는 십일조, 성직자가 부임한 첫해의 봉급을 교황에게 바치는 성직취임세, 교황이 여행하는 지역 주민들이 그 경비를 지급해야 한다는 징발권, 고위 성직자가 사망하면 그의 개인 재산이 교황의 것이 되는 제도, 매년 여러 지역의 평신도들이 교황에게 바치는 세금, 그리고 무수히 많은 영지와 공석으로 있는 직위에서 생겨나는 수입 등으로 구성된다.[1] 신흥 민족국가들의 강력한 통치자, 특히 영국과 프랑스의 통치자들과 그들을 지지하는 강력한 중산층은 국고에 귀속될 재산이 교황청으로 들어가는 데 분개했다. 14세기의 오랜 "유수" 기간에 영국인들은 원수인 프랑스에 들어간다고 생각하여 교황청에 세금을 지급하지 않으려 했다. 왜냐하면, 교황이 거주하는 지역을 프랑스 국왕이 지배하고 있었기 때문이다.

4) 민족국가들의 출현

유럽에서 교황권의 세력이 쇠퇴하는 데 중요한 역할을 한 정치적 요인은 민족국가들의 출현이었다. 이것은 신성로마제국과 로마가톨릭교회라는 개념 안에 내재한 보편적 주권이라는 사상에 반대되는 것이었다. 국왕과 중산

---

1) William E. Lunt, *Papal Revenue in the Middle Ages* (New York: Columbia University Press, 1934), 1:57-136.

층이 서로 협력했다. 국왕과 그의 군대는 중산층이 안전하게 사업할 수 있도록 안전을 보장해주었고, 중산층은 그에 대한 보답으로 국왕이 국가를 운영할 수 있도록 경제적으로 지원했다. 그로 말미암아 생겨난 강력한 중앙집권적 민족국가는 교황의 공식적 견해에 도전했고, 교회가 보헤미아와 프랑스와 영국의 국가적 이익에 복종하게 하려 했다.

위의 요인들이 14-15세기에 교황권의 내부 개혁을 요구했다. 곧 지도자들이 부상했다. 12-13세기 수도원 개혁가들의 뒤를 이어 신비적, 성경적, 복음적, 공의회 개혁자들이 등장했다.

2. 신비가들

교회가 형식주의에 빠질 때마다 신비주의가 되살아나는 것은 성직자들이 수행하는 공식적인 예배행위에 피동적으로 참여하기보다 예배 행위 안에서 하나님과 직접 접촉하려는 인간의 욕구를 증명해준다. 신비가들은 직관이나 관상으로 하나님과 직접 접촉하려 한다. 만일 신비 체험의 절정인 엑스터시 안에서 신비가의 본질과 신의 본질이 결합하는 것을 강조한다면, 신비주의는 심리적인 것이 된다. 어느 경우든 주요 목적은 신비가가 수동적이고 수용적인 자세로 하나님 앞에서 기다리는 동안 초이성적인 방법으로 하나님을 즉각적으로 이해하는 것이다. 이 두 형태의 신비주의가 14세기의 신비주의에서 발견된다.

1) 신비주의가 출현한 원인

스콜라 철학은 인간의 정서적 본성을 희생시키고 이성을 강조함으로써 신비주의 출현에 기여했다. 신비주의는 합리주의적 경향에 대한 반작용이었다. 일반적으로 인간과 하나님의 관계에서 주관적인 면을 강조하는 운동은 지적인 면을 강조하는 운동에 대한 반작용으로 생겨난다. 이와 비슷하게 17세기 루터주의 내의 정통주의 시대에 이어 경건주의(Pietism)가 등장했다. 스콜라적 유명론은 지식을 얻는 방법으로서의 경험과 실재의 원천으로서의 개인을 강조하는 데로 이어진다. 이런 식으로 유명론적 스콜라 철학자 중 일부는 하나님에 대한 지식을 얻는 방법으로 신비주의를 의지했고, 다른 유명론자들은 유물론과 경험을 강조했다.

신비주의 운동은 어지러운 시대와 타락한 교회에 대한 항의요 반작용이었다. 14세기에는 사회적, 정치적 격변이 빈번했다. 1348년부터 1349년까지 창궐한 흑사병은 유럽 인구의 삼 분의 일을 죽음으로 몰아갔다. 1381년에 영국에서 발생한 농민반란(Peasants' Revolt)은 위클리프의 사상과 관련된 사회적 불안의 증거였다. 교황청의 바빌론 유수와 대분열은 많은 사람으로 하여금 자신의 영적 지도력을 의심하고 하나님과의 직접적인 접촉을 원하게 했다.

2) 탁월한 신비가들

이 시대의 신비가들은 크게 두 집단, 즉 라틴 신비가들과 튜턴 신비가들로 나뉜다. 라틴 신비가들은 삶에 대해서 튜턴 신비가들보다 더 정서적인 견해를 가지고 있었고, 그리스도에 대한 개인적이고 감정적인 체험을 강조했다. 12세기에 클레르보의 베르나르도 이것을 강조했다. 그는 본질의 하나 됨보다 의지와 사랑이 하나님과 하나가 되는 것을 강조했다. 대부분 튜턴족 신비가들은 하나님에 대한 철학적 접근을 강조했다. 이것은 마이스터 에크하르트의 경우에 일종의 범신론으로 이어진다.

시에나의 카타리나는 라틴 신비주의를 대표한다. 그녀는 하나님이 환상 중에 자기에게 말씀하신다고 믿었고, 선하고 실질적인 목적에 이 환상들을 사용했다. 그녀는 담대하게 성직자들의 폐해를 비난했고, 1376년에는 그레고리 11세에게 아비뇽을 떠나 로마로 돌아가라고 하나님의 이름으로 권면했다. 그녀는 교황권의 죄악상을 담대하게 공격했다.[2]

---

2) Beresford J. Kidd, *Documents Illustrative of the History of Church*, 3 vols. (London: SPCK,, 1920-41), 3: 190-91.

독일의 신비주의 운동은 도미니크 수도회를 중심으로 이루어졌다. 마이스터 에크하르트(1260?-1327)는 독일 신비주의의 창시자라고 불린다. 그는 쾰른에서 설교하기 전까지 파리 대학에서 수학했다. 그는 신적인 것만이 참된 것이라고 믿었기 때문에 엑스터시의 체험 속에서 인간의 본질이 신적인 본질과 융합함으로써 영이 하나님과 합일하는 것이 기독교인들의 목적이 되어야 한다고 가르쳤다. 그는 신격(Godhead)과 신(God)을 구분했다. 신격이란 우주의 배후에 있는 철학적 통일체로서 절대적 의미를 지니는 신을 의미하며, 신(God)은 세상을 창조하고 다스리시는 분이다. 그의 목표는 모든 피조물의 배후에 있는 신격과 영혼의 합일이었다. 그는 "신은 내가 되어야 하고, 나는 신이 되어야 한다"라고 말했다고 한다. 에크하르트의 신념들이 신플라톤주의와 매우 밀접하므로 범신론이라는 비난이 제기되었고, 그의 사후에 발표된 교황의 교서에서는 그의 견해를 범신론적이라고 정죄했다. 에크하르트도 하나님과의 신비적 연합의 결과로서 기독교적 봉사의 필요성을 강조했다.[3]

"하나님의 친구들"(Friends of God)이라고 알려진 도미니크회 수도사들의 집단이 에크하르트의 가르침을 계승했다. 스승보다 더 복음적이었던 요한 타울러(John Tauler, 1300?-1361)는 영혼의 행복을 위해서는 표면적인 의식보다 내면적인 하나님 체험이 더 중요하다고 강조했다. 그는 라인 계곡에 본부를 둔 하나님의 친구들과 연관이 있었다. 하인리히 수소(Heinrich Suso, 1295?-1366)는 에크하르트의 신비 사상과 비슷한 사상을 시적인 형태로 표현했다. 룰만 메르스빈(Rulman Merswin, 1307-1381)이라는 은행가는 그 집단이 거처할 수 있는 건물을 제공했다. 『독일신학』(Theologia Germanica)이라는 신비적 소책자는 이 집단과 관련된 것으로 여겨진다. 루터는 이 책이 구원을 위한 자신의 싸움에 도움이 됨을 발견했고, 1516년에 독일어판을 출판했다. 그러나 이 책도 그

---

3) Raymond B. Blakney, *Meister Eckhart* (New York: Harper, 1941).

근저에 마이스터 에크하르트의 저서에서 발견되는 범신론적 분위기가 있다.

신경건운동(Devotio Moderna) 또는 공동생활 형제단(Brethren of the Common Life)이라는 운동은 네덜란드에서 벌어진 것으로서 데벤테르(Deventer)에 본부를 두었다. 이것은 "하나님의 친구들"보다 더 실질적이며 덜 범신론적인 평신도 운동이었다. 얀 반 루이스브렉(John of Ruysbroeck, 1293-1391)은 에크하르트의 저서의 영향을 받았으며, "하나님의 친구들" 몇 명을 알고 있었다. 그는 네덜란드의 신비주의 운동에 영향을 미쳤다. 그는 그루테(Gerard Groote, 1340-1384)를 도와 신비 체험의 발달에서 신약성경을 강조했다. 그루테는 데벤테르에서 공동생활 형제단의 지도자가 되었다. 그는 플로렌티우스 라데윈스(Florentius Radewijns)에게 감화를 주어 공동생활 형제단 지회를 시작하게 했다. 이 교단은 공동체 안에서 규율에 따라 생활하며 마이스터 에크하르트가 강조한 피동적인 신(神) 체험보다는 가르치는 일과 실질적인 봉사에 헌신하는 평신도들로 구성되었다. 양 집단 모두 청년 교육을 강조했고, 대규모의 학교들을 세웠다. 그 집단의 지회들이 네덜란드 전역에 세워졌다.[4]

『그리스도를 본받아』(Imitation of Christ)는 공동생활 형제단이 지속적인 명성을 얻는 데 기여했다. 이 책은 토마스 아 켐피스(Thomas a Kempis, 1380-1471)의 저서로 알려져 있는데, 본명은 켐펜의 토마스 헤메르켄(Thomas Hemerken of Kempen)이었다. 그는 데벤테르에서 라데윈스에게 교육을 받았고, 즈볼레 근처의 어거스틴회 수도원에 들어갔다. 그가 『그리스도를 본받아』의 저자일 가능성이 가장 크다.[5] 이 저서는 공동생활 형제단의 실질적인 강조점들을 반영하고 있다. 그것은 단지 세상을 부인하는 데 그치는 것이 아니라 적극적으

---

4) Albert Hyma, *The Christian Renaissance* (New York: Century, 1924)는 공동생활 형제단에 대한 학문적 논의서이다.

5) 같은 책 제5장에 『그리스도를 본받아』의 저자에 대한 논의가 수록되어 있다.

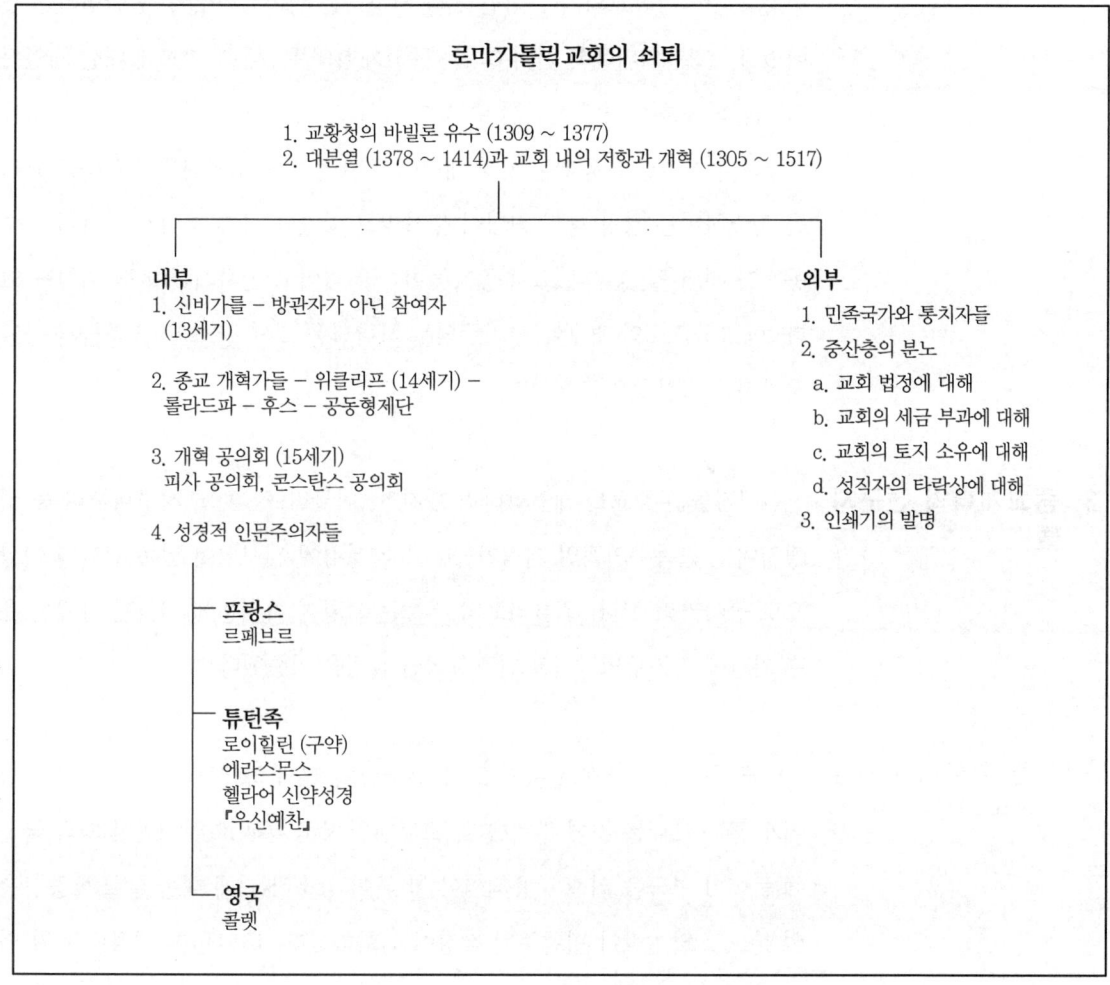

로 그리스도를 사랑하고 겸손하고 실질적인 방식으로 그리스도를 위해 봉사해야 할 필요성을 주장한다.

로마가톨릭교회의 고전적 경건의 형태인 신비주의 운동은 그 시대 교회의 형식적이고 기계적이며 사제 중심인 의식과 스콜라 철학에 대한 반작용으로서 발달했다. 그것은 기독교 예배의 표면적인 행위를 지나치게 강조할 때면

3) 신비주의 출현의 결과

등장하는바 기독교의 주관적인 면을 지향하는 영속적인 경향을 반영하는 것이었다. 그런 의미에서 신비주의는 종교개혁의 특징, 즉 종교에 대한 개인적인 접근의 표현이라고 생각할 수 있다.

그러나 이러한 운동에는 성경 대신에 주관적인 내적 권위를 중시하고 교리를 축소하려는 경향 등의 위험이 도사리고 있었다. 신비주의가 지나치게 수동적인 것이 될 경우에 그 추종자들이 내향적이고 반사회적이 될 위험도 있다. 에크하르트의 경우에 신비주의는 하나님을 그의 창조 및 피조물과 동일시하려는 범신론으로 흘렀다.

3. 종교개혁의 선구자들

신비가들은 종교를 개인화하려 했지만, 위클리프, 후스, 사보나롤라 등 성경적이고 민족주의적인 개혁가들은 신약성경에 계시되어 있는 교회의 이상으로 돌아가려 했다. 위클리프와 후스는 교황이 아비뇽에 거하던 바빌론 유수 기간에 민족주의적이고 반교황적인 감정을 이용했다.

1) 존 위클리프(John Wycliffe, 1320-1384)

영국인들은 국가적 원수인 프랑스 국왕의 권세 하에 있는 아비뇽의 교황에게 돈을 보내는 것에 분개했다. 교황청의 세금 부과로 말미암아 영국 국고에 들어가 영국을 위해 사용되어야 할 돈이 감소하는 데 대한 황실과 중산층의 분노로 말미암아 민족주의 감정이 심화하였다. 1351년에 제정된 교황 임명의 성직록 무효령(Statute of Provisors)은 영국의 공석이 된 성직자를 교황이 임명하는 것을 사실상 금지했다. 1353년에 제정된 왕권보호 법률(Statute of Praemunire)은 성직자의 재판을 영국 법정에서 심리하지 않고 로마의 교황청 법정에서 심리하는 관습을 금지했다. 매년 1천 마르크의 조공을 바치던 일도 의회에 의해 중지되었다. 이처럼 교회 만능주의에 대해 민족주의적인 반작용이 일어나던 시기에 위클리프가 등장했다. 위클리프는 강력한 곤트의 존(John of Gaunt)의 도움으로 받아 교황에게 도전했다.

위클리프는 옥스퍼드에서 수학하고 강의했다. 1378년에 그는 부도덕한 성직자들을 몰아내고 교회의 재산을 박탈함으로써 로마교회를 개혁하려 했다. 그는 교회의 재산 소유가 부패의 근원이라고 생각했다. 그는 『시민 주권에 관하여』(On Civil Dominion, 1376)라는 책에서 교회 지도자들의 도덕적 기초를 강조했다. 하나님은 교회 지도자들이 하나님의 영광을 위해 사용할 수 있는 신탁물로서 재산을 소유하는 권한을 주신 것이 아니라 그것을 활용하는 권한을 주셨다. 교회의 지도자가 맡은 직무를 제대로 수행하지 못할 때 세속 당국자가 그 재산을 빼앗아 하나님께 올바르게 봉사할 수 있는 사람에게 주는 것이 타당하다. 귀족들은 이 견해를 흡족해했다. 그들은 로마교회의 재산을 장악하게 된 것을 기뻐했다. 따라서 그들과 곤트의 존은 로마교회가 위클리프를 해치지 못하도록 위클리프를 보호했다.

교황청의 바빌론 유수와 분열에 혐오감을 느낀 위클리프는 이러한 소극적인 접근방식에 만족하지 않았고, 1379년 이후에는 혁명적인 사상으로 로마교회를 공격하기 시작했다. 1379년에 그는 교황이 교회의 머리가 아니라 그리스도가 교회의 머리라고 주장함으로써 교황의 권위를 공격했다. 그는 신자들을 위한 유일한 권위는 교회가 아닌 성경이며, 교회는 신약성경에 계시된 본보기를 따라야 한다고 주장했다. 위클리프는 이러한 신념을 뒷받침하기 위해서 사람들이 모국어로 성경을 접할 수 있게 했다. 1382년에 최초의 완전한 신약성경 영역본이 완성되었다. 헤리포드의 니콜라스(Nicholas of Hereford)는 구약성경 대부분을 영어로 번역했다. 그리하여 영국인들은 처음으로 모국어 성경을 읽을 수 있게 되었다. 위클리프는 1382년에 화체설을 공격했다. 로마교회는 성찬의 떡과 포도주의 표면적 형태는 그대로 있지만, 그 본질이 변화된다고 믿었고, 위클리프는 떡과 포도주의 본질이 파괴될 수 없으며 그리스도는 성례 안에 영적으로 임재하시며 믿음에 의해 이해된다고 주장했다.[6] 위클리프의 견해를 받아들인다면, 사제들이 성찬 때 어떤 사람에게 그리스도의 몸과 피를 주지 않음으로써 그의 구원을 보류할 수 없다는 의미가 된다.

위클리프의 견해는 1382년에 런던에서 정죄 되었고,[7] 그는 은퇴하여 자신의 교구인 루터워스(Lutterworth)로 갔다. 그는 평신도 설교자 집단인 롤라드(Lollard)파를 세워 자신의 사상을 계속 전파할 수 있는 기반을 마련했다. 롤라드들은 영국 전역에서 위클리프의 사상을 전했다.[8] 1401년에 로마교회는 의회로 하여금 롤라드파의 사상을 설교하는 사람을 세속 당국에 넘겨 화형에 처하라는 내용의 "이단자 화형 법령"(De Haeretico Comburendo)을 통과시키게 했다.

개신교 개혁의 선구자인 존 위클리프.
그는 부도덕한 성직자들을 공격했고, 교회의 재산이 부패의 근원이라고 여겼다.

위클리프의 업적은 영국 내에 개혁의 길을 닦아 놓은 역할에 있다. 그는 성경을 영어로 번역했고, 평민에게 복음적 사상을 전하기 위해 롤라드파를 만들었다. 농민은 그가 주장한 교회 내에서의 평등의 가르침을 경제생활에 적용했고, 결국 그의 가르침이 1381년에 농민반란이 발생하는 데 기여했다. 영국에서 수학하던 보헤미아 학생들은 위클리프의 사상을 보헤미아로 가져갔고, 이곳에서 그의 사상은 후스의 가르침의 토

---

6) Kidd, *History of the Church*, 3:201-2.

7) Henry Bettenson, *Documents of the Christian Church*, 2d ed. (New York: Oxford University Press, 1963), pp. 173-75.

8) Ibid., pp. 175-79.

대가 되었다.[9]

2) 얀 후스
(Jan Hus, 1372-1415)

영국의 리처드 2세가 보헤미아의 앤과 결혼했을 때 보헤미아의 학생들이 공부하러 영국에 왔다. 그들은 위클리프의 사상을 가지고 보헤미아에 돌아갔다. 후스는 보헤미아의 베들레헴 예배당(Bethlehem Chapel)의 목사였다. 그는 프라하 대학에서 수학했고, 1409년경에 이 교회의 목사가 되었다. 그는 위클리프의 사상을 받아들였다. 그는 신성로마제국이 보헤미아를 지배하는 데 대해 보헤미아의 민족 감정이 일어난 것과 시기를 같이하여 위클리프의 사상을 설교했다. 후스는 위클리프가 선포한 것과 유사한 방법으로 교회를 개혁할 것을 제안했다. 그의 견해는 교황청의 분노를 일으켰고, 그는 황제의 안전통행권 아래 콘스탄스 공의회에 출두하라는 명령을 받았다. 그러나 그 안전통행권은 지켜지지 않았다. 콘스탄스 공의회는 그의 견해와 위클리프의 견해를 정죄했다. 후스는 자신의 견해를 철회하기를 거부했으므로 공의회의 명령에 따라 화형에 처해졌다. 그러나 그의 저서 『교회론』(De ecclesia, 1413)은 살아남았다.

박해자들은 후스의 육신을 없앨 수 있었지만, 그의 사상을 없앨 수는 없었다. 후스의 사상은 그의 추종자들에 의해 전파되었다.[10] 그의 추종자 중에서 급진

얀 후스.
후스는 위클리프의 개혁 사상을 연구하고 그 메시지를 프라하 대학에서 설교했다.

---

9) George M. Trevelyan, *England in the Age of Wycliffe* (London: Longman, 1920). John Wycliffe (Oxford: Clarendon University Press, 1926).

10) Kidd, *History of the Church*, 3:213.

적 집단인 타보리트파(Taborites)는 로마교회의 신앙과 관습 전체를 거부했다. 온건파인 우트라키스트파(Utraquists)는 성경이 실제로 금지한 관습만 거부했으며 평신도들도 미사 때 떡과 포도주를 받아야 한다고 주장했다. 1450년경에 타보리트파의 일부가 형제단(Unitas Fratrum), 즉 보헤미아 형제단을 조직했다. 이 집단이 지금도 존재하고 있는 모라비아 형제단의 출발점이다.

로마교회가 후스를 죽였지만, 그의 영향력은 없애지 못했다. 후일 모라비아 교회는 기독교 역사상 가장 선교적인 교회 중 하나가 되었다. 진보적이고 복음적인 교육 사상가인 요한 아모스 코메니우스(John Amos Comenius, 1592-1670)는 이 형제단 소속이었다. 그는 『대 교수학』(Didactica Magna)을 저술했다. 후스는 간접적으로 웨슬리에게 영향을 주었다고 할 수 있다. 왜냐하면, 모라비아 교도들이 웨슬리가 회심하는 데 도움을 주었기 때문이다. 루터가 독일에서 같은 문제에 직면했을 때 후스의 가르침과 모범이 감화를 주었다.

3) 사보나롤라
(Savonarola, 1452-1498)

성경을 최고 권위의 표준으로 삼은 위클리프와 후스에게 이단자라는 낙인이 찍혔다. 그러나 사보나롤라는 피렌체에서 교회 내부의 개혁에 관심을 기울였다. 그는 1474년에 도미니크회 수도사가 되었고, 1490년에 피렌체에 부임했다. 그는 그 도시에서 교회와 국가의 개혁을 위해 노력했지만, 교황의 악한 생활을 공격했기 때문에 교수형을 당했다. 그는 위클리프와 후스처럼 진보적인 주장을 하지 않고 교회의 개혁을 요구했다.

위에 언급된 사람들은 종교개혁자들이 등장하기 이전에 자기들의 정신과 작업을 실행에 옮긴 사람들이다. 위클리프는 "종교개혁의 샛별"이라고 불린다.

4. 개혁공의회들
(1409-49)

14세기에 개최된 여러 공의회의 지도자들은 교회의 지도층이 평신도들을 대표하게 함으로써 개혁을 추구했다. 로마교회의 평신도 대표자들로 구성된 공의회는 타락한 교회 지도자들을 제거하려 했다. 공의회는 후스와 위클리프만큼 성경을 강조하지 않았고, 신비가들이 선호한 주관적인 종교적 표현으로 개혁을 추구하지도 않았다.

로마교회 내부 개혁의 필요성은 1378년의 대분열로 분명해졌다. 그 해에 우르반 6세와 클레멘트 7세가 각기 자신이 베드로의 합법적 후계자라고 주장했다. 유럽의 국가들은 어느 교황을 따를 것인지 결정해야 했으므로, 결국 유럽은 정치적으로만 아니라 교회적으로도 분열되었다. 두 명의 교황 모두 추기경단에 의해 선출된 인물들이었다. 과연 누가 그들의 주장을 판단할 수 있을 것인가? 파리 대학의 주요 신학자들은 로마교회의 공의회가 이 문제를 결정해야 한다고 제안했다. 그들은 325년부터 451년 사이에 개최된 공의회들을 선례로 들었다. 모든 교회를 대표하는 공의회가 가장 좋은 해결책인 듯 했다. 왜냐하면, 교황은 중재자들의 결정을 버리지도 않고 받아들이려 하지도 않았기 때문이다.[11]

공의회가 교황을 해임하는 것이 정당화되었다. 단테(Dante)는 1311년 이후에 저술한 『제정론』(Of Monarchy)에서 교회와 국가가 하나님의 두 팔이라고 주장했다. 두 팔은 하나님이 주신 것이다. 황제는 세상에서 사람들의 행복을 보장해야 하며, 교황은 사람들을 천국으로 인도해야 한다. 둘 중 누구도 서로에 대해 지상권을 요구하지 말아야 했다.

공의회 개혁에 대한 합리적 설명 중 가장 중요한 것은 파두아의 마르실리우스(Marsilius of Padua, 1275?-1342)와 얀둔의 요한(John of Jandun)이 저술한 『평화의 수호자』(Defensor Pacis, 1324)이다. 이 책은 교황을 반대하고 바바리아의 루트비히를 지지했고, 교회나 국가의 절대적인 계급정치를 공격했다. 마르

---

11) Frederick A. Ogg, *A Source Book of Medieval History* (New York: American, 1907), pp. 391-92.

실리우스는 국가의 국민이나 교회의 신자들은 주권의 저장고이며, 대표자들의 집단을 통해서 황제와 교황을 선출할 수 있지만, 황제가 교황 위에 있는 것이 아니라고 믿었다. 교회는 신약성경을 따르는 공의회에서 교의를 선포하고 직분자들을 임명할 수 있었다. 그리하여 교황이 아닌 공의회가 교회의 최고 권위가 되었고, 공의회는 전체 신자들의 유익을 위해 행동해야 했다.[12] 만일 마르실리우스의 견해가 승리했다면, 로마가톨릭교회는 공의회가 임명한 교황이 이끄는 입헌군주국으로 변했을 것이며, 중세 시대의 절대적인 교황권은 사라졌을 것이다. 비록 공의회들이 여러 지역에서 유익을 주었지만, 이 견해는 영구적인 승리를 거두지 못했다.

로마교회의 주도권 쟁탈을 둘러싼 분열을 종식하고, 교회 내부를 개혁하고 이단을 제압하기 위해 공의회가 소집되었다. 그 공의회는 마르실리우스가 세운 방침에 따른 통치 이론을 실천에 옮긴 것이었다.

1) 피사공의회 (1409)

1409년 봄에 피사 공의회가 개최되었을 때 아비뇽에는 베네딕트 13세, 로마에는 그레고리 12세가 교황의 자리를 차지하고 있었다. 이 공의회는 추기경들에 의해 소집되었다. 공의회는 추기경들이 공의회를 소집할 권위를 소유한다는 것, 그리고 두 명의 교황을 소환하여 대분열의 책임을 묻는 것이 타당하다고 결정했다.[13] 그리하여 공의회는 베네딕트 13세와 그레고리 12세를 해임하고 알렉산더 5세를 합법적으로 임명했다.[14] 그러나 해임된 두 교황이 결정에 승복하지 않았으므로 결국 세 명의 교황이 존재하게 되었다. 알렉

---

12) Oliver J. Thatcher and Edgar H. McNeal, *A Source Book for Medieval History* (New York: Scribner, 1905), pp. 317-23.

13) Ibid., pp. 327-28.

14) Kidd, *History of the Church*, pp. 208-9.

산더 5세는 1410년에 사망했고, 요한 23세가 그의 뒤를 이었다.

2) 콘스탄스 공의회
(1414-18)

 신성로마제국의 황제 지기스문트와 요한 23세가 콘스탄스 공의회를 소집했다. 이 공의회는 콘스탄티누스 대제가 325년에 니케아 공의회를 소집한 전례를 따른 것이었다. 350명이 넘는 고위 성직자들이 참석했다. 다수결로 투표하면 요한을 추종하는 이탈리아인이 공의회의 결정을 좌우할 수 있었으므로, 공의회 참석자들은 요한이 다수를 이용하여 공의회를 장악하지 못하게 하려고 국가별 성직자 조합에 의해 투표하기로 의결했다. 국가별로 하나의 투표권이 주어졌고, 공의회에서 효력을 발휘하려면 5개 국가 조합이 만장일치로 동의해야 했다. 이 공의회는 스스로 로마교회 내에서 합법성과 최고의 권위를 갖는다고 선언했다.[15] 이 공의회의 교령은 『지극한 성스러움』(Sacrocanct)이라는 명칭을 갖는데, 교황 대신 공의회가 로마교회를 지배한다고 선언했다.

 결국, 그레고리 12세가 사임했고, 여러 차례의 협상 끝에 1415년에 베네딕트 13세와 요한 23세가 해임되었다. 공의회는 마르티누스 5세를 새 교황으로 선출했다. 그리하여 공의회는 교황 선출권을 추기경단에서 빼앗았다. 또 위클리프의 사상을 정죄했고, 황제가 후스에게 안전통행권을 보장했음에도 불구하고 후스를 화형에 처함으로써 이단 문제에 대처했다. 『빈번한 개최』(Frequens)라는 공의회 교령은 로마교회의 질서를 유지하는 방법으로서 새 공의회는 5년 뒤에, 다음 공의회는 그로부터 7년 뒤에, 그다음부터는 10년마다 공의회를 개최해야 한다고 규정했다. 이 공의회들은 분열, 이단, 개혁 등의 문제를 다루기 위한 것이었다.[16]

---

15) Thatcher and McNeal, *Source Book*, pp. 328-29; cf. 329-30.

16) Ibid., pp. 331-32.

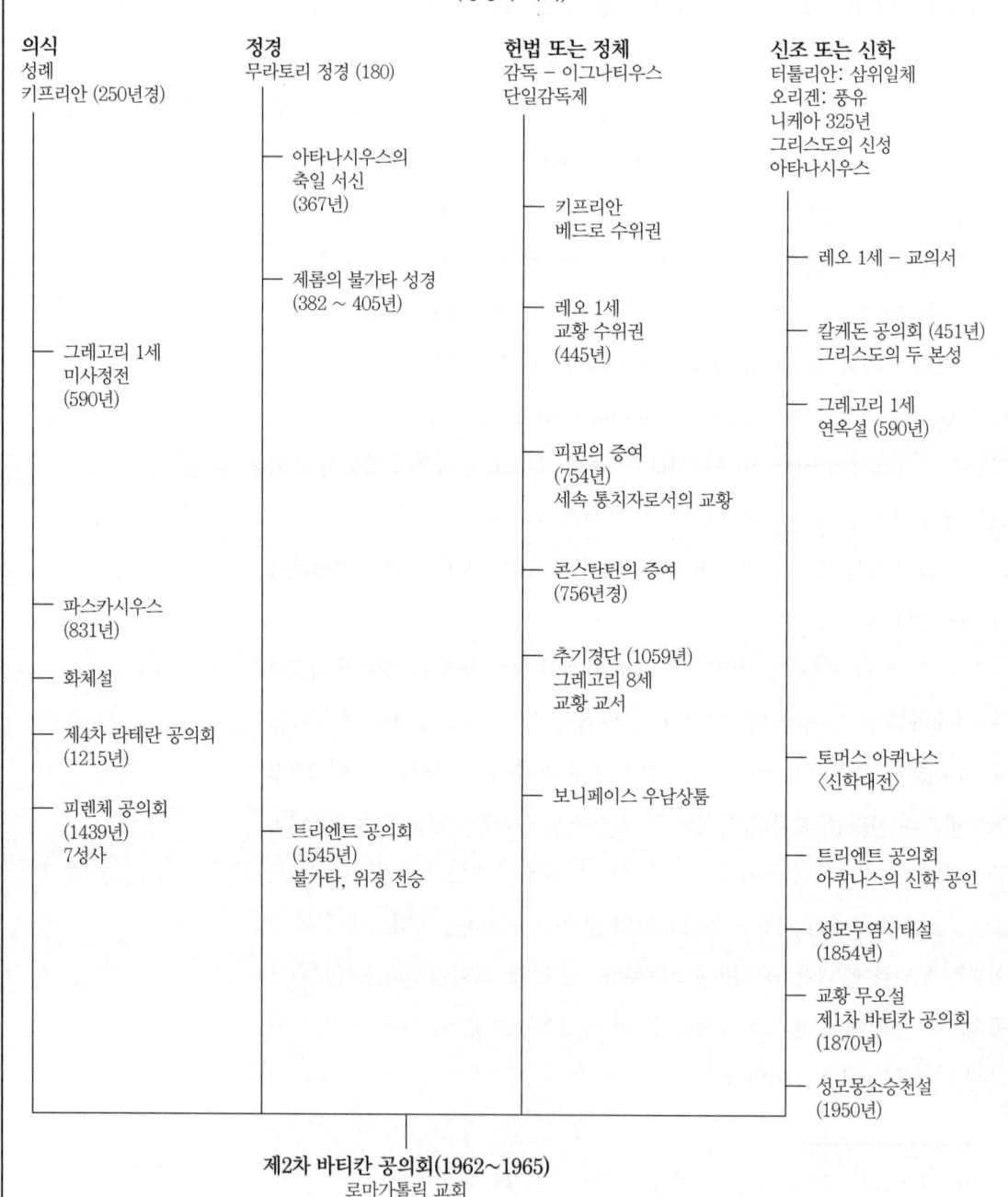

후스가 순교한 뒤에 보헤미아에서 일어난 소요, 그리고 개혁을 계속해야 할 필요성 때문에 1431년에 바젤 공의회가 소집되었다. 회의는 1449년까지 계속되었지만, 개혁 운동의 힘은 교황권의 세력 회복으로 말미암아 저지되었다. 1438년에 공의회는 당시의 교황 유게니우스(Ugenius IV)를 해임했고, 이듬해에 유게니우스가 소집한 대립 공의회가 페라라에서 개최되었다. 이 공의회는 전염병의 창궐 때문에 1439년에 피렌체로 옮겨갔다. 피렌체 공의회는 동방교회와 로마가톨릭교회의 통합을 시도했지만 성공하지 못했다. 이 공의회는 로마교회가 일곱 가지 성례를 인정해야 한다고 선언했다. 1439년에 유게니우스 4세가 이것을 교서로서 발표했다. 바젤 공의회는 패배를 인정하고 1449년에 해산했다.

3) **바젤공의회와 페라라 공의회(피렌체)**
(1431-49-1418)

그리하여 로마교회 안에 입헌군주국을 세우려는 시도가 종식되었고, 교황권은 수백 년 동안 추종해온 교황의 전제주의 체계로 복귀했다. 피우스 2세는 1460년에 『저주받을 행위』(Execrabilis)라는 교서를 발표했는데, 그것은 일반 공의회에 상소하는 것을 정죄하는 내용이었다.[17] 그러나 프랑스의 성직자들은 프랑스의 통치자들과 의견을 같이하여 1498년에 부르쥬의 국헌(國憲) 수호 칙령(Pragmatic Sanction of Bourges)을 채택했다. 이로 말미암아 프랑스 교회는 교황에게서 독립했지만, 국가의 지배를 받게 되었다.[18]

비록 개혁 공의회들이 로마교회 안에 입헌군주국을 세우는 데 실패했지만, 대분열로 말미암은 무질서 상태에서 교회를 구했다. 효과적인 개혁을 확보하는 데 성공하지 못했기 때문에 신비가들과 개혁가들, 또는 공의회들은 로마가톨릭교회를 내부에서 개혁할 마지막 기회를 상실했다. 이때부터 개신교 종교개혁이 불가피해졌다.

---

17) Ibid., p. 332.

18) Ogg, *Medieval History*, pp. 395-97.

참고문헌

Flick, Alexander. *The Decline of the Medieval Church*. 2 vols. London: Kegan, Paul, Trench, Truber, 1930.

Gill, Joseph. *The Council of Florence*. Cambridge: Cambridge University Press, 1959.

Hyma, Albert. *The Christian Renaissance*. New York: Century, 1924.

Leff, Gordon. *Heresy in the Middle Ages*. New York: Barnes & Noble, 1967.

Lucas, Henry S. *The Renaissance and the Reformation*. 2d ed. New York: Harper, 1960.

MacKinnon, James. *The Origin of the Reformation*. New York: Longman, 1939.

Mallatt, Guillaume. *The Pope at Avignon 1305-78*. Translated by Janet Love. New York: Nelson, 1968.

Mundy, John H., and Kennerly, M. Woody, eds. *The Council of Constance*. Translated by Louse R. Loomis. New York: Columbia University Press, 1961.

Parker, Geoffrey H. W. *The Morning Star: Wycliffe and the Dawn of the Reformation*. Grand Rapids: Eerdmans, 1965.

Ridolfi, Roberto. *The Life of Girolamo Savonarola*. Translated by Cecil Grayson. New York: Knopf, 1959.

Smith, John H. *The Great Schism; The Disruption of the Papacy*. New York: Weybright and Tally, 1970.

Spinka, Matthew. *John Hus: A Biography. Princeton*. Princeton University Press, 1968.

___. *John Hus at the Council of Constance*. New York: Columbia University Press, 1965.

___. trans. *The Letter of John Hus. Manchester*. Manchester University Press, 1972.

Stacey, John. *John Wycliff and Reform*. Philadelphia: Westminster, 1964.

Workman, Herbert B. *The Dawn of the Reformation*. 2 vols. London: Kelly, 1901-2.

___. *John Wycliff*. 2 vols. Oxford: Clarendon University Press, 1926.

제25장

교황권에 대한 표면적 반대

신비주의자들, 개혁자들, 개혁 공의회들, 인문주의자들 등은 각기 다른 각도에서 종교의 내면적 개혁을 시도하여 종교를 개인적인 것으로 만들며, 성경이 권위의 근원이 되게 하며, 로마교회의 조직을 보다 민주적인 것이 되게 하려 했다. 이러한 운동들이 패배하거나 로마교회에 흡수됨으로써 교회 내부의 개혁 시도가 종식되었다. 동시에 표면적인 요인들이 교황체계에 대한 반대를 일으켰다. 그러한 요인들로 르네상스의 인문주의 정신, 민족주의, 그리고 서반구와 극동아시아 지역 탐험으로 말미암아 세계가 지리적으로 확장된 것 등을 들 수 있다. 이러한 요인들이 결국 프로테스탄트 종교개혁을 일으키며 교황권의 지배를 종식할 운동을 강화했다.

1. 문예부흥

1350년부터 1650년 사이에 유럽의 중요 국가들에서 발생한 르네상스(Renaissance)는 중세 시대의 세계에서 현대 세계로 넘어가는 과도기를 표시한다. "다시"와 "탄생"을 의미하는 라틴어에서 파생된 이 명사는 문화의 재탄생이라는 사상을 표현한다. 이 명사는 1854년경에 이 시대를 지칭하는 용어로 처음 사용되었다. 좁은 의미에서 르네상스는 14세기의 이탈리아와 연결된다. 이 시기에 사람들은 과거 고전시대 보물들의 재발견에 자극을 받아 문학적으로나 예술적으로 왕성하게 창작 활동을 했다. 페트라르카(Petrarcha,

1304-1374)와 보카치오(Boccaccio, 1313-1375)의 저서에 고전적 정신이 분명히 나타나 있다. 알프스 이남에서 발생한 이 고전적 인문주의와 쌍벽을 이루는 것이 16세기 초에 알프스 이북에서 로이힐린(Reuchlin), 존 콜렛(Colet), 에라스무스(Erasmus) 등이 주도한 종교적 인문주의이다. 알프스 이북의 인문주의자들은 원어 성경으로 돌아갔고, 알프스 이남의 인문주의자들은 그리스와 로마의 언어와 고전문학 연구를 강조했다.

더 넓은 의미에서 르네상스는 문화적 재출발의 시대라고 정의할 수 있다. 이 시기에 사람들은 중세 시대의 종교적이고 집단적인 삶에 대한 접근 대신에 현대적이고 세속적이고 개인주의적인 인생관을 따랐다. 그리하여 새 예루살렘보다 로마의 거리에 관심의 초점을 두었다. 또 하나님이 만물의 척도가 되는 중세 시대의 신 중심적 세계관 대신에 인간이 만물의 척도가 되는 인간 중심의 인생관이 대두하였다. 또 하나님의 영광 대신에 인간의 영광이 강조되었다. 도시의 중산층 사회가 봉건시대의 전원적인 농업 사회보다 중요시되었다. 이런 맥락에서 르네상스는 소수 상류층에 한정되었고, 그들의 사상과 생활방식이 서서히 사회의 하류 계층에 전해졌음을 기억해야 한다. 생계 수단으로서 농업보다 상업이 중시되었다. 세상사에 대한 인문주의적이고 낙관적이고 경험주의적인 접근 방식이 보편적인 것이 되었다. 그 시대가 종교와 밀접한 관계를 맺고 있었지만, 단지 교회의 축일들과 관련된 격식에 불과했고, 개인의 일상생활에서는 하나님의 뜻을 망각하는 경향이 있었다.

이러한 인생관이 생겨난 데에는 몇 가지 원인이 있다. 르네상스 운동이 처음 시작된 이탈리아의 도시들은 서유럽과 극동 지방의 교역을 중개함으로써 부유해졌다. 상인들은 부유해지면서 공부할 수 있는 여유가 생겼고 학교와 예술가들의 후원자가 될 수 있었다. 경제적으로 여유가 있었던 신흥 중산층은 삶을 더 즐겁고 안락하게 해줄 수 있는 것에 관심을 가졌다. 또 중앙집권화된 정부가 안전과 질서를 보장했다. 1456년경에 독일에서 이동이 가능한 형태의 인쇄기가 발명됨으로써 르네상스 후기에 정보가 신속하게 전파될 수 있게 되었다. 진리에 이르는 방법으로 경험적인 접근 방식과 개인에게 관심을 두는 유명론도 르네상스 안에서 꽃피게 될 경향들을 자극하는 역할을 했다.

1) 이탈리아의 르네상스

르네상스는 14세기에 이탈리아에 처음으로 등장했다. 이는 그곳이 다른 곳보다 고전적인 경향이 강한 곳이었기 때문이다. 이탈리아인들은 위대한 과거의 유물들로 둘러싸여 있었고 그들의 정신은 현세의 문화적 가치관을 강조하는 것에 공감했다. 게다가 이탈리아에는 예술가들이 자유롭게 창작 활동을 하도록 도와줄 수 있는 부자들이 있었다. 대 상인 로렌초 데 메디치(Lorenzo de' Medici)는 자기를 위한 아름다운 환경을 만들기 위해서 학자들과 예술가들에게 엄청난 비용을 지급했다. 한편 르네상스 시대의 교황들은 문학과 예술에 크게 관심을 가졌는데, 이러한 관심이 그들의 영적인 직무보다 우선했다. 1453년에 콘스탄티노플이 함락되었을 때 많은 학자가 이슬람교도들을 피하여 귀중한 그리스어 사본들을 이탈리아로 가져갔다.

이탈리아의 초기 르네상스 시대에 어떤 사람들은 신학보다 그리스와 로마의 고전 문화에 관심을 가졌다. 1393년에 마누엘 크리솔로라스(Manuel Chrysoloras, 1355~1415)가 투르크족의 위협을 받는 콘스탄티노플의 사절로 베네치아에 왔다. 그는 3년 동안 피렌체에 머물면서 피렌체 사람들에게 그리스어를 가르쳐 그들의 흥미를 일으켰다. 이탈리아 최고(最古)의 인문주의자인 페트라르카(Petrarcha)는 연구를 위해 그리스어 사본과 로마어 사본들을 찾아내려 했다. 이들은 이 사본들을 연구하면서 새로운 세계, 인간이 세상에서 삶을 즐기는 데 관심을 두는 세계를 발견했다. 현세의 즐거움이 이 이탈리아 학자들의 관심을 끌었고, 영원과 관련된 종교는 뒷전으로 밀려났다.

르네상스 학자들과 예술가들의 견해는 개인주의적인 경향을 띠었다. 자

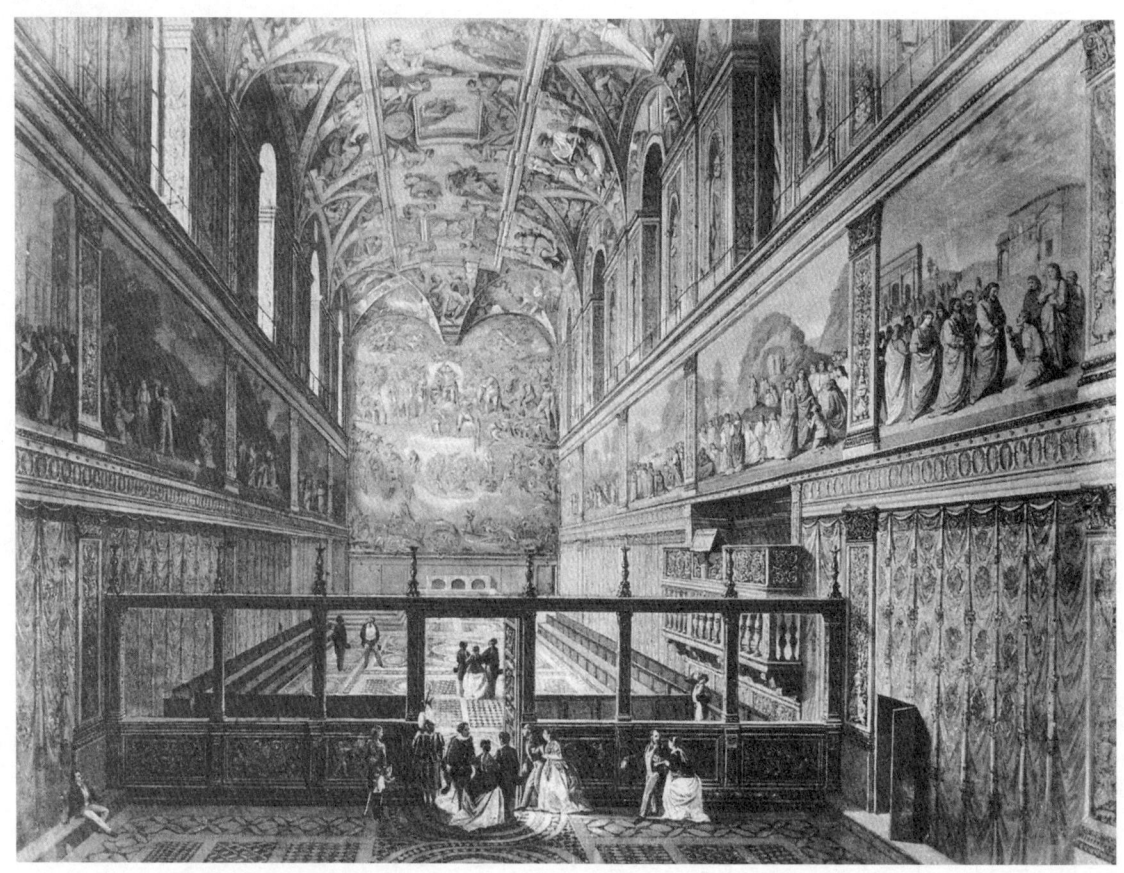

바티칸의 시스티나 성당. 교황 식스투스 4세가 세운 것으로서 벽에 페루지노, 보티첼리, 기를란디요 등이 그린 프레스코화가 있다. 가장 유명한 것은 미켈란젤로의 「천지창조」이다. 제단벽에는 미케란젤로의 「최후의 만찬」이 그려져 있다.

기의 삶에 관한 재미있는 이야기를 담은 자서전을 남긴 첼리니(Cellini)는 매우 개인주의적인 삶을 살았고, 자기의 욕망을 우선으로 고려했다. 예술가들과 학자들의 이러한 태도는 사회의 세속화로 이어졌는데, 이는 중세 사회의 내세 지향과는 매우 대조 되는 현상이다. 마키아벨리(Machiavelli, 1469~1527)의 저서인 『군주론』(The Prince)에 이러한 초(超) 도덕적인 세속화가 나타나 있다. 마키아벨리는 국가의 통치자에게 편의상 절대적인 행동의 표준에 복종하라고 충고했다. 만일 거짓말이나 속임수가 통치자의 지위와 국가를 튼튼하게 해줄 것으로 생각된다면, 망설임 없이 그것을 이용해야 한다는 것이다.

르네상스 시대 사람들은 다예 다재했다. 미켈란젤로(Michaelangelo)는 시스티나 성당 천장에 훌륭한 그림을 그렸다. 또 그는 훌륭한 건축가로서 로마의 성 베드로 성당 건축을 감독했고, 그 건물 꼭대기에 돔을 세웠다. 그는 화려한 제복을 디자인했는데, 지금도 스위스의 경비병들이 그 제복을 입는다. 레오나르도 다 빈치(Leonardo da Vinci)는 "최후의 만찬"과 "모나리자"를 그렸고, 현대의 것과 매우 흡사한 잠수함과 소총을 스케치했다.

르네상스 시대의 사람들은 자연이나 인간의 아름다움을 사랑했다. 그 시대의 회화는 정확한 그림을 그리기 위해 해부학에 대한 관심이 증가하고 있었음을 보여준다. 베네치아의 유명한 초상화가 티치아노(Tiziano)가 화려하고 풍성한 구조들을 제시한 데서 이러한 아름다움에 대한 사랑을 찾아볼 수 있다. 이 그림들은 고딕 시대의 깡마르고 균형이 맞지 않는 초상이나 회화와 대조가 된다.

교회의 교의들은 그대로 받아들여지고 예배 의식도 그대로 시행되었다. 그러나 인간의 종교생활과 일상생활이 분리되어 있었다. 이러한 세속적 정신이 르네상스 시대의 교황들에게도 영향을 주었다. 라틴 국가들에는 이단자나 무신론자들이 거의 없었지만, 영성은 뒷전에 놓이고 형식적인 종교가 중시되었다.

1447년부터 1521년 사이에 활동한 르네상스 시대 교황들의 활동을 살펴보면, 교황권이 그 시대의 인문주의 정신과 세속적 정신을 어떻게 이용했는지 알 수 있다. 니콜라스 5세(1397-1455)는 교회의 여러 직분을 두루 거쳐 교황이 된 인문주의자이다. 고전 세계에 관심이 많았던 그는 건물, 교량, 도수관(導水管), 로마의 대교회 등을 보수했다. 바티칸 도서관의 기초를 놓기 위해 자기의 개인 장서를 포기한 데서 고전 세계에 대한 그의 관심을 엿볼 수 있다. 그의 비서인 로렌조 발라(Lorenzo Valla, 1407-1457)는 교황청을 떠난 후인

레오나르도 다빈치의 「최후의 만찬」은 14~15세기 르네상스 시대의 종교화의 예이다.

1440년경에 쓴 논문에서 문헌비평과 역사비평 방법을 사용하여 『콘스탄틴의 증여』(Donation of Constantine)가 위조된 것임을 폭로했다. 이렇게 담대한 행동을 했음에도 로렌초가 어려움을 당하지 않았다는 사실은 교황청이 종교에 얼마나 무관심했는지를 보여주는 증거이다.

율리우스 2세(Julius II, 1443-1513)는 교황청 소속 국가들을 통합하려는 정치적 노력에 많은 시간을 보냈다. 그는 예술가들의 후원자이기도 했다. 그는 미켈란젤로에게 식스투스 4세(1471-1484)가 세운 시스티나 성당 천정에 그림을 그리게 했다.

레오 10세(Leo X, 1475-1521)는 루터가 면죄부 판매에 항의한 시대의 교황으로서 피렌체의 메디치 가문 출신이었다. 그는 로마의 성 베드로 성당의 건축 기금을 모으기 위해 면죄부 판매를 허락했다. 그도 예술과 문학의 후원자였다. 이러한 교황들이 활동했으므로, 루터가 1510년부터 1511년까지 로마를 방문했을 때 형식주의와 참된 영성의 부족을 보고 분개한 것은 당연한 일이었다.

2) 성경적 인문주의자들

알프스 이북에서 활동한 르네상스 시대의 학자들도 알프스 이남의 학자들처럼 과거의 자료에 대한 사랑을 품고 있었고, 자신의 인격을 발달시킬 권리를 지닌 개인적 총체로서의 인간 존재를 강조했고, 감각을 통해 입수한 자료를 해석하는 인간 정신의 능력에 관심이 있었다. 그러나 그들은 고전 시대보다 기독교의 과거에 더 관심을 두었다. 그들은 플라톤이나 아리스토텔레스의 저술을 연구하기보다 성경적 문서들을 원어로 공부했다. 그들은 서유럽 헬레니즘 문화의 유산보다 유대교-기독교의 유산을 더 강조했다. 그들은 근본적으로 인문주의의 기법과 방법을 성경연구에 적용한 기독교 인문주의자였다. 그들은 이성적 피조물로서보다 영혼을 지닌 존재로서의 인간에 더 관심을 기울였다. 알프스 이남의 라틴 인문주의는 심미적이고 세속적이었고, 알프스 이북의 인문주의는 윤리적이고 종교적이었다.

1. 이제까지 이탈리아 인문주의자들에 대해 말한 것이 대다수의 인문주의자에게 적용되지만, 피렌체에는 사보나롤라의 영향을 받은 마르실리오 피치노(Marsilio Ficino, 1433-1499)가 이끄는 소집단이 있었다. 마르실리오는 1463년부터 1477년 사이에 플라톤의 저서를 라틴어로 번역했다. 이 인문주의자들은 성경과 그리스 철학, 특히 플라톤의 철학을 융합하려 했다. 이 목표를 위해서 그들은 성경을 인문주의자들의 문학적 관점에서 연구하기 시작했다. 메디치 가문의 재정 지원 덕분에 기독교 인문주의자들이 연구할 수 있는 플라톤 학당이 피렌체에 세워졌다. 영국 출신의 존 콜렛(John Colet), 프랑스 출신의 자크 르페브르(Jacques Lefevre), 그리고 독일 출신의 로이힐린(Reuchlin)이 이 학당에서 얼마 동안 지냈다.

2. 르페브르(1455-1536)는 시편에 관한 언어학적 저서에서 성경을 문자적이

고 영적으로 해석하는 방법을 사용했지만, 성경 원문 연구를 강조하지 않았다. 1512년경에 그는 바울 서신에 관한 라틴어 주석을 출판했다. 종교개혁의 영향력이 프랑스에 미쳤을 때, 그의 저서는 위그노들이 생겨나는 데 도움이 되었다.

3. 스페인 톨레도의 대주교로서 추기경 히메네스(Ximenes)라고 알려진 히메네스 프란치스코 데 치스네로스(Ximenez Francisco de Cisneros)는 이사벨라의 고해신부였고, 여러 해 동안 스페인 종교재판소의 대법관으로 지냈다. 그는 성직자들의 성경 공부를 위해 알칼라(Alcala)에 대학을 세웠고, 1514년에는 헬라어 신약성경을 발행했다. 또 그는 다국어 대역 성경을 완성하는 일을 감독했다.

4. 존 콜렛(John Colet, 1467?-1519)은 옥스퍼드 개혁파라고 알려진 집단에 속해 있었다. 그는 이탈리아를 방문한 후 강의를 통해서 바울서신의 문자적 의미를 개진하기 시작했다. 이것은 혁명적인 일이었다. 왜냐하면, 과거의 신학자들은 성경 기자들이 그 시대나 그 이후의 시대에 말해주려 한 것보다 알레고리에 더 관심이 있었기 때문이다. 옥스퍼드 개혁파의 저서는 영국에 종교개혁이 도래하는 데 기여했다.

5. 로이힐린과 에라스무스는 가장 유력한 인문주의자였다. 왜냐하면, 그들의 저서가 유럽 전역에 영향을 미쳤기 때문이다. 요하네스 로이힐린(John Reuchlin, 1455-1522)은 이탈리아에서 피코 델라 미란돌라(Pico Della Mirandola) 문하에서 수학하면서 히브리어, 문학, 신학 등에 대한 관심을 키웠다. 구약성경에 대한 그의 과학적 연구의 결과가 히브리어 문법과 사전 겸용인 『히브리어 입문』(Of the Rudiments of Hebrew)이다. 이 책은 1506년에 완성되었는데, 사람들이 구약성경을 원어인 히브리어로 공부하는 데 도움을 주었다. 로이힐린이 루터의 측근이며 종교개혁의 최고 신학자인 멜란히톤의 교육에 대해 충고한 것은 흥미로운 일이다.

6. 데시데리우스 에라스무스(Desiderius Erasmus, 1466?-1536)는 로이힐린보다 더 영향력이 있었다. 그는 데벤테르에 소재한 공동생활 형제단의 학교에서 교육을 받았고, 유럽과 영국의 여러 대학에서 수학했다. 그는 거의 모든 국가의 문화에 정통한 세계적인 학자가 되었다. 학구적인 그는 혁명보다 개혁을 선호했다. 로마가톨릭교회의 악습에 대한 그의 소극적인 반대가 『우신예찬』(The Praise of Folly)과 『대화집』(Familiar Colloquies)에 표현되어 있다. 그는 그 책에서 사제들의 생활과 수도원 계급제도의 폐해를 풍자를 사용하여 지적했다. 인문주의자들은 교회의 악습을 풍자했고, 종교개혁자들은 그것을 비난했다. 에라스무스의 적극적인 업적은 1516년에 바젤의 프로벤(Froben)이 출판한 헬라어 신약성경이다. 프로벤은 최초로 출판되는 헬라어 신약성경의 발행에 따르는 명성과 시장을 확보하려 했다. 스페인의 학자 히메네스는 1514년에 인쇄된 헬라어 신약성경을 가지고 있었지만, 교황이 인정할 때까지 그것을 판매하지 못했다. 프로벤은 신약성경 시장을 확보하기 위해 에라스무스를 졸랐다. 에라스무스는 당시 바젤에서 입수할 수 있었던 4개의 헬라어 사본을 사용했다. 그러나 그 사본들 모두 계시록의 마지막 몇 구절이 빠져 있음을 발견하고서 라틴어 성경을 다시 헬라어로 번역했다. 그 책의 영향은 엄청났다. 이제 학자들은 자기들이 신약성경에서 보는 교회와 그 시대의 교회를 정확하게 비교할 수 있게 되었다. 이것은 당시의 교회로서는 매우 불리한 것이었다.

에라스무스는 처음에는 루터에게 공감했다. 그러나 루터는 어쩔 수 없이 로마교회와 결별해야 했지만 에라스무스는 교회와의 결별을 원하지 않았으므로, 나중에 루터에게서 등을 돌렸다. 에라스무스의 저서인 『그리스도 병사의 교본』(Handbook of the Christian Soldier, 1503)은 기독교에 대한 윤리적 접근이다. 그는 윤리학을 강조했다. 게다가 그의 신학은 루터의 신학과 매우 달랐다. 그는 『자유의지』(Free Will, 1524)에서 교리를 공격하기보다 악습의 개혁을 강조했고, 루터의 견해로는 완전히 제한된 인간 의지의 자유를 지지했다.

르네상스는 북유럽과 남유럽에서 지속적인 결과를 낳았다. 고전적이고 이교적인 과거에 대한 연구가 삶에 대한 세속적 접근으로 이어졌는데, 이 접근에 따르면 종교는 인간이 숨을 거두는 시간이 될 때까지 무시되거나 형식적인 것으로 전락했다. 로마가톨릭교회의 집단적 성직정치 사회 안에서 겸손한 자리를 취함으로써 구원을 받아야 한다는 중세 시대의 이상보다 독립된 존재로서 자신의 취향에 따라 발달할 권리를 지닌 인간이라는 이상이 우선했다. 14~15세기에 유럽 학자들과 시인들이 촉진한 모국어 사용으로 말미암아 사람들은 모국어로 진행되는 교회 의식에 참여하며 모국어 성경을 소유하게 되었다. 문화와 관련된 과거의 원전들을 과학적으로 연구함으로써 전보다 더 정확한 성경 지식을 소유하게 되었다. 정치 영역에서 마키아벨리의 『군주론』에 나타난 초(超) 도덕적 분위기는 이탈리아의 도시국가들과 북유럽의 신흥 민족국가들이 대외 업무에 관한 행동에서 도덕적 원리를 무시하는 일로 이어졌다. 그것을 비극이라고 할 수도 없고 순수한 복이라고 할 수도 없다. 르네상스의 효과에 대한 균형적인 견해를 찾으려는 사람은 그것을 축복과 재앙의 혼합물로 간주해야 한다.

7. 르네상스가 낳은 결과에는 정신과 영을 지닌 개체로서의 인간에 대한 관심의 발달 외에도 인간의 육체적 세계에 관한 폭넓은 지식의 발달도 포함된다. 인간은 자신에게만 아니라 환경에도 관심을 두게 되었다. 과학적이고 지리적인 학문 연구의 결과로 새로운 학문 세계가 열리고 인간의 광대한 세계에 대한 지식이 증가했다. 지리적 탐험을 시작한 것도 라틴 세계의 업적이다. 포르투갈의 국왕 헨리(1394-1460)가 탐험가들을 파견했는데, 바스쿠 다 가마는 아프리카 남단을 돌아 인도로 가는 항로를 발견했다. 콜럼버스(Columbus, 1451-1506)는 서반구를 세상에 알렸고, 곧 프랑스와 영국의 탐험가들이 그의 사역을 보완했다. 그들은 극동지방으로 가는 항로를 찾으려 했다.

코페르니쿠스와 갈릴레오는 우주가 얼마나 광대한지 알게 해주었고, 망원경이 발명되어 효과적으로 사용됨으로써 그들의 이론이 입증되었다.

2. 민족국가들과 중산층의 등장

고전 세계는 가장 큰 정치 단위인 도시국가의 이상이 지배해왔다. 로마제국도 로마라는 도시국가가 확장된 것에 불과했다. 거주지와 상관없이 로마제국의 백성이 된 사람은 모두 로마의 시민이 되었다. 중세 시대는 영적, 정치적 통일체라는 관념이 지배했으며, 이론상 모든 사람은 새로운 로마, 즉 신성로마제국 안에 통합되어야 했다. 그러나 사실상 지방분권화를 수반한 봉건제도가 혼란기에 안전과 질서를 제공했다. 르네상스 시대 이전에 마을들이 부활함으로써 이탈리아에 강력한 도시국가들이 생겨났다. 그러나 유럽의 미래는 정치적 조직인 민족국가와 함께했다. 이러한 민족국가의 발달에

서재의 데시데리우스 에라스무스. 그는 풍자적인 글로 가톨릭교회의 악습을 공격했는데, 그것이 개신교 종교개혁의 길을 여는 데 도움이 되었다. 그는 혁명이 아닌 개혁을 원하여 가톨릭교회 안에 남았다.

서 선구자는 영국, 프랑스, 그리고 스페인이었다. 영국은 군주와 의회가 주권을 공유하는 입헌군주제를 따랐다. 프랑스와 스페인에서 국민을 대표하는 집단이 영국의 의회만큼 강력하지 못했으므로 통치자가 절대적 지위를 차지하는 중앙집권적 민족국가로서 발달했다. 도시들이 발달하고 교역이 활발해짐에 따라 출현한 중산층은 정치생활과 종교생활에 참여하기를 원했다.

1) 영국의 민족국가 출현

영국 의회는 1066년에 정복왕 윌리엄이 영국 정복에 성공한 후 영국을 다스리는 동안 도입된 귀족회의(curia regis)라는 봉신들의 회의가 발달한 것이다. 이 귀족 회의는 고등법원, 국왕 자문기구, 그리고 국왕이 표준 이상의 보조금을 요청할 때 그것을 지원해주는 기구 역할을 했다. 1215년에 국왕 존이 대헌장(Magna Charta)에 서명함으로써 이 의회의 권세가 강화되었다. 존은 귀족회의(curia regis)의 동의 없이 새로운 세금을 징수하지 않으며, 이 헌장을 범할 경우에 제후들이 그를 대적해도 좋다고 동의했다. 정의가 공정하게 관리되어야 했으며, 백성들에게는 자신이 속한 계층 사람들 앞에서 재판받을 권리를 주었다. 이 문서는 당시에 봉신 계층에게만 유익했다. 그러나 이 문서로 말미암아 통치자가 법의 제한을 받으며 납세자의 동의가 있어야 세금을 부과할 수 있다는 원리가 도입되었다. 1295년에 에드워드 1세가 모범의회(Model Parliament)를 소집했다. 이 의회에 봉건 영주들과 고위 성직자들뿐만 아니라 각 주와 도시의 대표들이 참석했다. 주와 도시의 대표자 집단이 발달하여 하원(House of Commons)이 되었고, 봉건 영주들과 고위 성직자들의 집단이 발달하여 상원(House of Lords)이 되었다. 14세기에 국왕에게 돈이 필요했기 때문에 의회의 입법권이 발달했다. 왜냐하면, 의회 의원들은 국왕이 자기들의 청원이나 의안에 서명하지 않으면 왕이 바라는 조세 수입을 허락하지 않았기 때문이다. 그러므로 그들의 청원이나 의안은 곧 법이 되었다.

각 계층의 대표들로 구성된 의회는 영국 입헌군주국의 토대 중 하나에 불과했다. 헨리 3세 때에 로마법보다 개인의 자유를 보장하는 관습법(common law)과 배심원제도가 발달하여 개인들이 통치자의 자의적 행위로부터 보호받게 되었다.

프랑스와의 백년전쟁(1337-1453)에 참전한 자유민 궁사(弓士)들이 프랑스의 기사들을 무찌를 수 있다는 것을 알게 되면서 영국의 민족적 자부심이 생겨났고, 영국 왕이 프랑스에 보유하고 있던 영토를 상실한 것은 상류층과 하류층이 국가적으로 단결하는 경향을 초래했다. 15세기 후반에 벌어진 장미전쟁은 옛 봉건 귀족들을 몰아내고 왕과 중산층이 동맹을 맺게 했다. 중산층은 질서와 안정을 보장한 데 대한 보답으로 통치자들에게 돈과 권위를 주었다. 15세기에 누렸던 의회의 자유는 튜더 왕조의 전제주의에 길을 내주었다. 15세기에 튜더 왕조는 마키아벨리의 방침을 따라 국가를 통치했다. 그러나 그들은 자기들의 행동을 위한 대중의 지원을 확보하기 위해 의회는 그대로 두었다.

잔 다르크의 재판. 잔 다르크는 백년전쟁 중 1429년에 오를레앙에서 프랑스를 승리를 이끈 후 영국의 포로가 되어 이단과 마녀라는 혐의로 화형을 당했다.

2) 프랑스의 민족국가 출현

프랑스의 민족국가는 그 발달과정에서 큰 장애물들에 직면했다. 영국의 통치자들은 프랑스에 많은 영토를 소유하고 있었고, 봉건 귀족들은 파리 주변에 적은 땅만 소유한 프랑스 국왕의 통제를 받지 않았다. 프랑스는 국민이 여러 인종으로 구성되어 있다는 사실과 지리적인 구성 때문에 인종적으로나 지리적으로 통일체를 소유하지 못했다. 프랑스의 인종적, 지리적 구성이 지방 제일주의를 자극했다. 이러한 문제점들이 있었음에도 987년에 위그 카페(Hugues Capet) 때부터 시작된 카페 왕조는 프랑스를 통일할 수 있었다. 프랑스 의회인 삼부회(Estates General)는 그 영향력이 영국의 의회만큼 강력하지 못했으므로 통치자가 절대적으로 국가를 통제할 수 있었다. 백년전쟁 기간에 유능한 통치자들과 공동의 원수인 영국에 대한 증오심이 프랑스를 통일하는 데 기여했다. 이 전쟁 때에 프랑스의 국가적 영웅인 잔 다르크(Joan of Arc)가 활약했다.

3) 스페인의 민족국가 출현

1469년 아라곤의 페르디난드(Ferdinand of Aragon)가 카스티야의 이사벨라(Isabella of Castillo)와 결혼함으로써 스페인의 통일이 촉진되었다. 무슬림 침입자들이 정복한 이베리아 반도를 탈환하기 위한 전쟁은 스페인 민족국가의 발달에 종교적인 양상을 부여했다. 재정복(Reconquista)이라고 알려진 운동은 11세기에 절정에 달했다. 로마가톨릭 신앙과 민족주의가 동반자가 되었고, 로마교회의 절대론과 통치자의 정치적 절대론이 병행했다. 이것은 토르케마다(Torquemada)와 히메네스가 주도한 스페인 종교재판에서 드러난다. 토르케마다 때에 1만 명 이상이 살해되었고, 히메네스 때에 2천500 명이 살해되었다.

민족국가의 출현으로 말미암아 특히 영국과 프랑스에서 로마가톨릭교회에 대한 반대가 제기되었다. 이 국가들의 통치자와 강력한 중산층은 국가의 재정이 로마교회로 흘러 들어가는 데 분개했다. 귀족 계층은 로마교회가 지

스페인 종교재판. 반종교개혁의 일부인 종교재판으로 가톨릭교회와 스페인 통치자가 파트너가 되었고, 12,000명 이상의 개신교인이 처형되었다.

특이한 옷을 입고 처형장으로 끌려가는 죄수

나치게 많은 땅을 지배하는 데 분개했다. 국왕들은 주권이 양분되어 백성들이 국왕과 교황에게 충성해야 한다는 사실을 반기지 않았다. 성직자들만을 재판하는 교회 법정은 황실 체계에 대한 모욕이었고, 교황청에 상소하는 것은 특히 불쾌한 일이었다. 1300년경에 영국과 프랑스의 강력한 통치자들이 자국의 성직자들을 지배하려는 보니페이스 8세의 시도를 물리치는 데 성공한 것, 그리고 1438년에 부르쥬의 국헌(國憲) 수호 칙령(Pragmatic Sanction of Bourges)에서 프랑스 내의 로마교회가 프랑스 국왕의 지배를 받아야 한다고 주장한 것을 기억해야 한다. 영국은 1351년과 1353년에 두 개의 법령을 제정하여 지방 성직자들의 선거와 국왕의 동의 없이 영국 내의 공석의 성직자를 교황이 임명하는 것을 금지했고, 영국의 법정에서 교황청으로 상소하는 것을 금지했다. 이처럼 국가의 일에 교회가 개입하는 데 분개하는 경향이 종교개혁을 촉진한 표면적 요인이었다.

만일 1200년 이후 교역이 회복되고 도시들이 다시 생겨나면서 시작된 상업에 종사하는 부유한 중산층의 지원이 없었다면, 유럽의 통치자들이 교황권과 싸워 이길 수 없었을 것이다. 도시의 중산층 상인들과 지주들은 자기들의 땅을 지배하려는 교황권에 맞서기 위해 통치자들을 지원했다. 그리하여 교황이 아닌 민족국가의 통치자들에게 주권이 들어갔다.

3. 그리스정교회
(1305-1517)

서유럽에서 반대와 개혁이라는 표면적 요인들, 즉 중세 로마가톨릭교회의 통일성을 파괴하게 될 요인들이 생겨나고 있을 때, 동방교회는 신학적으로 정체되어 있었고 그리 확장하지 못하고 있었다. 1453년에 콘스탄티노플이 오토만 투르크족에게 함락된 후 종교 중심지로서의 콘스탄티노플의 중요성이 쇠퇴했고, 러시아 총대주교가 그리스 정교회의 주요 지도자가 되었다.

러시아에는 장차 기독교 신앙 발달에 큰 영향을 미칠 두 가지 변화가 있었다. 몽골족이 처음으로 러시아를 침입한 1237년부터 러시아에 대한 지배를 최종적으로 상실한 1480년까지 러시아는 침입자인 몽골 타르타르(Mongol Tartar)의 지배를 받았다. 이 침입이 러시아를 문화적으로 후퇴하게 했지만, 러시아 교회에는 유익이 되었다. 왜냐하면, 이들의 침입 때문에 러시아가 콘스탄티노플로부터 차단되었으므로 러시아 태생 지도자를 따를 수 있게 되었기 때문이다. 러시아인들은 피정복 상태에서도 자기들의 종교와 문화를 유지하려고 노력했기 때문에 러시아의 민족주의와 종교가 통일되었다. 위기에 처했을 때 국민은 종교를 의지했다.

1325년에 러시아정교회의 총대주교는 본부를 콘스탄티노플 근처의 키예프(Kiev)에서 모스크바로 옮겼다. 그리하여 그는 콘스탄티노플로부터 독립하게 되었지만, 러시아 국가 통치자들의 세속적 지배를 많이 받게 되었다. 1453년 이후 러시아 총대주교는 콘스탄티노플 대주교에게서 독립했다. 왜냐하면 콘스탄티노플이 함락된 직후 러시아 주교들이 "모스크바와 러시아 전체의 총대주교"를 선출했기 때문이다. 비록 신학과 의식이 눈에 뜨이게 변하지는 않았지만, 독립된 방침에 따라 자유롭게 발달할 수 있었기 때문에 러시아정교회는 1589년에 국가의 교회가 되었고, 나중에는 국가와 일체화되었다. 모스크바는 로마와 콘스탄티노플을 대신하는 "제3의 로마"가 되었다.

1306년부터 1517년 사이에 동방교회와 서방교회에서 변화를 촉진하는 요인들이 작용했다. 동방교회의 변화는 주로 교회의 지도력과 조직에 관한 것이었다. 서방교회에서는 종교개혁이 근본적 변화를 일으켰는데, 그로 말미암아 민족적 개신교가 생겨났고, 또 개신교의 도전에 맞서기 위해 로마가톨릭교회 내부에서도 개혁이 일어났다.

참고문헌

Adeney, Walter F. *The Greek and Eastern Church*. New York: Scribner, 1908.

Bainton, Roland H. *Erasmus of Christendom*. New York: Scribner, 1969.

Erasmus. *In Praise of Folly*.

Ferguson, Wallace. *The Renaissance*. New York: Holt, 1940.

Froude, J. A. *Life and Letters of Erasmus*. New York: Scribner, 1912.

Green, Vivian H. H. *Renaissance and the Reformation*. London: Arnold, 1952.

Hyma, Albert. *The Life of Desiderius Erasmus*. Assen, Netherlands: Van Gorcum, 1972.

Lea, Henry C. *A History of the Inquisition in Spain*, 4 vols. London: Macmillan, 1906-7.

Lucas, Henry C. *The Renaissance and the Reformation*. 2d ed. New York: Harper & Brothers, 1960.

Smith, Preserved. *Erasmus*. New York: Harper, 1923.

Thomson, S. Harrison. *Europe in Renaissance and Reformation*. New York: Harcourt, Brace, 1963.

찾아보기

ㄱ

가이세리크 226
가짜 교령집 285
가현설 99, 134
갈레리우스 127, 170
갈리오 84
갈릴레오 389
감독
   신약성경에서 112
   클레멘트의 견해 98
   이그나티우스의 견해 99
   키프리안의 견해 153
개신교 감독교회 18
건축(초대교회의)
   고대 양식 353-355
   로마네스크 양식 353
겔라시우스 1세 227
경건주의 22, 363
경교 21
계급정치, 절대적인 373
고드프리 305, 319, 320
『고백록』 206
고트족 188
공교회의 일치에 관하여 157
공동생활 형제단 366
공민헌장, 성직자들 23
공의회
   아를 142, 171, 173
   예루살렘 26, 77, 90, 91, 92, 109, 131
   에베소 190, 193
   니케아 19, 21, 116, 141, 184, 186, 188, 271, 375
   라테란(제4차) 303, 313, 355
   카르타고 165
   칼케돈 97, 183, 187, 190, 197
   콘스탄스 375
   콘스탄티노플 21, 140, 183, 187, 188, 189, 225
   트리엔트 29, 202, 287
   톨레도 188, 258
   피사 374
   바젤 377
   페라라 377
   톨레도(제3차) 188, 258
공주 수도원 216
『교령집』 289, 308, 309, 343
교령집, 가짜 이시도르 285
『교리서』 190, 226
『교사』 154
교황권 지상주의 27
교황, 세 명의 374
교황의 교의 304
교황청의 세금 부과 362
교회 음악
   암브로스와 교회음악 204, 231
   그레고리 1세와 교회 음악 241
   중세의 교회 음악 231
『교회론』 371
교회와 국가 19
교회와 국가의 관계 27
교회와 야만족 173
군주론 382, 388
궁전학교, 샤를마뉴의 270
그라티아누스 172
그라티안 308
그레고리 1세 27, 225, 226, 228, 235, 237, 258
그레고리 3세 255
그레고리 5세 282
그레고리 6세 290
그레고리 7세 27, 286, 291, 301, 304, 317
그레고리 9세 334
그레고리 11세 360, 364

그레고리 12세 374, 375
그레고리, 나지안주스의 187
그레고리, 닛사의 187
그레고리, 대 237
그레고리, 조명자 174
그레고리 찬가 241
그레고리, 투르의 177
그루테 366
그리스도
　역사성 57, 58
　탄생 연도 61
　성품 61
　사역 62-65
　메시지 65-69
『그리스도를 본받아』 366
"그리스도의 대리인" 308
그리스도의 도래
　그리스인과의 관계 45-49
　유대인과의 관계 49-53
　로마인과의 관계 41-45
『그리스도 병사의 교본』 387
그리스인에 대한 권고 154
그리스 정교회 27, 394
그리스 철학 47
긍정과 부정 344
『기독교 교리』 207
기독교인들을 위한 청원 149
기독론 22, 186, 190, 191, 229
기사단, 구호 320
기사단, 성 요한 327
기사단, 템플 320, 327
기적, 그리스도가 69

ⓝ

"나는 알기 위해서 믿는다" 342
나폴레옹 23, 282
네로 83, 122, 123, 161
네스토리우스 189, 190, 229
『논박』, 이레네우스 134
논쟁
　신학적인 원인 92
　논쟁의 결과 142
　부활절 논쟁 141
　성화상 논쟁 252, 271
논쟁가 151
논쟁가들 145
논쟁가 152
농민반란 364, 370
니케아 공의회 19, 21, 116, 141, 183, 188, 197, 200, 235, 271, 375
니케아 신조 181, 186, 187, 188, 293
니콜라스 1세 285, 287, 289, 290, 293, 294
니콜라스 2세 291, 303
니콜라스 5세 383
니콜라스, 헤리포드 369

ⓓ

다대오 110
다르크, 잔 392
다마수스 202
다이스만, 아돌프 47
단성론자 191
단일신론 139, 140
단일신론, 역동적 141
단테 347, 373

『대 교수학』 372
『대 도덕론』 241
대분열 171, 294, 360
대속
　아벨라르의 견해 344
　안셀무스의 견해 340
『대 이교도대전』 346
대학의 조직 351
대학의 출현 350
『대화집』 387
대학이 출현한 이유 350
데미우르게 152
데키우스 19, 23, 123, 124, 125
도나투스 142
도나투스 논쟁 171
도나투스주의 142
도나투스파 126, 142, 207, 211, 226
도나투스파 논쟁 126, 128, 142
도미니크 수도회 312, 317, 324, 328, 330, 331
도미니크회 수도사 330, 333
도미티안 황제 110, 123
독신제도 288, 292
『독일신학』 365
둔스스코투스 329, 348
『디다케』 101, 104, 105, 111, 114
『디아테사론』 149
디오그네투스 102
디오그네투스에게 보낸 편지 102
디오니시우스 엑시구우스 61
디오도루스 198, 199

디오클레티아누스 19, 23, 125, 126, 128, 142

ㄹ

라우셴부쉬 20
랭스 290
랭튼, 스테픈 310
레오 1세 190, 223, 226
레오 3세 268, 271, 273, 287, 294
레오 9세 290, 291, 303
레오 10세 384
레오 13세 347
레오나르도 다 빈치 383
레오니데스 155
레카레드, 서고트족의 왕 241
로렌조 발라 383
로마교회의 주도권 쟁탈 374
로마 군대 44, 176, 253
로마 도로망 43
로마법대전 172
로마법 발달 42-43
로마 시민권 83
"로마의 주교 다음의 지상권" 225
로마제국 25, 42
로스켈리누스 347
로이힐린 380
로이힐린, 독일 출신의 385
로이힐린, 요하네스 386
로타드 290
로타르 274
로타르 2세 289

롤라드파 370
롬바르드족 174, 188, 241, 258, 261, 265, 267, 268
롬바르드, 피터 343
루이, 경건왕 273
루이스브렉, 얀 반 366
루크레티우스 49
루키아누스 58, 117
루터와 같은 사람 21
루터워스 370
루터주의 22, 363
루트비히, 바바리아의 373
루피누스 156, 163
룰, 레이몬드 322
르네상스 379
르페브르, 자크 385
리바니우스, 소피스트 198
리벨루스 125
"리용의 가난한 자들" 333
리처드 2세 371
리처드, 영국의 320
린디스판 253

ㅁ

마그누스, 알베르투스 330, 338
마니교 136
마니, 메소포타미아의 136
마르시온 134, 135, 152
마르실리오 피치노 385
마르실리우스 373, 374
마르실리우스, 파두아 373
마르첼리누스 208

마르쿠스 아우렐리우스 84, 102, 124
마르크스, 카를 16
마르텔, 카를 249, 263
마르티누스 5세 375
마르틴, 투르의 177, 217
마리아
   성모몽소 승천일 229
   마리아 존숭 229
마요리누스 142
마이모니데스 338
마자르족 276
마자르족 등의 침입 278
마케도니우스 188
마키아벨리 382
마태 61, 65, 66, 103, 110
마틴 루터 235, 237, 329, 359, 365, 372, 384, 386, 387, 388
막스 베버 15
맛디아 110
메디치, 로렌초 데 381
메디치, 피렌체의 384
메로빙거 왕조 265
메로빙거 왕조의 몰락 275
메르센 조약 275
메르스빈, 룰만 365
메토디우스 258
멜란히톤 386
면죄부 384
면죄부 판매 384
『명인전』 202
『모놀로기온』 342

모니카, 어거스틴의 모친 198
모라비아 교도 372
모라비아 형제단 372
모스크, 오마르의 249
『목자』, 헤르마스의 103
『목회서』 242
몬타누스 93, 139, 140
몬타누스주의 140, 161
몬타누스주의와 단일신론 139
몬타누스파 140, 150, 157
몰턴 47
몽골족 173
몽포르, 시몽 드 312, 332
무라토리 164
무라토리 정경 103, 164
무천년주의 69
무함마드 247
묵시문학 103
『문장론』 343
미란돌라, 피코 델라 386
『미사 전문』 228
『미사 정전』 242
미카엘 3세 290
미카엘 케루라리우스 294
미켈란젤로 383, 384
미트라교 45
민족 국가
  영국 390
  프랑스 392
  스페인 392
  교회에 끼친 영향 362
민족국가들의 출현 362
밀라노 칙령 127, 171
밀리건 47

(ㅂ)

바돌로매 110
바르다스 290
바빌론 유수 50, 315, 360, 364, 368, 369
바스쿠 다 가마 388
바실리데스 134
바실, 카이사레아의 216
바울과 같은 사람 21
바울, 사모사타의 140
바울 사상의 원리 88
바울의 사역 85
바울의 역사철학 89
바울의 윤리 89
바울의 저술 활동 87
바울, 사도 12, 20, 22, 26, 41, 43, 44, 52, 53, 71, 75, 77, 79, 83, 84, 89, 108, 110, 111, 112, 113, 115, 127, 132, 139, 154
바울파 136, 332
바이킹족 173, 245, 253, 276, 278
바 코흐바 132
박해
  예루살렘에서의 박해 75
  로마 제국에서의 박해 78-129
반달족 174, 188, 226
반종교개혁 29, 213
발도 333
발도파 317, 331, 332, 333
발도파 운동 332

발도파, 청교도적인 332
발도, 피터 333
발레리안 125
발렌스 174
발렌티니아누스 3세 225, 226
백년전쟁 391, 392
번연, 존 104
베네딕트 290
베네딕트 13세 374, 375
베네딕트, 누르시아의 217
베드로, 사도 61, 73, 77, 75, 76, 78, 81, 103, 109, 110, 123, 133, 158, 159-162, 164, 224
베드로 계승이론 224
베르길리우스 51
베르나르, 레르보의 344
베르나르, 클레르보의 320, 334, 364
베르노 288
베르뎅 조약 269, 274
베스트팔렌 조약 29, 235
베이컨, 로저 329, 348
베이컨, 프랜시스 349
『변증』 150
변증가 145
변증가, 동방교회의 146
변증가, 서방교회의 150
변증법, 아리스토텔레스 339
보고밀파 136, 332
보나벤투라 329, 338
보니페이스 255
보니페이스 3세 311

보니페이스 8세 394
보름스에 공의회 306
보름스협약 307
보리스 298
보에티우스 270, 338
보카치오 380
보편 제국 280
보헤미아 371
보헤미아 형제단 372
복음 전도자 108
볼로냐 대학 351
봉건제도의 등장 275
봉건주의 275, 322, 356, 359
뵈뵈 112
부르고뉴족 174
부르쥬의 국헌 377, 394
부스와 같은 사람 21
부이용 319
부활절 논쟁 141
브루노 324
블라디미르 298
비드 219, 240, 254, 255, 356
비티니아, 소아시아의 58
빅톨, 감독 141
『빈번한 개최』 375
빌리브로르트 258
빌립 78

(ㅅ)
사도들의 행적과 죽음 106-111
사도신경 162, 163, 187
사도의 정의 106

사도직 승계 162
사르트르 354
사벨리우스 141, 181
사보나롤라 330, 359, 368, 372, 385
사순절 166
사카스, 암모니우스 138
사투르니누스 134
살라딘 320
살라딘, 무슬림 지도자 320
살롱 174
삼부회 392
30년전쟁 29
삼위양식론 141
삼위일체
  터툴리안의 견해 183
  어거스틴의 견해 207
『삼위일체론』 207
삽비라 76
샤를마뉴 27, 218, 255, 257, 263, 266, 267, 168, 269, 270, 271, 272, 273, 275, 276, 280, 281, 282, 294, 337, 350
샤를마뉴의 제국 280
샤를마뉴 제국의 붕괴 275
서고트족 224
서머나 152
『서머나 교회에 보낸 편지』 159
서방교회의 수도원운동 217
『서양의 몰락』 15
서임권 관습 342
선교
  아일랜드 179

스코틀랜드 179, 252
  독일 255
  스칸디나비아 286
  러시아 298
섬기는 자 108
성모몽소승천축일 229
성령
  초대교회에서의 성령 74
  바울의 성령론 86
  마케도니우스의 성령론 188
  몬타누스의 성령론 139
성상 227
성유물 227
『성육신론』 186
성인 숭배 229
"성자로부터" 293
성직계급제도 107, 347
성직서임권 303, 304, 305, 307, 308, 318
성직주의 228
성화 227
성화상 숭배 논쟁 294
세례
  『디다케』에서 101
  유아세례 157, 166, 192, 228, 310
『세례론』 157
세속 통치자와 영적 통치자 309
소조멘 201
소크라테스 201
수도원 개혁 287, 324
수도원운동
  제롬과 수도원 202
  동기 213-214
  안토니와 수도원 운동 215

파코미우스와 수도원 운동 216
바실과 수도원 운동 216-217
베네딕트와 수도원 운동 217
수도원 운동의 평가 219-220
퀼뤼니 수도원 287
시토 수도회 325-326
군사 수도회 327
프란치스코 수도회 328
도미닉 수도회 330
수소, 하인리히 365
수아송 290
수에토니우스 58
수태고지 229
수호 칙령 377
순찰사, 공작들의 궁전에 268
슈펭글러, 오즈월드 15
스데반 75
스위트, 윌리엄 15
스콜라 철학 337
스콜라 철학의 내용 339
스콜라 철학의 방법론 339
스콜라 철학이 낳은 결과 349
스콜라 철학이 등장한 원인 338
스콜라 학파 341
스키타이 110
스탈린 22
스테픈, 로마의 감독 157
스토아주의 47
스토아 철학 89
스트라스부르 274
슬라브족 173, 276, 278
『시간 속의 하나님과 인간』 17
시루스, 에프라임 229
시몬 마구스 133

시몬, 열심당원 110
시므온, 주상 성자 215
『시민 주권에 관하여』 369
시토수도회 325
식스투스 4세 384
『신곡』, 단테의 347
신조
  정의 163
  사도신경 163
  니케아 신경 181
  니케아-콘스탄티노플 신경 187
  아타나시우스 신경 185-187
신경건운동 366
신비가들 363
신비 종교 42
신비주의가 출현한 원인 363
신성로마제국 280
신앙의 규칙 142
신앙의 규칙 발달 162
『신약성경 위경』 60
신조, 시리아-팔레스타인 187
신조, 아타나시우스의 187
신토미즘 346, 350
신플라톤주의 137, 213, 365
신 피타고라스주의 84
『신학대전』, 토마스 아퀴나스 242, 271, 346, 350
실베스터 3세 290
실재론 341
실재론, 온건한 343
실재 안에 있는 보편 343
"십자가에 못 박혀 죽은 소피스트" 59

십자군
  원인 289, 318-319
  제1차 십자군 319
  제2차 십자군 320
  제3차 십자군 320
  제4차 십자군 312, 320
  제5차 십자군 312
  제6차 십자군 321
  어린이 십자군 321
  십자군 원정의 결과 322-324
  재정복 392
십자군과 이슬람 317
『12황제의 전기』 58
"12세기 문예부흥" 252

◎

『아가멤논』 48
아가보 111
『아가서 설교』 326
아그네스 309, 310
아나니아 76
아니케투스, 로마의 감독 141
아데오다투스 205
아드리아노플 전투 174
아르메니아 174
아르미니우스 19
아리스토텔레스 250, 338, 339, 343
아리스토텔레스의 논증 346
아리스토텔레스의 변증법 339
아리스토텔레스의 사상 148
아리스토텔레스의 저술 385
아리스토텔레스의 철학 339, 345
아리스티데스, 철학자 146

아리우스 171, 174, 176, 181,
    184, 185, 187, 188, 200,
    204, 245, 258, 265
아리우스 논쟁 171
아리우스주의 177, 184, 176,
    187, 188, 200, 241, 258,
    261,
아리우스파 174, 176, 200
아베로에스 250, 338
아벨라르 326, 338, 343, 344,
    345, 351
아벨라르, 브리타니 태생 344
아우구스투스 43, 118, 169
아우구스투스 황제 83, 125
『아우톨리쿠스에게 보내는 변증서』
    150
아이단 178, 219, 253
아이스킬로스 48
아인하르트 219, 267, 270, 356
아타나시우스 165, 176, 185,
    186, 187, 215, 217
아타나시우스 신조 181
아타나시우스 165, 176
아타나시우스파 200
아테나고라스 149, 296
아토 305
아티카어 46
아틸라 174, 226
아폴로나리우스 189
아헨 270
안드레 61, 110
안디옥 학파 197
안셀무스 341, 344, 349
안셀무스의 사상 342

안수식 332
안스카르 286
안토니 215
안투사 198
알라 250
알라리크 208, 224
알레고리 101, 241, 386
알렉산더 2세 305
알렉산더 5세 374
알렉산더 대왕 42
알렉산더, 할레의 338
알렉산드리아 학파 153
알렉시우스 318, 319
알로펜 190
알베르투스 마그누스 345
알비 332
알비 136, 317, 331, 332
알비파, 철학적 경향의 332
알쿠 255, 270, 356
암모운 215
암브로스 20, 155, 202, 203,
    204, 217, 231, 238, 241,
    242
암브로스의 도서관 164
앤, 보헤미아의 371
야고보, 그리스도의 형제 109
야고보, 세베대의 아들 109
야고보, 알패오의 아들 110
어거스틴 17, 137, 138, 142, 155,
    193-194, 204-211, 217,
    224, 225, 228, 237, 238,
    240, 242, 253, 254, 325,
    328, 341, 342, 366

어거스틴의 『규칙』 325
어거스틴의 역사철학 209
어거스틴, 힙포의 225
에드워드 1세 314, 390
에라스무스 380, 387
에라스무스, 데시데리우스 387
에비온 종파 132
에크하르트, 마이스터 330, 364,
    365, 366
에텔베르트 254
에피쿠로스 48, 49
에피쿠로스주의 47, 84
『엔네아즈』 138
엘로이즈 344
영지주의 20, 24, 92, 93, 99, 132,
    152, 213, 332
『영혼론』 157
영혼 유전론 157
예배, 초대교회의 113
예언자 108, 111, 112
예언자, 거짓 111
예언자, 참 111
예표론 101, 102
예표론적 해석 97
구 제국 가톨릭교회의 생존 투쟁
    26
오도 288
『오디세이』 48
오리겐 97, 102, 125, 138, 153,
    155, 158, 197, 214
오스왈드 253
오스위 254
오토 1세 280

오토 3세 282
오토 4세 311
오토, 게르만족 제후 269
『옥타비우스』 151
올가 298
완전한 자 332
왈드라다 289
요세푸스 60, 61
요아힘 333
요하임파, 종말론적 경향 333
요한 12세 282
요한 23세 375
요한, 다마스쿠스 27, 271
요한, 대주교인 단식자 239
요한, 몬테 코르비노 328
요한, 사도 65, 110, 123
요한, 서머나의 100
요한, 얀둔의 373
『우남 상크탐』 314
우르반 2세 319
우르반 6세 360
우상 숭배 42
『우신예찬』 387
우트라키스트파 372
울필라스 176
워필드 68
『원리론』 156
원죄와 자죄 210
월터, 무일푼의 기사 319
웨슬리 19
웨슬리와 같은 사람 21
웨슬리, 존 372

위-바나바서 101, 105
위클리프 28, 368, 369, 370, 371, 372, 373, 375
윌리엄, 뫼르베크의 338
윌리엄, 아키텐의 288
윌리엄, 오컴의 329, 338, 347, 348
윌리엄, 정복왕 276
윌프리드, 영국의 주교 258
유게니우스, 교황 377
유대고대사 61
유대교 26, 49, 50, 51, 52, 60
유대교와 그리스 철학 153
유대교와 기독교 49, 53
유대교의 전통 53
유대인들의 종교적 기여 49
유대인의 증언 60
유독시아, 황후 198
유명론 347, 348, 349, 381
유명론, 스콜라적 363
유명론적 견해 350
유명론적 스콜라 364
유세비우스 126, 164, 184, 185, 186, 200-201
유스티니아누스 172, 217, 227, 229, 237
유스티니아누스, 비잔틴제국 227
유티케스 190
『율리시즈』 19
율리우스 2세 384
이그나티누스, 대주교 290
이노센트 3세 27, 280, 282, 291, 301, 308-309
이노센트의 교황 지상권 308

『이단 논박』 134, 152
"이단자 화형 법령" 370
이레네 271
이레네우스 24, 103, 134, 136, 141, 142, 145, 152-153, 161, 162, 163
이르네리우스 351
이사벨라, 카스티야의 392
이슬람 23
이슬람의 확장 249
이시도르, 세비야의 286
이신론 29
인문주의 379
『일리아드』 48
잉게보르크 309

ⓧ

『자유의지』 387
자라 312
자카리아스, 교황 265
『잡록집』 154
장로 112, 158
장미전쟁 391
장원제도 276
저스틴, 순교자 114, 124, 146
『저주받을 행위』 377
전천년주의 66, 69
정경 135, 142
정경, 마르시온 135
정경, 신약성경의 128, 136, 159, 163
제노비아, 여왕 140
제논 48

제롬 157, 202-203, 204, 217, 226, 238, 242
『제1 변증서』 148
『제2 변증서』 148
제임스, 몽테규 60
『제정론』 373
조로아스터교 136
존, 곤트의 368
존, 영국 왕 310, 390
종교, 그리스의 149
종교, 로마의 49, 208
종교, 유대인의 51
종교재판소 29, 330, 331, 334, 386
종교회의, 수트리 291
종교회의, 오랑주 193
종교회의, 클레르몽 319
종교회의, 톨레도 188, 258
종교회의, 툴루즈 334
종교회의, 휘트비 254
종규 24, 71, 141, 227
『주님의 말씀 해석』 103
『주님의 몸과 피에 관해서』 287
『지극한 성스러움』 375
주피터 신전 123
줄리안, 배교자 138
줄리안, 황제 172
중세 시대의 생활과 예배 353
지기스문트, 황제 375
『지혜의 샘』 271
『진정한 담론』 156
집사 112

ㅊ
찰스 피니 68
청교도 29, 150, 214, 333
『철회』 206
초대교회 생활 114
추기경단 291, 303, 304, 360, 373, 375

ㅋ
카노사 307, 315
카누트 286
카디자 247
카라칼라 42
카롤링거 왕조 263
카롤링거 제국 280
카르타고 학파 156
카르투지오 수도회 324
카를, 대머리 왕 274
카시아누스, 요한 193
카시오도루스 219, 270
카시우스, 디오 61
카에실리우스 151
카이사르의『갈리아 전쟁』 165
카이실리안, 카르타고의 감독 142
카타리나, 시에나의 360, 364
카타리파 20, 312, 331, 332, 333, 334
카타콤 12, 14, 60, 166, 167
카파도키아 217
카펠라, 마르티아누스 270, 350
칼라일, 토마스 15
칼리굴라 83
칼릭스투스 2세 307

칼빈 19, 24, 359
칼빈주의 29
칼빈파 29
캐리 20
켈너, 크리스토퍼 236
켈레스티우스 192
켈수스 117, 145
『켈수스에 대한 반론』 156
『켈즈 복음서』 219
켈트족 176, 178, 253, 254
켈트족 교회 240
코메니우스, 요한 아모스 372
코이네 46
코페르니쿠스 389
콘스탄티노플 신조 188
콘스탄티노플 칙령 172
콘스탄티누스 대제 19, 26, 116, 117, 118, 127, 128, 142, 169, 170, 171, 173, 183, 184, 187, 200, 201, 224, 227, 228, 230, 266, 271, 292, 375
『콘스탄틴의 증여』 266, 285, 286, 384
콜럼버스 388
콜렛, 영국 출신의 존 385
콜렛, 존 380, 385, 386
콜룸바 178, 219, 252
콜룸바누스 252, 258
쿠란 249
퀘이커 22, 29, 137
크리소스톰 197, 198, 199, 231
크리스천사이언스 20

클라라 328
『클레리키스 라이코스』 314
클라우디우스 83, 84
클레멘트, 로마의 97-98, 102,
　　155, 161, 229, 285
클레멘트 5세 315
클레멘트 7세 360, 373
클레멘트, 로마의 97, 285
클레멘트, 알렉산드리아의 97,
　　154
클레멘트, 장로 97
클로비스 177, 225, 263
클로비스, 프랑크족의 지도자 225
클로틸다 177, 263
클로틸다, 부르고뉴의 공주 263
클뤼니 288
클뤼니 수도원 287, 288, 289,
　　324, 325
키릴, 선교사 258
키릴, 알렉산드리아 190
키벨레 숭배 44
키프리안 125, 156, 157, 158,
　　161, 166, 214, 224, 228
킬데리크 3세 265

ⓔ

타르수스 198
타벤니시 216
타보리트파 372
타울러, 요한 330, 365
타키투스 58, 123
타티안 149
탁발수도사 213, 327

탁발 수도회 327
탁월한 신비가들 364
터툴리안 23, 117,136, 140, 142,
　　150, 156, 157, 158, 163,
　　166, 167, 183, 191,
　　214,224, 228, 229
테니슨 19
테오도르 255
테오도르, 몹수에스티아 197,199
테오도릭 174,270
테오도시우스, 황제 20, 26, 172,
　　187, 204, 292
테오필루스, 안디옥의 149, 150
토르케마다 392
토마스 아 켐피스 366
토마스 아퀴나스 28, 242, 271,
　　330, 331, 338, 343, 345
토인비, 아놀드 16
투르 245, 249, 265
튜턴족 173
튜델린다 258
튜트베르가 289
트라야누스 58, 113, 123, 124
트리엔트 공의회 29, 202, 287
트리다테스, 국왕 174
『트리포와의 대화』 148
티투스 77

ⓟ

파르티아 110
파리대학 344
파스카시우스 라트베르투스 287
파코미우스 216

파피아스 103
판타이누스 153, 154,
팜필루스 200
"팔레스타인에서 십자가형에 처해
　　진" 58
패리스, 매튜 219
페르디난드, 아라곤의 392
패트릭 178, 252
페트라르카 379, 381
펠라기우스 176, 192-194
펠릭스, 미누키우스 142, 151
『편람』 207
『평화의 수호자』 373
포르피리우스 138
포티우스 290
폰투스 58
포티우스 209, 293
폴리캅 100-101, 124, 141, 152
폴, 부제 270
『프락세아스에 대한 반론』 157
프란치스코, 아시시의 328
프란치스코 수도회 313, 317,
　　324, 326, 331
프란치스코회 338
　제3회 328
프랑크족 174, 177, 178, 225,
　　261, 263
　회심 263
　회심의 중요성 263
『프랑크족의 역사』 177
프레데릭 황제 311, 320, 321
프레데릭, 바바로사의 345
프로벤, 바젤의 387

『프로슬로기온』 342
『프로테스탄트 윤리와 자본주의 정신』 15
프론토 117
프루멘티우스, 그리스인 174
플라톤 47, 48, 148, 341, 385
플로렌티우스 366
플로티누스 138
플루멘티우스 174
플리니 58, 113, 123, 124, 128
피니, 찰스 68
피사 공의회 374
피우스 2세 377
피우스 9세 314
피우스, 안토니누스 146
피치노, 마르실리오 385
피타고라스 84, 148
피터, 은자 319
피핀, 대 265
피핀의 하사 263
피핀, 헤리스탈의 263
필로 102, 153

필로테오스, 브리엔니오스 104
필리프, 공정왕 314
필리프, 존엄왕 309, 320

ㅎ

하나님의 나라 65-69
『하나님의 도성』 17, 205, 208, 270
『하나님은 왜 사람이 되셨는가?』 343
하나님의 친구들 365
하나님의 평화 278
하나님의 휴전 278
하룬 알라시드 249
하인리히 3세 291
하인리히 4세 305-307, 318
하인리히 5세 307
합법적 종교 118
핫지, 아치발트 68
해롤드, 왕 286
해리스, 렌델 146
헤로도투스 200, 210

헤겔, 낙관주의자인 16
『헬라인들에게 고함』 149
헨리, 포르투갈의 국왕 388
형제단, 공동생활의 366, 372
헤지라 249
『헥사플라』 156
헬레나(순례자) 230
호라티우스 46
『호르텐시우스』 205
회체설 156, 287, 313, 332, 369
회개 20, 98, 104, 124, 204, 228, 277, 332, 349
황제 숭배 42
후스, 얀 28, 368, 370, 375, 377, 371, 372
후천년설 68
흑사병 창궐 331, 364
훔제르트 291, 296, 303
히메네스 387, 392
히메네스, 추기경 386
히틀러 22
힌크마르 290